面向21世纪普通高等院校规划教材·教师教育系列

新编心理学教程

XINBIAN XINLIXUE
JIAOCHENG

主　编　刘桂春　王双全　赵晓英

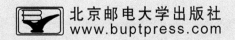

北京邮电大学出版社
www.buptpress.com

内 容 简 介

本书共十七章,以普通心理学为主线,强调普通心理学这门课程的基础地位,教材内容突出基本理论和基础知识,以系统阐述普通心理学的基本概念和原理为主,同时涵盖了品德心理、教育心理、社会心理、心理咨询等方面的内容,比较全面地反映与人们生活紧密相关的各种心理现象。本书具有实用性、新颖性、系统性、可读性等特点。

本书可作为各类高等院校教师教育专业公共课用书,也可作为初等教育、学前教育专业基础课用书,还可以作为教师资格证考试指导用书以及各种专业人员研究心理学的参考用书和对心理学感兴趣者的入门书籍。

图书在版编目(CIP)数据

新编心理学教程 / 刘桂春,王双全,赵晓英主编. -- 北京:北京邮电大学出版社,2014.5 (2020.10重印)
ISBN 978-7-5635-3864-5

Ⅰ. ①新… Ⅱ. ①刘… ②王… ③赵… Ⅲ. ①心理学-教材 Ⅳ. ①B84

中国版本图书馆 CIP 数据核字(2014)第 080322 号

书　　名:	新编心理学教程
主　　编:	刘桂春　王双全　赵晓英
责任编辑:	王丹丹
出版发行:	北京邮电大学出版社
社　　址:	北京市海淀区西土城路 10 号（邮编：100876）
发 行 部:	电话：010-62282185　传真：010-62283578
E-mail:	publish@bupt.edu.cn
经　　销:	各地新华书店
印　　刷:	北京九州迅驰传媒文化有限公司
开　　本:	787 mm×1 092 mm　1/16
印　　张:	21
字　　数:	518 千字
版　　次:	2014 年 5 月第 1 版　2020 年 10 月第 5 次印刷

ISBN 978-7-5635-3864-5　　　　　　　　　　　　　　定　价：39.50 元

· 如有印装质量问题，请与北京邮电大学出版社发行部联系 ·

丛书编委会

主　任　李春林

编　委　（按姓氏笔画排名）

王双全　刘桂春　关　健　孙　霞

李运佳　杨晓辉　杨竟楠　何荣杰

张艳华　张艳明　陆明玉　周东滨

孟庆玲　赵晓英

前 言

心理学是我国高等院校教师教育课程体系中一门十分重要的公共必修课,对培养未来合格教师具有重要作用。其教学的基本任务在于使学生了解和掌握心理学的基本理论与基础知识,树立正确的心理观和教育观,增强运用心理学知识解决实际问题的意识和能力,为教育学、学科教育学以及教育实习和未来的教育实践工作打下良好的理论基础。同时,心理学在优化大学生心理素质方面也具有十分重要的作用。

因为心理学所涉及的方面渗透于各个领域,所以教授这门课程也是每一个心理学教师面临的重大挑战之一。教材是知识的载体,随着教育改革的深化和心理科学的迅速发展,心理学教材的更新也是趋势使然。2010年,我们结合多年的教学经验,组织编写了《心理学教程》(由内蒙古科学技术出版社出版发行)。经过3年的使用,我们的教材显示出其有效性和实用性。同时,我们也发现教材还存在着不足之处。为了适应学科建设和人才培养的需要,更好地反映心理学发展的前沿成果,并使教材具有更广泛的适用性和普及性,我们决定对初版教材进行修订。

修订版秉承着初版教材的编写目标,即"编写一本学生们喜欢读的教科书",继续以"心理学是一门科学,同时关注这门科学在生活中的应用"为宗旨进行教材的编写。同时,考虑到心理学的普及性和适用性,在内容上增加了"学习心理"和"教学心理"两章,增加一些心理学最新的研究成果。修订后教材有以下几个方面的特点:一是在内容上更加全面。首先,仍是以普通心理学为主线,强调普通心理学这门课程的基础地位,教材内容突出基本理论和基础知识,以系统阐述普通心理学的基本概念和原理为主,同时,教材涵盖了品德心理、教育心理、社会心理、心理咨询等方面的内容,比较全面地反映与人们生活紧密相连的各种心理现象;其次,秉承着初版注重实用性的特点,编写过程中理论联系实际,将心理学和生活紧密地结合起来;最后,修订后的内容更加丰富,既保证了基础知识的连续性,又增加了富有时代特点的新知识、新观点,反映心理学研究的新趋势,吸收心理学研究的新成果。二是在形式上,系统性更加完整,可读性进一步提高。每一章均由本章导学、正文、小资料(或现象实例、研究实例、心理学故事等)、心理点评、复习思考题、参考资料等几部分组成,简明扼要,事例丰富,通俗易懂,便于掌握。可作为各类高等院校教师教育专业公共课用书,也可作为初等教育、学前教育专业基础课用书,还可以作为教师资格证考试指导用书以及各种专业人员研究心理学的参考用书和对心理学感兴趣者的入门书籍。

本教材是集体劳动的结晶,由主编拟定编写提纲,经全体参编者讨论通过后,分工撰写,最后由主编统稿定稿。参加本书编写的有王双全、刘桂春、孙瑞权、周东滨、刘学华、蒋丽华、蔡晓军、戈兆娇、赵晓英、吕峰、李荣、赵国瑞。

  在本书的编写过程中，我们参考和借鉴了许多不同版本的心理学教材以及有关论著与资料，得到了部分专家的悉心指导，作者在此一并表示感谢。由于编者水平有限，书中难免有疏漏和错误之处，恳请予以批评指正。

编 者

目　　录

第一章　绪论 ………………………………………………………………………… 1

　第一节　心理学概述 ……………………………………………………………… 1
　　一、心理学的概念 ……………………………………………………………… 1
　　二、心理学的研究对象 ………………………………………………………… 1
　　三、科学的心理观 ……………………………………………………………… 4
　第二节　心理学的起源和发展 …………………………………………………… 7
　　一、心理学的起源 ……………………………………………………………… 7
　　二、心理学的发展 ……………………………………………………………… 8
　第三节　心理学研究的任务、内容和方法 ……………………………………… 10
　　一、心理学的内容 ……………………………………………………………… 10
　　二、心理学的任务 ……………………………………………………………… 11
　　三、心理学的方法 ……………………………………………………………… 11

第二章　注意 ………………………………………………………………………… 16

　第一节　注意概述 ………………………………………………………………… 16
　　一、注意的概念 ………………………………………………………………… 16
　　二、注意与心理过程的关系 …………………………………………………… 17
　　三、注意的功能 ………………………………………………………………… 17
　　四、注意的外部表现 …………………………………………………………… 18
　第二节　注意的种类 ……………………………………………………………… 18
　　一、无意注意及其产生的原因 ………………………………………………… 19
　　二、有意注意及其产生和维持的条件 ………………………………………… 20
　　三、有意后注意 ………………………………………………………………… 21
　　四、三种注意的关系 …………………………………………………………… 21
　第三节　注意的品质及其培养 …………………………………………………… 21
　　一、注意的品质 ………………………………………………………………… 21
　　二、学生良好注意品质的培养 ………………………………………………… 25
　第四节　注意规律在教学中的应用 ……………………………………………… 25
　　一、根据注意的外部表现了解学生的听课状态 ……………………………… 25
　　二、运用无意注意的规律组织教学 …………………………………………… 26
　　三、运用有意注意规律组织教学 ……………………………………………… 27
　　四、运用三种注意相互转换的规律组织教学 ………………………………… 27

第三章　感觉和知觉 … 29

第一节　感觉 … 29
一、感觉的概述 … 29
二、感受性及其变化发展 … 33

第二节　知觉 … 36
一、知觉的概述 … 36
二、知觉的基本特征 … 40

第三节　感知规律与教学 … 43
一、感知规律 … 43
二、运用感知规律提高教学效果 … 44
三、观察力及其培养 … 45

第四章　记忆 … 49

第一节　记忆的概述 … 49
一、记忆的概念 … 49
二、记忆的作用 … 50
三、记忆表象 … 50
四、记忆的种类 … 51

第二节　记忆过程 … 53
一、识记(信息的编码) … 54
二、保持(信息的存储) … 58
三、再现(信息的提取) … 62

第三节　记忆的品质及记忆力的培养 … 64
一、记忆的品质 … 64
二、良好记忆力的培养 … 65

第五章　思维与想象 … 70

第一节　思维概述 … 70
一、思维的概念及特征 … 70
二、思维与感知觉的关系 … 71
三、思维与语言的关系 … 72
四、思维的种类 … 72

第二节　思维的过程与形式 … 75
一、思维的过程 … 75
二、思维的基本形式 … 76

第三节　想象 … 78
一、想象的概念及特征 … 78
二、想象的种类 … 80

三、想象的加工方式 ………………………………………………………… 82
　第四节　解决问题的思维过程 ………………………………………………… 82
　　一、解决问题的思维过程 …………………………………………………… 82
　　二、影响问题解决的因素 …………………………………………………… 84
　第五节　思维的品质及创造性思维的培养 …………………………………… 88
　　一、思维的品质 ……………………………………………………………… 88
　　二、创造性思维及其培养 …………………………………………………… 89

第六章　情感 ……………………………………………………………………… 94
　第一节　情绪和情感的概述 …………………………………………………… 94
　　一、情绪与情感概述 ………………………………………………………… 94
　　二、情绪、情感的分类 ……………………………………………………… 97
　第二节　情绪与情感的表现及情绪理论 ……………………………………… 100
　　一、情绪与情感的表现 ……………………………………………………… 100
　　二、情绪的理论 ……………………………………………………………… 101
　第三节　健康的情绪与情感的培养 …………………………………………… 102
　　一、学生情绪的发展 ………………………………………………………… 102
　　二、学生良好情绪的培养 …………………………………………………… 105

第七章　意志 ……………………………………………………………………… 108
　第一节　意志的概述 …………………………………………………………… 108
　第二节　意志的过程与心理结构 ……………………………………………… 110
　　一、意志的过程 ……………………………………………………………… 110
　　二、意志的心理结构 ………………………………………………………… 113
　　三、意志的生理机制 ………………………………………………………… 114
　第三节　意志的品质及学生意志的培养 ……………………………………… 115
　　一、意志的品质 ……………………………………………………………… 115
　　二、学生意志的发展 ………………………………………………………… 117
　　三、学生意志的培养与锻炼 ………………………………………………… 117
　　四、意志规律在教学活动中的运用 ………………………………………… 120
　　五、意志规律在品德教育中的运用 ………………………………………… 122

第八章　个性和个性倾向性 ……………………………………………………… 124
　第一节　个性的一般概述 ……………………………………………………… 124
　　一、什么是个性 ……………………………………………………………… 124
　　二、个性的心理结构 ………………………………………………………… 125
　　三、个性的基本特征 ………………………………………………………… 125
　第二节　需要 …………………………………………………………………… 126
　　一、需要的含义 ……………………………………………………………… 126

二、需要的种类 …………………………………………………………………… 127
　　三、马斯洛需要层次理论 ………………………………………………………… 128
第三节　动机 ………………………………………………………………………… 129
　　一、动机的概念 …………………………………………………………………… 129
　　二、动机的作用 …………………………………………………………………… 130
　　三、动机的种类 …………………………………………………………………… 131
　　四、动机理论 ……………………………………………………………………… 132
　　五、动机强度和工作效率 ………………………………………………………… 134
　　六、学生学习动机的激发与培养 ………………………………………………… 135
第四节　兴趣 ………………………………………………………………………… 136
　　一、什么是兴趣 …………………………………………………………………… 136
　　二、兴趣的分类 …………………………………………………………………… 137
　　三、兴趣的作用 …………………………………………………………………… 138
　　四、兴趣的品质 …………………………………………………………………… 138
　　五、学习兴趣的培养 ……………………………………………………………… 139
第五节　价值观 ……………………………………………………………………… 140
　　一、什么是价值观 ………………………………………………………………… 140
　　二、人的价值观取向基本特点 …………………………………………………… 140
　　三、价值观的种类 ………………………………………………………………… 140
　　四、价值观的表现形式 …………………………………………………………… 141

第九章　气质 …………………………………………………………………………… 144
第一节　气质概述 …………………………………………………………………… 144
　　一、气质的概念 …………………………………………………………………… 144
　　二、气质的学说 …………………………………………………………………… 145
第二节　气质的类型 ………………………………………………………………… 148
第三节　气质的测量 ………………………………………………………………… 151
　　一、观察法 ………………………………………………………………………… 152
　　二、实验法 ………………………………………………………………………… 152
　　三、测验法 ………………………………………………………………………… 152
第四节　气质在教育中的应用 ……………………………………………………… 153
　　一、气质对学习活动的影响 ……………………………………………………… 154
　　二、气质对教育实践工作的意义 ………………………………………………… 154

第十章　性格 …………………………………………………………………………… 157
第一节　性格概述 …………………………………………………………………… 157
　　一、性格的概念 …………………………………………………………………… 157
　　二、性格和气质 …………………………………………………………………… 159

三、性格的作用 …… 160
　第二节　性格的结构 …… 161
　　一、性格的结构分析 …… 161
　　二、性格的态度特征 …… 161
　　三、性格的情绪特征 …… 161
　　四、性格的意志特征 …… 162
　　五、性格的理智特征 …… 162
　第三节　性格的类型 …… 163
　　一、按照人的心理机能划分性格类型 …… 163
　　二、按照心理活动的倾向划分性格类型 …… 164
　　三、按照性格与职业的匹配划分性格类型 …… 164
　　四、按照人的社会生活方式划分性格类型 …… 164
　　五、按照人的不同特质划分性格类型 …… 164
　第四节　性格的形成和发展 …… 166
　　一、生物学条件 …… 166
　　二、自然物理因素 …… 167
　　三、社会文化因素 …… 168
　　四、家庭因素 …… 169
　　五、学校教育对性格的影响 …… 170
　　六、自我因素 …… 171
　第五节　性格的测量 …… 173
　　一、自然实验法 …… 173
　　二、问卷法 …… 173
　　三、投射测验 …… 175

第十一章　能力 …… 179

　第一节　能力的概述 …… 179
　　一、什么是能力 …… 179
　　二、能力与知识、技能的关系 …… 180
　　三、能力的种类 …… 180
　第二节　能力的结构和测量 …… 181
　　一、能力结构 …… 181
　　二、能力测量 …… 184
　第三节　能力的发展与个体差异 …… 185
　　一、能力发展的一般趋势 …… 185
　　二、能力发展的个体差异 …… 186
　　三、制约能力形成和发展的因素 …… 189
　　四、教学过程中学生能力的培养 …… 190

第十二章 自我 ……………………………………………………………… 192

第一节 自我的概述 …………………………………………………… 192
一、自我研究的概况 ………………………………………………… 192
二、自我的含义 ……………………………………………………… 193
三、自我的心理结构 ………………………………………………… 195
四、自我的产生和发展 ……………………………………………… 197

第二节 自我发展的理论 ……………………………………………… 199
一、米德的社会符号理论 …………………………………………… 199
二、埃里克森的自我意识理论 ……………………………………… 199
三、詹姆斯的自我意识理论 ………………………………………… 201
四、奥尔波特的自我意识理论 ……………………………………… 201

第三节 学生自我的发展与培养 ……………………………………… 201
一、学生自我意识发展的特点 ……………………………………… 201
二、学生自我意识形成和发展的影响因素 ………………………… 203
三、学生自我意识的培养 …………………………………………… 204

第十三章 品德心理与行为 …………………………………………… 208

第一节 品德概述 ……………………………………………………… 208
一、品德的含义 ……………………………………………………… 208
二、品德的心理结构 ………………………………………………… 209

第二节 品德形成的理论 ……………………………………………… 211
一、皮亚杰的品德发展阶段论 ……………………………………… 211
二、柯尔伯格的品德发展理论 ……………………………………… 213
三、艾森伯格的亲社会道德理论 …………………………………… 215
四、吉利根关于道德发展的性别差异的研究 ……………………… 215

第三节 品德的形成与培养 …………………………………………… 216
一、品德的内化过程 ………………………………………………… 216
二、影响品德发展的因素 …………………………………………… 217
三、品德培养的方法 ………………………………………………… 219
四、不良品德矫正方法 ……………………………………………… 221

第十四章 学习心理 …………………………………………………… 224

第一节 学习概述 ……………………………………………………… 224
一、学习的概念 ……………………………………………………… 224
二、学习的意义 ……………………………………………………… 226
三、学习的分类 ……………………………………………………… 227
四、学习的影响因素 ………………………………………………… 229
五、关于学习的理论取向 …………………………………………… 233

第二节　学习过程及迁移 ·· 233
　　　一、学习过程简述 ·· 233
　　　二、学习迁移 ·· 236

第十五章　教学心理 ·· 240

　　第一节　有效教学 ·· 240
　　　一、有效教学的概念 ·· 240
　　　二、有效教学的因素模型 ·· 242
　　　三、有效教学模式 ·· 243
　　第二节　教学设计 ·· 247
　　　一、教学设计概述 ·· 247
　　　二、教学目标的设计 ·· 249
　　　三、教学模式的设计 ·· 251
　　　四、教学媒体 ·· 260
　　第三节　课堂管理 ·· 262
　　　一、课堂物理环境 ·· 263
　　　二、课堂社会环境 ·· 265
　　　三、课堂管理设计 ·· 267

第十六章　社会群体心理 ·· 269

　　第一节　社会群体概述 ·· 269
　　　一、社会群体及群体特征 ·· 269
　　　二、社会群体的分类 ·· 270
　　　三、社会群体的结构 ·· 271
　　第二节　社会影响 ·· 275
　　　一、从众 ·· 275
　　　二、模仿、暗示和社会感染 ·· 278
　　　三、社会助长与社会惰化 ·· 279
　　　四、群体极化与去个性化 ·· 281
　　第三节　人际关系 ·· 284
　　　一、人际关系概念 ·· 284
　　　二、人际关系类型 ·· 284
　　　三、人际关系形成及影响因素 ······································ 287
　　　四、人际关系能力的培养途径和方法 ····························· 292

第十七章　心理障碍与治疗 ·· 296

　　第一节　心理障碍与心理治疗概述 ······································ 296
　　　一、心理障碍的概述 ·· 296
　　　二、心理治疗的概述 ·· 299

第二节 常见的心理障碍及原因分析 ………………………………………… 302
　一、焦虑障碍 ………………………………………………………………… 302
　二、心境障碍 ………………………………………………………………… 308
　三、人格障碍 ………………………………………………………………… 310
　四、分离性障碍 ……………………………………………………………… 311
　五、精神分裂症 ……………………………………………………………… 312
第三节 儿童青少年常见心理障碍与矫治 …………………………………… 312
　一、学习障碍 ………………………………………………………………… 312
　二、注意缺陷/多动障碍(ADHD) …………………………………………… 313
　三、抽动障碍 ………………………………………………………………… 316
　四、学校恐怖症(也称厌学症) ……………………………………………… 317

第一章
绪 论

【本章导学】

　　随着人们生活水平的提高,人们也越来越重视自身的精神生活。对心理学知识的需求也越来越高。那么,什么是心理学?本章从这个最基本的问题开始,对心理学的研究对象、心理的实质、心理学研究的任务、内容和方法,以及心理学的起源、发展和研究趋势等问题做概括的论述。

第一节　心理学概述

　　心理学是一个与人们生活密切相关的科学领域,它神秘而又实在,充满了许多未解之谜,已经成为人们探索世界的三大奥秘之一。人类不断地揭示着自身丰富多彩、极其复杂的心理活动和现象,从不同的领域和不同的视角进行了积极的探索。在人们活动的任何领域中,都存在着心理学问题。特别是生活在现代社会中的人们,更加关注如何提高生命的质量,健康、快乐、幸福地生活。心理学已经逐渐成为 21 世纪人们最广泛涉及的主题,在人们的生活中起着越来越重要的作用。

一、心理学的概念

　　从古至今,随着人类认识水平的发展和科学的进步,人们对心理学的认识也在不断的发展和变化中。
　　心理学(psychology)一词,最早是出现在 16 世纪,是由希腊语 psyche(意为"灵魂")和 logos(意为"知识"或"论述")合成演变而成的,意思为研究灵魂的学问。
　　到 21 世纪的今天,心理学的定义已随着人们对心理学的探索,有了一系列的变化。如从最早的"研究灵魂的学问",到心理学是"研究心灵之学"、"研究意识的科学"、"研究行为的科学"。1989 年《牛津英语词典》(第 2 版)中,认为心理学是"关于人类心理的本性、功能和现象的科学"。1999 年修订的《现代汉语词典》中将心理学定义为"研究心理现象客观规律的科学"。
　　目前,国内普遍公认的心理学定义为:心理学是研究人的心理现象及其规律的科学。

二、心理学的研究对象

　　任何一门学科都有自己的研究领域和对象。心理学作为一门学科,它的研究对象就是心理现象及其规律。那么,什么是人的心理?人有哪些心理现象呢?

人的心理,是人脑对客观现实的主观的能动的反映。这个反映,是一个过程或活动。因此,所谓心理是心理活动的简称,也称心理现象。

例如,小文是个令人羡慕的白领,由于最近长时间的加班,导致疲劳过度而晕了过去。躺在救护车上的她,慢慢地醒了过来。她感到轻微的晃动,隐约听到鸣笛的声音,一睁眼看到刺眼的白色等,这是她的感觉器官接受外界刺激产生的感觉;逐渐地,她看清楚了眼前两个穿白衣服带着听诊器的人,晃动和汽笛声是来自所乘坐的车子,这是小文的知觉;"我怎么会在救护车上?"她使劲地想也想不起来。只是记得自己要把整理好的材料给组长送去。这是她的记忆;由此她推断自己是晕倒了,被同事叫来的120急救车正在送往医院。这是她的思维;想到最近的加班,没日没夜的,很是辛苦,真是悲从心生。但是能够整理出对公司发展有关键性意义的资料,她又感到很有成就感,尽管躺在救护车上,仍然很开心。这是她的情感;她想真的要好好地锻炼身体,才能更好地工作和生活。这是她的意志的体现;尽管累病了,但是她还是这样的乐观积极,从中人们可以看到她个性的一面。

上面的案例中,小文从昏迷中醒来到意识到自己正在被送往医院,在这个过程中发生了一系列的心理活动。

从心理活动的过程看,它是一个动态变化的统一体。因此,尽管心理现象是纷繁复杂的,但还是有规律可循的。从心理活动的动态变化过程、比较稳定特征和相对持续状态这三个维度来看,可以把人的心理活动分为心理过程、心理状态和个性心理三个方面(见图1-1)。这也是当前心理学界较为普遍的认识。

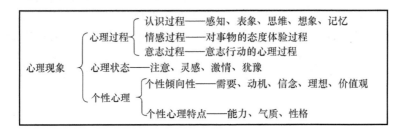

图1-1 心理现象分类

1. 心理过程

心理过程是指人在进行认识活动、情感活动和意志行动时,所表现出来的那些心理活动。

正因为心理过程是指在认识、情感和意志行动中的心理活动,因此,心理过程包括三个方面:认识过程、情感过程和意志过程。

众所周知,我们在日常生活、工作和学习中,不断地接受着外部世界的刺激。为了生存,人们获得的外部经验,必须是相对准确和没有错误的。因此,人们首先需要弄清楚这个外部刺激是什么。这时候,人们就产生了这样或那样的心理活动。

当我们集中注意于当前的事物时,如看到颜色、听见声音、闻到气味等,就产生了心理活动:感觉和知觉。这是人的大脑对直接作用于感觉器官的事物的个别属性和整体属性的反应;不仅如此,在此基础上人们还能够进一步地思考,获得对已经感知过的事物的本质属性和内在规律的认识:这是人脑对客观事物的间接的概括的反应,即思维活动;人们不仅能够感知和思考,还能够记住感知或思考过的事物,这是人的记忆。当事物不在眼前,人脑还能够浮现出该事物的形象,并且能够通过对该事物的形象的加工和改造,进行想象活动。所以这些都是人们在认识方面表现出来的心理活动。

在人们认识客观事物或他人的过程中,并非无动于衷,仅仅停留在认识方面。常常还会表现出一定的态度,并对其产生着一定的感受和体验:如满意或不满意、喜欢或不喜欢、高兴或烦恼、赞赏或鄙夷等。这些由于对事物的态度不同而在认识活动中表现出来的态度体验,就是情绪和情感方面的心理活动。

人之所以区别于动物,成为万物之灵,在于人类不仅能够认识客观事物,并且对它产生一定的感受,而且还能够根据自己的需要,改造客观事物。这种人们根据自己的认识和感受,自觉地确定目的和行动计划,并且克服困难最终实现目的的心理活动过程,就称为意志过程。

认识过程、情感过程和意志过程统称为心理过程。它们是心理过程不可分割的、相互联系、相互制约、相互促进的三个方面。心理过程既具有共同性,同时也具有个别性。共同性是指人们的心理过程的活动结构和发生机制,受共同的规律所制约;个别性是指心理过程具体体现在每个人身上其表现是有差异的,体现着每个人不同的心理倾向和特点。

2. 个性心理

个性心理是指个体在心理活动中经常表现出来的那些比较稳定的心理倾向和心理特点。就是说,个性心理是由个性心理倾向和个性心理特点所构成的。

正如俗话所说"人心不同,各如其面"。在现实生活中,由于每个人自身因素、环境和教育因素的不同,总会在需要、动机、兴趣、理想、信念和世界观的形成上,有着这样或那样的不同,这些方面表现出来的差异,就是个性倾向性。

人们在能力、气质和性格等方面也有差异,在心理学上称为个性心理特点。例如,对于同样一个事物的认识和体验,也往往表现出不同。在课堂上,播放了一首歌曲,让学生听后,写出自己的感受。有的同学洋洋洒洒,写了满满的一页纸,体现出对歌曲的敏锐的感知、深刻的理解和引发的丰富的想象。而有的同学则只写了寥寥的几行字,体现出相反的特点。这些方面的差异,就是个体能力差异的表现。

在我们生活的周围,常常会看到这样的人:遇到事情,不管是多么紧急的事情,有的人就是难以快起来,似乎永远迈着四平八稳的步子;相反,有的人做起事来,却总是风风火火。有的人反应缓慢,有的人反应敏捷,有的人情感内向,有的人则情感外向等。这些都是人们在气质方面所表现出来的个别差异,体现着人们在情感、情绪等心理活动动力方面的不同特点。

此外,有的人经常是热情友善,交友广泛,偏爱与人打交道;有的人则经常沉默寡言,不善社交,不喜欢与人打交道。有的人勇敢顽强;有的人怯懦软弱。有的人积极进取;有的人踌躇不前。有的人机智果断;有的人优柔寡断。有的人大公无私,先人后己;有的人私心重重,万事以己为先等。以上所列举的现象体现出人们在态度和行为方式上的不同,反映了人们在性格方面的个别差异。

一个人的个性,是个性倾向性和个性心理特点在其身上有机的、综合的体现,也称人格。

3. 心理状态

"但肯寻诗便有诗,灵犀一点是吾师。夕阳芳草寻常物,解用多为绝妙词。"看完这首诗,大家能否知道清代诗人袁枚的诗句描述的是什么吗？对，他谈的是诗人的灵感。在生活中，我们还常常会观察到这样一些现象，如强烈爆发，持续短暂的激情状态；微弱而持久的心境状态，等等。这些现象都表现出不同于心理过程的变动性和个性心理的相对稳定性。因此，我们把注意状态、灵感状态、心境和激情状态、犹豫状态等称为心理状态。可见，它们是在心理活动的进程中，或从心理过程到个性心理特点形成的过渡阶段，常常出现的一种相对持续的状态。

但是，我们必须看到心理状态在个体个性心理特点的形成中所起的作用。例如，在日常生活中，一个原本文静的姑娘，突然发了脾气，这可能只是一时的激动。但是，如果她听任这种状况不断的经常的发生，而不是主动加以控制的话，那么随着时间的推移，这个性情温和的姑娘就非常容易变成一个性情暴躁、爱发脾气的人。又如，一个人可能处事一时犹豫，不是对什么事都犹豫，这是常会出现的一种短暂的心理状态，但如果久而久之任其发展下去，成为习惯，也容易形成优柔寡断这样比较稳定的个性特点。

总之，心理过程、个性心理和心理状态共同构成了纷繁复杂的心理现象。具体体现在每个人的身上，三者是密切联系、相互影响、相互制约的整体。具体体现为：

第一，人的认识过程、情感过程和意志过程三个方面是密切联系、相互影响的。正如人们所说"爱之深，恨之切"，情感和意志是在认识的基础上产生的，并随着认识过程的深化而不断变化发展；反之，认识活动又总是受到情感和意志因素的极大影响。此外，情感是意志行动积极的动力因素，起着促进或阻碍的作用；反之，意志行动又丰富着情感。

第二，个性倾向性和个性心理特点也是密切关联的。个性倾向性渗透于个性心理特点之中，个性特点也反映出个人的倾向，两者在总体上体现着一个人完整的个性。

例如，大一学生王维，虽然就读的是物理专业，但是在学校组织的大学生文艺会演中表现突出，他的舞蹈获得一等奖，受到老师的好评和同学们的羡慕。为什么他在舞蹈方面表现的能力这么突出呢？主要原因就是他从小就喜欢跳舞。对跳舞的兴趣，使他在舞蹈的知识获取和技能训练方面倾注了比其他人多得多的注意和努力。而在自己喜欢的舞蹈方面获得的一次又一次的成功，也使他更加喜欢跳舞。可见，对一个人来说，兴趣是最好的老师。兴趣可以使一个人在某方面能力突出；而能力的增强，反过来又增加了对事物的兴趣。

第三，心理过程、心理状态和个性心理体现着人的整体心理活动在"动态—过渡态—稳态"方面的相互关系和时相特征。说明人的个性是在心理过程的基础上逐渐形成和发展的；而个性又总是通过各种心理过程表现出来的。反之，已形成的个性倾向和特点又积极地影响着心理过程，使人的心理过程总是带有个性的色彩。

三、科学的心理观

"什么是心理？""人的心理是怎样产生的？"我们的头脑中常常会出现这样一些问题。这些问题的提出，实际上是对心理实质的思考。对心理实质的科学的认识，主要包括以下几个方面的内容：

（一）脑是心理的器官，心理是脑的机能

人的心理不是凭空产生的，心理是物质的派生现象。人的心理所依托的物质就是人的大脑。即脑是心理的器官，心理是脑的机能。

早在 19 世纪前，人们对这个问题的认识是不同的。那时的人们，由于科学技术和医学较落后,错误地认为人的心脏是心理产生的主要器官,即"心脏说"。

19世纪以后,随着科学水平的发展和解剖生理学的研究发现,人们逐渐认识到脑是心理的器官。例如,从我国看,最早持有"脑是心理的器官"认识的,是清代的医生王清任。他认为"灵机、记性不在心,在脑"。

从国外看,根据掌握的资料,较早的是1861年法国医生布洛卡的发现。他发现这位病人虽然能听懂别人的讲话,也能够看懂文字,但就是自己不能讲话,尽管他的发音器官没有异常。通过对病人尸体的解剖发现,此人大脑左半球额叶的额下回后部有损伤。由此确定大脑的这个部位与人的言语表达能力有关。额叶的额下回被确定为"言语运动中枢",这个部位损伤会导致"运动性失语症"。1871年,德国精神病学家威尔尼克发现大脑额叶的额上回后部损伤的病人,虽然能听懂音乐,但却不懂别人说话的含义(这个病症称为"听觉失语症")。大脑额叶的额上回这个部位被确认为"言语听觉中枢"。此外还发现了人的大脑的额叶部位受损伤会导致"失写症",即运动机能虽然正常,但是却不能够用手写字和绘画。这说明大脑额叶是人的"书写中枢"。而1870年,德国医生弗里奇在处置伤员头部伤口时,有了一个发现:如果刺激裸露的大脑皮层能引起对侧肢体的运动。而法国生理学家希齐格也观察到用电击刺激大脑皮层的一定部位,会引起眼的运动。后来两人携手研究,确定了人的大脑皮层中央前回为皮层运动区,并绘制了皮层运动机能定位图。这些发现,都为人们对脑是心理的器官、心理是人脑的机能的认识,起到了极其重要的作用。

人之所以成为万物之灵,就在于人有不同于其他动物的高度发达的大脑。近年来,对人脑研究的成果证明,在大脑皮层上虽然有各种机能区域的划分,如枕叶(视觉中枢)、颞叶(听觉中枢)、顶叶(躯体感觉和运动中枢)等,但额叶区域的功能在人的心理活动中具有极其特殊的意义,这是由于人类的大脑皮层的绝大部分不承担具体的感觉和运动的功能,因而可以集中用于高级的心理过程,如思维、智慧活动。

特别是现今社会,随着科学技术手段的不断发展和创新,必将进一步促进脑科学的研究和发展,揭示出更多的心理奥秘,打开人脑这一神秘的"黑箱"。

(二) 人的心理是人脑对客观现实的反应

事实证明:大脑受到损伤,人的相应的心理现象或心理活动就会丧失。那么,是不是有了大脑就会自然而然的产生心理现象呢?不会的,因为客观现实是人的心理的源泉。就是说人的心理是对客观现实的反应。

俗话说得好:巧妇难为无米之炊。一个妇人,无论她多么聪明能干,如果没有米,她无论如何也不能够做出香喷喷的米饭。人的大脑就好比是"巧妇",无论它多么高度发达,如果脱离人生活的客观现实(包括自然环境和社会环境),就难以产生心理。心理是人脑和客观现实相互作用的结果。有关资料表明,到20世纪50年代,人们共发现了20个被野兽哺育长大的孩子。其中14个是狼哺育的,1个是豹哺育的,5个是熊哺育的。这些"狼孩"、"豹孩"、"熊孩"等,都是在婴儿时或幼儿时就被动物叼去,并且一直生活在动物群中。

【小资料】印度狼孩卡马拉

卡马拉,女,1912年出生于印度,1929年死亡。在她出生的那一年,被狼叼去并与狼一起生活。故此,被称为"狼孩"。在她17年的人生历程中的前8年,都是与人类社会隔绝的。1920年,在印度加尔各答东北山地,印度人辛格在一个狼窝里发现了她,把她带回并送到附近的孤儿院,交给了辛格牧师并由他抚养。此时卡马拉的状况是:不会直立行走而是用四肢爬行,歇息时喜欢用膝盖和双手着地。不会说话和思考。喜欢和动物如猫、羊等在一起。她不会用手吃饭,而是直接用嘴去舔食。每当夜半来临就嚎叫。白天则喜欢待在角落中以腰臀部着地睡觉。害怕强光、水和火。喜欢裸体,给她的衣服和御寒用品常常被她撕掉。此时卡玛拉只相当于6个月大婴孩的心理水平。经过三年多的时间,才逐步适应了人类的生活:能够站立,用双膝行走;能够用双手拿东西吃;能够用摇头表示"不"。到第四年的时候,虽然她一直受到教育,但是此时的心理水平却只相当于正常儿童1.5岁的水平。到第六年时,能说出30个单词,与他人交往时能够表达一定的情感。此时,她的心理水平相当于正常儿童2.5岁的水平。到第七年,她有了较大的变化。可以和其他孩子一起生活,能说出的单词为45个,而且能够表达简单的意思,还能够唱简单的歌,开始注意衣服的穿着,能够做简单的事情,如自觉到鸡窝拣鸡蛋,对表扬感到很高兴等。17岁时因病去世,此时她的智力只有3.5岁的水平。

【心理点评】"狼孩"虽然具有能够产生心理的人的大脑,但是由于她脱离了人类社会环境,同样也不能够具有人的心理。这就证明了人的心理产生的源泉是客观现实这一观点。

(三)人的心理是对客观现实的主观的、能动的反应

人的心理的产生,不仅需要大脑,需要有客观现实的相互作用,同时也受个体主观状况的制约。具体表现为以下几个方面:

首先,人的心理是一种主观印象。如何理解主观印象呢?比如说我们看到令人垂涎欲滴的蛋糕(被反映的事物),此时在我们的头脑中会出现这个蛋糕的形象,而这个形象就是蛋糕在人的头脑中形成的印象。蛋糕的形象和被反映的事物蛋糕,两者是不同的,前者不是物质现象,而是精神现象,是以观念的形式存在于人的大脑中,是不能够吃的;而后者则是物质现象,是实实在在存在于现实中的事物,是可以吃的。

其次,人对现实的反应是受个体的主观世界制约的。例如让学生听歌曲《两个人》,听完写出自己的感受。学生的感受表述如下:"虽然听不懂歌词是什么意思,但是感觉旋律很好,音质很舒服,节奏感很强烈,边听边打节拍,很振奋很激情","节奏感强,听起来心情愉悦,也很兴奋,耳目一新、眼前一亮的感受","有点乱,叫你听不懂,心跳加快","愤怒,她在和一个人吵架,很凶。指责他,他对她很过分","烦"。

为什么对同一首歌,却有这样不同的反应?这是因为:作为个体的人,他们的主观背景的不同。自出生后,人们就不断接受客观现实的影响,加之先天因素的影响,使得每个个体在知识水平、生活经验、个性特征等方面表现出这样或那样的差异。因此,对同一事物的反应会有所不同。

不仅如此,每个人在反应事物时的心理状态不同,也会影响他们对客观事物的反应。即使是对同一事物的反应,也会体现出不同的特点。很多人有这样的体会:当自己很高兴的时候,对别人的玩笑话,即使是开得有些过火,也能够一笑了之;但是如果是心情不好,一个小小的玩笑,也能够使双方闹得不愉快。为什么?就是作为反应的主体的心理状态不同(心境不同)所造成的。

最后,人对现实的反应是主观能动性的。人与动物的根本区别在于人有意识,而动物却没有。所以也有人直接把人的心理称作意识。所谓的意识是人类心理发展的最高水平。也正是因为人有意识,所以使得人在能够反应周围的事物的同时还能够对自身的心理和行为

进行反应,从而使得人类在反应客观世界的同时,能够体现自身的意志,能够按照既定目标去感知、去思考、去实现对客观环境的有目的、有计划的影响。这就体现出人与客观环境的相互作用中的主观能动性。比较而言,由于动物没有意识,因而它对客观现实变化,只能够被动地适应,不具有主观能动性。例如,水是人和动物生存所离不开的。对于动物而言,它所生活的地域如果发生干旱,地面水枯竭,那么,为了生存,动物只能够被动地迁徙;而人却能够根据自己的需要,积极地去计划和行动,去打井或修水坝蓄水,来满足自己生存的需要。可见,人类在认识客观世界的同时,也在积极、主动地改变和创造着客观世界。

第二节 心理学的起源和发展

一、心理学的起源

"心理学有一个悠久的过去,却只有一段短暂的历史",这是德国心理学家艾宾浩斯(H. Ebbinghaus)曾经说过的话。它描绘出了心理学长期的孕育发展过程,而独立地成为一门学科的时间却很短的这样一种状况。

人们对自身精神现象的关注和思考,可以追溯到人类的祖先,即远古时代的人类。那时的人们就已经开始思考他们观察到的一些心理现象,力图揭示心理的奥秘。但是由于认识水平的局限性,人们对观察到的心理现象难以做出科学的解释,只能够凭借直观的想象,个体的主观体验以及想象力的推测。因而,错误地把心理现象看作是"灵魂"的活动。认为灵魂是永生的,灵魂存在于一切有生命的地方。把人分为躯体和灵魂两个方面。当人出生时,灵魂开始寄居在人体内,并且掌控人的活动;当人睡着的时候,灵魂就暂时离开人的身体;人死亡时,灵魂就永久地离开了人体。而人们之所以能够从睡梦中醒来,是因为暂时离开人的身体的灵魂重新回到人的体内。这是万物有灵论的观点。也可以说是古代人对灵魂的起源的一种解释。虽然是错误的,但却可以说是心理学思想的萌芽。

在西方,亚里士多德、苏格拉底、柏拉图等许多著名的哲学家,都曾思考过关于人的问题。古希腊著名哲学家亚里士多德(公元前384—公元前332年)所著的《灵魂论》,可以说是最早的阐述心理现象的专著。虽然当时的人们大多认为人的"灵魂"是天生的,而"知识"是上帝给予的。可是亚里士多德在这个问题上的看法却体现出一种朴素的唯物主义思想,他强调人的某些知识来源于经验。而在我国古代,像大思想家孔子、孟子和荀子等人也对人的问题十分关心。对诸如天人问题、身心关系以及知和行的关系展开讨论。就人的本性是善的还是恶的等问题,提出过一些重要的心理学思想。孔子提出"知之者不如好之者,好知者不如乐知者"(《论语·雍也》),实际上已经体现了现代心理学中关于兴趣的思想;而荀子提出的"形具而神生,好恶、喜怒、哀乐臧焉"(《荀子·天伦》),这实际是一种身心观的阐述:先有人的身体而后有人的心理,人的心理必须依附于人的身体而存在;南北朝时期的范缜也提出了相同的思想,即"形存则神存,形谢则神灭"(《神灭论》)。

值得注意的是,此时尽管很多思想家和哲学家都涉及了心理学的问题,但并不是专门研究心理学。因此,尽管古代的心理学思想很丰富,却大都包含在哲学这个大的范畴里面,是属于思辨性质的。这个阶段是漫长的,具有两千多年的历史。在这个漫长的发展过程中,人们思辨和阐释的内容主要集中在四个方面：第一，人体和心理的关系问题，产生了诸如身心交感论、身心平行论等思想或学说；第二，认为人的感觉经验是一切知识或认识的来源。也只有感觉经验是真实的；第三，认为人的观念和知觉形式不是通过后天的经验获得的，而是先天的；第四，主张以联想来解释所有的心理想象。不仅如此，还对联想的机制、规律等做了探讨。

　　心理学从哲学中分化出来成为一门独立的学科，发生在1879年。就是说，科学心理学从诞生到今天只有一百多年的历史。那么，在哲学母体中孕育了2 000多年的心理学思想，为什么在19世纪末能够形成为一门独立的学科呢？心理学从哲学中脱离出来而成为独立的学科并不是偶然的。一方面，心理学思想的长期的累积，使心理学这个胚胎发育得越来越成熟。其中一些思想为后来进行实验心理学的研究提供了课题，如联想主义思想；另一方面，此时的一些自然科学获得了较大的发展，积累了宝贵的知识和实验技术。如神经功能特殊说、神经系统功能定位说、韦伯定律、心理物理测量法等。1897年，德国的心理学家冯特在德国的莱比锡大学建立了世界上第一个心理学实验室。这标志着心理学的诞生和独立。冯特将自然科学的方法用于研究各种最基本的心理问题，使人们对于心理家的研究开始摆脱了思辨方法的束缚。正是冯特使哲学心理学的内容、体系和自然科学的方法和实验技术有机地结合起来。他也因此被称为心理学的始祖。从此，心理学以独立学科的身份，开始了它的发展历程。

二、心理学的发展

　　从古代到19世纪中叶的这段时间，积累了大量的丰富的心理学思想，主要散见在古代哲学家、思想家的哲学和思想论著中。如古希腊的德谟克利特认为，人的感觉是原子从物体表面发射出来并与感觉器官接触的结果；柏拉图认为，人的行为有三个来源，即欲望、情绪和知识，并且提出了灵魂先于身体而且独立于身体的身心观等。不仅如此，这个时期还有心理学专著的出现：亚里士多德的《灵魂论》被认为是世界上最早的心理学专著。

　　到了19世纪末，自然科学和生理学（如德国的感官神经生理学）等的飞速发展，客观上为心理学成为独立的学科创造了条件并且起到了直接的推动作用。而心理学成为一门独立的学科后，由于各自的背景、研究的角度不同等，出现了许多不同的观点和学派。主要的观点有：

1. 生物学观点

　　此观点认为，人的行为是被躯体结构和遗传过程决定的。心理现象和社会现象现都能够通过生物化学过程来解释，而经验可以通过改变内部的生物结构和过程来改变行为。因此，持此观点的研究者从基因、大脑、神经系统以及内分泌协调中来探寻个体行为的原因。

2. 行为主义观点

　　行为主义者认为传统心理学的内省法是不科学的方法。主张用科学的方法，研究可以直接观察到的东西。那就是：研究引起行为反应的先决环境条件，然后研究在特定的环境下的行为反应，最后观察可观察到的结果（跟随反应出现的）。即行为就是可以直接观察的研究对象，行为就是客观的、可以测定的"刺激—反应"以及两者之间的关系。

3. 认知观点

　　认知主义最为关心的是人的思维以及注意、思考、记忆等认识过程。行为主义对"刺激—反应"的研究,忽略了内部认知过程的研究。认知主义针对这一状况,主张心理学应该研究人的知觉、思维、记忆、表象等内部认知过程。把人脑的活动比作计算机,看作是一种信息加工过程。

4. 心理动力学观点

此观点认为,人的行为是由本能和生物驱力驱使和激发的。人不仅有意识活动,而且有无意识活动。人的行为可能被不在意识范围内的动机驱使。心理学的研究对象应该是人的潜意识,并且非常重视潜意识在人的精神活动中的作用。

5. 现象学观点

现象学的观点是一种认识观和观察分析问题的方法。所谓的现象,可以看作是人对客体的一种纯粹的自我意识。这种纯粹性在于它不是物质的也不是感性经验的,而是"中性"的。因此,现象学的方法就是考察并且如实描述这类"中性"的纯粹的自我意识的方法(李铮,2001)。

6. 人本主义观点

人本主义观点认为,"人们是先天良好而且具有选择能力的有能动性的动物","人类的主要任务就是使自身的潜能得到不断的发展"。人本主义注重人的独特性,主张人是自由的、有理性的生物,具有发展的潜能。人的行为主要受自我意识的支配,因而,要充分了解人的行为,就必须考虑人们自身具有的指向个人成长的疾病需要。

此时,冯特提出的心理学体系并不十分完整和成熟。因此引来各观点、各学派之间的激烈的学术争鸣。在这个过程中,逐渐澄清了各种观点所具有的独特性的同时,各观点、各学派理论的片面性也清晰地展现在人们面前。没有一个学派或观点能够运用自己的研究成果构建出一个完整的心理学的知识体系。于是,慢慢出现了心理学发展的新趋势,特别是近二三十年来,这种新的发展趋势越来越明显:各学派之间的相互融合。国外的现代心理学基本分为两大派系:机械主义和人本主义。心理学的研究体现出三个方面的特点:①重视心理和行为规律的揭示,进而预测其发生和发展;②高级心理和社会行为倍受重视;③重视临近学科研究成果的吸收和交叉学科的攻关研究。

我国古代的心理学思想也比较丰富,主要散见在哲学家、思想家和教育家的著作中。例如,我国古代的儒家、道家、墨家、法家等都提出过重要的心理学思想。1889 年,廖永京翻译出版了《心灵哲学》;1907 年,王国维翻译出版了《心理学概论》。到清朝末年,翻译出版了近 40 种心理学书籍。1917 年,国内第一个心理学实验室在北大成立。1918 年,由陈大齐编著的中国第一本心理学教本《心理学大纲》出版。1920 年,在南京高等师范学校成立了第一个心理学系。1921 年,中华心理学会在南京成立。此后的 20 年,获得了一定的发展。1937—1949 年处于低潮;1958—1976 年严重受挫。随后的 40 年,心理学获得了较大的发展,某些领域达到国际水平。学术地位逐渐得到国际心理学界的认可。例如,1999 年,心理学被科技部列为优先发展的 18 个学科之一;2000 年,确定心理学为一级学科;到目前已经有交互涵盖了所有心理学主要领域的 19 专业委员会和工作委员会;心理学刊物近 20 多种。到 2004 年,国内高等院校有了近百个心理学系,每年心理学专业招生超千人;2004 年 8 月,第 28 届国际心理学大会在北京举行,等等。

第三节 心理学研究的任务、内容和方法

一、心理学的内容

从1879年到今天,在短短的一百多年的发展中,心理学之所以如此旺盛,就在于心理学具有的广泛的普及性和应用性,正因为如此,心理学的研究也越来越广泛,涉及的领域也越来越多。在21世纪的今天,一些领域的问题吸引了心理学家的关注和研究,也必将获得进一步的发展。这些领域主要集中在以下几个方面:

（一）行为和心理的生物学基础

此主题的研究目的就是通过对神经系统、内分泌系统、遗传机制等的研究,了解和揭示心理与行为和生理功能之间的关系。

（二）感觉、知觉与意识

此主题也是对人的身心关系的探讨。主要研究和探讨个体是如何经过感官而获得感觉,并且对感觉经验加以确认、解释、整合和分离,进而对周围环境获得完整经验的。

（三）学习、记忆与思维

人所具有的知识是哪里来的？学习对人的行为是怎样产生影响的？本主题研究的目的主要是探讨个体面对外来的信息如何学习、记忆、思考,从而获得知识和解决问题的。

（四）人的毕生发展

人自出生之后,就会经历一系列的生理和心理变化,一直到生命的尽头。此主题主要探讨和研究个体出生后,身体、行为、心理是怎样随年龄增长而变化的过程,并且研究这些身心变化、遗传和环境是怎样的关系。

（五）动机与情绪

为什么有人会执着地追求某一目标,尽管会付出巨大的努力、金钱或痛苦,而在某些目标实现之前却犹豫不决或放弃？对动机和情绪的研究目的就是探讨个体行为发生背后的原因是什么,探讨个体行为的自主性和选择性,从而对人的行为的原因作出解答。

（六）个体差异

主要是探讨人类个体之间的差异问题。主要围绕两个方面,一方面是个体之间,能力表现方面的差异；另一方面是性格差异。

（七）社会心理

社会力量是如何给人类带来影响的呢？是什么力量促使人作出疯狂的有害行为呢？等等。对社会心理研究的目的就是探讨个体与社会团体之间是如何彼此产生影响的；研究什么样的原则和互动规范能够维护社会与团体之间,社会与个人之间,社会、团体和个人之间的良好互动,以促进人际关系和社会的和谐发展。

（八）心理异常与治疗

什么样的心理是正常的？什么样的心理是异常的？围绕这个主题,探讨心理异常是什

么,它是如何发生的,它有哪些症状,如何解释心理异常的原因。在此基础上,进一步研究和探讨如何治疗和预防心理异常现象的出现,减少人们遭受心理疾病的困扰,更好地维护人类的心理健康。

二、心理学的任务

随着社会的发展和进步,心理学已经渗透到人们生活的方方面面。心理学所具有的广泛普及性和应用性,一方面给人们的生活带来了巨大的影响;另一方面也正体现了心理学所肩负的任务,那就是造福于人类。具体来说,心理学的任务体现在以下五个方面:

(一)描述现象

对心理活动和行为进行精确的观察并且客观地加以描述是心理学的第一个任务。其范围很广,大到对一定社会或文化环境中的群体的研究,小到学习活动中生物化学变化的研究等。

(二)解释原因

在观察和描述现象的基础上,常常要寻找现象背后的原因来解释观察到的现象。例如,小明最近学习成绩有所下降,也经常放学后很晚才回家,回家后也不愿意多说话。这是个体表现出来的行为。那么是什么原因呢?原来他迷恋上了网络游戏。这就是原因的解释。

(三)预测可能

人的心理和行为的发生和发展,都具有一定的规律性。当人们掌握了个体或群体心理和行为发生和发展的趋势后,就可以预测在什么样的情境中,个体心理或行为是否会发生。

(四)控制发生

心理学工作者研究心理学的根本目的就是掌握心理发生和发展的规律,从而有效地调控人的心理和行为,服务于社会。当掌握了个体在一个愤怒的情境下容易做出鲁莽的行为,那么,我们就可以通过控制他产生愤怒情绪的因素,从而达到有效地控制其鲁莽行为的发生的目的。

(五)提升质量

从事应用心理学研究的学者,还具有的一个研究目的就是提高人们的生活质量。例如,临床心理学家,可以通过他们对某些心理疾病的发生和发展以及相关因素的研究,其成果可以为正常人的心理健康提供保障,避免一些心理疾病的发生;色彩心理学的研究,为人们的居室色彩的装饰、服装颜色的搭配等提供了有益的建议,提高人们的生活品质;等等。

三、心理学的方法

(一)研究的指导思想与基本原则

科学研究离不开哲学方法论的指导,辩证唯物主义是科学研究的哲学方法论,为科学研究指明了正确的方向。因此,心理学研究必须以辩证唯物主义为指导思想。坚持辩证唯物主义指导,在心理学研究中就必须贯彻以下基本原则:

1. 客观性原则

科学研究就是揭示客观事物本质及其运动变化规律的过程。这就要求研究者要按照客观事物的本来面目去描述和解释,而不能够主观臆测。这是一切科学研究必须遵循的原则。心理现象是纷繁复杂的,但是无论它多么复杂多变,都有其自身发生、发展和变化的规律,即客观制约性。因此,心理学研究必须遵循客观性原则。

2. 实践性原则

人的心理是在社会实践中产生和发展的。因为,客观现实是人心理的内容和源泉。因此,要探明人的心理和意识产生、发展和变化的规律,就必须把它与个体从事的社会实践活动联系起来加以考察和研究。

3. 系统性原则

唯物辩证法认为,事物的本质特征是事物之间的内在联系和相互作用。人的心理现象尽管复杂,但是它本身也是一个具有一定组织、结构和功能的系统。例如,在心理过程中,人的认识过程、情感过程、意志过程是相互影响和相互制约的;人的个性和心理过程之间也是相互联系、相互制约的。因此,要揭示人心理的本质特征,就必须坚持把心理现象作为一个整体和系统来考察,还必须把心理现象与客观世界联系起来考察。

(二) 研究的具体方法

1. 观察法

(1) 什么是观察法?

观察法就是在自然条件下,通过有目的、有计划、有系统地对研究对象(如人的心理现象、行为表现等)的观察、记录和分析,以获得心理现象产生和发展的规律性的方法。这种方法是心理与教育科学研究的最基本的方法。

(2) 观察法的种类

① 自然观察法和实验观察法

依据资料是否在自然条件下取得,可把观察法分为自然观察法和实验观察法。

自然观察法:是在自然发生的条件下,即被观察者并不知情的情况下进行的观察。

实验观察法:是在某些人为干预和控制的条件下进行的观察。

② 参与观察和非参与观察

根据观察者是否直接参与被观察者所从事的活动,观察法又可分为参与观察和非参与观察。

参与观察法:是观察者直接参与到被观察者的活动中,在这个群体的正常活动中进行的观察。

非参与观察法:是观察者不参与被观察者的活动,即以局外人或旁观者的身份所进行的观察。

③ 有结构观察和无结构观察

根据观察的内容是否有统一设计的、有一定结构的观察项目和要求,观察法有可以分为有结构观察和无结构观察。

有结构观察:是指观察者事先设计好观察的内容和项目,制定出有关观察表格,并在实际观察活动中严格按照它进行观察记录。

后无结构观察:是指观察者只有一个总的观察目的和要求,或一个大致的观察内容和范围,但没有细目,亦无具体的记录表格,因而在实际的观察活动中常常根据当时的具体情况有选择地进行观察。

(3) 观察法的实施步骤

第一步:研究问题的选择和确定。主要包括确定通过观察搜集资料是要解决什么问题,然后确定观察的内容。这样才能够据此确定有效的观察方式和方法,以及观察的策略。

第二步:进入观察情境,具体操作。首先,根据事先确定好的过程的方法和策略进行观察,同时把观察到资料真实地记录下来。由于在具体的观察中,可能会由于情境的变化,使得预先的设计出现漏洞,此时要灵活处理,对事先做好的计划进行修改和补充;同时还要注意,作为观察者要保持客观和中立的态度,避免晕轮效应的影响,以保证观察结果的可靠性。其次,对获得的观察资料进行整理、分析和作出推论和解释,然后撰写观察报告。

(4) 观察法的优缺点

① 优点:由于观察法是在自然条件下进行的,因此使用观察法获得的资料就是比较全面、真实和客观的。特别是对于那些不能直接报告或者报告可能失实材料以及被研究者不配合情况的材料的获得,使用观察法更能够保证资料的可靠性。

② 缺点:对于观察者想要观察的行为,只有它出现了,才能够观察得到。但是什么时候出现往往是难以预测的。因此,观察的结果是难以重复的。此外,观察到的资料的可靠性受观察者本身能力、预期和偏见等方面的影响。

2. 实验法

(1) 什么是实验法?

实验法就是研究者有目的的操纵或控制研究中的某些变量或创设一定的情境,从而对所引起的心理现象进行研究的方法。

(2) 实验法的种类

① 实验室实验法:是指在实验室内,借助于一定的仪器设备,严格控制实验条件,以引起被试心理活动进行研究的方法。

② 现场实验法:也称自然实验法。是指实验者在自然的生活情境中,通过创设或改变一定的条件,对被试产生的心理活动进行研究的方法。

(3) 实验法的优缺点

实验法的优点是通过在实验室内对实验变量的严格控制,能够得到比较精确而且能够重复验证的结果。但是,也正是对实验的严格控制,难以消除人为的性质,因此,对实验结果的应用范围,起到了限制的作用。

3. 调查法

调查法是研究者根据研究的目的,要求被调查者回答某一问题,并通过对答案的分析、判断等研究其心理的一种方法。它包括访谈法和问卷调查法。

(1) 访谈法

访谈法是指研究者向被调查者提出事先拟定好的问题,以面对面口头交流的方式进行的资料搜集的方法。它是心理研究中使用最广的基本方法之一。

与其他方法不同的是,访谈过程是访谈者与被访谈者相互影响和相互作用的过程。因此,访谈的成功与否,不仅取决于访谈的准备工作,还取决于访谈者是否掌握访谈的技巧,是否善于交往,是否善于掌控访谈的过程等。

访谈法的优点：相对于问卷法来说，访谈法使资料的搜集更全面、更深入，更具有真实性、可靠性。因为，访谈者在访谈过程中可以根据具体情况灵活地掌握访谈的进程和谈话的方向，并且根据语言外的其他信息来保证资料的较高信度。

访谈法的缺点：比较浪费人力、时间和财力，较难得出精确的结论。因为访谈是一对一，访谈所使用的时间以及结果的量化整理时间较长，访谈人员通常需要事先的培训，搜集到的资料存在量化的困难等。

(2) 问卷法

问卷法是指研究者根据研究的目的设计好相应的问题，由被调查者自行填写以搜集资料的方法。

问卷法的关键是问卷的设计，而问卷又是由一个个的问题构成的。在编制问题时需要注意的问题：第一，要考虑问题是否简洁明了，容易理解和作答；第二，使用正面肯定提问，应该尽量避免刺激性和敏感性话题；第三，考虑尽量使问卷的答案利于处理；第四，在问题的排列上，应避免反应倾向和定式心理的出现。"漏斗顺序"方式被普遍使用。

问卷法的优点：节省大量的人力、物力和财力。因为，这种方法能够在同一时间向多人搜集并获得大量的资料，而且资料的处理也较为便利（社会科学软件包的使用）。

问卷法的缺点：相比较而言，问卷法使用的是事先设计好的问卷，由被试选择作答。因此在灵活性和深入性方面较访谈法差。

4. 测验法

(1) 什么是测验法？

测验法是指研究者以特定的量表为工具，对个体的心理品质进行鉴定分析的一种方法。

虽然测验法也是以被试回答研究者事先设计好的问卷这种方式来搜集资料，但是却有不同。其最大的不同在于：测验法所使用的是具有一定信度和效度的标准化问卷。不仅编制要遵循一定的标准来进行，而且施测也必须严格按照一定的程序来进行。而问卷法中使用的问卷在这方面的要求没有测验法这么高。

(2) 测验法的种类

心理测验的种类较多。如按照测验的功能分为能力测验、成绩测验、人格测验；按照测验的运用分为教育测验、职业测验、临床测验；按照测验的方式分为个别测验、团体测验；按照测验的材料分为文字测验、非文字测验等。

(3) 测验法的优缺点

测验法的优点：由于测验法的量表编制及施测都有一套严格的标准化的程序，通常具有常模，而且量表多，使得测验法在以下方面的优点突出，即效果准确可靠，施测易于控制，结果处理方便，可以进行对比研究，以及满足不同研究目的的需要。

测验法的缺点：由于测验法结果都是使用定量分析的方法，因此难以做定性分析，一般也难以得出变量间因果关系的结论，因为某一次测验的结果难以把被测者的心理特点等完完全全地反映出来，对研究者有较高的要求。

心理学的研究方法不仅仅局限于上面介绍的四种。而这四种方法各有各的优势和局限，因此，在具体的研究中，要根据研究的目的，灵活地使用多种方法，取长补短，满足研究的需要。

复习思考题

1. 心理学的研究对象是什么?
2. 心理现象包括哪些方面?
3. 心理学的根本任务和基本任务是什么?
4. 如何理解人的心理的实质?
5. 如何理解心理过程、心理状态和个性心理三者的关系?
6. 为什么说人的心理具有主体性?

本章参考文献

[1]理查德·格里格,菲利普·津巴多.心理学与生活.王垒,王甦,等,译.北京:人民邮电出版社,2003.

[2]姚本先.心理学新论(修订版).北京:高等教育出版社,2005.

[3]张厚粲.心理学.天津:南开大学出版社,2002.

[4]韩永昌.心理学(修订版).上海:华东师范大学出版社,1993.

[5]董齐.心理与教育研究方法(修订版).北京:北京师范大学出版社,2004.

[6]王振宇.心理学教程.北京:人民教育出版社,1999.

[7]黄日强.心理学教程.长春:东北师范大学出版社,1993.

第二章
注 意

【本章导学】

注意是心理活动对一定事物的指向和集中。它是心理活动有效进行必不可少的心理前提。本章主要探讨注意及其种类；注意的品质及其培养；注意的规律在教学中的应用。

第一节 注意概述

注意是大家熟悉的一种心理现象，也是非常重要的心理现象。它是贯穿于心理过程的一种共同的心理状态，是人的各种心理活动顺利进行的监控机制。人脑对客观环境中不断作用于人的感觉器官的各种各样刺激的选择性反应，就是注意的表现。注意是人们进行学习、获得知识、取得劳动成果的必要条件。

一、注意的概念

注意是心理活动对一定对象的指向和集中。人处于注意状态时，其心理活动总是指向于一定的对象：或者感知着某种对象，或者回忆着某件往事，或者沉思于某个问题，或者想象着某种形象。在某一瞬间我们的心理活动有选择地朝向于一定的对象，就显示出通常所谓的注意状态。在注意时，心理活动不仅指向于一定的对象，而且还集中于一定的对象。注意的集中性可以用心理努力的程度来表示。这有两种情况：一是在同一时间内各种有关的心理活动共同集中于一定的对象；二是同一种心理活动不仅指向于一定的对象，而且维持着这种指向，使活动不断地深入下去。因此，无论是各种有关的心理活动的指向和集中或是同一种心理活动的指向和集中都是一个人的注意状态。

指向性和集中性是注意的两个基本特性。指向性是指心理活动在某一时刻总是有选择地朝向一定对象。注意的对象既可以是外部世界的对象和现象，也可以是我们自己的行动、观念或内心状态。因为人不可能在某一时刻同时注意到所有的事物，接收到所有的信息，只能选择一定对象加以反应。就像满天星斗，我们要想看清楚，就只能朝向个别方位或某个星座。指向性可以保证我们的心理活动去清晰而准确地把握某些事物。集中性是指心理活动停留在一定对象上的深入加工过程，注意集中时心理活动只关注所指向的事物，抑制了与当前注意对象无关的活动。集中注意的对象是注意的中心，其余的对象有的处于"注意的边缘"，多数处于注意范围之外。比如，当我们集中注意去读一本书的时候，对旁边的人声、鸟语或音乐声就无暇顾及,或者有意不去关注它们。注意的集中性保证了我们对注意对象有更深入、完整的认识。

指向性和集中性统一于同一注意过程中,保证了注意的产生和维持。当人的心理活动指向于某一对象时,也就集中于这一对象。没有指向性,就没有集中性。而指向性又是通过集中性表现出来的。可见,指向性是集中性的前提和基础,集中性是指向性的体现和发展。例如,当学生上课的时候,他的心理活动不可能指向教室内外的各种事物,只能选择教师的教学活动作为自己的注意对象。另外,在听课过程中,他必须始终关注教师的教学,抑制与听课无关的小动作。只有在正确指向的基础上加以集中,才能使一个学生在一堂课中清晰、完整、深入地理解教学内容。

二、注意与心理过程的关系

注意是一种非常重要的心理机制,但却不是一种独立的心理过程。注意是认识、情感和意志等心理过程的共同的组织特性。首先,注意是伴随心理过程出现的,离开了具体的心理活动,注意就无从产生和维持。当我们说"注意看黑板",是感知活动中的注意;"注意这个问题",则又是思维活动中的注意了。人们在看一部悲剧作品时伤心落泪,说明注意既伴随着认识活动,又伴随着情感过程。反过来,没有注意的指向和集中对心理活动的组织作用,任何一种心理活动都无法展开和进行。注意可以说是信息进入我们认知系统的门户,它的开合直接影响着其他心理机能的工作状态。所以,注意虽然不是一种独立的心理过程,但在心理过程中发挥着不可或缺的作用。

三、注意的功能

注意对人类生活具有十分重要的意义,是个体掌握知识和从事实践活动的必要条件。它对心理活动起着积极的维持和组织作用,使人能够及时集中自己的心理活动,清晰地反映客观事物,更好地适应环境,并改造世界。

在个体的心理活动中,注意具有以下三种功能:

（一）选择功能

注意使心理活动有选择地指向符合自己所需要或与当前的活动相一致的事物,而避开或排除那些无关事物的影响,使心理活动具有一定的方向性。也就是说,注意具有把与心理活动指向事物有关的信息检索出来,并与各种无关的信息加以区别,从而使心理活动按照人的需要和愿望进行集中或者转移的功能。正是由于注意的选择功能,才使人类能够正确地反映客观事物。否则,千变万化的外界事物,不加选择地进入我们的意识,或者我们头脑中原有的表象,全部同时呈现出来,那么我们的心理活动将是一片混乱,任何活动都不可能顺利地进行了。

（二）保持功能

注意可以将选取的刺激信息在意识中加以保持,以便心理活动对其进行加工,完成相应的任务。如果选择的注意对象转瞬即逝,心理活动无法展开,也就无法进行正常的学习和工作。

（三）调节和监督功能

注意能使人及时觉察事物的变化，并调节自己的心理和行动以适应这种变化。例如，汽车司机随时注意交通情况，根据实际变化，随时改变行车的速度和方向，以保持行车安全。注意的监督作用表现为能随时发现自己行动的错误，并对自己的心理、行为及时进行调整，对错误及时纠正。

四、注意的外部表现

人在注意状态下，常常伴随着一些特有的生理变化和外部动作，这种外部表现往往在不同的心理活动中以不同的形式表现出来。注意发生时，最明显的外部表现主要有以下几种情况：

（一）适应性运动出现

人在注意时，有关的感官会做出适应性调整。当人们专注地观察事物时，其感官就会朝向刺激物，表现为感官的趋向活动。例如，人在注意看某个物体时，把视线集中在该物体上，举目凝视；注意听某一声音时，把耳朵转向声音的方向，侧耳倾听。当人们陷入沉思或浮想联翩时，就会表现出感官的回避活动，常常眼睛呆视，双眉紧皱，凝视沉思，对周围的一切视而不见，充耳不闻。这些举目凝视、侧耳倾听、凝神沉思等都是感官的适应性运动。

（二）无关动作停止

无关运动的停止是紧张注意的一种特征。当人注意紧张时，外部动作常常表现为静止状态，一切多余动作都会停止下来。比如当儿童听精彩故事时，会身体微微前倾，一动也不动地望着老师。

（三）生理活动的变化

人在集中注意时，其肢体血管收缩，头部血管舒张，呼吸会变得格外轻微和缓慢。呼与吸的时间比例也会发生显著的变化，吸短而呼长。当十分紧张注意时，甚至会出现呼吸暂时停止，即所谓的"屏息现象"。此外，人在注意时，面部表情也发生变化，特别是口型和眼睛的形态会随着注意对象和心理过程的不同而改变。当人在紧张注意时，还会出现心跳加快、牙关紧闭、紧握拳头等现象。

一般来说，注意的外部表现和注意的真实情况是一致的。但也有注意的外部表现和内心状态不符的情况，即所谓貌似注意实际不注意或貌似不注意实际注意的现象。因此，在判断一个人的注意时，还需进行多方面的观察和了解。

第二节 注意的种类

根据注意过程中有无预定目的和是否需要意志努力的参与，可以把注意分为无意注意、有意注意和有意后注意。

一、无意注意及其产生的原因

（一）什么是无意注意

无意注意又称为不随意注意,是指没有预定目的,也不需要意志努力的注意。无意注意一般是在外部刺激物的直接刺激作用下,个体不由自主地给予关注。例如,正在上课的时候,突然从窗户飞进来一只鸟,大家不自觉地把视线投向它。在这种情况下,我们对要注意的东西没有任何准备,也没有明确的认识任务。注意的引起和维持不是依靠意志的努力,而是取决于刺激物本身的性质。在这个意义上,无意注意是一种消极、被动的注意。在这种注意活动中,人的积极性水平较低。

（二）引起无意注意的原因

引起无意注意的原因有两个:一是客观刺激物的特点,二是个体的主观状态。

1. 客观刺激物的特点

客观刺激物的特点包括刺激物的强度、刺激物的新异性、刺激物的对比以及刺激物的运动和变化。

（1）刺激物的强度。一声巨响、一道强光或者一股浓烈的气味,都容易引起人的无意注意。刺激物的强度分为绝对强度和相对强度。在一定范围内,刺激物的绝对强度越大,越容易引起无意注意。但是,有关研究表明,对于无意注意来说,起决定作用的往往不是刺激物的绝对强度,而是刺激物的相对强度,即刺激物强度与周围物体强度的对比。例如,喧嚣的闹市中,大声叫卖未必能引起人们的注意,但在安静的阅览室中小声交谈就可能引起别人的注意。

（2）刺激物的新异性。刺激物的新异性是指刺激物在内容和形式上具有不同寻常的特性。一般来说,新颖奇特的事物容易引起注意,而司空见惯的事物则不易引起人们的注意。例如,在偏僻的小山村来了一个金发碧眼的外国人,很容易引起人们的无意注意。如果司空见惯的事物以不同寻常的形式出现时也会引起人们的无意注意。如一个平时沉默寡言的人一反常态,在众人面前口若悬河,也会引起人们的注意。这是刺激物的相对新颖性在起作用。

（3）刺激物的对比。刺激物在形状、大小、颜色和持续时间等方面与周围环境和其他刺激物对比强烈、差异显著时,很容易引起无意注意。例如,"万绿丛中一点红"、"鹤立鸡群"、"高女人和她的矮丈夫"等。

（4）刺激物的运动和变化。处于运动和变化状态的刺激物常会成为人们注意的对象。天上的流星、都市夜晚闪烁的霓虹灯、忽高忽低的声音等都容易引起人们的无意注意。

2. 个体的主观状态

客观刺激物并不是引起无意注意的唯一因素,有时在上述刺激物特点不明显的情况下,个体也容易产生无意注意,这与个体的主观状态有关。

（1）个体的需要和兴趣。人们总是不自觉地对自己急需的或感兴趣的事物产生注意。例如,一个人喜欢集邮的人,关于集邮方面的信息很容易引起他的无意注意;对于一个寻医求药的人,各种医药信息也容易引起他的无意注意。一般来说,无意注意与人对事物的直接兴趣有关。

(2) 个体的情绪和精神状态。一个人情绪稳定,心情舒畅,精神饱满,就会对平时不经意的事物产生注意;相反,情绪低落,精神萎靡,或身体处于疾病状态、疲劳状态,就很容易对许多事物视而不见。

(3) 个体的知识经验。个体的职业和爱好使得各自的知识经验不同,与人的知识经验有联系的事物更容易进入人们的注意范围。同样看一部影片,音乐工作者会注意其中的配乐,美术工作者会注意影片的用光和色调。

二、有意注意及其产生和维持的条件

(一) 什么是有意注意

有意注意也称为随意注意,是指有预定目的,也需要作意志努力的注意。人们在日常生活、工作和劳动中,有时需要在不利的环境中坚持学习,阅读某些难懂而又不感兴趣的书籍或从事紧张的劳动,这些都要求我们作一定的意志努力,迫使自己把注意集中到这些活动上来。这种意志努力是由第二信号系统来控制和调节的,有了第二信号系统参加,我们便可以通过语词,按照规定的任务,组织心理活动,使之更加自觉地指向和集中于一定事物。所以有意注意是人类所特有的一种注意形式。

有意注意是一种积极主动、服从于当前活动任务需要的注意,属于注意的高级形式。它的指向和集中,不是决定于某些刺激物的特点,而是服从于人们已经确定的活动目的和任务。有意注意目的性明确,自觉性较好,保持时间较长,但人在有意注意状态下,消耗精力多,容易使个体产生疲劳。了解有意注意产生和维持的条件,才能保证各种心理活动的顺利进行。

(二) 有意注意产生和维持的条件

(1) 活动的目的和任务。有意注意的重要特征是有明确的预定目的。对活动目的理解得越清楚、越深刻,完成任务的愿望越强烈,也就能更好地实现注意的维持和调节作用。心理学实验表明,当被试者对活动要求不明确、目的不清楚,常容易分神,不能长时间维持有意注意。

(2) 稳定的间接兴趣。无意注意的产生主要是由于刺激物的特点和活动过程本身激发起的直接兴趣引起的,而对活动结果产生的间接兴趣则是维持有意注意的重要条件。间接兴趣越稳定,活动过程中的有意注意也越容易产生和维持。例如,一个学生在学习外语时,感到背单词、记语法的过程单调而枯燥,想知难而退,但当他意识到掌握外语后可以开阔视野,增进交流,增加就业机会,他就会积极投入到外语学习中去。

(3) 活动过程的组织。心理学研究表明,形式单一、内容枯燥的活动容易使人疲劳厌倦,造成分心。因此,组织形式多样、内容活泼的活动是防止分心、维持有意注意的有效方法。这包括既要增加操作活动,手脑并用,又要增加讨论和竞赛,甚至可以用必要的言语提示来集中注意力。

(4) 坚强的意志力。有意注意进行中常会有各种干扰,既有外部干扰,如与活动内容无关的声音和视觉刺激;也有内部干扰,包括生理上的疲劳、疾病以及心理上消极的思想和情绪,如有些学生上课时还在想与同学间的矛盾,自然会妨碍正常的学习活动。内外干扰越多,有意注意就越困难。因此,培养抗干扰能力,不受内外干扰因素的影响,对于维持有意注意是非常重要的。个体的意志力水平与抗干扰能力有密切关系。只有提高意志力,才能克服不良的注意习惯,抵御各种干扰,全身心地投入到学习和工作中。

三、有意后注意

有意后注意又称随意后注意,是指有预定目的,但不需要意志努力的注意。它是在有意注意的基础上,经过学习、训练或培养个人对事物的直接兴趣达到的。在有意注意阶段,主体从事一项活动需要有意志努力,但随着活动的深入,个体由于兴趣的提高或操作的熟练,不用意志努力就能够在这项活动上保持注意。例如,一个学习外语的人在初学阶段去阅读外文报纸,还是有意注意,很容易感到疲倦;随着学习的深入,外语水平不断提高,当消除了许多单词和语法障碍,能够毫不费力地阅读外文报刊,可以说达到了有意后注意的状态。

有意后注意是一种更高级的注意。它既有一定的目的性,又因为不需要意志努力,在活动进行中不容易感到疲倦,这对完成长期性和连续性的工作有重要意义。但有意后注意的形成需要付出一定的时间和精力。

四、三种注意的关系

无意注意和有意注意虽然是两种性质的注意,但在实际生活中是很难截然分开的。无意注意与有意注意在一定条件下可相互转化或交替。即无意注意可以转化为有意注意,有意注意也可以转化为无意注意。例如,一个最初只凭兴趣学习、弹奏乐器的学生,后来认识到弹奏乐器对促进身心健康发展的重要意义,于是认真钻研,克服指法、乐理和简谱不通等困难,从而有目的地保持对这项活动的注意,使无意注意转化为有意注意。后来,随着学习的进步,能够轻松熟练地弹奏乐器,并能体验到其中的乐趣,无须作意志努力就能把注意维持在这项活动上。这时,有意注意又转化为无意注意,成为一种有意后注意。

有意后注意是有意注意转化而来的无意注意,是一种特殊形式的注意,它兼有无意注意与有意注意的特征。一方面,它是一种自觉的、有目的的注意,这点与有意注意相同;但另一方面,它却是不需要特别的意志努力的注意,这点与无意注意相似。有意后注意又是一种高级类型的注意,因为它兼具两种注意的优点,既有目的,又不耗费多大精力,因而,有意后注意常常是有效的创造性智力活动的必要条件,也是学生从事学习活动所应有的注意状态。

第三节 注意的品质及其培养

一、注意的品质

所谓注意的品质,是指用来评价注意力水平的指标。一个人注意力水平的高低,可以从注意的广度、注意的稳定性、注意的分配以及注意的转移四个方面加以判断。

(一)注意的广度

注意的广度又称注意的范围,是指一个人在同一时间内能够清楚地把握注意对象的数量。它反映的是注意品质的空间特征。

心理学家很早就开始研究注意广度的问题。1830年,心理学家汉密尔顿(Hamilton)最先做了这方面的实验,他在地上撒了一把石子儿,发现人们很难在一瞬间同时看到六颗以上的石子儿。如果把石子儿两个、三个或五个组成一堆,人们能同时看到的堆数和单个的数目一样多。通过速示器进行的研究表明,成人在 1/10 秒内一般能注意到 8~9 个黑色的圆点或 4~6 个没有联系的外文字母。

影响个体注意广度的因素主要有以下三个方面。

1. 注意对象的特点

注意的广度因注意对象的特点的变化而有所不同。例如,当在同一时间内被试呈现一些具有不同特点的字母让其辨认时,发现对同样颜色的字母要比不同颜色的字母注意广度要大;排列成行的要比分散在角落里的字母注意广度要大;组成词的字母比孤立的字母注意广度要大。这说明,注意对象越集中,排列越有规律,越能成为相互联系的整体,注意的广度也就越大;反之,则越小。

2. 活动的性质和任务

一般来说,任务越简单,注意的范围就越大;活动任务越复杂,越需要关注细节的注意过程,注意的范围会大大缩小。例如,用速示器呈现一些英文字母,其中有些存在书写错误,要求一组学生报告所有字母的数量;要求另一组学生在短时间内判断哪些字母书写有误,并报告字母的数量;结果,后者知觉到的字母数量要比前者少得多。

3. 个体的知识经验

一般来说,个体的知识经验越丰富,整体知觉能力越强,注意的范围就越大;个体知识经验越缺乏,则注意范围越小。如果速示器上出现的是医学名词,则医生的注意范围要大;如果出现的是生物学的名词,则生物学家的注意广度就大。文化水平高的人在读书时的注意范围就比刚学会字的小学生大得多,阅读速度就快,大学生阅读时能一目十行,小学生则需一个字一个字地用手指着读。

(二) 注意的稳定性

所谓注意的稳定性也称为注意的持久性,是指注意在同一对象或活动上所保持时间的长短。这是注意的时间特征。注意集中的时间越长,注意的稳定性越高。

注意的稳定性并不意味着注意只集中在某一事物上,只要活动的总任务不变,把注意有选择地集中于事物的几个方面,同样属于事物的稳定。例如,学生在完成作业过程中,可能要看教科书,要演算,要书写,还要思考等,这里虽然注意的对象不断发生变化,但完成作业这一总任务却没有发生变化,因而注意仍然是稳定的。

但人在注意同一事物时,很难长时间地对注意对象保持固定不变。当人专注某一对象时,视听感觉器官会产生周期性地加强和减弱的变化,这种现象称为注意的起伏,又称注意的动摇。例如,把一只表放在耳边,保持一定距离,使他能隐约听到表的滴答声,结果被试者时而听到表的滴答声,时而又听不到。注意的起伏是不随意的,是意识很难直接控制的。如图 2-1 所示,注视这个图形,会发现中间的小方形时而突起,时而陷下,大正方形与小正方形的位置总是在跳跃地变更着,无论怎样试图稳定它,也无济于事。

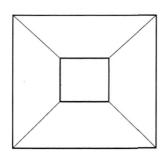

图 2-1 注意的起伏现象

注意起伏的周期,包括一个正时相和一个负时相。注意处于正时相时表现为感受性提高,感觉到有刺激或刺激增强。注意处于负时相时,则表现为感受性降低,感觉不到刺激或刺激变弱。研究表明,一般每次起伏的周期为2~3秒至12秒,平均为8~10秒。注意起伏的原因,一般认为是由于感觉器官的局部适应,使对物体的感受性短暂地下降。实验表明:声音刺激的起伏间隔时间最长,其次是视觉刺激,触觉刺激的时间最短。现代神经生理学提出新的论点,他们把注意的起伏和有机体一系列机能的起伏联系起来。如心跳、血压、呼吸,以及一定类型的神经元节律性的机能作用。在注意稳定集中时,对一些不显著的起伏常常觉察不出来,并且对大多数的活动影响也不大。

与注意的稳定性相反的品质是注意的分散。注意的分散,又称分心,是指在注意过程中,由于无关刺激的干扰或者单调刺激的持续作用引起的偏离注意对象的状态。无关刺激的干扰容易引起无意注意,妨碍有意注意的活动;单调刺激的作用是指有意注意的活动如果千篇一律,毫无新意,会引起主体的疲劳和精神松懈,也会产生分心。

影响注意的稳定性的因素有如下三个方面:

1. 注意对象的特点

注意对象本身的一些特点影响到注意在它上面维持的时间长短。一般来说,内容丰富的对象比单调的对象更能维持注意的稳定性;活动的对象比静止的对象更能维持注意的稳定性。但并不是说事物越复杂,刺激越丰富,注意力就越稳定。过于复杂、变幻莫测的对象反而容易使人产生疲劳,导致注意的分散。

2. 主体的精神状态

除了外部刺激物的特点之外,个体的主观状态也影响注意的稳定性。一个人身体健康,情绪良好,精力充沛,就会在学习和工作中全力投入,不知疲倦。相反,一个人处于失眠、疲劳、疾病状态,或者情绪受挫的情况下,注意无法保持稳定,活动效率也会大大降低。

3. 主体的意志力水平

注意的稳定性实际上就是保持良好的有意注意,因此也需要有效地抗拒各种干扰。主体具备坚强的意志力,就可以战胜各种困难,克服自身缺点和不足,始终如一地保证活动的进行和活动过程的高效率。

(三) 注意的分配

注意的分配是指在同一时间内把注意指向两种或两种以上不同的对象或活动。例如平时所说的"眼观六路"、"耳听八方"形容的就是这种情况。

注意的分配在人的实践活动中有重要的现实意义。如学生一边听课,一边记笔记;司机需要一边驾车,一边观察路况;钢琴师一边弹琴,一边看谱,一边唱歌等。事实证明,注意的分配是可行的,人们在生活中可以做到"一心二用",甚至"一心多用"。

注意的分配是有条件的:

(1)同时进行着的两种或两种以上的活动都很熟练,或只有一种不熟练。这样,对于熟练的活动无须给予过多的注意,而能自动化地实现,而把大部分的注意集中到不熟练的活动上,这样两种活动才能同时进行。

(2)同时进行着的几种活动之间的联系也是一个重要条件。有联系的活动才便于注意分配。当同时进行的几种活动之间形成了固定的反应系统时,先做什么,后做什么,在头脑中形成了动力定型,这样人们就容易同时进行多种活动和动作。比如边弹边唱,就是这个道理。

(3)注意的分配与注意的迅速转移关系密切。严格地说,注意的分配并不是发生在同一时间内,而是一种快速的转移。

(四)注意的转移

注意的转移是个体根据新的任务,主动地把注意由一个对象转移到另一个对象上。例如,在学校课程安排上,如果先上语文课,再上数学课,学生就应根据教学需要,把注意主动及时地从一门课转移到另一门课。

注意的转移不同于注意的分散。前者是根据任务需要,有目的、主动地转换注意对象,是为提高活动效率,保证活动的顺利完成,这是注意灵活性的表现。后者是由于外部刺激或主体内部因素的干扰作用引起的,注意的分散违背了活动任务的要求,偏离了正确的注意对象,降低了活动效率,是消极被动的。

良好的注意转移表现在两种活动之间的转换时间短、活动过程的效率高。影响注意转移的因素有以下三个方面。

1. 原活动的吸引力

原来的活动如果是符合个体兴趣的,吸引力就越大,注意的转移就越困难。反之,原来的活动吸引力越小、注意的转移就越容易。

2. 新活动的特点

如果新的活动意义重大,能引起个体的兴趣,或能够满足他的心理需要,那么,即使先前的活动吸引力很强,也能顺利地实现注意的转移。反之,如果对新活动的意义理解肤浅,或不符合人的兴趣,那么即使先前的活动吸引力不强,也不能顺利地实现注意的转移。

3. 个体的神经类型和自控能力

神经类型灵活性高的人比不灵活的人更容易实现注意的转移,自控能力强的人比自控能力弱的人更善于主动及时地进行注意的转移。

主动而迅速地进行注意的转移,对各种工作和学习过程都十分重要。有些工作要求在短时间内对各种新刺激作出迅速准确的反应,对注意转移的要求尤其高。例如,一个优秀的飞行员在起飞和降落时的五六分钟之内,注意的转移就达200次之多。

总之,人在注意品质上存在个别差异。注意品质的综合表现就构成了各具特色的注意能力。一个人的工作效率如何,不仅取决于他是否具有某种注意品质,而且还取决于他能否根据活动的性质把各种注意品质有机地结合起来。

二、学生良好注意品质的培养

良好的注意品质是学习活动的重要条件。一个学生如果有较大的注意广度、持久的注意稳定性、较强的注意分配和注意转移的能力,就可以保证心理活动顺利有效地进行。

要扩大注意的广度,需要学生积累本学科相当的知识经验和一定的素养。教师应该指导学生迅速增加知识储备,勤学多练。如在外语教学中要提高学生的阅读水平,就要指导学生扩大词汇量,熟练掌握语法规则,大量进行阅读训练。此外,使学生了解当前活动的性质和要求,适当安排教学任务,也可以扩大注意范围。注意广度还受注意对象特点的影响,如果需要学生注意较大范围内的教学对象,就应该使它们在排列组合上集中有序,或能成为相互联系的整体。

要增强注意的稳定性,就要防止注意的分散。一方面要保证整洁、安静的教学环境,防止外部无关刺激的干扰,另一方面要注重学生良好学习习惯的形成和意志力的锻炼,克服内部干扰。此外,加强学习目的性教育,端正学习态度,组织内容丰富、形式多样的教学活动,也是提高注意稳定性的重要手段。

注意的分配在教学中有实践意义。为提高课堂效率,教师需要学生边听课边记笔记,有时需要学生一边动手操作,一边观察教师的演示。根据注意分配的条件,需要增强学生的听讲、书写、表达等基本学习能力的训练,当这些训练达到高度熟练的程度时,就可以在课堂上做到"一心二用"。另外,对于一些特殊技能的分配,需要特别的训练,增强技能间的协调性。

注意的转移与人的先天的神经活动类型有关,但也可以通过对外在因素的控制和后天训练加以改善和提高。教学活动中经常需要学生进行注意的转移,在两种活动之间一定的信号或言语提示是必要的,在低年级课堂中甚至要给予命令式的要求。另外,活动安排也要力求合理,把能够引起学生浓厚兴趣、易使其过于兴奋的活动安排在前就可能妨碍学生对后继活动的投入。所以,先上体育课,再上文化课是不合适的。当然,提高注意转移能力,根本上是提高学生的自我行为的监控能力,使他们能够积极主动地服从教学安排,及时转换注意的对象。

第四节 注意规律在教学中的应用

注意是进行各种活动的重要条件。教师在教学过程中,要注意防止学生注意的涣散,运用注意规律组织教学,以提高教学质量,培养学生良好的注意品质。

一、根据注意的外部表现了解学生的听课状态

如前所述,人们在注意状态下有明显的外部表现。在课堂教学中,学生如果认真听讲,注意教师的教学活动,也会有相应的外部表现。教师通过观察学生的外部表现,既能够判断学生是否在专心听讲,又能够了解自己的教学效果,从而保证课堂教学的最优化。课堂上,学生表现出积极的神情和适应性的动作说明他在全身心地关注教学,教师可以利用这种积极的学习状态深化知识教学,启发思考,培养创造性。相反,学生若是做小动作,或漫不经心,或心浮气躁,就说明注意力有所分散,教师应该及时提醒,同时也要灵活地组织教学,帮

助学生把注意力集中到课堂教学中来。

二、运用无意注意的规律组织教学

无意注意主要是受外部事物的刺激作用不自觉地产生的,它缺乏目的性,又不需要意志努力,常会导致学生上课分心,干扰了正常的教学活动。这是无意注意在教学中的消极作用。但无意注意在教学中也有积极作用,那就是通过对某些服从于教学要求的刺激物的有意识的控制来引起学生的无意注意,为教学活动服务。在具体教学工作中,教师应该利用无意注意的特点加强教学过程,避免无意注意的消极影响。教师教学中应注重以下三方面。

1. 创造良好的教学环境

为了使学生在学习过程中不受外部无关刺激的干扰,应该创造一个安静、整洁的教学环境。

首先,教师应该注意教室外环境对课堂的干扰,冬天风雪大的时候应关紧门窗,夏天日晒的时候要拉上窗帘,如果有噪声、视觉干扰或不良气体侵入,应该尽快排除。

其次,还应注意教室内的环境,如地面是否干净,桌椅排列是否整齐,教室的布置和装饰是否简洁朴素等。过于华丽、繁杂的室内布置,有时会成为课堂教学的"污染源",使学生注意力分散。

再次,教师的服饰、发型不宜过于耀眼,有的教师换了新装或理了新发型后,往往在上课前先到学生面前"亮亮相",这种做法可以有效地减少学生上课时的注意分散。

此外,教师在教学过程中要迅速、妥善地处理偶发事件,因势利导地进行教学,保持课堂秩序的稳定。在课间休息时,不宜让学生做激烈的或竞赛性的游戏,以防止学生因过度兴奋而不能将注意力及时地转移到课题上。

2. 注重讲演、板书技巧和教具的使用

客观刺激物的强度、对比、新颖性和活动性是引起无意注意的重要因素,教师要发挥无意注意的积极作用,就应努力在讲演、板书和教具使用中施加这些影响。

在讲课过程中,教师应该音量适中,语音、语调做到抑扬顿挫,遇到重点、难点还要加强语气,伴以适当的手势和表情。声音太大、语调平淡,容易使学生疲劳;声音过小,学生听不到或听不清,就很容易分心。

板书是课堂教学的重要辅助手段。板书的目的一方面是帮助学生厘清知识的结构和脉络,解决疑难,另一方面也可以吸引学生的注意力,提高课堂学习效率。因此,板书应该做到运用有度、重点突出、清晰醒目。必要时还要用彩色粉笔和图、表格加以强调。

许多学科的教学还需要借助教具作为辅助手段,尤其在低幼儿童的教学中,合理使用教具可以激发学生的直接兴趣,吸引学生的无意注意。教具应该新颖直观,能够很好地说明问题。使用教具时教师还要给予言语讲解,引导学生正确观察,避免学生只关注表面现象,忽略实际问题。

3. 注重教学内容的组织和教学形式的多样化

个体的知识经验是影响无意注意产生的因素,学生更愿意关注与自己知识经验有联系的事物。这就需要教师找出教学内容与学生知识结构的结合点,提供具体的实例,引起学生的直接兴趣,维持学生的注意。另外,教师应该运用多种教学方法和灵活、多样的教学手段,调动学生饱满的情绪状态和学习积极性,如教师在讲解和板书之外,还应穿插使用教具演

示、个别提问、角色扮演、集体讨论以及动手操作等教学形式。

三、运用有意注意规律组织教学

有意注意有明确的目的性,而且有意志努力的参与。它的主要缺点是容易使个体产生疲劳,从而导致分心。另外,有意注意的活动并不总是符合个体的兴趣和心理需要,有时不免产生厌倦。在教学中,教师要保证学生有良好的有意注意,应注重以下三个方面。

1. 明确学习的目的和任务

学习是一种自觉的、有目的的,以一定方式组织起来的活动,因此,学生要搞好学习就不能只凭兴趣,而靠有意注意的发展。帮助学生确立明确的学习目的,有一个正确的学习态度,是保证学生持之以恒的学习活动的前提。在运用有意注意规律进行教学时,首先应使学生有明确的学习目的,明确所要解决的问题,提高学习的自觉性;其次对学生的要求要宽严适度,培养学生克服困难的意志力。在教学中,教师应不断地向学生提出他们力所能及的,又要付出一定意志努力才能完成的新任务、新要求。要求太难会使学生丧失信心,太易则会使学生不重视,不能集中注意。

2. 培养间接兴趣

间接兴趣是引起和维持有意注意的重要条件之一。有时活动本身缺乏吸引力,但活动的目的与结果使人感兴趣,为了完成活动任务,活动本身则成为有意注意的对象。为了引发学生学习的间接兴趣,教师在一门课开始时应对学生阐明本学科知识学习的意义和重要性,在知识教学中渗透思想教育。特别是在一些内容相对枯燥、难度较大的科目学习中,使学生了解知识掌握后的功用和社会价值,引起他们对学习结果的间接兴趣,从而调动学生的积极性,唤起有意注意的维持。

3. 合理组织课堂教学,防止学生分心

学习活动需要学生维持有意注意,但人的注意力又很难长久地集中,所以教师的教学过程应避免任务安排过满,节奏过于紧张,应该张弛有度,给学生适当放松休整的时间。有时,教师适当放慢速度,穿插一些有趣的谈话,可以更好地促进学生的学习。

另外,教师可以运用多种电化教学手段,采取生动活泼的形式,来调整学生的注意状态。色彩丰富的形象、活动画面的刺激和操作活动,有利于降低和消除学生的疲劳感,维持较长时间的有意注意。

可以说,课堂教学组织越合理,越符合学生的心理特点和内在需要,学生越不容易分心。但有时为了避免学生分心,还要采取一些具体的控制措施。

(1) 预先控制。对有不良的学习习惯、上课爱做小动作的学生,作有针对性的调查分析,进行说服教育并适当采取防治措施。

(2) 信号控制。教师在教学过程通过言语提示和表情暗示等信号来提醒分心的学生。

(3) 提问控制。针对个别分心的学生点名提问,在回答不出时要求他集中注意,听其他同学的正确回答。

(4) 表扬控制。不失时机地表扬专心听讲、正确回答问题的学生,给分心的学生树立榜样。同时适当地对分心的学生进行批评,也可起到加强注意的效果。

四、运用三种注意相互转换的规律组织教学

有意注意虽然是学生学习的重要保证,但是,完全依赖有意注意进行学习,容易引起紧

张和疲劳,不能长时间地坚持。如果单纯依赖无意注意进行学习,又会因缺乏目的性而难以完成学习任务,况且学生克服困难的意志力也不能得到锻炼。因此,在教学过程中要做到两种注意交替运用,恰当地安排教学,培养学生学习的直接兴趣,促使有意注意向有意后注意转化。一般来说,上课开始,就要通过组织教学,"动员"学生的有意注意,建立适当的情绪状态;接着,通过提出新问题、新内容,引起学生的无意注意;在讲授重点和难点时,又要组织学生的有意注意;学生逐渐被内容所吸引,全神贯注地听课时,他们的注意已经转为有意后注意了;巩固新课和布置作业时,学生注意容易涣散,因此又要提出要求,以引起学生的有意注意。总之,一堂课就这样有意注意、无意注意、有意后注意有节奏的互相交替着,使学生的注意有张有弛、不易疲劳,自始至终地保持一定的注意。当然,他们之间的变换并没有固定的模式,要根据教学的中心任务巧作安排,以提高教学的效果为目的。

复习思考题

1. 注意的概念。
2. 注意的特点及功能有哪些?
3. 注意有哪些种类?
4. 如何运用注意规律组织教学?
5. 如何培养学生的注意力?

本章参考文献

[1] 彭聃玲. 普通心理学(修订版). 北京:北京师范大学出版社,2004.

[2] 姚本先. 心理学新论(修订版). 北京:高等教育出版社,2005.

[3] 叶奕乾,何存道,梁建宁. 普通心理学(修订版). 上海:华东师范大学出版社,1997.

[4] 王雁. 普通心理学. 北京:人民教育出版社,2002.

[5] 章志光. 心理学. 3 版. 北京:人民教育出版社,2002.

[6] http://www.docin.com/p-5414805.html.

[7] http://www.uzz.edu.cn/jyjsx/xlx/news_more.asp?lm=&lm2=98.

第三章
感觉和知觉

【本章导学】

感觉和知觉是最简单的心理现象,是人们认识世界的开端。因此,要了解人的丰富而复杂的心理活动,必须从感觉、知觉开始。在本章中,我们主要探讨感觉的一般概念,包括感觉的作用、种类、感受性的变化及其发展。接着探讨知觉的一般概念、种类及其特性。进而了解感知规律在教学中的应用以及观察力的培养。

第一节 感 觉

一、感觉的概述

(一)感觉的概念

人类认识客观世界是从感觉开始的。没有感觉,人类将无法生存,人类的精神世界就会是一片空白。我们需要食物维持生命,需要房屋保护自己,需要与他人交往以满足社会需要,还需要意识到危险以避免伤害……为了满足这些需要,我们必须从现实中获得可靠的信息。与其他种系相比,人类并不擅长于某一感觉领域:我们没有鹰的敏锐视觉,没有蝙蝠的听觉,没有啮齿动物灵敏的嗅觉……然而,人类的感觉机制使我们能够加工更为复杂的信息。正是由于感觉是重要的心理过程,所以对感觉的研究,一直是心理学研究的最基础的部分。

所谓感觉,是人脑对直接作用于感觉器官的客观事物的个别属性的反应。每个人都生活在一个丰富多彩的世界里,当人们认识一种事物时,首先认识事物的颜色、声音、气味、温度、硬度等个别属性。客观事物的这些个别属性通过我们的各种感觉器官反映到大脑中,大脑便获得了外部世界的各种信息,我们也就产生了相应的感觉。感觉不仅反映事物的外部属性,而且反映肌体的变化和内部器官的状况,如人体的运动、干渴、饥饿、疼痛等内部信息。感觉是脑反映现实的最简单的心理过程。

(二)感觉的作用

感觉虽然是一种简单的心理活动,但在人类的生活中却有着非常重要的作用。首先,感觉是人们认识世界的开端。通过感觉,人们既能认识外界事物的各种属性,也能认识自己机体的状态,从而有效地进行自我调节。借助于感觉获得的信息,人们可以进行更复杂的知觉、记忆、思维等活动,从而更好地反映客观世界。其次,感觉是维持正常心理活动的重要保障。实验表明,在动物个体发育的早期进行感觉剥夺,会使动物的感觉功能产生严重缺陷;人类也无法长时间忍受全部或部分感觉剥夺。感觉剥夺会使人的思维过程混乱,出现幻觉,注意力不能集中,甚至还会有严重的心理障碍。

【小资料】感觉剥夺实验

1954年,心理学家贝克斯顿等在加拿大的麦克吉尔大学进行了首例感觉剥夺试验研究。他们在付给大学生每天20美元的报酬后,让他们在缺乏刺激的环境中逗留。具体地说,就是在没有图形试图视觉(被试须戴上特制的半透明的塑料眼镜)、限制触觉(手和臂上都套有纸板做的手套和袖子)和听觉(实验在隔音室里进行,用空气调节器的单调嗡嗡声代替其听觉)的环境中,静静地躺在舒适的帆布床上。

实验结果显示:感到无聊和焦躁不安是最起码的反应。在实验过后的几天里,被试者注意力涣散,不能进行明晰的思考,智力测验的成绩不理想等。通过对脑电波的分析,证明被试的全部活动严重失调,有的被试者甚至出现了幻觉(白日做梦)的现象。

【心理点评】感觉虽然是一种简单的心理活动,但却十分重要。首先,感觉向大脑提供了内外环境的信息。通过感觉人可以了解事物的各种属性,保证机体与环境的平衡。感觉是认识的开端,是知识的源泉。而以上实验可以证明刺激和感觉对任何人来说都是必不可少的。对于一个正常人来说,没有感觉的生活是不可忍受的。

(三)感觉的种类

据刺激的来源不同,可以把感觉分为外部感觉和内部感觉。外部感觉是由机体以外的客观刺激引起、反映外界事物个别属性的感觉。外部感觉包括视觉、听觉、嗅觉、味觉和肤觉。内部感觉是由机体内部的客观刺激引起、反映机体自身状态的感觉。内部感觉包括运动觉、平衡觉和机体觉。

1. 外部感觉

(1)视觉

以眼睛为感觉器官,辨别外界物体明暗、颜色等特性的感觉称为视觉。

产生视觉的适宜刺激是可见光。光是具有一定频率和波长的电波。宇宙中存在各种电磁波,而其中只有一小部分才是可见光。产生视觉的适宜刺激是波长为380～780纳米的电磁波,即可见光。

接受光波刺激的感受器是眼睛视网膜上的感光细胞。视网膜上的感光细胞有两种:视锥细胞和视杆细胞。视锥细胞大多集中在视网膜的中央窝及其附近,大约有600万个,能分辨颜色和物体的细节。视杆细胞主要分布在视网膜的边缘,大约有1.2亿个,主要感受物体的明暗,但不能分辨颜色和物体的细节。当适宜的光刺激透过眼睛到达视网膜,引起视网膜中的感光细胞产生神经冲动,神经冲动沿视神经传导到大脑皮质的视觉中枢时,视觉就产生了。

光波的基本特性表现在三个方面,即强度、波长、纯度。与物理属性相对应,人对光波的感知也有三种特性:明度、色调与饱和度。

与光的强度对应的视觉现象是明度。明度是指由光线强弱决定的视觉经验,是对光源和物体表面的明暗程度的感觉。如果我们看到的光线来源于光源,那么明度决定于光源的强度。如果我们看到的是来源于物体表面反射的光线,那么明度决定于照明的光源的强度和物体表面的反射系数。

与光的波长对应的视觉现象是色调。色调是指物体的不同色彩。不同波长的光作用于人眼引起不同的色调感觉,如 700 纳米的光波引起的色调感觉是红色,620 纳米的光波引起的色调感觉是橙色,70 纳米的光波引起的色调感觉是蓝色。

饱和度反映的是光的成分的纯度。例如,浅绿色、墨绿色等是饱和度较小的颜色,而鲜绿色是饱和度较大的颜色。

与光的时间特性对应的视觉现象是后像和闪光融合。视觉刺激对感受器的作用停止后,感觉现象并不消失,还能保留短暂的时间,这种现象称为后像。例如,注视亮着的电灯几秒钟后,闭上眼睛,眼前会出现一个亮着的灯的形象位于暗的背景上,这是正后像,后像的品质与刺激物相同,随后可能看到一个黑色的形象位于亮的背景上,这是负后像。彩色视觉常常有负后像。例如,注视一个红色正方形一分钟后,再看白墙,在白墙上将看到一个绿色的正方形。当断续的闪光达到一定的频率,人们不会觉得是闪光,会得到融合的感觉,这种现象称为闪光融合。例如,日光灯的光线其实是闪动的,每秒钟闪动 100 次,但我们看到的却不是闪动的,而是融合的光。

(2) 听觉

声波振动鼓膜产生的感觉就是听觉。引起听觉的适宜刺激是频率(发声物体每秒钟振动的次数)为 16~20 000 赫兹的声波。低于 16 赫兹的振动是次声波,高于 20 000 赫兹的振动是超声波,都是人耳不能接受的。接受声波刺激的感受器是内耳的柯蒂氏器官内的毛细胞。当声音刺激经过耳朵传达到内耳的柯蒂氏器官内的毛细胞时,引起毛细胞兴奋,毛细胞的兴奋沿听神经传达到脑的听觉中枢,这就产生了听觉。

听觉器官对声波的反映表现为音高、响度和音色。

音高是指听起来声音的高低。音高主要决定于声音的频率。一般地,声波振动频率越大,听起来音调越高;反之,音调越低。通常成年男性说话的音调要低于成年女性的音调。言语声的音高一般在 85~1 100 赫兹。音高还受声音的持续时间等因素的影响。声音刺激至少要持续一定的时间(低频声音的持续的时间比高频声音的持续时间长),才能让人体验到音高。疾病、年龄等因素也会使人对音高的感觉产生影响。

响度是指声音的强弱程度,主要由声波的振幅决定。振幅越大,声音的响度也就越大;振幅越小,响度越小。测量响度的单位是分贝。生活中,耳语声的响度是 20 分贝,普通谈话的响度是 60 分贝,繁忙的街道的响度是 80 分贝,响雷的响度是 120 分贝。人长时间处于 85 分贝以上环境中会导致听力受损。

音色是指声音的特色,由声波的波形决定。例如,即使胡琴和小提琴发出的音高、响度相同的声音,听起来还是两种不同的声音,这种差别就是音色的差别。由于声音具有各种不同的特色,我们才可能辨别不同的发声体。

(3) 嗅觉

某些物质的气体分子作用于鼻腔黏膜时产生的感觉称为嗅觉。

引起嗅觉的适宜刺激是有气味的挥发性物质,接受嗅觉刺激的感受器是鼻腔黏膜的嗅细胞。有气味的气体物质作用于嗅细胞,细胞产生兴奋,经嗅束传至嗅觉的皮层部位(位于颞叶区),因而产生嗅觉。

许多动物要借助嗅觉来寻找食物、躲避危险、寻求异性。人的嗅觉已退居较次要的地位。例如,德国牧羊犬的嗅觉比人类的嗅觉敏锐100万倍。但即使这样,人的嗅觉仍为我们的生存提供重要的信息。例如,有毒的、腐烂的物质常伴有难闻的气味,这对于想食用它们的人来说是一种警告。人的嗅觉受多种因素的影响,如刺激物的作用时间、机体生理状态、空气的温度和湿度等。温度太高、太低,空气湿度大小,机体感冒等,都会降低嗅觉的敏感性。

研究表明,嗅觉刺激可以唤起人们的记忆和情绪。做词汇练习时闻着巧克力香味的学生,第二天回忆词汇时,再次提供巧克力香味比不提供巧克力香味回忆的词汇要多。芳香的气味可以使人心情好,增强自信,提高工作效率。

(4) 味觉

可溶性物质作用于味蕾产生的感觉称为味觉。如果用干净的手帕将舌头擦干,然后将冰糖或盐块在舌头上摩擦,这时我们感觉不到任何味道,甚至可以把奎宁撒在干舌头上,只要唾液不溶解它,就不会感觉到苦味。引起味觉的适宜刺激是可溶于水或液体的物质,接受味觉刺激的感受器是位于舌表面、咽后部和腭上的味蕾。

味蕾的再生能力很强,所以即使因吃热的事物烫伤了舌头,也不会对味觉有太大影响。但是,随着年龄的增长,味蕾的数量会逐渐减少,因此人的味觉敏感性会逐渐降低。吸烟、喝酒会加速味蕾的减少,因而会加速味觉敏感性的降低。基本的味觉有酸、甜、苦、咸四种,其他味觉都是由这四种味觉混合而来。舌尖对甜味最敏感,舌中对咸味最敏感,舌的两侧对酸味最敏感,舌后对苦味最敏感。食物的温度对味觉敏感性有影响。一般来说,食物的温度在20~30 ℃时,味觉敏感性最高。机体状态也会影响味觉敏感性。饥饿的人对甜、咸较敏感,对酸、苦不太敏感。

巴特舒克(Linda Bartoshuk,1993)研究发现,人类因味觉引起的情绪反应是固定的。把甜的或苦的食物放在新生儿的舌头上时,新生儿舌头和面部的反应与成人一致。没有舌头的人仍有味觉,味觉感受器在嘴的后部和顶部。如果舌头的一侧失去味觉,我们不会注意到,因为舌头的另一侧对味觉会非常敏感。大脑难以对味觉定位,虽然舌头中间的味蕾较少,但我们体验到的味觉来自整个舌头。某些有营养的物质不能引起味觉,如脂肪、蛋白质、淀粉及维生素。

(5) 肤觉

刺激作用于皮肤引起的各种各样的感觉称为肤觉。

引起肤觉的适宜刺激是物体机械的、温度的作用或伤害性刺激,接受肤觉刺激的感受器位于皮肤、口腔黏膜、鼻黏膜和眼角膜上(如皮肤内的游离神经末梢、触觉小体、触盘、环层小体、棱形末梢等),呈点状分布。

肤觉的基本形态包括触压觉、温度觉、痛觉。其他各种肤觉是由这几种基本形态构成的复合体。

由非均匀的压力在皮肤上引起的感觉称为触压觉。触压觉包括触觉和压觉。当机械刺激作用于皮肤表面而未引起皮肤变形时产生的感觉是触觉;当机械刺激使皮肤表面变形但未达到疼痛时产生的感觉是压觉。相同的机械刺激在皮肤的不同部位引起的触压觉的敏感性是不同的,额头、眼皮、舌尖、指尖较敏感,手臂、腿次之,胸腹部、躯干的敏感性较低。

温度觉是指皮肤对冷、温刺激的感觉。温度觉包括冷觉和温觉两种。冷觉和温觉的划分以生理零度为界限。生理零度是指皮肤的温度,随温度的变化而变化。温度刺激高于生理零度,引起温觉;温度刺激低于生理零度,引起冷觉;温度刺激与生理零度相同,则不会引起冷觉和温觉。人体不同部位的生理零度不同,面部为33 ℃,舌下为37 ℃,前额为35 ℃。当温度刺激超过45 ℃时,会使人产生热甚至烫的感觉。这种感觉是温觉和痛觉的复合。

痛觉是对伤害有机体的刺激所产生的感觉。引起痛觉的刺激很多,包括机械的、物理的、化学的、温度的以及电的刺激。痛觉对有机体具有保护作用。天生无痛觉的人常常寿命不长,因为他们体会不到因机体受伤或不适而产生的痛觉,因而不会主动去为医治自己的身体而努力。不仅仅是皮肤,全身各处的损伤或不适都会产生痛觉。因此,痛觉既可以是外部感觉,也可以是内部感觉。痛觉常伴有生理变化和情绪反应。皮肤痛定位准确;肌肉、关节痛定位不准确;内脏痛定位不准且具有弥散的特点。影响痛觉的因素很多,我们可以通过药物、电刺激、按摩、催眠、放松训练、分散注意力等方法减轻痛觉。我国学者研究表明,人体皮肤对痛觉的敏感性一年中经历两次周期性的变化,春、秋两季比夏、冬两季要迟钝。

2. 内部感觉

(1) 运动觉

反映身体各部分运动和位置的感觉称为运动觉。引起运动觉的适宜刺激是身体运动和姿势的变化,接受运动觉刺激的感受器位于肌肉、韧带、关节等的神经末梢。凭借运动觉,我们可以行走、劳动,还可以进行各种体育活动,完成各种复杂的运动技能;凭借运动觉与触觉、压觉等的结合,我们可以认识物体的软硬、弹性、远近、大小、滑涩等特性。

(2) 平衡觉

反映头部位置和身体平衡状态的感觉称为平衡觉。引起平衡觉的适宜刺激是身体运动时速度和方向的变化,以及旋转、震颤等,接受平衡觉刺激的感受器位于内耳的前庭器官,即椭圆囊、球囊和三个半规管。平衡觉的作用在于调节机体运动、维持身体的平衡。平衡觉与视觉、机体觉有联系,当前庭器官受到刺激时,视野中的物体仿佛在移动,我们会产生眩晕、恶心、呕吐等。

(3) 机体觉

机体内部器官受到刺激时产生的感觉称为机体觉。引起机体觉的适宜刺激是机体内部器官的活动和变化,接受机体觉刺激的感受器分布于人体各脏器的内壁。机体觉在调节内部器官的活动中具有重要作用,它能及时反映机体内部环境的变化、内部器官的工作状态。当人体的内部器官处于健康、正常的工作状态时,一般不会产生机体觉。机体觉的表现形式有饥、渴、气闷、恶心、窒息、便意、性、胀、痛等。

二、感受性及其变化发展

(一) 感受性与感觉阈限

感觉的产生,首先必须有作用于各种感受器的适宜刺激。外界某种性质的刺激,只能引起某种感觉器官的反应,也就是说,每一种感受器只对一种形式的能量特别敏感,而这种能量就是这种感受器的适宜刺激。适宜刺激引起相应的感觉,需要一定的强度,如果达不到一定的刺激强度,便不能产生感觉,这就是感受性和感觉阈限问题。

每一种感觉都有两种类型的感受性和感觉阈限:绝对感受性和绝对感觉阈限、差别感受性和差别感觉阈限。

1. 感受性与感觉阈限成反比。感受性是分析器对适宜刺激的感觉能力。同是一种刺激,这个人感觉到了,另一个人感觉不到,就说明他们的感受性不同。用什么来衡量、标志人们感受性的高低呢?感受性是用感觉阈限的大小来度量的。感觉阈限是能引起感觉的持续一定时间的刺激量。感受性与感觉阈限成反比关系。

2. 绝对感受性与绝对感觉阈限成反比。并不是所有的刺激都能引起人的感觉,只有达到一定量的刺激才能引起人们的感觉。刚刚能引起感觉的最小刺激量,称为绝对感觉阈限。凡是达不到最小刺激量的刺激物,其刺激强度都在阈限以下,不能引起感觉。对这种最小刺激量的感觉能力,称为绝对感受性。绝对感受性和绝对感觉阈限在数量上成反比例关系。即绝对感觉阈限越小,绝对感受性越大;反之,绝对感觉阈限越大,绝对感受性越小。这种关系可用如下公式表示:

$$E=1/R(E\text{ 为绝对感受性},R\text{ 为绝对感觉阈限})$$

绝对感觉阈限可因刺激物的性质和有机体的状况而有所不同,活动的性质、刺激强度、刺激持续的时间、个体的自身状态等,都会影响绝对感觉阈限。

人的绝对感受性很高,晴朗的黑夜中,40千米处的烛光,能引起人们的视觉;安静状态下,6米处表的滴答声,能引起人们的听觉;2加仑水中,加一茶匙蔗糖,能引起人们的味觉;一滴香水扩散到一幢六层楼公寓,能引起人们的嗅觉;从1厘米外,一片蜜蜂翅膀落在脸颊上,能引起人们的触觉。

3. 差别感受性与差别感觉阈限成反比。刺激物引起感觉之后,如果刺激量发生了变化(增多或减少),也会引起感觉的变化。但是,并不是刺激的所有变化都能引起感觉的变化,例如,在100克的重量上如果只增加1克的重量,人们就感觉不出两者的差异。只有当刺激变化到一定量时,才能使人们感觉到差别。能引起差别感觉的刺激物的最小变化量,称为差别感觉阈限。对差别感觉阈限的感觉能力,称为差别感受性。差别感觉阈限和差别感受性也成反比例关系。即差别感觉阈限越小,差别感受性越大;反之,差别感觉阈限越大,差别感受性越小。

产生最小差别感觉,刺激物的变化量与原刺激量之间的关系在一定范围内是一个常数,用公式表示为:

$$\Delta I/I=K(I\text{ 为原刺激量},\Delta I\text{ 为刺激物的变化量},K\text{ 为常数})$$

这一公式就是著名的韦伯定律。研究证明,韦伯定律只是在中等刺激强度的范围内才是正确的。且不同的感觉,韦伯常数(K)是不同的。如重量在300克左右时为1/50;盐水的味觉为每千克1/5。

(二) 感受性的变化与发展

1. 感受性的变化

人的各种分析器的感受性会随条件和机体状态的不同而发生变化。感受性的变化表现为以下几种现象:

(1) 感觉后象。当刺激对感官的作用停止以后,感觉并不立即消失,而是继续维持一段很短的时间。这种在刺激作用停止后暂时保留的感觉印象,称为感觉后象。感觉后象可以使我们对断续出现的刺激产生连续的感觉。当然,这种断续刺激的出现必须达到一定的频率。电影正是运用了感觉后象的心理学原理。

(2)感觉适应。由于刺激物的持续作用而使感受性发生变化的现象称为感觉的适应。这是在同一感受器中,由于刺激在时间上的持续作用导致对后来刺激的感受性发生变化的现象。感觉的适应可以引起感受性的提高,也可以引起感受性的降低。通常,强刺激可以引起感受性降低,弱刺激可以引起感受性提高。此外,一个持续的刺激可引起感受性下降。

适应是较普遍的感觉现象。俗话说:"入芝兰之室,久而不闻其香;入鲍鱼之肆,久而不闻其臭。"就是嗅觉的适应现象。视觉适应可分为明适应和暗适应。从光亮处走进已灭灯的电影院时,开始什么也看不清,过一段时间,就能分辨物体的轮廓,这是视觉感受性提高的暗适应。反之,离开电影院,从暗处到光亮的地方,开始时也是耀眼发眩,一片明亮,但过一会儿就能看清周围的物体,这是视觉感受性降低的明适应。除此之外,肤觉、味觉的适应也特别明显,听觉的适应不太明显,痛觉的适应则极难产生。正因如此,适应现象具有很重要的生物学意义,使人能在变化万千的环境中,做出精确的反应。

(3)感觉对比。感觉对比是同一感受器接受不同的刺激而使感受性发生变化的现象。感觉的对比可以分为两种:同时对比和继时对比。

几个刺激物同时作用于同一感受器时产生同时对比。例如,"月明星稀"、"月暗星密";灰色的长方形纸片放在黑色背景上看起来比放在灰色背景上更亮(见图3-1)。

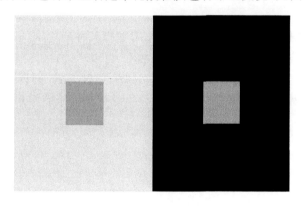

图 3-1 黑白对比图

刺激物先后作用于同一感受器时产生继时对比。例如,吃过糖之后,接着喝白开水,觉得淡淡的;吃了苦药之后,再喝白开水,觉得甜甜的。

(4)不同感觉的相互作用。不同感觉间的相互作用,是指一种感觉的感受性会由于其他感觉的影响而发生变化的现象。其规律是弱刺激能提高另一种感觉的感受性,而强刺激则使另一种感觉的感受性降低。

在现实生活中,人接受环境的信息常常是多通道同时进行的,不同感觉的相互作用时有发生。例如,强烈的声音刺激会使牙痛更甚;重的物体在轻松的音乐声中感觉会轻些;在绿色光照条件下会提高人的听力,而在红色光照下会增强人的握力;等等。

联觉。联觉是指一种感觉兼有另一种感觉的现象,是感觉相互作用的一种特殊形式。颜色感觉容易产生联觉。如红色象征革命和喜庆,红色的旗帜会使人感到威武、庄严;绿色象征春天,表示青春和健美,使人感到一派生机,给人以喜悦和宁静的感觉。红、橙、黄等色,类似于太阳和烈火的颜色,往往引起温暖的感觉,称之为暖色。蓝、青、绿等色,类似于蓝天、海水和树林的颜色,往往引起寒冷、凉爽的感觉,称之为冷色。

在其他感觉中也能产生联觉。例如,人们经常说"甜甜的嗓音"、"沉重的乐曲"等,这些都是一种感觉兼有另一种感觉的心理现象。

联觉现象在绘画、建筑、设计、环境布置等方面常得到应用。

2. 感受性的发展

人的感受性,无论是绝对感受性,还是差别感受性,都具有极大的发展潜力。人的感受性的发展受以下条件的影响:

(1) 社会生活条件和实践活动是感受性发展的基本条件。专门从事某种特殊职业的人,由于长期使用某种感觉器官,相应的感受性就得到较高的发展。如炼钢工人能够根据钢水的火花判断炉火的温度;印染工人能够分辨出几十种浓淡不同的黑色;熟练的汽车司机,侧耳一听,就能听出机器运转的异常声音;等等。以上这些人的感觉能力有如此惊人的发展,并不是他们先天具有的特异功能,而主要是在后天生活和劳动实践中长期锻炼发展起来的。

(2) 有计划的练习可以提高感受性。实验证明,一个人只要有健全的感觉器官,其各种感觉都有很大发展的可能性。为了发展学生的各种感受性,教师应对学生的各种感觉进行有目的的训练。如音乐、绘画、雕刻、诗歌、戏剧等艺术活动都能训练学生的感觉,使他们的感觉能力得到发展。

(3) 感官的机能补偿作用。感觉的补偿作用是指某种感觉缺失以后,可以由其他感觉来弥补。例如,有些盲人有高度发达的听觉和触觉,可以通过自己的脚步声或拐杖击地时的回响来辨别附近的建筑物、河流、旷野等地形,可以通过触摸觉"阅读"盲文。有些聋哑人振动觉特别发达,他们甚至可以通过把手放在钢琴上感受振动来欣赏乐曲等。

第二节 知觉

一、知觉的概述

(一) 知觉的概念

任何一种感觉,反映的都是事物的个别属性,当我们把对事物的不同个别属性加以综合时,就产生了对事物的全面的反映,这就是知觉。知觉是人脑对直接作用于感觉器官的事物整体的反映,是对感觉信息的组织和解释的过程。

在日常生活中,我们很少意识到孤立的感觉,因为我们总是要把对事物的各种感觉信息综合起来,并根据自己的经验来解释事物。也就是说,我们通常是以知觉的形式来反映事物。例如,我们看到的红色,不是脱离具体事物的红色,而是红旗的红色,或红花、红灯、红车等的红色;对于听到的声音,我们总是知觉为言语声、流水声或音乐声等有意义的声音。

(二) 感觉、知觉的区别和联系

感觉和知觉既有区别,又有联系。

感觉和知觉是不同的心理过程,感觉反映的是事物的个别属性,知觉反映的是事物的整体,即事物的各种不同属性、各个部分及其相互关系;感觉仅依赖个别感觉器官的活动,而知觉依赖多种感觉器官的联合活动。可见,知觉比感觉复杂。

感觉和知觉有相同的一面。它们都是对直接作用于感觉器官的事物的反应,如果事物不再直接作用于我们的感觉器官,那么我们对该事物的感觉和知觉也将停止。感觉和知觉都是人类认识世界的初级形式,反映的是事物的外部特征和外部联系。如果要想揭示事物的本质特征,光靠感觉和知觉是不行的,还必须在感觉、知觉的基础上进行更复杂的心理活动,如记忆、想象、思维等。

知觉是在感觉的基础上产生的,没有感觉,也就没有知觉。我们感觉到的事物的个别属性越多、越丰富,对事物的知觉也就越准确、越完整,但知觉并不是感觉的简单相加,因为在知觉过程中还有人的主观经验在起作用,人们要借助已有的经验去解释所获得的当前事物的感觉信息,从而对当前事物作出识别。

(三) 知觉的种类

根据不同的标准,可以对知觉进行不同的分类。根据知觉印象与客观事物是否相符合,可将知觉分为正确的知觉和错误的知觉。根据知觉活动中占主导地位的感受器的不同,可将知觉分为视知觉、听知觉、嗅知觉、味知觉等。根据知觉对象的不同,可将知觉分为物体知觉和社会知觉。这里主要介绍一下物体知觉及错觉。

1. 物体知觉

物体知觉就是对物的知觉,对自然界中机械、物理、化学、生物种种现象的知觉。任何事物都具有空间、时间和运动的特性,因而物体知觉又分为空间知觉、时间知觉、运动知觉。

(1) 空间知觉

空间知觉是对客观世界三维特性的知觉,具体是指物体大小、距离、形状和方位等在头脑中的反应。空间知觉是一种较复杂的知觉,需要人的视觉、听觉、运动觉等多种分析器的联合活动来实现。在我们的生活和学习中,空间知觉具有重要的作用。例如,学习汉语拼音、汉字时,需要正确辨别上下、左右,否则难以顺利地掌握汉字的结构和识别汉语拼音;下楼梯时,如果我们不知道有几个台阶、每个台阶有多高,就容易摔倒。

空间知觉包括形状知觉、大小知觉、深度与距离知觉、方位知觉等。

形状知觉是指对物体的轮廓和边界的整体知觉。形状知觉是人类和动物共同具有的知觉能力,但人类的形状知觉能力比动物的更高级,因为人类能识别文字。形状知觉是靠视觉、触觉、运动觉来实现的。我们可以通过物体在视网膜上的投影、视线沿物体轮廓移动时的眼球运动、手指触摸物体边沿等,产生形状知觉。

大小知觉是指对物体长短、面积和体积大小的知觉。依靠视觉获得的大小知觉,决定于物体在视网膜上投影的大小和观察者与物体之间的距离。在距离相等的条件下,投影越大,则物体越大;投影越小,则物体越小。在投影不变的情况下,距离越远,则物体越大;距离越近,则物体越小。大小知觉还受个体对物体的熟悉程度、周围物体的参照的影响。对熟悉物体的大小知觉不随观察距离、视网膜投影的改变而改变。对某个物体的大小知觉也会因该周围参照物的不同而改变。

对物体深度和距离的判断可以依据的线索很多,如小的物体似乎远些,大的物体似乎近些;被遮挡的物体远些;远处的物体看起来模糊,能看到的细节少;远的物体显得灰暗,近的物体色彩鲜明;看近物时,双眼视线向正中聚合,看远物时,双眼视线近似平行等。我们还可以通过立体镜来了解深度知觉。

人依靠视觉、听觉、运动觉等来判断方位,这种能力是后天形成的。依靠视觉进行方位判断必须借助参照物。参照物可以是自己的身体、太阳的位置、地球的磁场、天地等。不同方位辨别由易到难的次序分别是上、下、后、前、左、右。由于人的两只耳朵分别在头部的左右两侧,因此同一声源到达两耳的距离不同,两耳所感知的声音在时间和强度上存在差别。正因如此,我们也能依靠听觉进行方向定位。

(2) 时间知觉

时间知觉是对事物发展的延续性、顺序性的知觉,具体表现为对时间的分辨、对时间的确认、对持续时间的估量、对时间的预测。时间,既没有开始也没有结束。生活中,我们对时间的知觉既可以借助于自然界的变化,如太阳的东升西落、月的圆缺、四季变化等,也可以借助于生活中的具体事件或自身的生理变化,如数数、打拍子、节假日、上下班等,还可以借助于时钟、日历等计时工具。在不同的心理状态下,人们对时间的估计有很大差别。研究表明,在悲伤的情绪下,人们在时间估计方面会出现高估现象;在欢快的情绪下,在时间估计方面会出现低估现象。

(3) 运动知觉

运动知觉是指物体在空间的位移特性在人脑中的反应。世界上万事万物都处在运动当中,因而,运动和静止是相对而言的。物体运动速度太慢或太快都不能使人产生运动知觉。人没有专门感知物体运动的器官,对物体运动的知觉是通过多种感官的协同活动实现的。当人观察运动的物体的时候,如果眼睛和头部不动,物体在视网膜的像的连续移动,就可以使我们产生运动知觉。如果用眼睛和头部追随运动的物体,这时视像虽然保持基本不动,眼睛和头部的动觉信息也足以使我们产生运动知觉。如果我们观察的是固定不动的物体,即使转动眼睛和头部,也不会产生运动知觉,因为眼睛和颈部的动觉抵消了视网膜上视像的位移。

运动知觉又可具体细分为真动知觉、似动知觉和诱动知觉。

真动知觉是对物体本身以一定速度和轨迹作连续位移的知觉。真动知觉依赖于物体适宜的运动速度。我国心理学者用实验证明,当对象在两米距离时,运动知觉的下阈是 0.6 毫米/秒,上阈是 600 毫米/秒。

似动知觉是指在特定条件下静止的物体看起来是运动的,没有连续位移的看成是连续运动的现象。似动知觉又称为 φ 现象。我们看电影、电视时,所看到的其中的物体运动并不真实存在,而是许多相似画面的连续呈现。如图 3-2 所示,当间隔 0.06 秒依次呈现直线 a、b,我们便会看到 a 向 b 移动;当以低于 0.03 秒的时间间隔呈现 a、b,我们便会看到 a、b 同时出现;当以长于 1 秒的时间间隔呈现 a、b 时,我们便会看到 a、b 先后出现。

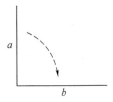

图 3-2 似动现象

诱动知觉是指不动的物体因其周围的运动而使它看起来好像在运动的现象。例如,夜空中移动的云朵后面的月亮本来是不动的,但是看起来月亮在移动,而云朵是静止的。

2. 错觉

顾名思义,错觉就是知觉印象与客观事物不相符合的知觉。错觉是一种特殊的知觉,其产生的原因是由于外界的客观刺激,因而不是通过主观努力就可以纠正的。错觉不存在个体差异。最常见的错觉是视错觉,如图 3-3 所示。

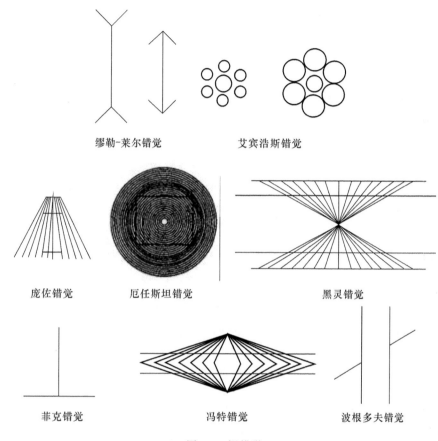

图 3-3 视错觉

缪勒-莱尔(Maller-Lyer Illusion)错觉:1989 年由缪勒-莱尔(F. Muller-lyer)设计,末端加上向外的两条斜线的线段比末端加上向内的两条斜线的线段看起来长一些,其实两条线段等长。

艾宾浩斯错觉(Ebbinghause Illusion):看起来左边中间的圆比右边中间的圆大一些,但实际上这两个圆的大小相同。

庞佐错觉(Ponzo Illusion):中间的四边形是矩形,而不是顶边比底边宽的四角形。

厄任斯坦错觉(Ebrenstein Illusion):中间矩形的四条边看起来是弯曲的。

黑灵错觉(Hering Illusion):中间两条线是平行的,但看起来是弯的。

菲克错觉(Fick Illusion):垂直线段与水平线段等长,但看起来垂直线段比水平线段长。

冯特错觉(Wundt Illusion):中间两条线是平行的,但看起来是弯的。

波根多夫错觉(Poggendoff Illusion):被两条平行线切断的同一条直线,看上去不在一条直线上。

除了视错觉,还有听错觉(利用仪器使左边来的声波先进入右耳,会觉得声音是从右边来的)、嗅错觉(把一种气味闻成另一种气味,如把杉木气味闻成油漆味)等。上面列举的都是发生在同一感觉通道间的错觉,还有发生在不同感觉通道间的错觉,如形重错觉(例如,1千克铁和1千克棉花的物理重量相同,但人们用手以比较时会觉得1千克铁比1千克棉花重得多)、视听错觉(看着台上作报告的人会觉得声音是从前边传过来的,闭上眼睛就发现声音是从旁边的扩音器中传来的)等。

二、知觉的基本特征

人对客观事物的知觉,受主客观条件影响,有其特殊的活动规律。知觉可以归纳为如下四个基本特征。

(一) 知觉的选择性

人对同时作用于感觉器官的所有刺激并不都发生反应,而只对其中少数刺激进行反应。人的这种对外来信息进行选择而作进一步加工的特性称为知觉的选择性。由于知觉的选择性,才使人能够把注意力集中到少数重要的刺激或刺激的重要方面,排除次要刺激的干扰,从而能更有效地认识外界事物,适应外界环境。

人从纷繁的刺激物中主动地选择少数刺激物并对其进行反应,被选择的刺激物就是知觉的对象,而同时作用于感觉器官的其他刺激物就成了背景。对象和背景的转换,是知觉最基本的特点。

知觉对象从背景中分离出来受如下因素影响:

1. 客观条件

(1) 对象和背景本身的特点。一般来说,明亮的光线、巨大的声音、轮廓清晰、特征明显的物体容易成为知觉的对象。而暗弱的光线、细小的声音、轮廓模糊、特征不明的物体则不易成为知觉的对象。例如,公鸡、母鸡外部特征明显,容易分辨;而雌兔、雄兔就扑朔迷离了。(2)对象和背景的差别。对象和背景的差别越明显越容易成为知觉的对象。"万绿丛中一点红",很容易成为知觉对象;白兔跑到雪地里很难找到。(3)对象的运动和变化。在相对静止的背景上,运动的物体容易成为知觉的对象。如漆黑的夜空里,流星很容易成为知觉的对象。

2. 主观条件

在实践中,当人们同时面临着很多刺激时,客观上这些刺激彼此之间并不存在着轻重缓急,但在主观上则有着轻重之别。一般来说,人总是把那些与自己的需要、兴趣、知识经验、活动目的和任务相联系的那些刺激作为对象,把其他的刺激作为背景。例如,上课时学生总是把教师的讲课声音作为对象,而把教室内的其他声音作为背景。但是,在知觉过程中,哪些刺激成为对象,哪些刺激成为背景,并不是固定不变的。在一种情况下作为知觉对象的刺激,在另一种情况下会变成背景,而原来是背景的刺激又会变成知觉的对象。图3-4是知觉对象和背景相互转换的最显著的例子。若以黑色为对象,是两个侧面人脸;若以白色为对象则是一个花瓶。人在观看这一刺激图形时,尽管刺激同时作用于视觉器官,但由于人具有知觉选择能力,一会儿把它看成花瓶,一会儿把它看成两个侧面人脸,花瓶和侧面人脸经常交替出现,但却不能同时看见花瓶和侧面人脸。图3-5则是少女和老妇的双关图。

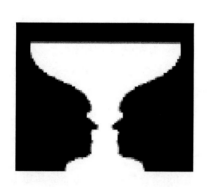
图 3-4　花瓶和人头双关图

图 3-5　少女和老妇双关图

人的知觉选择性,其实就是人把知觉对象从背景中分离、辨别和确认出来的规律,这对于直观教学,培养学生的观察力;对于广告设计、工业产品的检查、军事伪装和搜索等都具有重要的意义。一个人通过长期练习和经验积累,不仅可以提高对某一类对象的知觉分辨能力,而且这种知觉选择能力还可以迁移到对其他的知觉辨认任务上。

（二）知觉的整体性

人的知觉是一个主动加工处理感觉信息的过程。当直接作用于感官的刺激在不完整的情况下,人根据自己的知识经验,对刺激进行加工处理,使自己的知觉仍保持完整性的特性称为知觉的整体性。客观事物不仅具有多种属性,而且是由不同的部分所组成。当客观事物作为刺激物对人发生作用时,由于时空条件的限制,只有它的部分或个别属性分别或先后作用于人的感觉器官,尽管它们在感觉形象上是不完备的,但在人的主观上却能全面地知觉它。图 3-6 上的直线虽然并不连贯,但是人也会把它看成是一个三角形而不会把它看成为三个角。

图 3-6　知觉的整体性

影响知觉整体性的客观因素有:(1)对象各组成部分的强度关系。物体的各部分所起的作用是不同的。知觉对象关键性、最具代表性、刺激性强的部分往往决定对整体的知觉,其弱小部分常被忽视。例如,观看所熟悉人的漫画,我们可以从被歪曲的画面上,立即辨认出来。(2)对象各组成部分的排列特点。被感知事物的接近、相似、闭合、连续等因素影响着知觉的整体性。(3)对象各组成部分之间的结构关系。有时刺激物的个别部分改变了,但各部分的关系不变,仍能保持整体的知觉。例如,一首乐曲由不同的人演唱,用不同的乐器演奏,都能被人们知觉为同一首乐曲。各部分之间的关系一旦改变,知觉的整体形象就会变化。例如,四条相等的直线,组成垂直的封闭图形,是正方形;同样四条直线,组成不垂直的封闭图形,就变成菱形了。可见,物体各部分的关系是知觉整体性的基础。

知觉的整体性有赖于人的知识经验。当知觉对象提供的信息不足时,知觉者常常运用经验对残缺部分进行补充整合,从而获得整体映象。如对一块曾经知觉过的大理石,只要看一眼,就知道它是光亮的、坚硬的、冰凉的。

(三) 知觉的理解性

人在知觉事物时,往往根据自己的知识经验,对感知的事物进行加工处理,赋予它确定的含义,并用语词加以概括,从而把它标志出来的特性,称为知觉的理解性。

对知觉对象的理解有两种基本形式:一是概括化的认知,即把知觉对象归入某个较一般、较广泛的类别。如汽车是"交通工具";狗是"动物"。二是分化认知,即把知觉对象归入一个严格确定的类别。如平行四边形有"两组对边,平行且相等";鸟有"羽毛、温血、卵生,是脊椎动物"。

知觉的理解性主要受个人的知识经验、言语指导、活动任务以及态度等多方面因素的影响。(1)知识经验。人知识经验的多寡,会影响其知觉的理解性。例如,一份新电器产品设计图纸,技术人员就会比一般工人知觉更深刻、更精确,而且知觉的速度也更快。同一个事物,知识经验不同的人,对它的知觉的内容也会有差别,因而理解程度也不同。图 3-7 正是以知识、经验为基础的理解作用,使我们填补了画面信息的不足,把对象知觉为一个有意义的整体。(2)言语指导。由于言语能够指示知觉的内容,当外部的对象标志不明显时,通过言语的指导,可以唤起人过去的经验,有助于对知觉对象的理解。例如,图 3-8 中画的是什么一时往往难以看出,但如果告诉你图中有一条狗,狗的图形会立即成为你知觉的对象,你会觉得确实有一条狗。(3)活动任务及对知觉对象的态度。例如,同样的刺激材料,由于任务和知觉态度不同,可以把同一知觉对象知觉为不同的事物。

图 3-7 小孩与狗

图 3-8 达尔马提亚狗

(四) 知觉的恒常性

当客观事物在一定范围内其物理特性发生变化的时候,知觉映象仍保持相对不变的特性称为知觉的恒常性。

知觉的恒常性在视觉中最为明显,主要表现为当物体的大小、形状、亮度、颜色、角度等条件发生变化时,我们的知觉仍保持认知的原样。如阳光照射下的白色墙壁与阴影中的角落,其反射出来的亮度差别很大,但人们却把它们感知成亮度相等的白色,这是亮度恒常性。学生坐在教室第一排座位上看老师与坐在最后一排座位上看老师,老师在他们视网膜上的视像大小不一,但学生总是把老师看成具有特定大小的形象,这是大小恒常性。学生无论在教室的哪个地方看教室的门,也无论教室的门是开还是关,总把教室的门看成是矩形的,这是形状恒常性(见图 3-9)。

图 3-9　知觉的恒常性

能否保持知觉的恒常性,受限制于一定范围内客观刺激物模式的影响。例如,当一个人在地上匍匐前进时,在视觉的可辨别范围之外,就可能误认为动物之类的东西了。人的知识经验对知觉的恒常性起着重要的影响作用。依靠过去的知识经验和记忆中保存的印象,可发挥感知系统对各种变化的主动补偿作用,使人能够在变化的条件下,获得近似于实际的知觉映象以及物体所固有的特性。比如,从不同的角度和距离知觉一个圆钟,尽管其形象发生变化,但仍然把它知觉为圆形。

知觉的恒常性能够使人不受外界条件变化的影响精确把握物体的本身特点,正确反映客观事物,这样就保证了人能够根据物体的实际意义来适应环境。恒常性消失,人对事物的认识就会失真。那么,人类适应环境的活动就会变得十分困难。因此,知觉的恒常性是人有效从事社会生活活动的必要条件。

第三节　感知规律与教学

一、感知规律

1. 目的律

目的越明确,感知越清晰。人在感知活动中之所以能够从周围的许多事物中优先分出当前所要感知的对象,是因为知觉具有选择性的缘故。知觉的选择性服从于感知的目的,目的性越强,感知也越清晰。

孩子从小随父母多次去过动物园,但对动物园里的许多动物由于每次去时没有特定的目的,因而对某些动物没有深刻、清晰的印象。生物教师若要带领学生参观植物园或动物园时,就要突出其观察的目的,目的越明确,感知就越清晰。相反,目的不明确,儿童就会东张西望,抓不住要领,得不到收获。有人曾做过实验,带小学二年级学生去参观盆景,预先没有向儿童提出观察的目的,学生走马观花地看了一遍,看完后,让他们说看到了几种花的颜色,结果很多学生都说不出来,甚至说没有看到这些花。

2. 差异律

对象和背景的反差包括颜色、形状、声音等方面,如果这些反差越大,则对象就越容易从背景中突出而先被感知到。反之,对象与背景的反差越小,则对象越容易消失在背景之中而很难被觉察出来。如"儿童疾走追黄蝶,飞入菜花无处寻"就是因为黄蝶和菜花的颜色差异不大;"鹤立鸡群"则是二者的差异较大所以容易区分。大与小、黑与白、高与低、强与弱、香与臭、苦与甜等都能立刻为人们所感知,就是差异律的体现。

3. 活动律

在固定不变的背景上,活动的刺激物易于被人感知。天上的飞机、夜空中的流星、闪烁的霓虹灯等容易成为人们感知的对象,就是这个道理。

4. 组合律

刺激物本身的结构常常是分出对象产生清晰感知的重要条件。对象的组合可分成空间和时间两个方面。空间上的组合是指在视觉刺激物中,凡距离上接近或形状上相似的各部分,容易组成感知的对象。例如,游行队伍在前进时,各单位之间保持一定的距离,就可以使观礼者便于区别;又如我们记笔记时,章与章之间、节与节之间、重要的标题与其他词句之间都留出一定的空行,也是为了要在距离上显出差异,以便日后查阅时一目了然。时间上的组合是指听觉刺激物各部分"时距"的接近,它们也能使我们分出感知的对象。如我们听别人唱歌或说话,能一句一句地去感知它,一般来讲,这是因为一句话的各个词之间时距较近,而各句话之间时距较远的缘故。火车在鸣笛时声音长短的组合,就是以时距差异让信号人员感知信息的。

5. 调节律

在知觉的理解性中,言语起着重要的作用。由于言语的作用,可以使我们的感知更迅速、更完整、更富有理解性,大大提高感知的效果。在环境相当复杂、对象的外部标志不很明显、知觉对象比较隐蔽而难于感知的情况下,言语在感知中的作用更为显著。它可以补充感知对象的欠缺部分,提高感知效果。

6. 协同律

由于客观事物常常是包含多种属性的复合刺激物,因此我们对客观事物的感知也经常是通过多种分析器协同活动而实现的。有研究表明,在接受知识方面,看到的比听到的给人留下的印象深。只靠听觉,一般能记住 15%;只靠视觉,一般能记住 25%;既看又听,能记住 65%。

二、运用感知规律提高教学效果

要想使教学取得良好的效果,应遵循感知规律。

1. 运用感知的目的律

根据感知的目的律,要使学生的感知取得成效,教师就要明确地向学生提出感知的目的。例如,在自然常识课中,让学生观察蚯蚓,应向学生提出具体的观察目的,如注意蚯蚓的身体形状、头尾有什么区别、是否有脚等。这样,学生才能观察到蚯蚓的身体结构的特点。感知的目的越明确、越具体,其效果也越好。

2. 运用感知的差异律

根据感知的差异律,教师在教学中应该注意加强对象与背景的反差。如讲课时,对于重要的知识反复几次,可以提高音量;板书时,重要的部分可以用大一些的字,可以在那些字下面加点、画线,可以用彩色粉笔;不要在黑板前演示深色教具;使用挂图时,可以将其中不需要学生看的部分遮住;制作教具时,要注意把知觉对象从背景上突出出来;应该用红色墨水批改学生的作业等。

3. 运用感知的活动律

根据感知的活动律,教师在直观教学方面,为了讲明事物发展的过程,最好使用活动性教具,演示实验,放幻灯片、教学电影或录像等,这样可以起到很好的教学效果。例如,生物课上向学生介绍青蛙捕捉蚊虫的过程,可以制作一个复合幻灯片,清晰地演示青蛙用舌头捕捉蚊虫的运动变化,提高学生的感知效果。

4. 运用感知的组合规律

根据感知的组合律,教师在教学过程中要注意区分不同感知对象。例如教师在绘制挂图时,不要在需要学生感知的对象周围画上与之类似的线条或图形,在不同的对象之间留空或用色彩区分;板书时,章与章、节与节等不同内容之间要留空;讲课时,语言流畅,针对不同的内容,采用不同的语速,对不同的内容加以分析、综合,使学生了解其中的逻辑关系。

5. 运用感知的调节律

依据感知的调节律,在运用实物直观与模像直观的过程中,要使形象与词结合起来。在形象与语言的结合中要注意以下几点:首先,形象的直观过程应受语言的调节。若教师错误地把直观本身当作目的,为直观而直观,满足于表面的热闹、生动,忽视言语对于事物本质特点的揭露,这就必然会使学生的感知失去目的性,从而降低教学效果,甚至产生消极影响。其次,应注意用确切的语言对形象的直接结果加以表述。再次,依据教学任务,选择合适的语言与形象结合的方式。选用先直观后讲解,或直观与讲解同时进行,或先讲解后直观都可以。最后,教师必须明确直观本身不是目的,而是一种手段。目的是引导学生在感知直观材料的基础上,积极进行思维活动,透过现象了解事物的本质,获得科学的理性知识。

6. 运用感知的协同律

依据感知的协同律,教师要注意发挥多种分析器的协同活动,以提高感知的成效。如果学生能使用多种感官去感知同一个知觉对象,那么,从不同感官获得的信息将传递到大脑,从而获得对事物的全面的认识。我国古代的许多学者曾提出学习要做到"五到",即眼到、耳到、口到、手到和心到,其目的就是通过多种感知渠道来巩固知识。

三、观察力及其培养

(一)观察与观察力

观察是指有目的、有计划、有思维参与的、比较持久的知觉。知觉有时是有意的,有时是无意的,而观察则是有意识、有目的的知觉。观察的目的是要弄清某种事物是什么,有些什么特点,有什么用处。由于有思维活动参加,人们通过观察可以获得比较系统的感性知识。观察是高水平的知觉,是感性认识阶段的最高层次。它在学生学习、教师教学、科学发现、技术发明和艺术创作中具有十分重要的作用。学生要学会学习,其中一个重要内容就是要学会观察,提高观察能力。

观察力就是观察的能力,是有目的、主动地去考察事物,并善于全面正确地发现客观事物的各种典型的但却不太明显的特征的知觉能力。

观察和观察力之间的相互关系,反映着心理过程与个性心理特征之间的相互联系。观察力是在观察的基础上发展起来的。长期的、系统的观察可使观察力从不稳定的、间断的(不经常的)表现,转变为一种稳定的、经常的表现。这种表现就会逐渐地变成个人习惯的东西,形成稳定的心理结构——个性心理特征。同样一个事物,观察力强的人,看到的更多一些,理解得更深一些。因此,也就能抓住对象、现象或事件的那些不大明显但却是本质的特征。可见,组成个性心理特征的观察力,又影响和改造着观察的结构和内容。

(二) 有效观察的条件

1. 要有明确的观察目的和任务

观察的效果如何,取决于观察目的任务是否明确。观察的目的任务越明确、越具体,观察者对观察对象的反映就越完整、越清晰;相反,目的任务不明确,盲目地去观察,学生就会东看看、西望望,不能把注意力集中在预定的观察目标上,整个观察过程便会无的放矢,抓不住要领和关键,得不到应有的收获。因此,教师必须预先向学生提出明确的观察目的和任务,并且根据学生的年龄特征和知识水平尽量把观察的目的、任务提得具体些。

2. 观察前要有必要的知识准备

任何良好的观察,都是以必要的知识准备为基础的。因为只有理解了的东西才能更好地感知,没有相应的知识准备,即使有了明确的观察目的,也不知如何去观察。尤其是一个完全陌生的事物既不会引起学生的强烈兴趣,也不会引起稳定的注意和积极的思维。所以,观察者所具备的知识越丰富,对事物的观察也会越深入、越全面。很显然,一位有造诣的考古学家能从一块地下挖掘出来的陶瓷碎片上发现不少有重要价值的材料,而一个门外汉却很难看出任何值得注意的东西。教师在引导学生观察一个事物前,应事先要求学生预习或复习有关的知识内容。观察前的知识准备越充分,观察的效果就越好。如果观察前毫无知识准备,学生就会走马看花,收不到良好的观察效果。

3. 要有周密的观察计划

在进行观察之前,要根据实际情况,制订出观察的计划。计划要有系统,条理分明,要规定出观察的步骤、方法。这样,才能在观察时做到"心中有数",而不致顾此失彼,遗漏重点。特别是在观察复杂现象时,计划更应周密,否则会被对象的复杂性所迷惑,弄得无所适从,结果无法完成预定的观察任务。若是随意地浏览,只能获得杂乱无章的印象。

4. 做好观察记录,巩固观察结果

一个优秀的观察者,不仅要有精确知觉事物的技巧,还必须有巩固观察结果的习惯。要使观察所获得的知识长期保存下来,成为有效的经验,在观察结束后,应做好观察结果的处理和运用。所有的观察结果处理和运用的要求应在观察前就提出,这样不仅起到巩固观察成果的作用,还有利于提高学生观察的目的性,增强其观察的积极性。一般用直观教具演示获得的观察结果,应立即为理解教材内容服务。对于专门组织的观察活动,应要求学生做观察记录和报告,或写作文、绘画等;对于较长时间的观察活动,应要求学生写观察日记等,用这些措施来巩固观察的成果。同时,要鼓励学生提出在观察中发现的新问题,为今后进一步的探索活动做准备。

（三）观察力的培养

青少年学生观察力的发展是整个智力发展的一个有机组成部分,是掌握系统知识的必要条件。发展学生的观察力是教育工作者义不容辞的神圣职责。培养学生的观察能力,必须注意如下几点:

1. 激发求知欲,培养浓厚的观察兴趣

浓厚的观察兴趣,会促使人主动、持久地对某一事物进行观察,探究和认识客观事物的奥秘。这种由兴趣发展而来的强烈的求知探索心理,会导致人以不同寻常的态度和方法去审视一般人所不注意的事物与细节。如果学生没有观察兴趣,时时处处依赖教师的指示,观察力是培养不起来的。观察兴趣可以通过郊游、参观、访问等多种形式来培养。例如,在郊游、参观访问的过程中,教师讲解观察到的现象,使学生懂得其中的道理,这就会激起他们的求知欲,使他们对自然和社会现象产生观察兴趣。

2. 丰富学生的知识,提高观察的广度和深度

观察依赖于人的知识经验,人们往往喜欢观察自己感兴趣、了解而又不太熟悉的事物。知识面越广阔,吸引人注意力的事物就越多。同时,已有的知识经验影响着观察的广度和深度。知识丰富的人能从瞬息万变的事物中获取大量的资料。所以,教师要引导学生广泛涉猎各领域的知识,开阔他们的思路。

3. 教会学生观察的方法和技巧,获取有价值的信息

教会学生观察的方法和技巧,是培养他们观察力的重要手段。首先,要教会学生按照一定的顺序进行观察。在观察活动中,教师要用语言引导学生的观察,使他们掌握观察的顺序。如引导学生先整体后部分,先轮廓后细节,先近后远,从上到下,从左到右,从整体着手,经各方面的分析,再回到整体。久而久之,学生就学会了全面完整地观察事物的顺序。其次,教会学生充分利用各种感官,在思维中观察。观察的目的在于从实践中获得感性经验。要使感性经验丰富、全面,就要动用各种感官充分获取信息。例如观察春天,不仅要让学生去看春天,看吐新芽的柳枝、解冻的冰河、荡漾的碧波及田野里的一派新气象,还要让学生去听春天,听微风、听鸟语、听流水声,嗅泥土、嗅花香……通过这样的观察,学生对春天就会有丰富的感性认识。在此基础上,教师还要引导学生,根据观察的目的任务,思考看不见、摸不着但能表明事物本质的东西。如根据观察到的有关春天的感性知识去分析季节的更替以及春天与生命活动的关系等规律性的东西,从而挖掘知识的深度,达到认识自然的目的。再次,教会学生根据不同的观察对象和任务来确定观察的方法。比如,在观察事物发展变化过程时,不可能一次就达到目的,可采用定期观察法,了解各个阶段事物发展的特点,最终掌握事物发展的规律;在观察几种事物之间的异同时,可采用比较观察法,通过同中求异和异中求同,来确定事物之间的异同。

4. 提供观察的机会,培养随时观察的习惯

观察力是在长期的社会实践活动中逐渐发展起来的。教师要根据学生的心理特点和知识经验,为他们提供各种观察的机会,如参观访问、社会调查、种植花草、义务劳动等。实际上,日常生活就是观察的最好对象,如人物、动物、植物和气候等随时都处在不断地变化之中。要求学生处处留心观察,坚持随时随地做好记录,以进一步养成勤于观察、乐于观察的好习惯。

复习思考题

1. 什么是感觉？什么是知觉？二者的辩证关系怎样？
2. 什么是感觉的感受性？感觉的感受性是怎样变化和发展的？
3. 简述知觉的特征。
4. 感知规律有哪些？如何运用感知规律提高教学效果？
5. 什么是观察？有效观察的条件有哪些？
6. 什么是观察力？教学中如何培养学生的观察力？

本章参考文献

[1]彭聃玲.普通心理学(修订版).北京:北京师范大学出版社,2004.

[2]姚本先.心理学新论(修订版).北京:高等教育出版社,2005.

[3]叶奕乾,何存道,梁建宁.普通心理学(修订版).上海:华东师范大学出版社,1997.

[4]王雁.普通心理学.北京:人民教育出版社,2002.

[5]卢秀安,陈俊,刘勇.教与学心理案例.广州:广东高等教育出版社,2002.

[6]理查德·格里格,菲利普·津巴多.心理学与生活.王垒,等,译.北京:人民邮电出版社,2003.

[7]http://www.uzz.edu.cn/jyjsx/xlx/news_more.asp? lm=&lm2=98.

第四章 记　忆

【本章导学】

　　记忆是人脑对经验过的事物的识记、保持、再现或再认。现代信息加工理论认为，记忆就是人脑对外界输入的信息进行编码、储存和提取的过程。从认识水平的角度说，记忆是从感知过渡到思维的中介。记忆表象正是其中最常见的形式。本章的内容从总体上可分为三节。第一节为记忆概述，阐述了记忆的概念、作用及分类。第二节从动态角度研究记忆过程，即识记、保持、再认或回忆。第三节阐述记忆的品质以及良好的记忆力的培养。

第一节　记忆的概述

一、记忆的概念

　　记忆是人脑对经验过的事物的反应。《辞海》中"记忆"的定义是："记忆是人脑对经验过的事物的识记、保持、再现或再认。识记即识别和记住事物特点及联系，它的生理基础为大脑皮层形成了相应的暂时神经联系；保持即暂时联系以痕迹的形式留存于脑中；再现或再认则为暂时联系的再活跃。通过识记和保持可积累知识经验。通过再现或再认可恢复过去的知识经验。"所谓经验过的事物，是指过去感知过的事物，如见过的人或物、听过的声音、嗅过的气味、品尝过的味道、触摸过的东西、思考过的问题、体验过的情绪和情感等。这些经历过的事物都会在头脑中留下痕迹，并在一定条件下呈现出来，这就是记忆。例如，我们读过的小说，看过的电视节目或电影，其中某些情景、人物和当时激动的情绪等都会在头脑中留下各种印象，当别人再提起时或在一定的情境下，这些情景、人物和体验过的情绪就被重新唤起，出现在头脑中。

　　从现代信息加工的观点来看，记忆就是人脑对外界输入的信息进行编码、储存和提取的过程。对信息的编码相当于识记过程，对信息的储存相当于保持过程，对信息的提取和相当于再认和回忆过程。

　　记忆同感知一样，也是人脑对客观现实的反应，但记忆是比感知更复杂的心理现象。感知过程是反映当前直接作用于感官的对象，它是对事物的感性认识。记忆反映的是过去的经验，它兼有感性认识和理性认识的特点。

二、记忆的作用

记忆作为一种基本的心理过程,是和其他心理活动密切联系着的。在知觉中,人的过去经验有重要的作用,没有记忆的参与,人就不能分辨和确认周围的事物。在解决复杂问题时,由记忆提供的知识经验,起着重大作用。近年来,认知心理学家把记忆的研究提到了重要的位置,其原因也在这里。

记忆在个体心理发展中,也有重要作用。人们要发展动作机能,如行走、奔跑和各种劳动机能,就是必须保存动作的经验。人们要发展语言和思维,也必须保存词和概念。可见没有记忆,就没有经验的累积,也就没有心理的发展。另外,一个人某种能力的出现,一种好的或坏的习惯的养成,一种良好的行为方式和人格特征的培养,也都是以记忆活动为前提。

记忆联结着人的心理活动的过去和现在,是人们学习、工作和生活的基本机能。学生凭借记忆,才能获得知识和技能,不断增长自己的才干;演员凭借记忆,才能准确地表达自己各种感情、语言和动作,完成艺术表演。离开了记忆,个体就什么也学不会,他们的行为只能由本能来决定。所以,记忆对人类社会的发展也有重要的意义,在一定意义上也可以说,没有记忆和学习,就没有我们现在的人类文明。

三、记忆表象

表象是头脑里所保存的过去感知过的事物再现出来的形象。如我们上小学时的老师的形象,当回忆时,他的音容笑貌都会呈现在我们面前;看电影时某个感人至深的镜头,在一段时间内会记忆犹新等,这些存于头脑中的事物形象都是表象。由于表象是记忆的重要内容和形式,因此表象又称记忆表象。表象一般是在感知的基础上形成的,由于起主要作用的感觉器官不同,可以把表象分为视觉表象、听觉表象、触觉表象、运动表象等不同类型。

(一)表象的特征

表象虽然是在感知基础上形成的,但它实际上又摆脱了感知的局限,有自己明显的特点。

1. 形象性(直观性)

形象性是指头脑里保持的表象是以生动具体的形象的形式出现的,并和过去感知时有一定的相似之处的特性。由于表象在头脑里存在着加工过程,因此,表象所具有的形象性与感知形象也是有差异的。这些差异主要表现在:第一,表象没有感知形象鲜明、具体、生动,具有暗淡性、模糊性;第二,表象不如感知形象完整,具有片断性、零碎性;第三,表象不如感知形象稳定,具有动摇性、可变性。比如我们站在天安门广场上看到的天安门形象是具体的、完整的、稳定的,而当我们回忆天安门的时候,头脑中所出现的表象,其清晰性、完整性等各方面就比较差。

2. 概括性

概括性是指表象所反映的事物形象,不是某一具体事物或其个别特点,而是一类事物所共有的特点,是一种类化了的事物形象。这一点也是表象与感知形象的又一区别。如我们看到的钢笔的形象是具体的,但在回忆钢笔时,它的形象总是具有钢笔所共有的特点,是"钢笔"这一类事物形象的概括。但表象的概括与思维的概括是不同的,表象是对一类事物的形象概括,而思维的概括则是对事物的本质、规律的概括,一般是抽象的概括。

3. 可操作性

表象在头脑中不是凝固不动的,是可以被智力操作的。表象在头脑中可以被分析、综合,可以放大、缩小,可以移植,也可以翻转。正因为表象具有可操作性,形象思维、创造思维、想象才成为可能。

(二)表象的意义

表象是一种重要的心理现象,其意义主要表现在:

第一,记忆表象是记忆的重要内容与形式。人们头脑里所储存的知识经验不外乎两种形式:一是表象的形式,二是语言形式。据研究推测,这两种形式的比例约为1 000∶1。丰富的表象储存,是人们理解抽象事物的基础,也是人们在处理日常事务时重要的心理依据。

第二,记忆表象是人们认识发展链上的中间环节,是从感知觉向思维过渡的桥梁。由于记忆表象的存在,人的认识才有可能摆脱知觉,通过抽象、概括,为思维提供基础,使感知过渡到思维,使感性认识上升到理性认识。

第三,表象是学生学习的基础。学生必须广泛地运用记忆表象才能理解和获得知识,才能在学习中不断前进和提高,反之,则会造成学习落后。据研究,有许多学习成绩差的学生就是由于缺乏观察能力,头脑里存储表象太少的缘故。作为教师,帮助学生获得丰富的表象储备是一件非常重要的事情。

四、记忆的种类

记忆可以从不同的角度进行划分。

(一)根据记忆内容分类

根据记忆内容的不同,记忆可分为形象记忆、运动记忆、情绪记忆和逻辑记忆。

1. 形象记忆

形象记忆是以感知过的事物形象为内容的记忆。例如,我们参观所得的印象就是形象记忆。形象记忆可以是视觉的、听觉的、嗅觉的、味觉的、触觉的。如我们见到过的人或物、看到过的画面、听过的音乐、嗅过的气味、尝过的滋味、触摸过的物体等记忆都属于形象记忆。正常人的视觉记忆和听觉记忆通常发展得较好,在生活中起主要作用。虽然一般正常人在触觉记忆、嗅觉记忆与味觉记忆也都有一定发展,但从一定意义上说可称之为职业形式的记忆,因为只有从事某种职业的人由于特殊职业的需要,这些记忆才会得到很好的发展。对于缺乏视觉记忆、听觉记忆的人,如盲人或聋哑人等,其触觉记忆、嗅觉记忆、味觉记忆等会得到惊人的高度发展。

2. 运动记忆

运动记忆是以过去做过的运动或动作为内容的记忆。例如,对游泳的一个接一个的动作的记忆,对体操、舞蹈动作的记忆等都属于运动记忆。运动记忆是运动、生活和劳动技能的形成及熟练的基础,对形成各种熟练技能技巧是非常重要的。运动记忆一旦形成,保持的时间往往很长久。在运动记忆中,大肌肉的动作不易遗忘,而小肌肉的动作易遗忘。

3. 情绪记忆

情绪记忆是以体验过的某种情绪和情感为内容的记忆。例如,对过去的一些美好事情的记忆,对过去曾经受过的一次惊吓的记忆,或对过去曾做过的错事的记忆等都属于情绪记忆。情绪记忆的印象有时比其他记忆的印象表现得更为持久、深刻,甚至终身不忘。在某种条件下,它还可以引起习惯性恐惧等异常症状。

4. 逻辑记忆

逻辑记忆是以语词、概念、原理为内容的记忆。这种记忆所保持的不是具体的形象,而是反映客观事物本质和规律的定义、定理、公式、法则等。例如,我们对心理学概念的记忆,对数学、物理学中的公式、定理的记忆等都属于逻辑记忆。它是人类所特有的,具有高度理解性、逻辑性的记忆,对我们学习理性知识起着重要作用。

(二) 根据记忆材料保持的时间分类

根据记忆材料保持时间的长短,记忆可分为感觉记忆、短时记忆和长时记忆。

1. 感觉记忆

感觉记忆是指客观刺激物停止作用后,它的印象在人脑中只保留一瞬间的记忆。就是说,对于刺激停止后,感觉印象并不立即消失,仍有一个极短的感觉信息保持过程,但如果不进一步加工,就会消失。感觉记忆的最明显的例子是视觉后像。

感觉记忆又称瞬时记忆、模像记忆或感觉储存阶段。感觉记忆的特点是:在感觉记忆中,信息是未经任何加工的,按刺激原有的物理特征编码的。例如,视觉性刺激通过眼睛被登记在图像记忆中;听觉性刺激通过耳朵被登记在音像记忆中。感觉记忆以感觉痕迹的形式保存下来,具有鲜明的形象性。感觉记忆的容量较大,它在瞬间能储存较多的信息。感觉记忆内容保存的时间很短,据研究,视觉的感觉记忆在 1 秒以下,听觉的感觉记忆在 4～5 秒。

在感觉记忆中呈现的材料如果受到注意,就转入记忆系统的第二阶段——短时记忆,如果没有受到注意,则很快消失。

2. 短时记忆

短时记忆是指记忆的信息在头脑中储存、保持的时间比感觉记忆长,但一般不超过一分钟的记忆。例如,我们打电话通过 114 查询,查到需要的电话号码后,马上就能根据记忆拨出这个号码,但打完电话后,刚才拨打过的电话号码就忘了,这就是短时记忆。我们听课时边听边记下教师讲课的内容,也是靠的短时记忆。

实验表明,短时记忆的容量是 7±2 个组块。组块,就是记忆的单位。究竟多大的范围和数量为一个组块,没有一个固定的说法,它可以是一个或几个数字、一个或几个汉字、一个或几个英文字母,也可以是一个词、一个短语、一个句子。短时记忆倾向于对言语材料进行听觉编码,也存在视觉编码与语义编码。实验研究表明,短时记忆的内容保持的时间在没有复述的情况,18 秒后回忆的正确率就下降到 10% 左右。如不经复述,大约 1 分钟之内就会衰退或消失。

短时记忆的内容若加以复述、运用或进一步加工,就被输入长记忆中,否则,很快就会消失。

3. 长时记忆

长时记忆是指信息在记忆中的储存时间超过一分钟以上,直至数日、数周、数年乃至一生的记忆。长时记忆的容量是没有限制的,它储存的信息时间长,可随时提取使用,与短时记忆相比,受干扰小。

短时记忆的内容经过复述可转变为长时记忆,但也有些长时记忆是由印象深刻一次形成的。最近的研究表明,长时记忆的信息是以组织的状态被储存起来的,主要以意义的方式对信息进行编码的,通过整理、归类、储存并提取。

记忆的三种类型若按信息加工的理论来划分,它们的关系是:外界刺激引起感觉,其痕迹就是感觉记忆;感觉记忆中呈现的信息如果受到注意就转入短时记忆;短时记忆的信息若得到及时加工或复述,就转入长时记忆,其关系如图 4-1 所示。

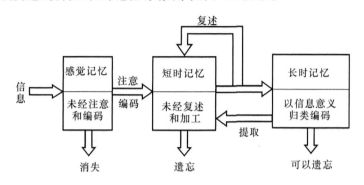

图 4-1　记忆系统模式图

(三)根据记忆时的意识参与程度分类

按记忆的意识参与程度划分,记忆可以分为外显记忆和内隐记忆。

1. 外显记忆

外显记忆是指当个体需要有意识地或主动地收集某些经验用以完成当前任务时所表现出的记忆。它是有意识提取信息的记忆,强调的是信息提取过程的有意识性,而不在意信息识记过程的有意识性。外显记忆能随意地提取记忆信息,能对记忆的信息进行较准确的语言描述。例如,自由回忆、线索回忆以及再认等,都要求人们参照具体的情境将所记忆的内容有意识地、明确无误地提取出来,因而它们所涉及的只是被试明确地意识到的,并能够直接提取的信息,用这类方法所测得的记忆即为外显记忆。

2. 内隐记忆

内隐记忆是指在不需要意识或有意回忆的情况下,个体的经验自动对当前任务产生影响而表现出来的记忆。它是未意识其存在又无意识提取的记忆。它强调的是信息提取过程的无意识性,而不管信息识记过程是否有意识。也就是说,个体在内隐记忆时,没有意识到信息提取这个环节,也没有意识到所提取的信息内容是什么,而只是通过完成某项任务才能证实他保持有某种信息。正因如此,对这类记忆进行测量研究时,不要求被试有意识地去回忆所识记的内容,而是要求被试去完成某项操作任务,被试在完成任务的过程中不知不觉地反映出他曾识记过的内容的保持状况。如果人们在完成某种任务时受到了先前学习中所获得的信息的影响,或者说由于先前的学习而使完成这些任务更加容易了,就可以认为内隐记忆在起作用。

第二节　记忆过程

无论什么类型的记忆,知识要在随后的某一时间被使用,需要三种心理过程的操作,即识记、保持、再现。从信息加工的观点来看,这三种基本过程被称为编码、存储和提取。记忆过程中的三个基本环节是相互依存、密切联系的。没有识记就谈不上对经验的保持,没有识记和保持,就不可能对经验过的事物进行再认或回忆。因此,识记和保持是再认或回忆的前提,再认和回忆则是识记和保持的结果,并能进一步巩固和加强识记和保持的内容。

一、识记(信息的编码)

识记是记忆的第一个环节,是获得知识经验的过程。从信息加工的观点来看,识记是信息的输入和编码过程。对事物的识记有些通过一次感知后就能达到,而大部分内容则需要通过反复感知,使新的信息与人已有的知识结构形成联系。识记作为记忆过程的第一环节,对记忆的效果具有非常重要的影响作用。因此,了解、掌握识记规律,有助于改善记忆。

(一) 识记的分类

1. 根据识记是否有目的分类

根据识记是否有目的,可以把识记分无意识记和有意识记。

(1) 无意识记。无意识记是指没有预定目的,在识记过程中也不需要做一定的意志努力、自然而然发生的识记。如看过的电影、戏剧,听别人讲过的故事以及我们所经历过的某些事,感知它们时并没有识记的意图,但这些内容以后能重新出现在脑海里,对这些内容的识记就是无意识记。

无意识记的内容是构成我们经验的重要部分,对心理活动及行为也有明显的影响。无意中所经历的事情,在我们有意识地面临某些情境、处理某些问题时,能作为已有经验起帮助作用。在日常生活中,人们所处的环境、所接触的人、所做的工作,会使人受到潜移默化的影响,在心理、行为上发生变化。如一个民族的文化传统,会在无形中影响整个民族的心理,使其带有本民族文化的特点。

无意识记带有极大的选择性。一般来讲,进入无意识记的内容有两个特点:一是作用于人们感觉器官的刺激具有重大意义或引人注意。如人们对新异的事物会过目不忘;二是符合人的需要、兴趣以及能产生较深刻情绪体验的内容。如参加高考时的情境、到大学报到第一天的情境等。无意识记对人们知识经验的获得有积极作用,作为教师应该尽量使学生通过这种方式愉快地学习。但是,无意识记不能保证学生获得系统的文化科学知识。因此,在教学过程中,大量的识记内容应通过有意识记来获得。

(2) 有意识记。有意识记是指有预定目的,在识记过程中要做一定的意志努力的识记。有意识记过程是在识记目的支配下进行的。识记的目的性决定了识记过程是对识记内容的一个积极主动的编码过程。这种编码包括"识记什么"和"怎样识记"。"识记什么"确定识记的方向和内容,"怎样识记"是采取什么方法才能更好地记住所要识记的内容。学生在听课过程中的识记就是由这两部分组成的。每节课都有一定的教学目的、任务。教师一般会先作交代,使学生产生识记意图,以一种积极的心态识记新知识。为了更好地记住教师所讲内容,有些同学采取专心致志地听,即用心记的方法,有的同学采取心记与笔记相结合的方法等。

人们的全部知识经验就是通过有意识记和无意识记的方式获得的。不过,就识记效果而言,有意识记优于无意识记。作为教师,了解识记的这一规律,有助于在教学过程中加强对学生的学习目的性教育,要合理地给学生布置任务,以达到良好的教与学的效果。

2. 根据识记时对材料是否理解分类

根据识记时对材料是否理解,可以把识记分为机械识记和意义识记。

(1) 机械识记。机械识记是指在材料本身无内在联系或不理解其意义的情况下,按照材料的顺序,通过机械重复方式而进行的识记。如对无意义音节、地名、人名、历史年代等的识记。这种识记具有被动性,但它能够防止对记忆材料的歪曲。对于学生而言,这种识记也是必要的,因为有一部分学习内容的确是需要精确记忆的,如山脉的高度、河流的长度等。也有些内容,限于学生的知识经验,不可能真正理解其意义,但这些知识对以后的学习是重要的,也应该进行机械识记。如小学一年级、二年级的学生背诵乘法口诀。实际上,纯粹的机械识记是很少的,人们在识记过程中,总是尽可能地把材料加以意义化。按照信息加工理论的观点,个人对任何输入的信息都要尽可能地按自己的经验体系或心理格局来进行最好的编码。如记电话号码,并不是单纯重复记忆,而会利用谐音或找规律等方式使之意义化。

(2) 意义识记(理解识记)。意义识记是在对材料内容理解的基础上,通过材料的内在联系而进行的识记。在意义识记中,理解是关键。理解是对材料的一种加工,它根据人已有的知识经验,通过分析、比较、综合,来反映材料的内涵以及材料各部分之间的关系。由于意义识记需要消耗较多的心理能量,与机械识记相比,它是一种更复杂的心理过程。意义识记是学生识记的主要形式。

(二) 影响识记的因素

识记的效果受到许多因素的影响,其中识记的目的、学习者的态度、材料的数量和性质、对材料的理解程度、识记方法、识记时的情绪状态以及识记时的感觉通道等对识记的效果影响较大。

1. 识记的目的性

有无明确的识记目的,直接影响识记的效果。明确识记任务及其相应的目的有利于调动一个人的识记积极性和针对性。彼得逊曾做过对比实验,让两组被试共同识记16个单词,其中一组有明确的目的,另一组则没有明确的目的,结果有明确的目的的一组识记成绩明显高于无明确目的的组(见表4-1)。在另一项实验中要求被试"丝毫不差"地识记完整的故事,结果被试能逐句回忆35%;而要求被试尽可能完整回忆一篇课文时,可以回忆12.5个句子,而无此要求,他们只能回忆8.7个句子;要求被试按图形呈现的顺序进行识记,在回忆时可保持原顺序的43%。因此,这里所讲到的识记的目的性不只是涉及有意识记和无意识记的问题,即便在有意识记中也存在目的性明确不明确的问题,它们对识记效果都有明显影响。

表 4-1 有意识记优于无意识记

	当时回忆记住的单词数	两天后回忆记住的单词数
有意识记	14	9
无意识记	10	6

2. 学习态度

如果识记的客体成为主体的智慧活动的对象或结果,那么就会激发起学习者的识记动机,积极地参与识记活动,对象或结果就容易被清晰地感知,就会去建立事物之间的意义联系、理解材料的内在逻辑关系,并与自己的知识经验相联系,从而大大提高识记的效果,反之,则会使识记效果降低。国外心理学家做过这样一个实验:教师先给学生出示拟好的8个句子,让他们回忆每个句子说明什么语法规则。之后,要求学生按照这些语法规则自己编出

8个句子。下课前,要求学生把教师出示的和自己编写的各8个句子默写出来。结果发现对教师给的8个句子,全部学生仅记住了2句;而自己编写的却记住了7句。自己编写的回忆成绩比教师给的高出三倍。究其原因,就在于这8个句子是他们思维活动的结果,而教师给予的8个句子是他们回忆语法规则的手段,所以效果差。这说明让识记材料成为直接活动的对象是发挥识记者积极性和独立性的一个有效手段。因此在识记时,不能只满足于提出识记的目的和任务,而应有效地组织识记的活动,把识记的内容变成活动操作的对象,调动起主体的积极性和独立性,使其真正地深入到对材料的思维中去。

3. 材料的性质和数量

识记的效果受识记材料的性质、难易和数量所制约。识记材料按性质不同可分为直观识记材料(实物、模型、图形等)和描述事物及现象的文字识记材料。对这些材料的识记效果因人而异。一般来说,成人对文字材料识记较好,儿童对直观材料的识记常优于文字材料。

难易不同的识记材料在记忆进程中是不同的。如果识记的材料是容易的,一般开始时进展较快,后来逐步缓慢,后来逐步加快,成一加速曲线。

一次识记的材料数量也是影响识记的因素之一。虽然说我们大脑的记忆储存量是极大的,能容纳的记忆材料的数量几乎是无限的,但是一次识记的材料数量则会明显地影响识记的效率。索柯洛夫的实验表明,一次识记的材料数量与识记的效率呈负相关,数量越大,效率越低:识记12个无意义音节达到背诵,平均一个1个音节需要14秒;识记24个无意义音节达到背诵,平均一个音节需要29秒;而识记36个无意义音节达到背诵,平均一个音节需要42秒。对无意义材料进行机械识记是这样,对有意义材料进行意义识记也是如此。莱昂在实验中让被试背诵不同字数但难度相同的课文,结果平均每100字的识记时间随课文字数的增加而增多(见表4-2),同样呈现识记数量与效率负相关的趋势。

表4-2 识记材料的数量与识记时间

课文字数	识记总时间(分钟)	识记100字平均时间(分钟)
100	9	9
200	24	12
500	65	13
1 000	165	16.5
2 000	350	17.5
5 000	1 625	32.5
10 000	4 200	42

4. 对识记材料的理解程度

理解是识记的必要条件。人们对理解了的材料的识记比较迅速和牢固,这是因为它与主体已经掌握的知识、与人的过去经验发生了内容丰富的联系。这种联系越多,表明识记材料的意义性越强,识记效果越好。实验和经验都证明,意义识记优于机械识记。肯斯雷对此做过专门的实验研究。他组织了348名被试者,向他们每次呈现1个单词或音节,呈现时间是2秒,练习一遍后,要求被试默写识记内容。结果效果与材料的意义性呈正相关(见表4-3)。

表 4-3 识记材料的意义性对识记效果的影响

识记材料	默写出的平均数
15 个无意义音节	4.47
15 个由三个字母组成的孤立英文单词	9.95
15 个彼此意义相关联的英文单词	13.55

意义识记的优越性主要表现在识记速度、保持的牢固性以及检索的准确与速度上。据此,识记时要进行积极的思维,通过对识记材料的分析综合,弄清它们的内在联系,以及新旧材料之间的关系,把识记建立在理解的基础上。鉴于机械识记要比意义识记的效果差,对于一些无意义的材料,也要尽量用联想的方式,或人为地给它赋予一定的内在联系,使其变成意义识记的内容。如日本富士山的高度为 12 365 英尺,靠机械识记难以记住,如果将其当作一年的月数(12)和一年的天数(365)来记就好记了。

5. 识记方法

识记一般有三种方法:整体识记法、部分识记法和综合识记法。整体识记法是将识记材料整篇阅读直至背诵。综合识记法是将整体和局部材料相结合,即先进行整体识记再进行部分识记,最后再进行整体识记直至背诵。在一项实验中,让被试者分别采用上述三种识记方法记忆同一首诗篇,结果见表 4-4。

表 4-4 整体识记、部分识记与综合识记的效果对比

识记方式	识记效果	
	所需时间	20 天后重现时平均所需提醒次数
整体识记	8 分钟	4 次
部分识记	16 分钟	7 次
综合识记	6 分钟	1.5 次

表 4-4 实验结果的数据表明,识记效果最好的是综合识记法,最差的是部分识记法。运用部分识记法由于不了解识记材料的整体内容,对材料各部分只是孤立地识记,就导致识记内容迅速遗忘。综合识记法比较有效,是因为利用了识记材料的内容,使对互有联系的各部分的理解和识记相对容易。不过以上三种识记方法的优劣并不是对所有材料都是一样的。一般来说,材料较短且具有意义联系的可采用整体识记法;如果材料意义联系较少,可采用部分识记法;如果材料有意义联系但较长又较难,则采用综合识记法的效果较好。

6. 识记时的情绪状态

识记时的情绪状态对一个人识记的效果也会产生影响。一般来说,当心情好的时候,识记效率高,而心情不好时,则效率低。有人曾做过实验,让被试者在不同的心境下识记 6 个句子的内容,结果发现,识记效率随心境水平上升而提高(见表 4-5)。

表 4-5 被试者在 6 种心境水平上的识记成绩

心境水平等级	人数	识记意义单词得分		能回想出的句子的总数(人数×6)	全忘掉的句子数	全忘的百分数/(%)
		平均分	标准差			
8	13	32.8	9.9	78	4	5.1
7	19	30.6	9.1	114	12	10.5
6	37	30.8	8.2	222	23	10.4
5	17	25.7	9.3	102	16	15.7
4	11	32.5	8.8	66	8	12.1
3	8	24.3	10.5	48	11	22.9

通常,人们对带有愉快色彩的经历记忆牢固。但是,如果情绪波动非常强烈、兴奋性高、很激动,无论其情绪色彩是积极的还是消极的,记忆同样深刻。

7. 识记时的感觉通道

识记时运用单一感觉通道和运用多种感觉通道,识记效果有很大差别。研究表明,单凭听觉可记住材料的 15%,单凭视觉可记住 25%,而视听结合可记住 65%。正如《学记》中说的那样:"学无当于五官,五官不得不治。"说明学习不通过五官,是不会学好的。

二、保持(信息的存储)

保持是记忆过程的第二个基本环节,是识记过的经验在头脑中的巩固过程。它是以识记为前提,保持的效果是在回忆和再认中得到证明和体现的。从信息加工观点来看,保持就是信息的储存。保持不是消极被动的储存过程,随着时间的推移,保持的内容在质量和数量上都会发生变化。

(一)保持内容的质变

保持的内容在质的方面发生变化的特征一般表现为:第一,内容简略和概括,不重要的细节趋于消失;第二,内容变得更完整、更合理和更有意义;第三,内容变得更具体,或者更为夸张与突出。英国心理学家巴特莱特(F. C. Bartleet)做了如下的实验:拿一张画给第一个人看,看后画下来,再把复制品让第二个人看,看后画下来,再把第二个人的复制品拿给第三个人看,看后画下来……这样依次做下去,到第 18 个人时,被试者凭借自己的记忆所画出的图片与原图片相比发生了质的变化(见图 4-2)。

(二)保持内容的量变

保持内容的量变有两个方面:一是保持内容减少,二是记忆恢复。一般来说,随着时间的推移,保持的内容会越来越少,有时还会出现刚识记后就不能回忆出来的情况。记忆恢复是指在一定条件下,主体学习后过几天的保持量比学习后立即测得的保持量要高的记忆现象。记忆恢复现象,是由美国心理学家巴拉德(P. B. Ballardd)在 1913 年发现的。在实验中,他让一些 12 岁左右的学生在 15 分钟内识记一首诗,学习后立即测验对其的保持量,并把学生回忆出的平均数定为 100%。然后在间隔第 1、2、3、4、5、6 天再进行保持量的测量。结果是识记后即刻回忆的成绩不如过了两三天后的回忆成绩好,而在这期间儿童并没有进行复习。继巴拉德后,许多人重复了类似实验取得了大致相同的结果。研究表明,记忆恢复现象儿童比成人表现更为普遍；学习较难的材料比学习较容易的材料表现得更为明显；学习程度较低时比学习纯熟时更易出现。

图 4-2 记忆过程中图形的变化

（三）遗忘

保持内容在质量和数量上的最明显的动态变化现象是遗忘。遗忘是保持的对立面，没有保持就无所谓遗忘，保持中的信息的丧失就意味着遗忘的出现。

遗忘是指识记过的内容不能再认与回忆或是错误的再认与回忆。用信息加工的观点来说，遗忘就是信息提取不出来或提取出现错误。

遗忘可分为暂时性遗忘和永久性遗忘。暂时性遗忘指已转入长时记忆中的内容一时不能被提取，但在适宜条件下还可恢复。例如一时写不出经常使用的字；遇到熟悉的朋友，话到嘴边说不出对方的名字，这被称为舌尖现象。永久性遗忘指识记过的材料，不经重新学习不能再行恢复的现象。遗忘也是巩固记忆的一个条件，如果一个人不遗忘那些不必要的内容，以减轻大脑的记忆负荷，要记住和恢复必要的材料是困难的。

1. 艾宾浩斯的遗忘曲线

最早对遗忘进行系统研究的是德国心理学家艾宾浩斯（H. Ebbinghaus）。他以自己为被试者，用无意义音节为识记材料，学到恰能背诵的程度，经过一定的时间间隔再重新学习，以重学时节省的诵读时间或次数作为记忆的指标，实验结果见表4-6。根据表4-6的数据画出的曲线（见图4-3），称为艾宾浩斯遗忘曲线或保持曲线。遗忘曲线揭示了遗忘过程的规律：遗忘过程是不均衡的，在识记之后的最初时间遗忘得最快，之后逐渐减慢，最后几乎不再遗忘，即遗忘速度"先快后慢"。在艾宾浩斯的研究之后，许多人用无意义材料和有意义材料对遗忘的进程进行了进一步的研究，并采用不同的测量方式，遗忘曲线有所不同，但它们的总趋势还是和艾宾浩斯的遗忘曲线一致，这表明了人类遗忘过程的基本趋势。

表 4-6　不同时间间隔后的保持成绩

时间间隔	重学时节省诵读时间的百分数/(%)
20 分钟	58.2
1 小时	44.2
8～9 小时	35.8
1 日	33.7
2 日	27.8
6 日	25.4
31 日	21.1

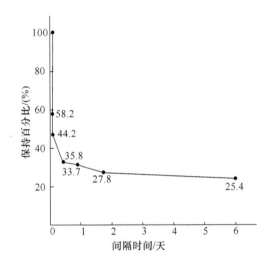

图 4-3　艾宾浩斯遗忘曲线

2. 影响保持的因素

遗忘的进程不仅受到时间和识记材料性质的因素的影响,也受到其他因素的制约。

(1) 识记材料的意义和作用对遗忘进程有很大影响,人对无重要意义、不感兴趣、不符合需要、在工作和学习中不占主要地位的识记材料最先遗忘,保持最差。

(2) 识记材料的数量对保持的影响

一般来说,识记材料的数量越大,识记后的遗忘也越多。有实验表明,识记 5 个材料的保持率为 100%,10 个材料的保持率为 70%,100 个材料的保持率为 25%。即使是有意义的识记材料,当识记量增加到一定数量,它的遗忘速率会接近于无意义识记材料的保持曲线。

(3) 学习程度对保持的影响

学习程度是指在学习过程中正确反应所能达到的程度。一般来说,学习程度越高,遗忘越少,但过度学习达 150% 时保持的效果最佳。过度学习是指学习后的巩固水平超过其刚能背诵的程度。例如,学习某材料 20 遍后能正确无误背诵,这 20 遍的学习程度为 100%,此时再继续练习 10 遍,这多加的学习就过度学习。根据我国心理学的实验表明,33% 的学习程度,遗忘为 57.3%;100%的学习程度,遗忘为 35.2%;150%的学习程度,遗忘为 18.1%,超过 150%的学习程度,保持的效果并不继续上升,这可能是疲劳和兴趣减退而感到枯燥所致。因此,低于或高于 150%过度学习的程度,记忆效果都会有所下降。

(4) 识记材料的序列位置对保持的影响

识记材料的序列位置不同,遗忘发生的情况也不一样。一般是材料中的首尾内容容易记住,不易遗忘,而中间部分则很容易遗忘。在一项以 68 名大学生为被试者的研究识记材料序列位置对保持影响的实验中,让他们学习三种材料,被试读一遍后即测验其记忆结果,实验表明识记材料的首尾两端部分比中间部分识记得好,这在无意义音节的识记材料方面表现得特别明显。许多研究表明,记忆效果最差的并不是在识记材料的正中间部分,而是在中间稍偏右的部分,这可能是由于受前面部分的抑制较多,联系较弱,又较多地受到后面部分的抑制影响所致。

3. 遗忘的原因

关于遗忘的原因,目前有三种影响较大的学说,即记忆痕迹衰退说、干扰抑制说和动机性遗忘说。

(1) 记忆痕迹衰退说

记忆痕迹衰退说主要强调生理活动过程对记忆痕迹的影响,认为遗忘是由于记忆痕迹得不到强化而逐渐减弱,以致最后消退的结果。从巴甫洛夫的条件反射理论来看,记忆痕迹是人在感知、思维、情绪和动作等活动时大脑皮层上有关部位所形成的暂时神经联系,联系形成后在神经组织中会留下一定的痕迹,痕迹的保持就是记忆。在有关刺激的作用下,会激活痕迹,使暂时神经联系恢复,保持在人脑中的过去经验便以回忆或再认的方式表现出来。有些没有被强化的痕迹,随着时间的推移而逐渐衰退造成遗忘。记忆痕迹衰退说目前还没有得到精确有力的实验证明,但它的解释接近于常识,正像某些物理痕迹、化学痕迹也会随时间推移而消失一样,很容易为人们所接受。

(2) 干扰抑制说

干扰抑制说认为遗忘由于在学习和回忆之间受到其他刺激干扰的结果,一旦排除了这些干扰,记忆就能够恢复。

干扰抑制说的最明显的证据是前摄抑制和倒摄抑制。前摄抑制是指先前的学习与记忆对后继的学习和记忆的干扰作用。实验表明,前摄抑制作用的程度随先前学习材料的数量增加而增加,也随保持时间的增加而增加。倒摄抑制是指后继的学习与记忆对先前学习材料的保持与回忆的干扰作用。许多实验表明,倒摄抑制的干扰作用的强度受前后所学的两种材料的性质、难度、时间的安排和识记的巩固程度等条件的制约。如果前后学习的材料完全相同,后学习即是复习,不产生倒摄抑制。如果前后学习的材料完全不同,倒摄抑制的作用则最小。当前后所学的材料相似但不相同,则最容易发生混淆,其倒摄抑制作用最大。先学习的材料的巩固程度越低,受倒摄抑制的干扰越大,反之,则越小。如果恰在回忆 A 材料前学习 B 材料,倒摄抑制的影响最大;学习 A 后立即学习 B 材料,倒摄抑制的影响次之;在学习 A 材料后和回忆 A 材料前有一时间间接学习 B 材料,倒摄抑制的影响较小。

前摄抑制和倒摄抑制一般是在学习两种不同的、但又彼此相似的材料时产生。在学习一种材料的过程中也会出现这两种抑制现象。如果学习一个较长的字表或一篇文章,往往总是首尾部分记得好,不易遗忘,而中间部分识记较难,也容易遗忘,这是因为起首部分没有受到前摄抑制的影响,末尾部分没有受到倒摄抑制的影响,中间部分则受到了两种抑制的影响和干扰。

(3) 动机性遗忘说

动机性遗忘说又称为压抑说,认为遗忘是由于某种动机的压抑所致。弗洛伊德把记忆和遗忘看作是个人维护自我的动态过程,他认为人们常常压抑早年生活中痛苦的记忆以免因为这种记忆可能会引起的焦虑或不安。这种经验难以回忆既不像记忆痕迹衰退说所述的痕迹的消退所造成,也不像记忆干扰说所述的由于学习材料之间的相互干扰所造成的。如果通过某种方式,如催眠或自由联想等是能够恢复这种被压抑的记忆的。有人做过实验表明,回忆中涉及愉快经验的约占55%,不愉快的约占33%,平淡的约占12%,可见对不愉快事件的回忆明显地少于对愉快事件的回忆。如果能消除人的压抑回忆的原因,消除记忆材料(或事件)与消极情绪之间的联系,遗忘现象就能克服。

三、再现(信息的提取)

再现是记忆的第三环节,包括再认和回忆。识记材料、保持材料都是为了在必要时能再认或回忆材料。从信息加工的观点来看,再认和回忆是提取信息的过程。为了能做到准确、迅速地把识记材料提取出来,弄清影响再认和回忆的因素是极为重要的。

(一)再认

再认是过去经历的事物重新出现时,能够被识别和确认的心理过程。例如,我们能够认出熟人面孔,听别人读外语时知道是自己学过的,这些都是再认。对识记过的对象进行再认比回忆容易。从个体心理发展来看,再认早于回忆;从记忆巩固程度来看,再认低于回忆,能回忆的一定能再认,但能再认的不一定能回忆。

1. 再认的条件

在再认过程中,再认速度和准确性主要取决于以下三个条件:第一,原有经验的巩固程度。如果过去的经验很清晰、很准确地被保持,当再次出现时,一般能迅速、准确地予以确认。如果过去的经验已经发生了泛化现象,就容易发生再认错误。第二,原有事物与重新出现时的相似程度。相似程度越高,再认越迅速,准确相似性越差,再认越困难、缓慢,出现再认错误的可能性越大。第三,个性特征。个性特征不同,人的心理活动速度和行为反应的快慢也不同。心理学家曾通过实验证实,独立性强的人和依附性强的人的再认有明显的差异。当再认出现困难时,人们常常要寻找再认的线索,通过线索达到对事物的再认。线索是再认的支点,如对久别重逢的朋友的再认一般要以身体的某些特征作为再认的线索。

错误的再认表现为以下两个方面:一是不能再认,即对以前经验过的事物完全不能认出;二是错误的再认。由于识记不巩固、不精确、原有的联系消失或受到干扰,把没有感知过的事物错认为经验过的事物,造成了"张冠李戴"。经验过的事物未能精确分化也是发生错认的原因,如子、予、孑等。

2. 再认的种类

(1) 根据有无目的任务和是否需要意志努力,可以把再认分为无意再认和有意再认。无意再认又称为不随意再认,是指当再认事物明确、清晰、完整或与经验中保持的内容一致,几乎是无意识的、自动化的、在极短的时间内的确认。有意再认又称为随意再认,是指当再认的事物不够明确、清晰、完整或与经验中保持的内容不太相符,需要意志努力或追忆来进行识别或确认。

（2）根据再认内容的范围与程度，把再认分为完全再认和不完全再认。完全再认是指对重新出现在面前的事物的全面认识，包括其内容及其之间的关系。不完全再认则指对重新出现在面前的事物只能部分再认，不能达到前者的程度和范围。

（二）回忆

回忆又称为再现或重现，是指过去经历过的事物不在眼前，能把它重新回想起来的过程。例如学过的诗歌，我们不看书而把它背出来，就是回忆。如在回答教师的提问时，学生要把头脑中所保持的与该问题有关的知识提取出来，这种提取过程就是回忆。

回忆可以分为两大类：根据有无目的性可以把回忆分为有意回忆和无意回忆。有意回忆是在预定目的的作用下对过去经验的回忆，如对考试内容的回忆。无意回忆是没有预定目的，自然而然发生的回忆，如触景生情等。根据有无中介因素参与回忆过程可把回忆分为直接回忆和间接回忆。直接回忆是由当前事物直接唤起的对旧经验的回忆。间接回忆是借助中介因素而进行的回忆。从难度上看，间接回忆比直接回忆难度要大。

追忆是间接回忆的特殊形式，它是通过积极的思维活动和较大的意志努力而进行的回忆。学生在解难题时对有关知识的回忆往往就是追忆。

回忆过程特别是追忆，常常以联想为基础。联想是事物之间的联系或关系的反映，是头脑中暂时神经联系的复活。即在空间和时间上同时出现或相继出现，在外部特征和意义上相似和相反的事物，反映在人脑中建立联系并留下痕迹，以后当其中的一个事物出现，就会在头脑中引起与之相联系的另一个经历过的事物。联想在整个记忆过程中都有重要的作用。联想可以分为简单联想和复杂联想两大类。接近、对比和类似是人脑对事物外部关系的联想，属于简单联想。对原因与结果、部分与整体、类与种、主与次等事物内在关系的联想属于复杂联想，也称为意义联想。

联想有多种类型：接近联想、相似联想、对比联想、因果联想、隶属联想。

（1）接近联想，由某一事物想到和它在时间与空间上相接近的事物。如春—夏—秋—冬的联想为时间上的接近；东—南—西—北为空间上的接近。

（2）相似联想，由某一事物想到和它在外部特征上或性质上相类似的事物。如鸟—飞机、鱼—潜艇等联想。

（3）对比联想，由某一事物想到和它具有相反特点的事物。例如，由白色想到黑色，由高兴想到悲哀等。

（4）因果联想，由某一事物想到和它具有因果关系的事物。例如，由大雪想到丰年，由大雨想到洪水等。

（5）隶属联想，由某一事物想到和它具有隶属关系的事物。例如，由动物想到猫、狗、大象、骆驼、鸡、鸭等。

形成大量联想和充分利用联想是提高记忆效果的有效方法，但联想受到以下两方面因素的影响：一是联系的强度，它取决于刺激的强度、联系的次数以及联系形成的时间；二是人的定向和兴趣，即人的活动任务、对某事物的兴趣程度、当时的情绪状态等。

第三节 记忆的品质及记忆力的培养

有的人记得快,但忘得也快;有的人记得多,但用时想不起来。这种"快"和"多"是没有什么用的,这样的记忆就不能算好的。还有的人,虽然记得慢,但却记得牢;也有的人虽然记得少,但能灵活运用。这样的记忆就比较好,完全用不着因为记得慢一点、少一点而沮丧。

一、记忆的品质

记忆的品质是判断人的记忆优劣的指标。一个人的记忆力水平,可以从记忆的敏捷性、持久性、准确性和备用性四个方面来衡量和评价。

(一) 记忆的敏捷性

记忆的敏捷性是指一个人在识记事物时的速度方面的特征。能够在较短的时间内记住较多的东西,就是记忆敏捷性良好的表现。记忆的这一品质,与人的暂时神经联系形成的速度有关:暂时联系形成得快,记忆就敏捷;暂时联系形成得慢,记忆就迟钝。在敏捷性方面,有的人可以过目不忘,有的人则久难成诵。但各人的特点不同。有的人记得快,忘得也快;而有的人记得慢,忘得也慢。记忆的敏捷性是记忆的品质之一,但它不是衡量一个人记忆好坏的唯一标准。在评价记忆敏捷性时,应与其他品质结合起来才有意义。

(二) 记忆的持久性

记忆的持久性是指记忆内容在记忆系统中保持时间长短方面的特征。能够把知识经验长时间地保留在头脑中,甚至终身不忘,这就是记忆持久性良好的表现。记忆的这一品质,与人的暂时神经联系的牢固性有关:暂时神经联系形成得越牢固,则记忆得越长久;暂时神经联系形成得越不牢固,则记忆得越短暂。在持久性方面,有的人能把识记的东西长久地保持在头脑中,而有的人则会很快地把识记的东西遗忘。一般来讲,记忆的敏捷性与记忆的持久性之间有正相关,记得快的人,保持的时间较长。但也不尽然,有的人记得快,但保持的时间短。

(三) 记忆的准确性

记忆的准确性是指对记忆内容的识记、保持和提取时是否精确的特征。它是指记忆提取的内容与事物的本来面目相一致的程度。记忆的这一品质,与人的暂时神经联系的正确性有关:暂时神经系越正确,记忆的准确性就越好;暂时神经联系越不正确,记忆准确性就越差。准确性是记忆的重要品质,如果离开了准确性,敏捷性、持久性就失去了意义。

(四) 记忆的备用性

记忆的备用性是指对保持内容在提取应用时所反映出来的特征。记忆的目的在于在实际需要时,能迅速、灵活地提取信息,回忆所需的内容加以应用。记忆的这一品质,与大脑皮层神经过程灵活有关:由兴奋转入抑制或由抑制转入兴奋都比较容易、比较活,记忆的备用性的水平就高;反之,记忆的备用性的水平就很低。在备用性方面,有的人能得心应手,随时提取知识加以应用;有人则不然。记忆的这一品质,是上述三种品质的综合体现;而上述三种品质,只有与记忆的备用性结合起来,才有价值。

记忆的四种品质是有机联系、缺一不可的。为了使自己具有良好的记忆能力,就必须建立丰富、系统、精确而巩固的条件反射,具备所有优秀的记忆品质。忽视记忆品质中的任何一个方面都是片面的。所以检验一个人的记忆力的好坏,不能单看某一方面品质,而必须用四个方面的品质去全面衡量。

二、良好记忆力的培养

良好记忆力的培养和提高是在正确的教育、教学条件影响下,在不断进行的训练和实践中逐渐形成起来的。如何进行训练和培养良好的记忆力呢？一般来说,应做好如下几点:

（一）掌握良好的识记方法

良好记忆力的训练和培养,首先要掌握良好的识记方法。科学的记忆方法,能增强记忆,防止遗忘,收到"事半功倍"的好效果。根据影响识记的因素,可以采取以下一些识记方法。

(1) 有目的的识记。有目的的识记,比无目的的识记效果好。学习一门学科,完成一个学期、一个单元、一堂课的学习任务都要有明确的学习目的和学习目标。目的越明确,识记效果越好。

(2) 先理解后识记。理解,就是运用个体已有经验经过思维操作去消化新知识的过程。只有理解了的知识,才能记得牢,才能灵活应用。

(3) 多通道协同记忆。识记时,应避免仅用单一分析器识记,应采用"多通道协同记忆法"。这种方法是指各种感官相配合的记忆方法。即耳听、眼看、手写、口念并举,加强输入信息的强度,在头脑中形成的是广泛的、多方面的联系。具有广泛联系的材料,记忆就比较牢固。

(4) 根据材料的性质和数量,恰当地选择整体识记法、部分识记法和综合识记法,以提高识记的效果。

(5) 保持良好的情绪。以良好的情绪参与识记活动,学习效果较好,而且容易巩固。

（二）掌握良好的复习方法

人们常说,"熟能生巧","温故知新"。这两句俗语中包含了很重要的道理:要掌握某种知识或技能,一定数量的重复练习是必要的。根据遗忘发展的规律,复习时应注意以下几点:

1. 复习要及时

遗忘的规律一般是先快后慢,所以及时复习可以有效地防止识记后急速发生的遗忘。所谓及时复习就是在初期大量遗忘开始之前就进行复习。通常是在识记后两三天遗忘最多,所以复习要及时。乌申斯基曾正确地指出,我们应当"巩固建筑物",而不要等待去"修补已经崩溃了的建筑物"。预防遗忘,只要粗略地复习,就可收效;而要恢复已经遗忘的东西,就要花更大的力气。可见,及时复习可收到事半功倍之效。

2. 复习计划要科学

每次复习的内容应适当,不要过于紧张和疲倦。对复习材料的数量、复习时间要合理安排,实验证明,在识记数量多的材料时,分布复习比集中复习效果好。例如,前苏联沙尔达科夫的实验:五年级甲班和乙班成绩大体相同,学习自然时,一学期内甲班在讲完大纲后集中复习5节课,乙班则进行4次单元复习,也用5节课。在其他条件相同的情况下,两班学习评分结果见表4-7。

表 4-7 集中复习和分布复习的效果对比

复习方式	成绩			
	劣	及格	良	优
集中复习(五甲)	6.4%	47.4%	36.6%	9.6%
分布复习(五乙)	—	31.6%	36.8%	31.6%

在组织复习时,对分量少、难度小的材料可集中复习,分量重、难度大的内容可分散复习。心理学的研究还指出,间隔时间不太长的分散复习可以收到最好的效果。但是,间隔的时间太短,容易出现抑制积累,间隔时间太长,容易发生遗忘,都不利于学习材料的巩固。间隔时间的长短应根据材料的性质、数量、识记已经达到的水平等因素而定。例如,刚开始识记时,间隔时间要短些,以后可以稍长些。

3. 适当的学习程度

一般认为,对材料的识记没有一次达到无误背诵的标准,称为低度学习;如果达到恰能成诵之后还继续学习一段时间,称为过度学习。实验表明,低度学习的材料容易遗忘,而过度学习的材料比恰能背诵的材料记忆效果要好一些。当然过度学习有一定限度,花费在过度学习的时间太多,会造成精力和时间上的浪费。如前所述,过度学习达150%时保持的效果最佳。因此,进行适当的过度学习对记忆的保持是有效的。

4. 反复阅读与试图回忆相结合

这是一种再认与回忆相结合的方法,它可以大大提高记忆效果。简单地重复阅读,效果不好。应该在材料还没有完全记住前就要积极地试图回忆,回忆不起来再阅读,这样容易记住,保持时间也长。许多实验证明此法有效。例如盖兹的实验,他要求被试识记无意义音节和传记文章,各用9分钟,其中一部分时间用于试图回忆,诵读和回忆的时间分配不同,记忆的成绩就有显著的差异。结果见表4-8。

表 4-8 阅读时试图回忆的效果

时间分配	16个无意义音节		5段传记文	
	回忆百分数/(%)		回忆百分数/(%)	
	即时	4小时后	即时	4小时后
全部时间诵读	35	15	35	16
1/5用于试图回忆	50	26	37	19
2/5用于试图回忆	54	28	41	25
4/5用于试图回忆	74	48	42	26

盖兹认为阅读与试图回忆的最好比例是20%阅读,80%背诵。阅读与试图回忆相结合能够调动记忆者的主动性,能够提高记忆信心,能够合理分配时间与精力,能够保持大脑皮层长时间的兴奋性。

5. 复习要做到经常性和多样化

复习要注意经常性,做到"学而时习之",以平时分散复习为主,再配合阶段总复习,切忌

"三天打鱼,两天晒网"。复习还必须多样化。进行多样化的复习不仅使学生感到新颖,而且有利于调动学生的兴趣和积极性,也有利于思维的练习和智力的提高。为了促使学生巩固地掌握知识,有时候可全面地复习,按部就班地复习,这种复习可普遍地恢复过去形成的联系,也有利于发现那些识记不牢固的部分。而更重要的是灵活采用多样化的复习方式,教师可采用提问、做练习、调查、讨论、实验操作或课外小组科技活动等多种形式,使学生把学习的有关知识进行复习、巩固。在学习与日常生活中,人们通常使用的复习方法有"理解法"、"背诵法"、"循环记忆法"、"练习和实验操作法"等。还有编写复习提纲、绘制图表、制作索引书目、卡片、剪报等,使脑内储存与外部储存结合起来,都有助于记忆内容的系统性。

(三) 掌握有效的记忆术

记忆术是记忆窍门和方法,旨在提高人们记忆的效率。这里主要介绍以下五种方法。

1. 定位法

定位法即所谓传统记忆术,是将记忆项目与熟悉的地点位置相匹配,使地点位置作为恢复各个项目的线索。这种记忆术来自古希腊。在古代,主要是在演讲中采用这种方法。他们都事先记住要讲几个主要论点,如走到这个门说这个论点,走到那个窗子说那个论点,走到另一个门再说另一个观点,等等。这样,所要讲的几个论点就不至于漏掉。这个方法的产生据说是一个古希腊的诗人在宴会上朗诵了一首诗,随后,他就出去了。他刚一出去,屋顶塌了,厅里的人全部都遇难,无法辨认尸首,这个诗人根据宴会中各个座位坐的是谁而辨认出了尸首。以后他就认为,把东西一定位就能记住了。因此,这种记忆的定位法传了下来。定位法能产生效用,主要符合这样两种原理:一是把没有组织的材料加以组织了;二是把一个东西放在一个位置上,使其定位,这就是建立了联系,进行了更深一步的加工。

2. 联想记忆法

联想记忆法是通过当前的事物回忆另一事物,建立事物间的联系而进行记忆的方法。可以采取接近联想、对比联想等各种联想进行记忆。如学习古代汉语,靠死读、死记,固然可以弄懂一些词语、句式和古汉语语法,但如果我们运用接近联想来帮助记忆,就可以把它与现代汉语联系起来,比较古今词义、句式、语法的异同,看有什么发展变化,这样就可以理解得更深,记得更牢固。学习散文,可以比较一下杨朔、秦牧、刘白羽等名家的散文作品在立意、选材、结构、语言、风格上各有什么特色,留下的印象往往是强烈而深刻的。又如学习数理化知识时,如果将对立的公式、规律、定理、逆定理收集在一起,进行对比联想,既可加深理解,又能巩固记忆;解释某个词语时,可以联系它的反义词进行思索,印象就会深刻得多。经验证明,记忆以联想为基础,联想又是记忆的重要途径之一。

3. 形象记忆法

形象记忆法是对抽象的材料赋予一定形象而进行记忆的方法。运用形象记忆法,主要是对那些抽象难记的材料,尽可能地赋予一定的形象,通过联想使它们变成看得见、听得到、摸得着,能强烈刺激视觉、听觉、嗅觉、触觉等器官的具体生动的东西。例如在中学地理课教学中,有的教师采用图像形象记忆法,把某一国家或地区画成简单的几何图形,如欧洲像个平行四边形,亚洲像个不规则的菱形,非洲像个三角形加上一个半圆形,澳洲像一个五边形,南北美洲像一对直角三角形,等等。这样就可以提高记忆效果。

4. 谐音记忆法

谐音记忆法是根据记忆的内容的读音,编成另一句读音相同的话,利用二者音调相谐产生的联想来帮助记忆。例如,有人利用谐音来记忆圆周率 3.1415926535,编成谐音是:山巅一寺一壶酒,尔乐苦煞吾。这样很容易就记住圆周率小数点后的 10 位数字了。又如马克思生于 1818 年,卒于 1883 年,编成谐音是"一爬一爬,一爬爬上山",这就容易记住,并不易忘记。谐音记忆法可以把"死"变"活",把枯燥乏味的记忆材料变得兴趣盎然,记起来诙谐滑稽、轻松有趣。它还能化"难"为"易",把晦涩难记的东西变得流畅易记。在记忆数学、物理、化学、历史、地理等科和外语单词方面,谐音记忆法有着广阔的用武之地。

5. PQ4R 法

目前最流行而又取得公认的记忆技术是 PQ4R 法。PQ4R 法的取名是下面所述学习材料时应该遵循的 6 个步骤的英文缩写。

(1) 预习(Prepare):涉猎全章学习材料,确定要探讨的一些总课题。确定作为单元来阅读的各分段,把以下(2)~(5)四个步骤应用在各分段上。

(2) 提问(Question):提出有关分段的问题。把各分段的标题改为适当的问句。例如一个分段标题是"信息在头脑中的储存",可改为"何谓信息在头脑中的储存"或"头脑中的信息是如何进行储存的"等。

(3) 阅读(Read):仔细阅读各分段的内容,尝试回答自己对于分段所拟定的问题。

(4) 思考(Reflection):在阅读时思考内容,力图予以理解,想出一些例子,把材料和自己原有的知识联系起来。

(5) 复述(Repeat):学完一个分段后,尝试回忆其中所包含的知识,力图回答自己对本分段所提出的问题。如果不能充分回忆,就重新阅读记忆困难的部分。

(6) 复习(Review):学完全部材料后,默默回忆其中的要点,再次尝试去回答自己所提出过的各个问题。这种记忆技术由于学习者通过对学习材料的进行良好的"主观上的组织",能够产生良好的记忆效果。

(四) 掌握有效进行追忆的方法

追记是要费一番思索才能回忆起来的,故需要讲究方法才能达到追忆的目的。

首先,在追忆时可以自觉地利用中介性的联想,也就是利用事物的多方面联系去寻找线索。有时可以利用事物间的外在联系,如相似、对立、接近等联系进行追忆;有时则要运用事物之间的本质联系,通过推理来进行。

其次,可以利用再认来追忆。例如,忘掉了某个外文单词,就可以把自己所熟悉的某些单词一个一个地读出,当读到有熟悉感时,就能立刻把它识别出来。同样忘记了某个同学的名字,可以把学生名册拿出来,一个个顺着看下去,当看到某个姓名时,就能把这位同学的名字回忆出来了。

最后,在追忆时,常常会出现长时间努力追忆仍无结果,因而焦躁不安,甚至无名火起的情形。这种困扰情况显然不利于追忆,就应当暂时中断追忆,稍微放松和冷静一下,然后再去追忆。这样往往可以收到很好的效果。

复习思考题

1. 什么是记忆?记忆的种类有哪些?
2. 什么是记忆表象?它有哪些特征?
3. 记忆的过程包括哪几个环节?

4. 简述影响识记和保持的因素。
5. 什么是遗忘？遗忘的规律是怎样的？
6. 记忆的品质有哪些？它们之间的关系是怎样的？
7. 如何培养良好的记忆力？

本章参考文献

[1]彭聃玲.普通心理学(修订版).北京:北京师范大学出版社,2004.

[2]姚本先.心理学新论(修订版).北京:高等教育出版社,2005.

[3]叶奕乾,何存道,梁建宁.普通心理学(修订版).上海:华东师范大学出版社,1997.

[4]王雁.普通心理学.北京:人民教育出版社,2002.

[5]卢秀安,陈俊,刘勇.教与学心理案例.广州:广东高等教育出版社,2002.

[6]理查德·格里格,菲利普·津巴多.心理学与生活.王垒,等,译.北京:人民邮电出版社,2003.

第五章
思维与想象

【本章导学】

　　思维与想象同属于认识过程的高级阶段,是理性认识过程。思维是人脑对客观现实的间接的和概括的反应;想象是人对头脑中已有表象进行加工改造,形成新形象的过程,与创造性活动是联系在一起的。思维与想象关系密切,但又有区别。二者在人们的认识活动及创造活动中具有重要意义。本章主要探讨思维、想象的概念、种类以及二者与感知觉的关系;思维的过程以及基本形式;想象的加工方式;思维的品质、创造性思维的特点及其培养。

第一节　思维概述

一、思维的概念及特征

　　思维是人脑对客观现实的间接的和概括的反应。它是借助于言语实现的、能揭示事物本质特征及内部规律的理性认识过程。思维是人类认识的高级阶段,它是在感知基础上实现的理性认识形式。人们常说的"考虑"、"设想"、"预计"、"沉思"、"审度"、"深思熟虑"等都是思维活动。

　　思维具有以下几个基本特征:

　　1. 间接性

　　所谓思维的间接性,是指人们借助于一定的媒介和知识经验对客观事物进行间接的认识。由于人类感觉器官结构和机能的限制,由于时间和空间的限制,由于事物本身带有蕴含或内隐的特点,人们对世界上的许多事物,如果单凭感官或仅仅停留在感知觉上,则是认识不到或无法认识的,那么就要借助于某些媒介物与头脑加工,间接地来认识这些事物。思维的间接性体现在如下三个方面:一是可以通过一个事物认识另一个事物,实现认识过程的由此及彼。例如,人类学家根据古生物的化石及其他有关资料,就推知人类过去进化的规律。二是可以通过事物的外部现象认识其内在的、必然的规律性联系或变化,实现认识过程的由表及里。例如,医生通过望、闻、问、切、化验、仪器检查等手段,判断出病人的病情;地震工作者可以根据动物的反常现象或其他仪表的数据来分析与预报震情。这些都是人们凭借已有的知识经验间接认识的结果。三是通过语言这个符号系统摆脱具体情境的束缚来间接地认识事物。例如,人们可以通过别人的讲解、书上的文字介绍来认识从未接触过的事物和现象。正是借助于思维的间接性，人们才可能超越感知觉提供的信息，认识那些没有直接作用于人的感官的事物和属性，从而揭示事物的本质和规律。

2. 概括性

所谓思维的概括性，是指思维通过抽取同一类事物的共同的本质特征和事物间的必然联系来反映事物。思维的概括性体现在如下两个方面：一是把同一类事物的共同本质特征抽取出来加以概括。例如，人们所见到的鸟有各种不同的具体形象，但人们在思考时，把它们都称为鸟，就是舍弃了鸟的形状、大小、毛色、会不会飞等非本质特征，而抽取了身上有羽毛、前肢成翼状、嘴上有尖利的喙等本质特征。二是将多次感知到的事物之间的联系和关系加以概括，得出有关事物之间的内在联系的结论。例如，每次看到"月晕"就要刮风，地砖"湿润"就要下雨，得出"月晕而风"、"础润而雨"的结论。正是借助于思维的概括性，人们才能通过事物的表面现象和外部特征而认识事物的本质和规律。一切科学的概念、原理、定律和法则等都是经过思维的结果，都是人类对客观事物概括的反应。

思维的间接性和概括性是相互联系、相互影响的。思维的间接性是以人对事物的概括性认识为前提的。例如，"月晕而风"、"础润而雨"的结论，就是在多次感知这种气象的基础上，通过概括，找出了月晕、础润与气象变化的内在联系，而对未来的气象作出的一种间接判断，而这种间接的判断正是在先前的思维的概括性的基础上而获得的。可见人之所以能够间接地反映事物，是因为人有概括性的知识经验，而人的知识经验越概括，就越能间接地反映客观事物。

3. 思维是对经验的改组

思维是一种探索和发现新事物的心理过程。它常常指向事物的新特征和新关系，这就需要人们对头脑中已有的知识经验不断进行更新和改组。思维活动常常是由一定的问题情景引起的，并试图解决这些问题。所以思维不是简单地再现经验，而是对已有的知识经验进行改组、建构的过程。

二、思维与感知觉的关系

思维与感知觉一样都是人脑对客观现实的反应，同属于认识过程。但它们反映的内容、形式和水平都不相同，即它们既有区别，又有联系。

1. 区别

（1）从反映的内容来看，感知觉反映的是客观事物的外部特征和外在联系，思维反映的是客观事物的本质特征和内在规律性联系；（2）从反映的形式来看，感知觉只是对当前事物的直接反映，只是对信息的接受和识别，而思维却是对客观事物的间接的、概括的反映，对信息进行加工；（3）从反映的水平来看，感知觉属于感性认识，它是借助于形象系统对直接作用于感官的事物进行反映，反映范围很小，是认识过程的初级阶段，而思维属于理性认识，它是借助于概念系统对客观事物进行反映，它可以反映任何事物，反映范围很大，是认识过程的高级阶段。例如，我们见到刮风、下雨，这是对自然现象的感知觉，是对直接作用于我们感官的客观事物外部特征的感性认识；而为什么会刮风，为什么会下雨，我们研究的结果是因为"空气对流"而形成风，因为"水蒸气遇冷液化"而形成雨，这就是我们对客观事物本质特征与内在规律性联系的间接的和概括的反映，这是思维，是理性认识的结果。

2. 联系

思维虽是超出感知范围的理性认识阶段,是更高级、更复杂的心理活动过程,但它是以感性材料为基础,与感知、记忆等认识过程是密不可分的。感性认识是思维活动的源泉和依据。思维无论多么抽象,它的加工材料还是对个别事物的多次感知,从对个别事物多次感知中,概括出它们的本质和规律。同时,感性认识的材料如不经思维加工,就只能停留在对事物的表面的、现象的认识上,而不能认识客观事物的本质和规律。

三、思维与语言的关系

人的思维不仅与感性认识相关联,而且与语言密切联系着。人的思维活动是以感性材料为基础,凭借语言而实现的。思维与语言既有联系,又有区别。

1. 思维与语言的联系

思维与语言是密不可分、相互依存的。首先,思维活动是借助语言而实现的。这是由于语言本身具有的概括性所决定的。人们通过语言才可把一类事物的共同的、本质的属性概括出来。例如,"笔"这个词,与各种各样的笔相联系,它概括了一切不同颜色、不同形状和材料制作的笔的本质属性,即能书写的工具。如果没有标志一般东西的词,思维就无法进行间接概括的反映。可见思维的结果是靠语言这一载体来表达的,离开了词的刺激作用,人脑就不能反映事物的本质属性与事物之间的内在联系。其次,语言也离不开思维。因为构成语言的词汇和语法规则是思维的结果。而词义正是概括的思维或概念。语言和词的意义,也正是靠思维的日益充实和丰富而不断地深化和发展的。

2. 思维与语言的区别

思维与语言的区别表现在以下几个方面:首先,它们的本质属性不同。语言是一种符号系统,是由基本的词汇和语法所构成的,是人们进行思维和交流思想的工具,是物质的,以声、形的物质形式存在。思维是人脑揭示客观事物的本质及其规律的心理过程,它是对客观现实的反映形式,是观念的,以意识的形式存在。其次,它们与客观事物的关系不同。语言与客观事物之间是标志与被标志的关系,二者无必然联系。我们可以用不同的词代表同一事物,例如,土豆还可称马铃薯,西红柿又称番茄。思维与客观事物之间是反映与被反映的关系,其间有本质的、必然的联系。再次,从构成要素来看,语言中的词与思维中的概念相关,但并不完全等同。概念用词来表达,但一个词可以表达不同的思想;反之,同一思想可以用不同的词来表达。最后,从规律的性质来看,语言的语法结构与思维规律之间虽有联系,但不是一回事。语言具有民族性,不同国度、不同民族有着不同的语法结构。而思维具有全人类性,只要是大脑发育正常的人,不分国籍、民族、性别、职业,都遵循着共同的思维规律,都遵循着从感性上升到理性,从具体上升到抽象。思维的基本过程都是分析、综合、比较、抽象、概括、具体化和系统化。

四、思维的种类

根据不同的标准,可以对思维进行不同的分类。

(一) 根据思维活动的凭借物不同分类

根据思维活动的凭借物不同,可以把思维分为动作思维、形象思维和抽象思维。

1. 动作思维

动作思维又称实践思维或操作性思维,是以具体动作为工具解决直观而具体问题的思维。实践动作是这类思维的支柱。它要解决的是操作性的问题,其思维是在操作和摆弄物体的过程中进行的,随着动作的停止而结束,具有极其鲜明的情境性。幼儿的思维活动就属于动作思维。例如,幼儿在学习简单计数和加减法时,常常借助数手指,实际活动一停止,他们的思维便立即停下来。成人也有动作思维,如技术工人在对一台机器进行维修时,一边检查一边思考故障的原因,直至发现问题排除故障为止,在这一过程中动作思维占据主要地位。不过,成人的动作思维是在经验的基础上,在第二信号系统的调节下实现的,这与尚未完全掌握语言的儿童的动作思维相比有着本质的区别。

2. 形象思维

形象思维是以头脑中的具体形象来解决问题的思维活动。表象便是这类思维的支柱。形象思维主要表现在学龄前儿童中,游戏是最好的例证。儿童模仿成人的活动,组织角色游戏,是由于他们的头脑中所储存和加工的材料多是感性情景。他们所掌握的概念也处于感性水平。艺术家的思维也属于形象思维,他们在创作和构思过程中,很大程度上是以形象材料进行。例如,画家运用线条、阴影、空间、色彩等构造画面,音乐家以音乐的旋律、节奏、速度、力度等表达辉煌、幽静或庄严。但是成人的形象思维与幼儿有本质的不同。例如,达·芬奇的"蒙娜丽莎"那端庄、温柔的微笑,都有一个鲜明的主题,被称为"永恒的微笑"。画家的创作主题随时在指引着他的形象构思。形象思维具有三种水平:第一种水平的形象思维是幼儿的思维,它只能反映同类事物中的一些直观的、非本质的特征;第二种水平的形象思维是成人对表象进行加工的思维;第三种水平的形象思维是艺术思维,这是一种高级的、复杂的思维形式。通常所说的形象思维是指第一种水平。

3. 抽象思维

抽象思维又称逻辑思维,是以概念、判断、推理的形式达到对事物的本质特性和内在联系认识的思维。概念是这类思维的支柱。科学家研究、探索和发现客观规律,学生理解、论证科学的概念和原理以及日常生活中人们分析问题、解决问题等,都离不开抽象逻辑思维。

个体思维的发展,一般都经历直观动作思维、具体形象思维和抽象逻辑思维三个阶段。成人在解决问题时,这三种思维往往相互联系、相互补充,共同参与思维活动,如进行科学实验时,既需要高度的科学概括,又需要展开丰富的联想和想象,同时还需要在动手操作中探索问题症结所在。由于素质、职业和训练状况不同,在某些人身上哪种思维占优势,并不表明思维发展水平的差异。

(二) 根据解决问题时的思维方式分类

根据解决问题时的思维方向,可以把思维分为聚合思维和发散思维。

1. 聚合思维

聚合思维又称求同思维、集中思维,是把问题所提供的各种信息集中起来得出一个正确的或最好的答案的思维。这种思维一般是在思维者具有解决问题的现存信息,但不知结论的情况下进行的。只要把信息重新加以组织,朝着一个方向思考,就能找到一个正确的答案。它的特点是遵循统一的模式,有范围,有唯一的方向,用现成的方法获得确定的结果,其主要功能是求同。例如,由 $A>B,B>C,C>D$,得出唯一结论:$A>D$。

2. 发散思维

发散思维又称求异思维、分散思维、辐射思维，是从一个目标出发，沿着各种不同途径寻求各种答案的思维。例如，数学中的"一题多解"，科学研究中对某一问题的解决提出多种设想，教育改革的多种方案的提出等思维。

聚合思维与发散思维都是智力活动不可缺少的思维，都带有创造的成分，而发散思维最能代表创造性的特征。

（三）根据思维过程中是以日常经验还是以理论为指导分类

根据思维过程中是以日常经验还是以理论为指导来划分，可以把思维分为经验思维和理论思维。

1. 经验思维

经验思维是以日常生活经验为依据，判断生产、生活中的问题的思维。例如，人们对"月晕而风，础润而雨"的判断，儿童凭自己的经验认为"鸟是会飞的动物"，人们通常认为"太阳从东边升起，往西边落下"等都属于经验思维。

2. 理论思维

理论思维是以科学的原理、定理、定律等理论为依据，对问题进行分析、判断的思维。例如，根据"凡绿色植物都是可以进行光合作用的"一般原理，去判断某一种绿色植物的光合作用。科学家、理论家运用理论思维发现事物的客观规律，教师利用理论思维传授科学理论，学生运用理论思维学习理性知识。

（四）根据思维结论是否有明确的思考步骤和思维过程中意识的清晰程度分类

根据思维结论是否有明确的思考步骤和思维过程中意识的清晰程度，可以把思维分为直觉思维和分析思维。

1. 直觉思维

直觉思维是未经逐步分析就迅速对问题答案作出合理的猜测、设想或突然领悟的思维。例如，古希腊学者阿基米德在浴缸中洗澡时突然发现浮力定律；公安人员根据作案现场情况，迅速对案情作出判断；学生在解题中未经逐步分析，就对问题的答案作出合理的猜测、猜想等思维。它具有敏捷性、直观性、简约性、突发性、模糊性等特点。

2. 分析思维

分析思维是经过逐步分析后，对问题解决作出明确结论的思维。例如，学生解几何题的多步推理和论证；医生面对疑难病症的多种检查、会诊分析；军事指挥员根据侦察兵的情报材料作出决策的过程等，都是分析思维。

（五）根据思维的创新成分的多少分类

根据思维的创新成分的多少，可以把思维分为常规思维和创造性思维。

1. 常规思维

常规思维是指人们运用已获得的知识经验，按惯常的方式解决问题的思维。例如，学生按例题的思路去解决练习题和作业题，学生利用学过的公式解决同一类型的问题等。

2. 创造性思维

创造性思维是指运用新颖的、独创的方法，创造地解决问题，产生新思想、新假设、新原理的思维。它是人类思维的高级形式，也是智力水平高度发展的表现。首创性、独立性和新颖性是创造性思维的本质特征。例如，小说家创作小说、工程师研制出一种新仪器，都是创造思维。创造思维是高级的思维过程，它是聚合思维和发散思维的有机结合。

第二节 思维的过程与形式

一、思维的过程

思维是人类认识客观世界的高级形式,它是通过分析、综合、比较、分类、抽象、概括、具体化、系统化等一系列心理活动过程来实现的。

（一）分析与综合

分析与综合是思维的基本过程,一切思维活动,从简单到复杂,从概念形成到创造性思维,都离不开头脑的分析与综合。

分析是在头脑中把事物的整体分解成各个部分、方面或个别特征的思维过程。例如,把一篇文章分为段落、句子和词,把植物分解为根、茎、叶、花、果实、种子;把动物分解为头、尾、足、躯体;把几何图形分解成点、线、面、角、体;分析一个句子由哪些语言成分构成等,都属于分析过程。通过分析,人可以进一步认识事物的基本结构、属性和特征;可以分出事物的表面特性和本质特性,使认识深化;可以分出问题的情境、条件、任务,便于解决思维问题。

综合是在头脑里把事物的各个部分、方面、各种特征结合起来进行考虑的思维过程。例如,把单词组成句子;把文学作品的各个情节关联成完整的场面;把若干节体操动作结合成一套广播体操等都属于综合过程。通过综合,人可以完整、全面地认识事物,认识事物间的联系和规律;整体地把握问题的情境、条件与任务的关系,提高解题的技巧。

分析与综合是同一思维过程中彼此相反而又紧密联系的过程,是相互依赖、互为条件的。分析是以事物综合体为前提的,没有事物综合体,就无从分析。综合是以对事物的分析为基础的,分析越细致,综合越全面;分析越准确,综合越完善。例如,学生读一篇课文,既要分析,也要综合。经过分析,理解了词义和段落大意;经过综合,掌握了文章的中心思想,便获得了对文章的整体认识。对事物只有分析而没有综合,只能形成片面的、支离破碎的认识;只有综合没有分析,只能形成表面的认识。分析与综合是辩证统一的,只有把分析与综合有机地结合在一起,才能发现事物的联系和关系,才能更好地认识事物。

（二）比较与分类

比较是在头脑中把各种事物或现象加以对比,确定它们之间的异同点的思维过程。人们认识事物,把握事物的属性、特征和相互关系,都是通过比较来进行的。只有经过比较,区分事物间的异同点,才能更好地识别事物。比较与分析、综合是紧密联系的。比较总是对事物的各部分、各种属性或特性的鉴别与区分,因此没有分析就谈不上比较,分析是比较的前提。然而,比较的目的是确定事物间的异同,因此比较也离不开综合。要比较事物,既要对事物进行分析,又要对事物进行综合,离开分析与综合,比较难以进行。

比较既可以是同中求异,也可以是异中求同。例如,在教学中,教师为了帮助学生清楚地了解某个对象,就把这个对象与它十分相似的各种对象进行比较,找出它们的不同点;又把这个对象与它差异很大的对象进行比较,找出它们的相同点。这样,学生就较容易地明确这个对象的本质特征。

分类是在头脑中根据事物或现象的共同点和差异点,把它们区分为不同种类的思维过程。分类是在比较的基础上,将有共同点的事物划为一类,再根据更小的差异将它们划分为同一类中不同的属,以揭示事物的一定从属关系和等级系统。例如,学生掌握数的概念时,把数分为实数和虚数;又把实数分为有理数和无理数;有理数又可分为整数和分数等。

(三) 抽象与概括

抽象是在头脑中把同类事物或现象的共同的、本质的特征抽取出来,并舍弃个别的、非本质特征的思维过程。例如,我们对人的认识,人可以分为男性、女性、大人、小孩、工人、农民、军人、学生、教师、商人、高个、矮个、白种人、黄种人、黑种人;人能吃饭,能睡觉,能喝水,能活动,能知觉,能记忆,能说话,能思维,能制造工具,会使用工具等。通过分析、比较,抽取出人类具有的共同的、本质的属性,即能说话、能思维、能制造工具等,舍弃能吃饭、能睡觉、能喝水、能活动等其他动物也有的非本质属性,这就是抽象过程。

概括是在头脑中把抽象出来的事物的共同的、本质的特征综合起来并推广到同类事物中去,使之普遍化的思维过程。例如,我们把"人"的本质属性——能言语、能思维、能制造工具综合起来,推广到古今中外一切人身上,指出:"凡是能言语、能思维、能制造和使用工具的动物都是人。"这就是概括。

抽象与概括的关系十分密切。如果不能抽象出一类事物的本质属性,就无法对这类事物进行概括。而如果没有概括性的思维,就抽象不出一类事物的本质属性。抽象与概括是相互依存、相辅相成的。抽象是高级的分析,概括是高级的综合。抽象、概括都是建立在比较基础上的。任何概念、原理和理论都是抽象与概括的结果。

(四) 具体化与系统化

具体化是指在头脑里把抽象、概括出来的一般概念、原理与理论同具体事物联系起来的思维过程,也就是用一般原理去解决实际问题,用理论指导实际活动的过程。具体化是认识发展的重要环节,它可以使一般认识不断扩大、丰富、深入和发展。

系统化是在人脑中把一类事物按一定的顺序和层次组成统一系统的思维过程。例如,生物学中将所有的动物分为脊椎动物和无脊椎动物,脊椎动物又分为鱼类、两栖类、爬行类、鸟类和哺乳类等,无脊椎动物又分为原生动物、腔肠动物、环节动物和节肢动物等。又如,学生掌握数的概念,在掌握整数、分数知识之后,可以概括归纳为有理数;当数的概念扩大,学习了无理数之后,又可把有理数和无理数概括为实数;掌握了虚数之后,又可把实数和虚数概括为数,从而掌握了系统的数的知识。

系统化是在分析、综合、比较和分类的基础上实现的。系统化的知识便于在大脑皮层上形成广泛的神经联系,使知识易于记忆。也只有掌握了系统的知识结构,才能真正理解知识,才能在不同条件下灵活运用知识。

总之,分析、综合、比较、分类、抽象、概括、具体化、系统化等思维过程,既相互区别又相互联系,辩证统一地贯穿于思维活动之中。这些思维活动过程的有效进行,使我们对客观事物的认识由简单到复杂,由感性到理性,实现着认识活动的飞跃与升华。

二、思维的基本形式

思维的形式是相对于思维的内容而言的,概念、判断和推理是思维的基本形式。

（一）概念

概念是人脑反映客观事物共同的本质特性的思维形式。它是思维形式的最基本单位。概念是在分析、综合、比较、抽象和概括的基础上形成的。它反映的是一类事物共同的、一般的、本质的特征，而不包括那些非本质属性。例如，"鸟"这个概念，它的本质特征是有羽毛、无齿有喙的动物，这些特征使鸟类与其他动物区别开来，而毛色、大小、是否会飞、生活地区等则是非本质属性。人们掌握了概念，认识就能超越感知的范围，透过事物的表面现象，认识事物的本质。

每个概念都包括内涵与外延两个方面。内涵是指概念的质，即概念所反映的事物的本质特征。外延是指概念的量，即概念的范围。例如，"钟表"这个概念的内涵是"计时工具"，其外延则是闹表、挂钟、座钟、手表、怀表、秒表等一些钟表。概念的内涵与外延成反比例关系。内涵越小，则外延越大；内涵越大，则外延越小。外延的大小由内涵的多少来决定。

概念是用于词来标志的。如果没有词，概念就不可能存在。但概念并不等于词，它们既有区别又有联系。词是概念的物质外壳，概念赋予词以一定的意义和内容。但概念是心理现象，词是概念的物质标志，两者不能混淆。不同的词可以代表同一个概念，如"我、吾、余"等都表示自己；同一个词又可以表达不同的概念，如"仁"，有时候指道德概念"仁义"、"仁慈"，有时候又指果实概念"桃仁"、"杏仁"等。

个体概念的获得一般通过两个基本途径：一是日常生活中通过人际交往和个人积累经验的过程中掌握概念。这种概念称为日常概念。日常概念受个人生活范围和知识经验的限制，概念的内涵中常常包含着事物的非本质属性，往往存在着片面性，甚至有错误。例如，有的儿童认为"鸟是会飞的动物"，有的把蜜蜂、苍蝇、飞蛾等看成是鸟，而不认为鸡、鸭、鹅等是鸟，就属于日常概念。二是在专门的教学中，在教师的引导下掌握概念。这种通过有计划的教学活动，在熟悉有关概念的内涵的条件下掌握的概念，称为科学概念。如学生学习某门学科的定义、定律、原理等。

（二）判断

判断是人脑反映事物之间联系和关系的思维形式，即用概念去肯定或否定事物具有某种属性的思维形式。

判断是以句子的形式来表达概念与概念之间的关系的，进而阐明事物，肯定或否定事物之间的联系和关系。例如，当我们说"闪电后有雷鸣"的时候，便肯定了这两种自然现象之间在时间上的一定联系。当我们说"鲸鱼不是鱼"时，便否定了鲸鱼的本质特征与鱼类所具有的本质特征之间的联系。由于事物存在各种各样的复杂属性和关系，因而人们也就有各种各样的判断。判断不能模棱两可，不是肯定，就是否定。判断是否正确，要由实践来加以检验。

判断主要分为直接判断和间接判断两种形式。直接判断是感知形式的判断，是通过对具体事物的表面特征的直接感知，并不需要复杂的思维活动而作出的判断。例如，"黄种人是黄皮肤、黑头发、黑眼睛"就是直接判断。间接判断是抽象形式的判断，是通过复杂的思维过程，在厘清事物之间的关系和联系的基础上而作出的判断。例如，"水遇热会变成蒸汽，遇冷会结冰"这一判断，反映了水的三态变化与温度变化之间的关系，这不可能通过感知的方式直接获得，而是在多次感知的基础上，通过复杂的思维活动得到的。间接判断往往是通过推理来实现的。

(三) 推理

推理是从已知判断推出新的判断的思维形式,是事物间联系和关系在头脑中的反映。它是由两个以上的判断组成的,反映判断与判断之间的关系。例如,根据"一切金属受热会膨胀","铁是金属"这两个条件,就可以得出"铁受热会膨胀"的结论,这就是推理。

推理有归纳推理、演绎推理和类比推理三种主要形式。归纳推理是从特殊的事例出发,归纳出一般原理的思维形式。例如,"铁能导电"、"铜能导电"、"铝能导电"……归纳出"凡是金属都能导电"。演绎推理是从一般原理到特殊事例的思维过程。例如,"凡是金属都能导电","银是金属",所以"银能导电"。类比推理是从某个特殊事例到另一个特殊事例的思维形式。当人们发现两个或两类事物具有某些共同属性后,就推出它们在其他属性上也存在着共同性。例如,发现两个人在性格的意志特征上很相似,由此推知在性格的情绪特征上也可能相似。

归纳推理与演绎推理是相辅相成的过程。凭借归纳推理,可以从特殊的、具体的事例中得到一般原理。凭借演绎推理,可以把一般原理运用到具体、特殊的事实,以验证一般原理。类比推理的结论是或然性的,要提高其可靠性,就要增强材料的准确性,抓住本质属性进行推理。否则,无论是类比推理,还是归纳推理、演绎推理,都有可能出现"误推"现象。

第三节 想象

一、想象的概念及特征

(一) 什么是想象

想象是人对头脑中已有表象进行加工改造,形成新形象的过程,是一种高级的认识活动。例如,人们在听广播、看小说时,在头脑中产生的各种情景和人物形象;工程师根据自己在建筑方面的知识经验,设计出建筑物的形象等,都是想象。

想象具有形象性和新颖性的特征。想象是通过对已有表象的加工而创造新形象的,它加工的对象是形象信息,而不是语言或符号。同时,想象所产生的形象与已有表象不同,是对已有表象的改造或重新组合。例如,"猪八戒"的形象虽然来自于人与猪的形象,却既不同于人的形象,也不同于猪的形象。

想象过程所产生的新形象称为想象表象。想象所产生的形象可以是在现实中存在着但主体未曾感知过的事物的表象。例如,我们没有去过草原,但当我们读到《敕勒歌》中的诗句"天苍苍,野茫茫,风吹草低见牛羊"时,头脑中就会浮现出一幅草原牧区的美丽景象。新形象可以是历史性事物的表象。例如,我们没有经历过赤壁之战,但可以借助于对历史事件的描述,在头脑中形成当年赤壁之战的场景。新形象也可能是现实中尚未有过、有待于创造的事物的表象。例如,作家、发明家在实现创造之前,他们所要创造的新人物、所要发明的新产品,就已经形象地出现在他们的头脑中了。新形象还可能是在现实中不可能有的事物的表象。例如,人们头脑中所产生的关于鬼、神、超人等的形象。

从想象的内容来看,任何想象都不是凭空产生的,与其他心理过程一样,想象也是人脑对客观现实的反应。想象虽然是对新形象的创造,但构成形象的材料都来自生活,取自过去的经验。世界各地都有关于神仙、妖魔鬼怪的形象,但这些形象由于不同的地域和文化背景各有不同,正反映了各自所处的客观现实。梦也是一种想象,梦中出现的形象有时候显得十分新奇甚至荒诞,但组成梦境的素材仍然是感知过的事物。所以,想象无论新颖甚至离奇到什么程度,构成想象的材料永远来源于客观现实。

(二) 想象和思维的关系

想象和思维有着密切的联系,同属于高级的认识过程,它们都产生于问题的情景,由个体的需要所推动,并能预见未来。人们在面对问题情景、需要尚未得到满足时,常常在头脑中出现需要得到满足和问题得到解决的情景,这种情景是对现实的一种超前反应,是对未来的一种预见。想象的预见是以具体形式出现的,而思维的预见是以概念的形式出现的。这就是说,当人们面对问题情景时,头脑中可能存在两种超前系统,一种是形象系统,另一种是概念系统。这两种系统是密切配合、协同活动的。在人的活动中,由于问题情景具有不同程度的确定性,两种系统所起的作用是不一样的。一般认为,若问题的原始材料是已知的,解决问题的方向是基本明确的,解决问题的进程将主要服从于思维规律。如果问题的情景具有很大的不确定性,由情景提供的信息不充分,解决问题的进程将主要依赖于想象。想象可以"跳过"某些思维阶段,构成事物的形象,在此基础上寻找解决问题的途径。

由于构成想象表象的加工、改造过程,是通过思维活动进行的,所以,在某种意义上说,想象是思维的一种特殊形式,是一种形象思维。

(三) 想象的作用

想象的作用主要体现在以下几个方面:

1. 想象是促使人的心理活动丰富和深化的重要因素

想象是智慧的翅膀,是思维的特殊形式。就深刻性而言,想象不满足像知觉那样只反映事物外部的和表面的联系,也不满足像记忆那样只再现过去的认识,而是人脑对已有的感知材料经过加工改造后进一步深化的认识;就其广阔性而言,想象不像感知觉只限于个人狭窄的直接认识的范围,而具有更丰富的内容。借助想象,人们可以驰骋于无限的现实世界和神奇的幻想世界之中,可以追溯上至几千年的过去,也可以展望几万年以后的未来。常言道,想象可以使人"思接千载,视通万里",就是说想象可以打破时空的界限,使人的心理更为丰富、充实。

2. 想象是促使人们创造性地进行各种实践活动的必要条件

想象是在实践活动中发展起来的,同时也是人类实践活动的必要条件。人在实践活动中会遇到一些困难,产生新的需要,这促使人们去改变客观现实,创造新的事物。想象就是在这种实践活动中发展起来的。如果没有想象,人们的活动就无法进行和提高,也不可能事先在头脑中构成关于活动本身及其结果的各种表象。人们对未来的预见,一切科学上的新发现、新发明,新的艺术作品的创作,各种科学知识的学习等,都是和人的想象活动密切联系的。

3. 想象有助于调节人的情感和意志活动

想象的形象会引起人的情感体验,从而调节人的情绪。这一点在人们阅读文学作品时体会最深,我们借助想象与故事里的人物一起欢笑、流泪,一起紧张、悲愤;借助想象还可以从书中的英雄人物身上获得精神的陶冶,发展具有积极倾向性的情感;同时,想象也是构成人的意志行动的内部推动力的不可缺少的因素之一。苏联学者鲁宾斯坦认为,每一种思想,每一种情感,哪怕是在某种程度上的改变世界的意志行动,都有一些想象的成分。事实也是如此,如果没有想象的作用,人就不可能预瞻活动的结果,不可能确定清楚的目标,不可能预定具体的计划,因而就不可能进行意志活动。

4. 想象具有替代作用和补充作用

当人们的某些需要不能得到实际满足时,可以利用想象的方式得到满足或实现。例如,幼儿想当一名汽车司机,但由于他们的能力所限而不能实现,于是他们就在游戏中,把排列起来的小板凳当作汽车,手握方向盘开起了小汽车,这就是想象的替代作用。同时,在实际生活中,有许多事物是人们不可能直接感知的。如宇宙间的星球、原始人类生活的情景、小说中的人物形象等,这些空间遥远和时间久远的事物,人们是无法直接感知的。但是借助于想象可以补充这种知识经验的不足。想象的替代作用和补充作用使人们的思维、情感交流突破直接感知和操作的限制,进行学习和创新。

二、想象的种类

根据想象的目的性,可以把想象分为无意想象和有意想象。

(一) 无意想象

无意想象也称不随意想象,它是没有预定目的,在一定的刺激影响下,不由自主地引起的想象。例如,人们看到天上的浮云,想象出各种动物的形象;精神病患者在头脑中产生的幻觉;由药物,如吸服大麻、迷幻药导致的幻觉等,都是无意想象。

梦是无意想象的极端情况。它是人在睡眠状态下的一种漫无目的、不由自主的奇异想象。在梦中,有时见到已故的亲人、昔日的朋友,体验到童年时代的激情,经历一些稀奇古怪的事情。从梦境的内容看,它是过去经验的奇特组合。关于梦的心理学解释,目前尚无公认的观点,具有代表性的理论有弗洛伊德、荣格的理论,这些理论广泛地引起了世人的关注。

(二) 有意想象

有意想象也称随意想象,它是有预定目的、自觉进行的想象。

人在多数情况下,总是根据一定的目的,自觉地进行想象活动。例如,学生在学习过程中为完成某项学习任务,获得某些知识的想象;工程师和工人对建筑图纸的想象等。

对于有意想象,根据它的新形象的新颖性、独特性和创造性的不同,又可分为再造想象和创造想象。幻想是创造想象的一种特殊形式。

1. 再造想象

再造想象是根据词语的描述或非语言(图样、图解、符号等)的描绘,在头脑中产生有关事物新形象的过程。例如,当我们读着李白的《望庐山瀑布》时,头脑中就会展现出一幅山上烟雾缭绕、山间白练高挂、山下激流奔腾的绚丽壮美的图景,这就是再造想象。也就是说,人在阅读文艺作品、历史文献,工人看建筑或机械图纸,学生听教师对课文生动形象的描述时,头脑中出现的有关事物的形象,都属于再造想象。

再造想象中形成的新形象，只是对自己来说是新的，是根据别人的描述或制作的图表、模型等在头脑中再造出来的，因此，新颖性、独立性、创造性成分比较小。值得注意的是，虽然再造想象的形象都是别人想象的，但仍然含有新的成分。因为人们的经验、兴趣、爱好和能力不同，所以根据同样的描述，每个人再造出来的形象却总是有差异。例如，根据贾岛的诗《寻隐者不遇》的描述画出的形象，就存在着不同的画面（见图5-1）。

图 5-1 《寻隐者不遇》插图

图 5-1 中三幅图的意境是基本一致的，但人物形象以及整体构图上却存在差异。这说明再造想象也有一定的创造性，但创造成分较低。

2. 创造想象

创造想象是不依据现成描述而独立地创造出新形象的过程。在创造新产品、新技术、新作品时，人脑所构成的新事物的形象都是创造想象。它的特点是新颖、独创、奇特。创造想象在人的实际创造活动中是非常重要的，它是一切创造性活动的必要组成部分。科学领域里的一切发明，艺术领域里的一切典型形象，都必须首先在头脑中形成活动的最终或中间产品的模型，即进行创造想象。可见，创造想象是创造活动的必要环节。没有创造想象，创造活动就难以完成。

3. 幻想

幻想是与个人愿望相联系并指向于未来事物的想象。幻想也是独立创造新形象的过程，它是创造想象的一种特殊形式，但它又不同于创造想象。

与一般的创造想象相比，幻想具有如下两个特征：

第一，幻想体现了个人愿望，是向往的形象。幻想中的形象总是与个人的愿望相联系，体现了个体的向往与追求，而创造想象所形成的形象则不一定是个人所向往的形象。例如，作家创造的人物形象有的是他所喜欢的和同情的，有的则可能是他所厌恶或鞭挞的对象，后一种形象就不是作者所向往的了。

第二，幻想常是创造性活动的准备阶段。幻想虽然是有目的的，但不像一般的创造想象那样需要付出艰苦的精神劳动。幻想指向于遥远的未来，不与创造活动直接相关，而创造想象则与创造性活动直接相关，有想象的结果和产物。

幻想可以分为科学幻想、理想和空想三种形式。

科学幻想是科学预见的一种形式，是创造想象的准备阶段和发展的推动力，是具有进步意义和实现可能，是积极幻想。例如，我们享用的电视机、手机、空调等生活用品都源自于若干年前的科学幻想。理想是符合事物发展规律，并具有一定的社会价值和实现可能的幻想。例如，青少年想将来当教育家、科学家、艺术家，想为人类多作贡献，这是符合社会发展规律的,经个人努力能够实现的。理想是人前进的灯塔,能使人展望到未来美好的前景,激发人的信心和斗志,鼓舞人顽强地去克服困难。空想是完全脱离客观现实的发展规律、毫无实现可能的消极的幻想。例如,有人幻想长生不老,到处寻找灵丹妙药;有的小学生看了神话小说,想学孙悟空七十二变,想修炼成仙等,这些都是不切实际的永远不能实现的。空想是一种无益幻想,它使人脱离现实,想入非非,往往把人引向歧途。

三、想象的加工方式

想象过程是一个对已有形象(表象)分析、综合的过程。想象的分析过程,是从旧形象中区分出必要的元素或创造的素材;想象的综合过程是将分析出来的元素或素材,按照新的构思重新组合,创造出新形象。想象的分析、综合活动有以下几种形式。

1. 黏合

黏合是把两种或两种以上客观事物的属性、元素、特征或部分结合在一起而形成新形象的过程,如牛头马面、美人鱼、孙悟空、猪八戒、龙王等形象。黏合方式是想象过程中最简单的一种方式,在艺术创作和科技发明中,常使用黏合这种加工方式。

2. 夸张

夸张是改变客观事物的正常特征,使事物的某一部分或一种特性增大、缩小、数量加多、色彩加浓等,在头脑中形成新形象的过程,例如,神话中的"千手观音"、"千手千眼佛"、"九头鸟"、"哪吒",童话中的小人国等形象、漫画中的人物形象等,都是夸张的结果。

3. 拟人化

拟人化是把人类的形象和特征加在外界客观对象上,使之人格化的过程。例如,《封神演义》、《西游记》、《聊斋》等古典名著中的许多形象、动画片中的许多形象都采用了拟人化想象的创作手法。雷公、风婆、花仙、狐精、白蛇与青蛇等均是拟人化的产物。拟人化也是其他艺术创作的一种重要手段。

4. 典型化

典型化就是根据一类事物的共同的、典型的特征创造新形象的过程。典型化在文艺作品、雕塑、绘画中被广泛应用。例如,巴尔扎克笔下精明狡猾的葛朗台的形象,鲁迅笔下的阿Q的形象,契诃夫笔下的保守、反动、扼杀一切新思想的"装在套子里的人"的形象等,都是作家综合某些人物的特点之后创造出来的典型化的形象。典型化使作家、艺术家创造出来的形象更逼真、更动人。

第四节 解决问题的思维过程

在日常生活中,人们会遇到各种各样的问题。问题是引起思维活动的重要条件。当人们面临疑问时,总是倾向于消除这种疑问。这种倾向就推动了人们的思维活动的进行。在解决问题的各个环节,都是以思维活动为中心的。可以说,思维过程的起始和终结,在于问题的产生和解决。

一、解决问题的思维过程

解决问题是一个非常复杂的思维活动过程,在阶段的划分上,存在着许多不同的观点。

目前我国心理学界比较倾向于划分为四个阶段,即提出问题、明确问题、提出假设、检验假设四个基本阶段。

(一) 提出问题

思维是从问题开始的。问题就是矛盾。提出问题就是发现矛盾的存在,并产生解决矛盾的需要和动机,这是把社会的需要转化为个人思维活动的过程。发现和提出问题是解决问题的开端,也是解决问题的动力。只有发现和提出问题,才能激励和推动人们投入解决问题的思维活动之中。

能否发现具有重大社会价值的问题,取决于多种因素。

第一,依赖于人的思维活动的积极性。勤于思考、善于钻研的人,才能从细微平凡的事件中发现关键性问题。思想懒惰、因循守旧者难于发现问题。例如,牛顿发现地心引力、瓦特发明蒸汽机、巴甫洛夫发现狗的"心理性唾液分泌"等都是勤于观察、思考的结果。

第二,依赖于人的认真负责的态度。人的活动积极性越高,社会责任感越强,态度越认真负责,越容易发现问题。例如,一个工作认真负责的教师,很容易发现学生中出现的学习、心理等问题。而一个没有认真负责态度的人,对周围的一切问题将会熟视无睹。

第三,依赖于人的兴趣爱好和求知欲望。兴趣广泛、求知欲望强烈的人,一般不满足于对事物的公认的、表面的解释,而是力求探究事物的内部原因,能够见人所未见、想人所未想,发现事物的本质和规律。

第四,依赖于人的知识经验的丰富程度。一般来说,知识渊博、经验丰富的人,能够提出深刻而有价值的问题;而知识贫乏的人,不容易提出问题,也不容易抓住要害提出深刻性的有价值的问题。

(二) 明确问题

所谓明确问题就是分析问题,抓住问题的核心与关键,找出主要矛盾的过程。明确问题实际上就是分析解决问题的要求与条件,找出要求与条件之间的联系和关系,问题的解决有明确的方向。这一阶段的主要任务是找出问题的本质,抓住问题的核心。

能否明确问题依赖于两个条件。

第一,依赖于是否全面系统地掌握感性材料。问题总是在具体事实上表现出来的,只有当具体事实的感性材料十分丰富且符合实际时,才能通过分析、综合、比较等,使矛盾充分暴露并找出主要矛盾。这是明确问题的关键。

第二,依赖于已有的知识经验。知识经验越丰富,越容易分析问题并抓住主要矛盾,越容易对问题进行归类,使思考具有指向性,便于有选择地应用原有知识经验来解决当前的问题。

(三) 提出假设

解决问题的关键是找到解决问题的方案,而解决问题的方案常常是先以假设的方式出现,经过验证逐步完善的。所谓假设是人们推测、假定和设想问题的结论与问题解决的原则、途径、方法。提出假设就是在明确问题的基础上,对解决问题的具体方案提出假定和设想。

假设的提出是从分析问题开始的,在分析问题的基础上,根据问题的性质、问题解决的一般规律及个人的知识经验,在头脑中进行推测、预想和推论,然后有指向、有选择地提出解决问题的建议和方案(即假设)。方案是否符合实际,是否有利于问题的解决,还有待于验证。假设的提出就为问题解决搭起了从已知到未知的桥梁。

假设的提出依赖于许多条件,已有的知识经验、智力水平、创造想象力、直观的感性形象、尝试性的实际操作、言语表达和创造性构想等对其有重要影响。

(四) 检验假设

检验假设是对假设进行验证的过程,它是问题解决的最后步骤。检验假设的方法有两种。一种是直接检验,即通过实验和实践活动来检验。这是检验的最根本、最有效的手段。例如,机器坏了,我们查找到原因,提出解决方案,进行实际维修,看一看这种维修方案是否能解决问题。如果问题得到解决,就证明假设是正确的,否则,假设就是无效的。另一种是间接检验,即在头脑中根据已掌握的科学原理、原则,利用思维对假设进行论证。对于那些不能立即通过实践直接检验的复杂的假设常采用间接检验。例如,我们研制的卫星、导弹、运载火箭等不可能一遍又一遍地进行直接检验,而是反复地进行间接的理论论证,认为万无一失了再进行直接检验。医生设计的治疗方案、军事指挥员提出的各种作战方案等,都总是先在头脑中进行反复的推敲、论证,最后付诸实际。

实践是检验真理的唯一标准,任何假设的正确与否最终都要接受实践的检验,其结果可以有两种情况:一是假设与检验的结果符合,这样的假设是正确的;二是假设与检验的结果不符合,这样的假设就是错误的,这种情况下就要重新提出假设。正确的新假设的提出有赖于对以前失败的原因进行充分的了解和分析。检验假设直到结果正确为止。

二、影响问题解决的因素

影响问题顺利解决的因素很多,既有客观因素,也有主观因素。它们之间既相互联系又相互制约。下面着重讨论几个主要因素。

(一) 问题情境

问题情境是指呈现问题的客观情境(刺激模式)。问题情境对问题的解决有重要的影响。一般而言,如果呈现问题的刺激模式能直接提供适合于解决问题的线索,就有利于找到解决问题的方向、途径和方法;反之,如果呈现问题的刺激模式掩蔽或干扰了问题解决的线索,就会增大解决问题的困难。例如,已知一个圆的半径是 2 厘米,求圆的外切正方形的面积,用 A、B 两种方式呈现图形(见图 5-2),A 图中不容易看出圆的半径与正方形的关系,问题解决就要困难,而 B 图中,人们很容易看出圆的半径与正方形的关系,问题较易解决。

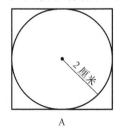
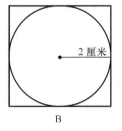

图 5-2 圆的外切正方形呈现方式

(二) 定势

定势是指由先前的活动所形成的并影响后继活动趋势的一种心理准备状态。它在思维活动中表现为一种易于以习用的方式解决问题的倾向。定势在问题解决中既有积极作用,也有消极影响。当问题情境不变时,定势对问题的解决有积极的作用,有利于问题的解决;当问题情境发生了变化,定势对问题的解决有消极影响,不利于问题的解决。心理学家卢钦斯(A. S. Luchins,1942)的水杯量水实验可以很好地说明,该实验要求被试用三个不等容量的杯子去解决"取一定数量的水"的问题。共有 8 个问题,每题时限为 30 秒(见表 5-1)。

表 5-1 卢钦斯的定势对问题解决的实验材料

课题序列	容器的容量			要求量出的容量
	A	B	C	P
1	21	127	3	100
2	14	163	25	99
3	18	43	10	5
4	9	42	6	21
5	20	59	4	31
6	23	49	3	20
7	15	39	3	18
8	28	59	3	25

该实验将被试分为实验组和控制组两组。实验组从第 1 题连续做到第 8 题,控制组只做 6、7、8 三题。结果,实验组被试用 B-A-2C 的方法解决了 1~5 题,接着又有 81% 的被试用 B-A-2C 的方法解决了 6、7 两道题,在用这种方法解第 8 题时遇到了困难;而控制组被试由于不受先前活动的影响,他们采用 A-C 和 A+C 的简便方法很顺利地解决了 6、7、8 题。实验说明,实验组大多数学生在解 6、7、8 题时之所以没能采用简便的方法,是由于受到在解 1~5 题时形成的思维定式的影响。思维定式阻碍了对新问题的解决。

破除定势消极影响的办法要具体情况具体分析,一旦发现自己以惯用的方式解决问题发生困难时,不要执意固守,应换一种思路,寻求新方法。

(三) 迁移

迁移是指已有的知识经验对解决新课题的影响。例如,学会了骑摩托车再学开汽车就要容易些;学会了骑自行车反而影响学骑三轮车。这些现象都是迁移的表现。迁移有正迁移和负迁移之分。正迁移是指已获得的知识经验对解决新问题有促进作用。例如,毛笔字写得好的学生,钢笔字往往也会写得不错。负迁移是指已获得的知识经验对解决新问题有阻碍或干扰的影响。例如,学过汉语拼音的学生在初学英文时往往有一些困难。一般来说,知识经验越丰富,概括水平越高,新旧情境间共同因素越多,越易于将知识经验迁移到解决新问题的情境中去,促使问题解决,产生正迁移;相反,知识经验片面、概括水平低或使用不当,会妨碍问题的解决或把问题解决的思路引向歧途,导致负迁移产生。

(四) 功能固着

功能固着是指个体在解决问题时往往只看到某种事物的通常功能,而看不到其他方面可能有的功能。这是人们长期以来形成的对某些事物的功能或用途的固定看法。例如,对于电吹风,一般人只认为它是吹头发用的,其实它还有多种功能,可以做衣服、墨迹等的烘干器;砖的主要功能是用来建筑,然而我们还可以用它来当武器、坐凳等。

功能固着这个概念是由德国心理学家邓克(K. Duncker)提出来的。邓克在1945年的实验中证实了这种影响。实验要求被试使用五种熟悉的工具解决五个新的问题。实验组在解决问题前对工具的习惯用法进行了练习,增加了功能固着的倾向。控制组直接解决问题。结果控制组的成绩大大超过了实验组(见表5-2)。

表5-2 功能固着对解决问题的影响

组别	工具	事先练习工作	变更使用、解决新问题	人数	成绩/(%)
实验组	钻子	钻洞	支撑绳索	14	71
	箱子	装饰物	做垫脚台	7	43
	钳子	打开铁丝结	支撑木板	9	44
	秤砣	称重量	击钉入木	12	75
	曲别针	夹纸	做挂钩	7	57
控制组	钻子		支撑绳索	10	100
	箱子		做垫脚台	7	100
	钳子		支撑木板	15	100
	秤砣		击钉入木	12	100
	曲别针		做挂钩	7	86

功能固着影响人的思维,不利于新假设的提出和问题的解决。实验表明,人们对某种物体、某些事物的功能越熟悉,思想上认为它的某种功能越重要,就越难看出它的其他功能。要克服功能固着的影响,就要加强思维灵活性和变通性的训练,减少和避免固有经验和思维定式的束缚,把现实事物的用途加以变通,从而促进解决问题新思路的产生。

(五)原型启发

在解决问题的过程中,因受到某种事物或现象的启发而找到解决问题的途径和方法的现象称为原型启发。其中具有启发作用的事物或现象称为原型。作为原型的事物或现象多种多样,存在于自然界、人类社会和日常生活之中。例如,鲁班因被草叶划破手,受到草叶齿的启发而发明了锯;人类受到飞鸟和鱼的启发发明了飞机与轮船;由蒲公英轻飘飘随风飞行的启发制成降落伞,模拟蝙蝠定向作用而设计出了雷达,模拟狗鼻而设计"电子鼻"。科学家从动物的形态、动作和某些机体结构中获得启发,解决了大量的生产、生活和军事上的问题,并形成仿生科学。

原型之所以具有启发作用,是因为原型与要解决的问题之间存在着某些共同点和相似之处,通过联想人们可以从原型中找到解决问题的新方法。原型启发对创造性地解决问题具有很大作用。

【小资料】

据说邮票诞生在英国,最初四周没有齿孔,剪开比较麻烦。一次,一位新闻记者在酒店发稿,一时找不到剪刀把邮票剪开。他急中生智,取下衣襟上的别针,在邮票中间的空隙里扎了一串孔洞,然后轻轻地撕开了。有心的青年亚瑟·亨利在场看到了这个举动,大受启发,不久就设计了邮票打孔机,后被政府正式采用。

【心理点评】人们的创造活动,大多借助了原型启发的作用。以上事例即是如此。原型启发的机遇只垂青那些有心人和怎样追求它的人。借助现有的事物和知识,悟出与创造目的的共同点,从而构成新形象,再运用新的知识或从新的角度对现有的事物和发明进行分析处理,启迪出新的创造性设想,这就使原型真正起到了启发作用,也是创造想象的途径。总之,原型启发对于创造想象具有不可低估的作用。

(六)动机与情绪状态

动机是促使人问题解决的动力因素,对问题解决的思维活动有重要影响。动机的性质和动机的强度会影响问题解决的进程。就动机的性质来说,如果一个人的动机越积极,越有社会价值,它对人的活动的推动力就越大,人们就会为问题解决积极、主动地进行探索,这样,活动效率也就会越高。就动机的强度来说,它对问题解决的思维活动的影响比较复杂。一般情况下,当人具有某种问题解决的强烈动机时,人的思维才活跃,才能以积极的态度去寻求问题解决的途径、方法;相反,动机强度太弱,对问题解决漠不关心,自然不能调动个体问题解决的积极性,就不会主动、积极地寻求问题解决的途径、方法,不利于充分活跃个体的思维活动和人的能力的发挥,这时易产生畏难、退缩行为。但动机强度与问题解决的思维活动效率之间并不总是呈正相关的。心理学家的研究表明,动机强弱与问题解决的关系,可以描绘成一条倒"U"形曲线(见图 5-3)。

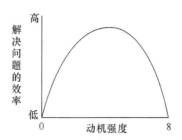

图 5-3 动机水平与解决问题效率的关系

可以看出,适中的动机强度最有利于问题的解决。动机超过适宜强度,反而不利于问题的解决。因为动机过强会造成很大的心理压力,易出现情绪紧张,思维紊乱,反而抑制思维活动,降低解题成效。动机强度的适中点会随解决的问题的难度而变化。一般来说,越是解决复杂的问题,其动机强度的适中点越是偏低(见图 5-4)。

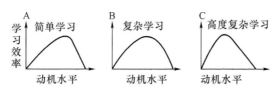

图 5-4 问题难度和适宜动机强度的关系

个体在解决问题活动中的情绪状态对活动的效果有直接的影响。一般来说,高度紧张和焦虑的情绪状态会抑制思维活动,阻碍问题的解决;而愉快、兴奋的情绪状态则会使思维活跃,思路开阔,有利于问题的解决。但情绪过于兴奋和激动,也会抑制人的思维活动,使人的思路狭窄,妨碍问题的解决。

第五节 思维的品质及创造性思维的培养

一、思维的品质

思维品质,实质是人的思维的个性特征。思维品质反映了个体智力或思维水平的差异,是思维能力强弱的标志,主要包括深刻性、灵活性、独立性、批判性和敏捷性五个方面。

（一）思维的深刻性

思维的深刻性是指思维活动的抽象程度和逻辑水平,涉及思维活动的广度、深度和难度。人类的思维主要是言语思维,是抽象理性的认识。在感性材料的基础上,去粗取精、去伪存真,由此及彼、由表及里,进而抓住事物的本质与内在联系,认识事物的规律性。个体在这个过程中,表现出深刻性的差异。思维的深刻性集中表现为在智力活动中深入思考问题,善于概括归类,逻辑抽象性强,善于抓住事物的本质和规律,开展系统的理解活动,善于预见事物的发展进程。与思维的深刻性相反的品质是思维的肤浅性。思维肤浅的人,容易被表面现象所迷惑,看不到问题的本质;时常对重大问题熟视无睹,轻易放过;满足于一知半解,缺乏洞察力和预见性。

（二）思维的灵活性

思维的灵活性是指思维活动的灵活程度。它的特点包括：一是思维起点灵活,即从不同角度、方向、方面,能用多种方法来解决问题;二是思维过程灵活,从分析到综合,从综合到分析,全面而灵活地作"综合的分析";三是概括—迁移能力强,运用规律的自觉性高;四是善于组合分析,伸缩性大;五是思维的结果往往是多种合理而灵活的结论,不仅有量的区别,而且有质的区别。灵活性反映了智力的"迁移",如我们平时说的"举一反三"、"运用自如"等。灵活性强的人,智力方向灵活,善于从不同的角度与方面起步思考问题,能较全面地分析、思考问题,解决问题。与思维灵活性相反的品质是思维的固执性,表现为固执、刻板,思想僵化,墨守成规,易受定势影响而固执己见,不易适应迅速变化的环境。

（三）思维的独立性

思维的独立性是指一个人是否善于独立思考,发现和解决问题的思维品质。具有独立性思维的人,不满足于现成解决问题的方法,能够创造性地认识事物,寻求解决问题的新方法、新途径；他们对问题抱有科学态度,凡事均能从客观实际出发,善于自己开动脑筋,并根据客观原则检验自己思维的正确性,从而作出切合实际的合理评价。与思维的独立性相反的思维品质是思维的依赖性。具有思维依赖性的人遇事不能独立思考,表现为盲从、缺乏主见、人云亦云,过分崇拜权威,容易受他人的暗示而轻易改变自己的观点。

(四) 思维的批判性

思维的批判性是指一个人是否能根据客观标准进行思维并解决问题的思维品质。思维的批判性品质，来自于对思维活动各个环节、各个方面进行调整、校正的自我意识。具有思维批判性的人，有明确的是非观念，善于根据客观指标和实践观点来检查评价自己和他人的思维活动及结果。表现为既能善于客观地评价他人的思维成果，又富有自我批判性；既能坚持正确的东西，又能随时放弃自己曾经坚持的错误观点。与思维的批判性相反的品质是思维的随意性。具有思维随意性的人，考虑问题往往主观自负，自以为是；随心所欲地得出结论；批判事物不能坚持客观标准，缺乏自我批判性，易受个人情感左右；或遇事随波逐流。

(五) 思维的敏捷性

思维的敏捷性是指思维活动的速度，它反映了智力的敏锐程度。有了思维敏捷性，在处理问题和解决问题的过程中，能够适应变化的情况来积极地思维，周密地考虑，正确地判断和迅速地作出结论。古人所谓"眉头一皱，计上心来"，便是思维敏捷的一种表现。与思维的敏捷性相反的品质是思维的迟钝。它表现为思路阻塞，优柔寡断，在新情况面前没有明确的思路，束手无策、一筹莫展。智力超常的人，在思考问题时敏捷，反应速度快；智力低常的人，往往迟钝，反应缓慢；智力正常的人则处于一般的速度。

二、创造性思维及其培养

(一) 创造性思维的概念和特点

创造性思维是指运用新颖的、独创的方法，创造地解决问题，产生新思想、新假设、新原理的思维。它是人类思维的高级形式，也是智力水平高度发展的表现。创造性思维不仅能揭露客观事物的本质和规律，而且能引导人们去获得新知识或以前未曾发现的问题的新解释，从而产生新颖的、前所未有的思维成果。创造性思维既具有一般思维活动的某些特点，又具有不同于一般思维的独特特征，表现出以下几个特点：

1. 思维结果的首创性、独立性和新颖性

创造性思维是在一般思维的基础上发展起来的，以提供具有重大社会价值、前所未有的思维成果为标志。在创造性思维过程中，没有现成的可供借鉴的解决问题的方案，必须打破惯常的解决问题的思维模式，将已有的知识经验进行改组或重建，独辟蹊径，创造出不同寻常的思维成果。首创性、独立性和新颖性是创造性思维的本质特征。当然，对于以掌握继承前人间接经验为主的学生来说，如果所解决的问题对他来说是新颖的，在解决问题活动中不因循守旧，有所发现，有所创新，尽管不一定提供前所未有的具有重大社会价值的创造产物，也属于创造性思维。

2. 思维成分的发散和聚合的统一

创造性思维主要是发散思维和聚合思维的统一。我们要创造性地解决某一问题，首先要进行发散思维，设想种种可能的方案；然后进行集中思维，通过比较分析，确定一种最佳方案。在解决问题的过程中，发散思维和聚合思维都是非常重要的，二者缺一不可。然而对于创造性思维来说，发散思维更为重要，它是思维的创造性的主要体现。发散思维可以突破思维定式和功能固着的局限，重新组合已有的知识经验，找出许多新的可能的解决问题方案。它是一种开放性的没有固定的模式、方向和范围的，可以"标新立异"、"海阔天空"、"异想天开"的思维方式。没有发散思维就不能打破传统的框框,也就不能提出全新的解决问题的方案。

发散思维有三个指标:(1)流畅性,是指发散思维的量。单位时间内发散的量越多,流畅性越好;(2)变通性,是指思维在发散方向上所表现出的变化和灵活;(3)独创性,是指思维发散的新颖、新奇、独特的程度。发散思维的这三个特点有助于人消除思维定式和功能固着等消极影响,顺利地解决创造性问题。

聚合思维在创造活动中发挥着集大成的作用。当通过发散思维,提出种种假设和解决问题的方案、方法时,并不意味着创造活动的完成,还需从这些方案、方法中挑选出最合理、最接近客观现实的设想,这一任务的完成是靠聚合思维来承担的,聚合思维具有批判地选择的功能。

3. 思维过程的非逻辑性

在解决问题的过程中,遵循思维的逻辑规则,对事实材料进行分析,通过一步步的推理,从而找到解决问题的途径和方法,这是一般思维。但是,由于科学技术发展水平、主体经验以及物质条件的限制,会给问题的顺利解决带来很大的困难。在这种情况下,仅凭一般思维往往难以解决问题,需要打破思维的逻辑规则,创造性地解决问题。也就是说,创造性思维带有很大的非逻辑性和跳跃性。

创造性思维的非逻辑性的主要表现形式是直觉思维和灵感。

直觉思维是指不经过一步步地分析,而迅速地对问题答案作出合理猜测、设想或突然领悟的思维。它是创造性思维活跃的一种表现,它不仅是创造发明的先导,也是创造活动的动力。直觉思维的结果,是使用逻辑思维所得不到的预见、捷径,或是解决问题的最佳方案的雏形。它往往从整体出发,用猜测、跳跃、压缩思维过程的方式,直觉而迅速地领悟。许多科学家的发明创造都是从直觉思维开始的。例如,达尔文通过观察植物幼苗顶端向阳光弯曲,直觉提出"其中有某种物质跑向背光一面"的设想,以后随科学的发展被证明确有"某种物质"即"植物生长素"。数学领域中的哥德巴赫猜想、费尔马猜想等都是当初数学大师未经论证而提出的一种直觉判断,但为后人所确信,并为此进行了论证。直觉思维作为创造性思维中的一个重要思维活动,具有三个特点:一是从整体上把握对象,而不是拘泥于细枝末节;二是对问题的实质的一种洞察,而不是停留于问题的表面现象;三是一种跳跃式思维,而不是按部就班地展开思维过程。直觉思维是在知识经验的基础上形成和进行的,丰富的知识经验有助于人们形成深邃的直觉。

灵感是指在创造性思维过程中,新的解决问题的思路、方案的产生往往带有突然性,这种突然产生新思路、新方案的状态。它常给人一种豁然开朗、妙思突发的体验,使百思不得其解的问题顿释。对许多科学家的调查表明,在他们的发明创造过程中,大多出现过灵感。灵感并不是什么神秘之物,它是思考者长期积累知识经验、勤于思考的结果。研究表明,灵感的出现有一定的规律性。首先,灵感出现的基本条件是,个体对所要研究的问题有一个长时间的思考,要反复考虑所要解决问题的一切方面、一切角度及一切可能。这种苦思冥想是灵感产生的前提。其实灵感的出现是对某问题的一切方面经过深入考虑之后达到的瓜熟蒂落、水到渠成的境界。其次,注意力高度集中在所要解决的问题上,甚至达到痴迷的程度。这样可以全心投入思考,使要解决的问题时时萦绕在心。最后,灵感出现的最佳时机是在长期紧张思考之后的短暂松弛状态下出现的,可能是在散步、洗澡、钓鱼、交谈、舒适地躺在床上的时候或其他比较轻松的时刻。因为紧张后的轻松之时,大脑灵活,感受力强,最易产生联想、触发新意。

4. 创造想象的参与

创造性思维需要有创造想象的参与。因为创造性思维的成果都是前所未有的,而个体在进行思维时借助于想象,特别是创造想象来进行探索。创造性思维只有创造想象参与,才能从最高水平上对现有知识经验进行改造、组合,构筑出最完整、最理想的新形象。

(二) 创造性思维的基本活动过程

创造性思维在解决问题的活动中需要一定的过程,心理学家对这个过程也做过大量的研究,比较有代表性的是英国心理学家华莱士(G. Wallas)所提出的四阶段论和美国心理学家艾曼贝尔(T. Amabile)所提出的五阶段论。华莱士认为任何创造过程都包括准备阶段、酝酿阶段、明朗阶段和验证阶段四个阶段。而艾曼贝尔从信息论的角度出发,认为创造活动过程由提出问题或任务、准备、产生反应、验证反应、结果五个阶段组成,并且可以循环运转。这里,以华莱士的四阶段论来看创造性思维的活动过程。

1. 准备阶段

准备阶段是创造性思维活动过程的第一个阶段。这个阶段是搜集信息,整理资料,做前期准备的阶段。由于对要解决的问题,存在许多未知数,所以要搜集前人的知识经验,对问题形成新的认识。从而为创造活动的下一个阶段做准备。如爱迪生为了发明电灯,光收集资料整理成的笔记就 200 多本,总计达四万多页。可见,任何发明创造都不是凭空杜撰,都是在日积月累、大量观察研究的基础上进行的。

2. 酝酿阶段

酝酿阶段主要对前一阶段所搜集的信息、资料进行消化和吸收,在此基础上,找出问题的关键点,以便考虑解决这个问题的各种策略。在这个过程中,有些问题由于一时难以找到有效的答案,通常会把它们暂时搁置。但思维活动并没有因此而停止,这些问题会无时无刻萦绕在头脑中,甚至转化为一种潜意识。在这个过程中,容易让人产生狂热的状态,如"牛顿把手表当成鸡蛋煮"就是典型的钻研问题狂热者。所以,在这个阶段,要注意有机结合思维的紧张与松弛,使其向更有利于问题解决的方向发展。

3. 明朗阶段

明朗阶段,也即顿悟阶段。经过前两个阶段的准备和酝酿,思维已达到一个相当成熟的阶段,在解决问题的过程中,常常会进入一种豁然开朗的状态,这就是前面所讲的灵感。如耐克公司的创始人比尔·鲍尔曼,一天正在吃妻子做的威化饼,感觉特别舒服。于是,他被触动了,如果把跑鞋制成威化饼的样式,会有怎样的效果呢?于是,他就拿着妻子做威化饼的特制铁锅到办公室研究起来,之后,制成了第一双鞋样。这就是有名的耐克鞋的发明。

4. 验证阶段

验证阶段又称实施阶段,主要是把通过前面三个阶段形成的方法、策略,进行检验,以求得到更合理的方案。这是一个否定→肯定→否定的循环过程。通过不断地实践检验,从而得出最恰当的创造性思维过程。

(三) 学生创造性思维的培养

创造性思维是在一般思维的基础上发展起来的,它是后天培养和训练的结果。在教学

过程中,培养学生的创造性思维应注意以下几个方面:

1. 引导学生积极参加创造性活动,增强创造意识

这是培养创造性思维的前提。要让学生认识到创造思维能力是创造型人才的重要标志,而创造不是少数人的事情,每一个智力正常的人都具有创造能力,都可以进行发明创造。人的各种能力是在活动中形成和发展的,创造性思维能力只有通过创造性活动才能得到发展和提高。所以,要鼓励学生积极参加各种创造性活动,鼓励学生的各种新颖、独特的创造性行为和成果,帮助学生树立在创造活动中的信心,激发他们的创作欲望,鼓励他们大胆尝试,勇于实践,不怕失败,认真总结经验等。

2. 保护好奇心,激发求知欲

好奇心是人对新异事物产生好奇并进行探究的一种心理倾向。求知欲又称认识兴趣,它是好奇心、求知欲的升华,是人渴望获得知识的一种心理状态。好奇心和求知欲是学生主动观察事物、进行创造性思维的内部动因。一些研究认为,如果儿童的好奇心、求知欲得不到支持与扶植,就会泯灭。因此,儿童的好奇心、求知欲以及由此引起的各种探索活动,应得到鼓励和保护。教师在教学过程中要创造条件,积极促进学生好奇心、求知欲的发展。例如,通过启发式教学或创设问题情境,使学生面临疑难,产生求知的需要和探索的欲望,主动提问和质疑,并给予鼓励;通过现代化的教学手段,创造新异的活动、变化的课件来激发学生的好奇心、求知欲和探索动机;组织或引导学生去观察大自然或社会生活,鼓励他们去发现问题,并启发他们自己寻找答案;经常结合教学向学生提出一些他们感到熟悉而又需要动脑筋才能解决的思考题等,从而促进学生创造性思维的发展。

3. 加强发散思维的训练

在教学中有意识地训练学生的发散思维,有助于学生创造性思维的培养。培养学生的发散思维,主要是通过加强学生思维的流畅性、变通性和独特性的训练,限制与排除心理定式与功能固着的消极作用来进行。例如,每次作业内容不要太单调,不要机械地死套公式,应多出一些选择题来锻炼学生灵活解决问题的能力;要鼓励学生一题多解,一事多写;出一些有多种答案的问题等。

4. 对学生进行创造性思维方法指导

让学生掌握创造性思维的方法和策略,也是培养学生创造力的重要途径。在教学活动中,教师要教会学生有效地进行分析、综合、比较、抽象、概括、系统化和具体化,达到对事物本质属性的认识。在解决问题的过程中,还要指导学生掌握一些创造性活动的方法。如运用类比推理、原型启发的方法,探索新事物;用逆向求索打破思维定式的束缚;把发散思维与聚合思维、直觉思维与分析思维有机地结合起来;发挥发现法教学的作用等,使学生的创造活动由盲目到明确,由被动到主动。

5. 发展学生的想象力

如前所述,想象与创造性思维有着密切的联系,它是人类创造活动所不可缺少的心理因素。因此,教师要注意发展学生的想象力。(1)引导学生努力学习科学文化知识,增加知识储备。创造性思维过程是对头脑中已有的经验的调遣、重组过程,有时以从未有的组合形式表现出来,但任何形式的组合都不会脱离一个人已有的知识经验范围;(2)引导学生学会观察,获得感性经验,不断丰富学生的表象;(3)引导学生积极思考,打开想象力的大门;(4)引导学生积极参加科技、文艺、体育等活动,不断丰富学生的生活经验,为发展想象力创造良好

的条件。

6. 培养学生的创造个性

创造性思维的发展不仅与智力因素有关,而且与个性因素也有密切关系。研究表明,人的意志力、自信心、独立性等个性因素在创造性活动中起着重要作用。因此,教师要有意识地通过各种活动培养学生独立、自信、坚持有恒、有创新意识、有责任感、勤奋、乐观、感情丰富、勇敢、顽强、坚韧、果断、勇于进取和探索、富于想象、兴趣广泛、有强烈的好奇心、好冒险、不盲从等个性品质,这些都有利于学生创造性思维的发展。

复习思考题

1. 什么是思维?思维与感知有什么关系?
2. 思维与语言有什么关系?
3. 思维的基本过程与形式分别有哪些?
4. 什么是想象?想象与思维的关系是怎样的?
5. 想象的加工方式有哪些?
6. 思维的品质有哪些?如何理解思维的几个品质?
7. 什么是创造性思维?它有哪些特点?
8. 如何培养创造性思维?

本章参考文献

[1] 彭聃玲. 普通心理学(修订版). 北京:北京师范大学出版社,2004.

[2] 姚本先. 心理学新论(修订版). 北京:高等教育出版社,2005.

[3] 叶奕乾,何存道,梁建宁. 普通心理学(修订版). 上海:华东师范大学出版社,1997.

[4] 王雁. 普通心理学. 北京:人民教育出版社,2002.

[5] 卢秀安,陈俊,刘勇. 教与学心理案例. 广州:广东高等教育出版社,2002.

[6] http://www.docin.com/p-22020474.html.

[7] http://123.232.45.183/jyx/Article_Print.asp?ArticleID=343.

[8] http://www.uzz.edu.cn/jyjsx/xlx/news_more.asp?lm=&lm2=98.

第六章 情　感

【本章导学】

　　情绪与情感是人们行为中最复杂的一面,也是人类生活中最重要的一面。人们在认识世界和改造世界时,并不是无动于衷的,而是随时随地都有喜、怒、哀、乐等情绪产生。人们对客观现实中的现象常抱有不同的态度:一些现象使人愉快,另一些现象使人忧愁。这些都是人的情绪和情感的不同表现形式。在本章中我们主要探讨情绪与情感的概念、分类,及其表现形式,了解情绪与情感的作用及其相应的理论。进而利用情绪与情感的相应理论,对学生情绪与情感的培养,利用情绪与情感规律进行更好的教学及品德的培养。

第一节　情绪和情感的概述

一、情绪与情感概述

（一）情绪与情感的定义

　　"人非草木,孰能无情?"各种情绪,例如喜悦、愤怒、悲哀、恐惧、苦恼、烦闷、赞叹等,人人都有过切身的体验。无论在日常生活还是在研究领域中,迄今为止还没有关于情绪的得到多数人认可的、令人满意的定义。我国心理学界在谈到情绪的定义时,大多沿用前苏联的观点,认为情绪是人对客观事物的态度的体验。这是一个比较笼统的、具有广泛意义的概念。根据国内大量学者的研究和认识,情绪这一心理现象最起码包括三个方面:内部的主观感受或体验、外在的行为表现形式和独特的神经生理基础。这也是研究和了解个体情绪现象的主要途径。

　　情绪的主观感受主要是指情绪反映了个体的需要是否获得满足以及满足的情况如何。如果个体的需要获得了满足,个体就会产生积极的情绪体验;如果没有满足就会产生消极的情绪体验。个体需要满足的程度也影响着情绪体验的程度。情绪的主观感受方面比较含蓄、隐蔽,可以通过个体自我陈述的方法来了解。

　　情绪的外在行为表现是指个体在产生某种情绪体验的时候,一般会伴随着身体各个部位动作、姿势的变化,也就是身体语言,主要包括面部表情、身段表情和言语表情。情绪的外在表现主要通过观察的方法来了解和判断。一般来说,结合具体情境,综合以上三个方面的表情动作,就可以基本上判断个体的各种情绪状态。

情绪的生理基础是指和情绪有着密切关系的人体许多内部器官的活动。研究表明，大脑皮层对情绪起调节和抑制的作用；边缘系统参与情绪体验的产生；内分泌系统与自主神经系统和中枢神经系统之间的联系直接参与情绪活动；情绪的产生和变化对呼吸系统、循环系统、消化系统等都具有重要的影响。

可见，情绪不是一种单一的心理活动，明显地涉及人的内部态度体验、外部行为表现和机体的生理活动等多种身心过程。了解这一点，对于我们深刻认识情绪在个体生活中的重要程度并提供科学全面的教育和辅导具有重要的作用。

除了情绪的概念外，在心理学中还经常使用情感这一概念。情感就是情的感受方面，即情绪过程的主观体验(情绪体验)。通常情绪这一概念是指情的各个方面，即它的主观体验、行为表现和生理机制等。因此，情绪这个概念可以既用于人类也用于动物，情感这个概念只用于人类，特别在描述人的高级社会性情感时我们使用情感这一概念；对于动物一般不用情感这一概念。

(二) 情绪与情感的区别

在现实生活中，情绪与情感是紧密联系在一起的，但二者却存在一些差异。

1. 从需要的角度看差异

情绪更多的是与人的物质或生理需要相联系的态度体验。如当人们满足了饥渴需要时会感到高兴，当人们的生命安全受到威胁时会感到恐惧，这些都是人的情绪反应。情感更多的与人的精神或社会需要相联系。如友谊感的产生是由于我们的交往需要得到了满足，当人们获得成功时会产生成就感。友谊感和成就感就是情感。

2. 从发生早晚的角度看差异

从发展的角度来看，情绪发生早，情感产生晚。人出生时会有情绪反应，但没有情感。情绪是人与动物所共有的，而情感是人所特有的，它是随着人的年龄增长而逐渐发展起来的。如人刚生下来时，并没有道德感、成就感和美感等，这些情感反应是随着儿童的社会化过程而逐渐形成的。

3. 从反应特点看差异

情绪与情感的反应特点不同。情绪具有情境性、激动性、暂时性、表浅性与外显性，如当我们遇到危险时会极度恐惧，但危险过后恐惧会消失。情感具有稳定性、持久性、深刻性、内隐性，如大多数人不论遇到什么挫折，其民族自尊心不会轻易改变。父辈对下一代殷切的期望、深沉的爱都体现了情感的深刻性与内隐性。

实际上，情绪和情感既有区别又有联系，它们总是彼此依存、相互交融在一起。稳定的情感是在情绪的基础上形成起来的，同时又通过情绪反应得以表达，因此离开情绪的情感是不存在的。而情绪的变化也往往反映了情感的深度，而且在情绪变化的过程中，常常饱含着情感。

(三) 情绪的功能

1. 情绪对环境具有适应功能

情绪是人类从远古时代进化而来的，并随着大脑的进化而不断分化。从一开始它就具有帮助人类适应环境的功能。如惊惧的时候瞪大眼睛，不自觉地作出防御性动作表情等，本身就具有抵御外来侵害的功能。婴儿期的哭声可以告诉大人自己身体不适或饥饿。儿童和青少年在学校或家庭生活中如果情绪出现了危机,说明儿童应有的需要没有得到满足,多数情况下预示着家庭、社区或学校环境的功能出现了问题。人类进入了现代社会以后,情绪仍然具有环境适应的功能,只不过采用了更高级和更隐蔽的方式。面对诸多的社会变革和日益紧张的社会生活,情绪是个体环境适应状况的指示器,如果情绪长期高度紧张或不良情绪不断发生,这说明个体的环境适应出现了问题,应该及时作出适当的调整。

2. 情绪对其他心理和行为活动具有调节功能

情绪为人类活动提供了一定的心理状态和背景,其他一切心理和行为活动都是在一定的情绪状态下进行的,因此它必然对其他心理和行为发生影响。积极良好的情绪可以激发和促进人们的活动,并提高活动的效率;而消极不良的情绪会阻碍活动的顺利进行。强烈持久的情绪能够激发个体无限的能量去进行某种活动。可见培养学生保持良好的情绪状态的意义远不止情绪本身,它也是学校一切有效教育和教学的前提,这也是当今某些学校愉快教育取得成功的原因之一。

3. 情绪对社会交往活动的协调功能

首先,如果个人拥有良好的情绪,并能够适当地控制和保持,可以大大促进和维护与他人的社会交往。

其次,人与人之间良好的情绪是与社会交往的"黏合剂",也是人际互动的"润滑油",它有助于超越人与人之间的个体差异。

最后,情绪的外部表现可以比较准确地提供人际交往中的重要信息。面部表情、身段表情和言语表情与有声的口头语言相比,更能传递内心的情绪与情感、态度意向和性格气质,并显示独特的可靠性、隐蔽性和感染力。

4. 情绪与个体的健康发展密切相关

首先,情绪对个体的所有心理活动具有重要的影响。情绪是对人的一切心理和行为活动起着调节作用的"背景"因素,并且具有"自发性",有时不容易受到意识的有效控制。情绪心理学研究表明:情绪在心理变态中起着核心的作用。情绪异常往往是精神疾病的先兆。

其次,情绪在人类生理和心理相互作用的过程中起着重要的中介作用。人类的生理和心理活动之间存在着紧密的联系,任何躯体疾病都有心理根源。社会节奏的加快和社会竞争的加剧给人们带来了更多的心理压力和情绪的紧张,而情绪的紧张必然伴随着体内一系列的生理变化,尤其是植物神经系统功能的改变。长期的情绪紧张和生理应激可以导致身体器官的组织和机能发生病变。

【小资料】伊本·西拿的公羊

在中世纪,享有"医学之王"美誉的著名伊朗医学家伊本·西拿曾做过一个实验。他把两只公羊分别系在两个不同的地方,给以同样的食物。一个地方是平静、安稳没有危险的草坪;另一只公羊待的地方是旁边关着狼群的动物馆。第二只公羊由于经常看到狼在它身边窥视而整天提心吊胆,精神一直处于高度紧张状态,不久就死了。而前一只公羊却一直生活得很好。

【心理点评】伊本·西拿做的这个实验表明了情绪对动物有很大的影响。那么对于人而言,情绪对我们的影响会更大。

最后，儿童和青少年早期的情绪情感经历对以后人格的顺利发展具有突出的作用。越来越多的研究证明，儿童早期的情绪发展确实对以后的发展具有重要的作用。临床资料也发现，青少年或成人的许多心理和行为问题都可以找到童年期的情绪创伤。

二、情绪、情感的分类

（一）情绪的分类

1. 人类的四种基本情绪

人类具有四种基本情绪：快乐、愤怒、恐惧和悲哀。快乐是一种追求并达到目的时所产生的满足体验。它是具有正性享乐色调的情绪，具有较高的享乐维和确信维，使人产生超越感、自由感和接纳感。愤怒是由于受到干扰而使人不能达到目标时所产生的体验。当人们意识到某些不合理的或充满恶意的因素存在时，愤怒会骤然发生。恐惧是企图摆脱、逃避某种危险情景时所产生的体验。引起恐惧的重要原因是缺乏处理可怕情景的能力与手段。悲哀是在失去心爱的对象或愿望破灭、理想不能实现时所产生的体验。悲哀情绪体验的程度取决于对象、愿望、理想的重要性与价值。

在以上四种基本情绪之上，可以派生出众多的复杂情绪，如厌恶、羞耻、悔恨、嫉妒、喜欢、同情等。

2. 情绪的划分

依据情绪发生的强度、持续性和紧张度，可以把情绪划分为心境、激情和应激。

（1）心境

心境是一种比较微弱而又持久的情绪状态。心境具有弥散性，它不是关于某一事物的特定体验，而是由一定情境唤起后在一段时间内影响各种事物的态度体验。当一个人处在某种心境中，他往往以同样的情绪状态看待一切事物，即所谓"忧者见之则忧，喜者见之则喜"。心境的持续时间可能是几小时，也可能是几周、几个月或更长时间。某种心境持续的时间依赖于引起这种心境的客观环境和个体的个性特点。心境对人的生活、工作、学习和身体健康有很大影响。因此，学会对心境的调节控制，对我们的工作、学习和生活都十分重要。

（2）激情

激情是一种强烈的、短暂的、爆发式的情绪状态。这种情绪状态往往是由一个人生活中具有重要意义的事件所引起的。另外，对立意向的冲突或过度抑制也很容易引起激情。激情发生时一般有很明显的外部表现，例如面红耳赤、咬牙切齿、手舞足蹈，有时甚至出现痉挛性动作，言语过多，或者不流畅。在激情状态下，人的认识活动范围缩小，控制力减弱，对自己行为的后果不能作出适当的估计，容易出现轻率的举动。但激情是完全有可能控制的。人在激情发生之前，要竭力把注意力转移到与此无关的事情上去；在激情状态中，在做或说某件事时，要慢慢使自己的行为平缓、镇定下来。当学生处在激情状态时，教师应遵守这样一条原则，即学生越激动，教师就越平静，以避免产生消极作用。

（3）应激

应激是出乎意料的紧张情况下所产生的情绪状态，是人们对某种意外的环境刺激作出的适应性反应。产生应激状态的原因是：已有的知识经验与当前所面临的事件产生的新要求不一致，新异情境的要求是过去所未经历过的，这时就产生这种紧张的情绪状态；或者已有的经验不足以使人对付当前的境遇而产生无能为力的压力感和紧张感。应激状态对人的活动有着很大影响,它能导致生理和行为的急剧变化。在生理上,心跳过速,呼吸急促,血压升高;在行为上,由于发生普遍性的兴奋反应,在一定程度上造成行为上的紊乱,动作不协调,姿势失常,语无伦次等;在心理上,由于意识自觉性的降低,造成思维的混乱,判断力减弱,知觉和记忆错误,注意的转移发生困难。有些人在应激状态下,全身发生抑制,使身体的一切活动受阻,呆若木鸡,甚至休克。但是,中等程度的应激状态会对人的行为产生积极作用。在这种状态下,个体能更好地发挥积极性,思维清晰、灵敏、精确,反应能力增强。人适应应激状态的能力有差异,这主要是受人的性格、过去经验、知识,特别是思想道德修养的影响。

【小资料】青少年与"激情犯罪"

有这样一个案例,犯罪嫌疑人钱某是一名17岁高中二年级的学生,其在校内上体育课时,与同学发生口角并互相追打,后被老师制止。课后,钱某与该学生再次互殴,并不顾同学们的再三劝阻,手持匕首刺伤该同学肩及腰部,致其急性失血性休克后死亡,钱某的行为也使他将在监狱里度过自己的青春年华。

【心理点评】所谓激情犯罪,是指由于瞬间性消极情绪爆发而实施的毫无理智,不计后果,失去自我控制力的突发性的违法犯罪行为。青少年正处于身体成长发育的高峰期,体内分泌的激素一方面促使其身体的生长发育,另一方面也增强了大脑的兴奋性,使他们情绪极不稳定,容易激动,缺乏自控能力,容易导致犯罪行为。

(二) 高级的社会情感分类

高级社会情感又称为情操,是情感和操守(坚定的行为方式)的结合。主要包括道德感、理智感和美感。它与人的社会观念及评价系统相联系,并反映着个体和社会之间一定的关系。

1. 道德感

道德感是根据一定社会的道德标准,对人的思想、行为做出评价时所产生的情感体验。当自己或他人的言行符合道德规范时,对己会产生自豪、自慰等情感,对他人会产生敬佩、羡慕、尊重等情感;当自己或他人的言行不符合道德规范时,对己会产生自责、内疚等情感,对他人会产生厌恶、憎恨等情感。

2. 理智感

理智感是在认知活动中,人们认识、评价事物时所产生的情绪体验。如发现问题时的惊奇感,分析问题时的怀疑感,解决问题后的愉快感,对认识成果的坚信感等。理智感常常与智力的愉悦感相联系。

3. 美感

美感是根据一定的审美标准评价事物时所产生的情感体验。它是人对自然和社会生活的一种美的体验。如对优美的自然风景的欣赏,对良好社会品行的赞美。美感的产生受思想内容及个人审美标准的制约,丑陋的内涵冠以漂亮的外表,也无法使品德高尚的人产生美感。而且,不同人的审美标准不同,也会使不同个体的美感产生差异。

(三) 挫折

挫折是指个体在有目的的活动过程中遇到难以克服的障碍和干扰,致使需要不能得到满足时的情绪状态。

引起挫折的原因可以分为客观和主观两个方面。凡是自然界和社会给予个人的干扰和限制,属于客观因素。如自然灾害造成的严重损失,因种族、宗教、伦理和风俗的限制,使相互爱慕的男女不能终成眷属等。凡是由于个人原因所造成的干扰和限制属于主观因素。如因知识面狭窄而致高考落榜,由于色盲使当医生的梦想破灭等。

1. 挫折的影响

(1) 积极影响

挫折可以磨炼人,为人的发展、完善提供契机。挫折还可以提高人应对挫折的能力。孟子曾经说过:"故天将降大任于斯人也,必先苦其心志,劳其筋骨,饿其体肤,空乏其身,行拂乱其所为,所以动心忍性,增益其所不能。"在中外历史上不乏逆境成才之人。歌德因失恋而著《少年维特之烦恼》;蒲松龄科场失意,乃埋头整理民间传说故事,创作出《聊斋志异》;古希腊的德摩斯梯尼因口吃而屡遭别人讥讽,经刻苦练习终于成为著名的演说家。

(2) 消极影响

挫折可使人产生愤怒、焦虑、抑郁、恐惧、憎恨和失望等消极情绪,当这些消极情绪反应强度过大或持续时间过长时,往往会扰乱人的心身平衡,损害人的身心健康。强烈的挫折还可降低人的调适能力,使人产生一些消极的行为反应。

常见的消极行为主要有以下几种:第一,攻击。攻击有直接攻击和转向攻击两种形式。直接攻击是指个体将攻击行为直接指向造成挫折的人和物。其方式为嘲笑、谩骂、毁物伤人,甚至杀人等。转向攻击是指个体将攻击行为转向自己或其他较弱的人和物。表现为自我惩罚和自杀,或者迁怒于"替罪羊"。第二,冷漠。是指个体对挫折情境表现为漠不关心和听之任之的态度与行为。冷漠是一种比攻击更为复杂的行为反应,它是个体压抑愤怒的结果,通常是在个体遭受较大或持续存在的挫折情境下发生的。第三,固执。是指个体遭受挫折后,反复重复某种无效行为,尽管于事无补但仍一意孤行地坚持自己的做法。固执行为常在个体遭受突如其来的挫折时发生。如发生火灾时,人们往往拼命推拉上锁的大门,越重复这种行为,越可能丧失逃生的机会,但人们还是会这样做。第四,退行。是指个体受到挫折后,放弃已经学会的比较成熟的适应技巧和方式,而以幼稚和简单的方式应付挫折。如愿望受限时,有的人像小孩那样大哭大闹,这就是退行。

2. 挫折的对策

正确地对待挫折。人生的道路是不平坦的,正所谓"逆境在多,顺境在少"。因此,我们要注意在生活中磨炼自己,不断提高挫折承受力,更为重要的是,还要在挫折到来之时正确应付挫折。具体做法为:(1)冷静地接受挫折,积极地看待挫折;(2)认真分析挫折原因,有针对性地调整自己,争取新的成功;(3)寻求他人帮助,增强自我抵御挫折的力量。

培养学生应对挫折的能力,是现代教师的职责之一。它要求教师做到:第一,使学生懂得挫折是不可避免的,对挫折具有心理准备;第二,引导学生辩证、达观地看待挫折;第三,教给学生一些应付挫折的方法。

第二节 情绪与情感的表现及情绪理论

一、情绪与情感的表现

（一）表情

表情是情绪表达的一种方式，也是人们交往的一种手段。人们除了言语交往之外，还有非言语交往，如表情。在人类交往过程中，言语与表情经常是相互配合的。同是一句话，配以不同的表情，会使人产生完全不同的理解。所谓的"言外之意"、"弦外之音"就更多地依赖于表情的作用。而且，表情比言语更能显示情绪的真实性。有时人们能够运用言语来掩饰和否定其情绪体验，但是表情则往往掩饰不住内心的体验。情绪作为一种内心体验，一旦产生，通常会伴随相应的非言语行为，如面部表情和身体姿势等。一些心理学家在研究人类交往活动中的信息表达时发现，表情起到了重要的作用。

（二）表情的种类

表情可以分为三类：面部表情、体态表情和言语表情。

1. 面部表情

面部表情是由面部肌肉和腺体变化来表现情绪的，是由眉、眼、鼻、嘴的不同组合构成的。如眉开眼笑、怒目而视、愁眉苦脸、面红耳赤、泪流满面等。

面部表情是人类的基本沟通方式，也是情绪表达的基本方式。面部表情有泛文化性，同一种面部表情会被不同文化背景下的人们共同承认和使用，以表达相同的情绪体验。心理学家经过研究发现，有七种表情是世界上各民族的人都能认出的，它们是快乐、惊讶、生气、厌恶、害怕、悲伤和轻视。

研究者发现，不同文化背景的人们都能精确辨认这七种基本表情，5岁的孩子在辨认表情的精确度上便等同于成人了。面部表情识别的研究还发现，最容易辨认的表情是快乐、痛苦，较难辨认的是恐惧、悲哀，最难辨认的是怀疑、怜悯。一般来说，情绪成分越复杂，表情越难辨认。

2. 体态表情

体态表情是由人的身体姿态、动作变化来表达情绪。如高兴时手舞足蹈，悲痛时捶胸顿足，成功时趾高气扬，失败时垂头丧气，紧张时坐立不安，献媚时卑躬屈膝等。体态表情不具有跨文化性，但受不同文化的影响。研究表明，手势表情是通过学习获得的。在不同的文化中，同一手势所代表的含义可能截然不同。如竖起大拇指在许多文化中是表示夸奖的意思，但在希腊却有侮辱他人的意思。手势表情具有丰富的内涵，但隐蔽性也最小。弗洛伊德曾描述过手势表情："凡人皆无法隐瞒私情，尽管他的嘴可以保持缄默，但他的手指却会多嘴多舌。"

3. 言语表情

言语表情是指情绪发生时在语言的声调、节奏和速度等方面的变化。如喜悦时音调稍高，言语速度快，语音高低差别大；愤怒时声音高而尖且带颤抖；悲哀时音调低沉，言语缓慢无力等。此外，感叹、烦闷、讥讽、鄙视等也都有一定的音调变化。语言是交流思想的工具，言语中音调的高低、强弱，节奏的快慢等所表达的情绪，则成为言语交际的重要辅助手段。

教师可以通过自己的身体动作、言语声调等表情活动吸引学生的注意，鼓励或制止学生的行为，表明自己的态度。同时，通过观察学生的各种表情，也可了解学生的理解程度和情绪状态。

另外，人的情绪和情感的外部表现是可以控制的，如不喜欢也可以装出笑脸来，真正气愤时也可以在表面上心平气和，"喜而不乐，打而不怒"等情况亦是常见的。因此，要正确了解人的情感也很不容易，单凭外部表现有时还是很不够的。作为教师必须长期、全面地了解学生，才能通过表情正确判断他们的情绪体验。教师自身也要注意调控好自己的表情，不在课堂上流露出消极的情绪和情感。

二、情绪的理论

（一）詹姆斯和兰格的情绪外周理论

1. 美国心理学家詹姆斯认为，情绪是对身体变化的知觉，即当外界刺激引起身体上的变化时，我们对这些变化的知觉就是情绪，如因为发抖才害怕。

2. 丹麦生理学家兰格强调血液系统的变化和情绪发生的关系。当植物性神经系统的支配作用加强，血管扩张时，就会产生愉快的情绪；当植物性神经系统活动减弱，血管收缩时，就会产生恐怖的情绪。詹姆斯和兰格都强调情绪与机体变化的关系，强调植物性神经系统在情绪发生中的作用，所以被称为情绪的外周理论。

（二）坎农和巴德的情绪丘脑理论

美国心理学家坎农反对詹姆斯和兰格的情绪理论。他认为：

1. 情绪的生理机制不在外周，而在中枢神经系统的丘脑。

2. 激发情绪的刺激由丘脑进行加工，丘脑所产生的神经冲动向上传到大脑皮层，引起情绪的主观体验；向下传到交感神经系统，引起机体的生理变化。

3. 坎农认为身体变化和情绪体验是同时发生的。

巴德赞同坎农的理论和学说，并发展了情绪丘脑理论，所以这一理论被称为坎农和巴德的情绪丘脑理论。这一理论的不足主要在于：①忽视外因变化的意义；②忽视大脑皮层对情绪发生的作用。

（三）沙赫特的情绪认知理论

美国的心理学家沙赫特认为，情绪是由外界环境刺激、机体的生理变化和对外界环境刺激的认识过程三者相互作用的结果。由于每个人对外界环境的刺激和生理变化的认识的不同，因而会产生不同的情绪体验。

（四）汤姆金斯和伊扎德的情绪动机—分化理论

1. 汤姆金斯和伊扎德认为，情绪并不是伴随着其他心理活动所产生的一种副现象，而是一种独立的心理过程，情绪有其独特的机制，并在人的心理活动中起着独特的作用。

2. 汤姆金斯直接把情绪看作是动机。认为情绪是起着放大作用的心理过程，故而对行为具有强大的推动作用。

3. 伊扎德认为情绪是新皮质发展的产物，随着新皮质体积的增长和功能的分化，情绪的种类会不断增加。只有情绪的分化,才使情绪具有多种多样的适应功能。

第三节　健康的情绪与情感的培养

一、学生情绪的发展

(一)青少年情绪识别能力发展的特点

在儿童心理发展的过程中,个体的情绪体验先产生,而后随着其教育、经验的不断积累,情绪识别能力才逐渐发展起来。在面部表情的识别方面,10~14岁时,个体的情绪表情识别能力进入一个快速发展期。到了高中阶段,面部表情的识别能力已趋于成熟稳定,基本达到成人的水平。但在这个过程中,对不同性质的面部表情识别的速率是不同的,最早趋于成熟的是高兴、愤怒,其次是轻蔑、惊讶、恐惧、厌恶等。伴随着表情识别的发展,青少年自觉运用和控制也得到了进一步地完善,这些为青少年非言语手段的社交能力提供了有利的条件,也为青少年提高情绪表现的复杂性创造了可能性。

(二)青少年情绪活动的特点

由于青少年特殊的生理水平和心理状态,导致他们的情绪与情感活动与成年人和儿童有着明显的不同,其特点有以下几个方面。

1. 青少年情绪活动的矛盾性

如前所述,青少年的心理被矛盾包围的事实是不容置疑的。作为人心理过程的情绪也同样被矛盾包围着,其表现是:一会儿是和风旭日,万里无云;一会儿是电闪雷鸣,乌云满天……。这些矛盾主要表现在以下几个方面。

(1)暴怒性与温和性

青少年情绪的暴怒性是指他们的情绪具有强烈而暴怒的特点。有时会因为一些微不足道的小事,如一次批评、一次考试成绩不佳、一次忘交作业等都会引起他们情绪的反常,并出现强烈的反应。

所谓温和性是指青少年的情绪也有温文尔雅、平和宁静的一面。但这种和暴怒性情绪截然相反的情绪是经过青少年精心文饰后表现出来的。这种文饰是由于青少年知识的积累、经验的增长、心理的成熟及对情绪控制能力的加强,使得他们表达情绪的方式、技巧越发变得缓和与细致了。例如,本来是一件令他们厌恶的事,但出于某原因,他们可以表现出无所谓或较为友善的态度。

(2)可变性与固执性

情绪的可变性,是指青少年情绪表现具有波动较大,情绪变化迅速,反应快,平息也快,维持时间较短和喜怒无常等特点。这种特性主要是因为青少年自我意识的增强,使得他们对自己的表现极为关心,但这时他们对自己的价值判断、评价却还受他人观点的制约,所以,他们会因得到他人的认可、肯定和好评而高兴,也会因受到他人的批评、不接纳与责备而消极、沮丧。

与情绪可变性相随的是情绪的固执性,它是指情绪体验上的一种顽固性。例如,有些青少年因为几次小小的不如意或挫折,就完全被一种无助和抑郁的情绪所淹没,长时间不能自拔,严重者甚至自杀。事实上这也是由于青少年生活经验还相对贫乏,辩证思维水平还较低,再加上自我中心的再度出现,所以对问题、对人、对事易产生偏激的态度,进而导致情绪上的偏执与顽固。

(3) 丰富性与孤独性

所谓丰富性是指在这一时期,众多的因素(生理发育的成熟、活动领域的扩展、复杂的社会环境以及这些因素之间的相互作用、心理上的发展)的单独作用或共同作用,使青少年体会到人类所具有的不同层次、不同种类、不同强度的情绪与情感。拿快乐情绪来说,青少年可以体会到舒适、愉快、喜悦、狂喜等不同水平;对恐惧感而言,他们可以体会到由具体的事件(可怕的动物、黑暗等)或情境(考场等)到怕被人瞧不起,怕孤独、寂寞等社会因素引起的恐惧感。

所谓孤独性是指青少年在遭受挫折之后容易体验到孤独的情绪。青少年在伴随着色彩斑斓、丰富多彩、热情激荡的情感生活的同时,由于身体与心理、心理与社会之间发展的不平衡使他们还要承受情绪上的困扰,受到孤独、丧失、分离、失望、忧郁、愤怒、嫉妒等不良情绪的侵袭。例如他们有些时候不愿意将自己的感受告诉别人,而是将它们压抑在自己的内心深处。崔光成、张嘉纬(1995)的研究表明:初中生的孤独感与父母教养子女的方式有很大的关系,父母教养子女的方式不民主的家庭,其子女孤独感水平远高于教养方式民主的家庭。

2. 青少年情绪活动的迅速性

青少年的情绪活动是瞬息万变的,在别人的眼中他们好像有些喜怒无常,表现出极不稳定的特点。青少年情绪体验的迅速性,意味着他们的情绪反应由开始到高峰的时间是非常短暂的。青少年情绪的这种时间上的特点将会导致他们在遇到某些意外刺激时,迅速产生激烈的情绪反应,于是他们根本没有时间仔细考虑当时的行为是否合理,这样就有可能因为一时的冲动产生过激的行为或做出不理智的事情来。

有研究表明,无论是快乐的情绪刺激还是悲伤的情绪刺激,或者是出于意料之外的突然事件,都会引起青少年的不同的情绪反应,并且由于他们的心理准备不同,产生情绪反应的强度和性质也不尽相同。

3. 青少年情绪活动的外显性

青少年的情绪表现还有很大一部分是外显的,我们经常可以从他们的表情直接解读他们当时的情绪和情感。由于青少年自我意识的高涨,使他们再度陷入自我中心。他们有时会觉得每一天的每一个活动都是在众目睽睽之下进行的,因此他们经常把自己的情绪表现得外露和夸张。例如,他们遇到高兴的事时,他们往往会发出多少带有一些表演性质的大笑或微笑,当他们遇到伤心事时,他们同样也会表现得十分明显,有经验的教师可以通过学生的神态和行为来了解他们的情感世界,从而慢慢地敲开学生的心门,使教师与学生能够进行有效的沟通,以取得更好的成绩。

(三) 青少年情操的发展

青少年期情操有了较大的发展,主要表现在以下几方面。

1. 道德感

道德情感按其产生的形式可以分为不同层次,按其存在的内容可分为不同的方面。

(1) 从层次上道德感可分为三级水平。第一级水平是直觉的道德情感体验;第二级水平是与具体的道德形象相联系的想象性道德情感体验;第三级水平是意识到道德理论的伦理性道德情感体验。

在青少年期,这三级水平的道德情感都不同程度地存在于他们的道德认识和行为中。随着年龄的增加,在青少年后期伦理性的道德感起主要作用。

(2)从内容上可以把道德感分为爱国主义情感、集体主义情感、荣誉感、责任感、友谊感、内疚感、同情感等多种形式。高中生的道德感的发展是以积极正确的情感为主,在运用道德标准评价自身或他人行为时已形成了较稳定的反应或体验倾向。相比之下,责任感的正确选择率较低,但随着年级的升高,这方面的积极情感又得到较快的发展,这说明道德感各方面的发展是不平衡的,而整体趋势是提高的。

2. 理智感

青少年的理智感着重体现在学习活动中,反映在问题解决的过程和获得成功以后的态度上。高中生的求知感最为强烈;喜悦感、坚信感居中,其中坚信感的消极选择率在各项中最高;疑问感较弱;消极情感占少数,这说明在高中生的理智感发展水平较高的同时,部分学生还缺少主动发现问题的积极性。求知中害怕失败,易为挫折丧失信心,高三时尤为明显,这可能与频繁的考试、激烈的竞争有关。

3. 美感

美感开始出现的时间较早,儿童在很小时对悦耳的音乐就表现出高兴愉快的反应。4~5岁的儿童就懂得"漂亮"与"不漂亮"。进入青春期后青少年开始注意自己外表的美化,其中女性比男性更注意打扮自己。长相漂亮的女性比一般的女性表现出更多的自信心和优越感。我国的研究者对青少年的美感从形体美和声音美进行了初步的研究,结果显示在形体美感和动物的欣赏中,各年级感受的成绩十分接近。对人体造型的欣赏的成绩则随着年级的升高而提高。在音乐美感的体验中流行歌曲更能引起中小学生的共鸣,而对民歌、传统歌曲的体验较肤浅。由此可见,青少年美感受社会生活条件以及对客观事物的外部特征与内在特征的领会和理解。

(四)青少年学生情绪发展的模式

青少年时期的情绪模式与儿童时期大致相同,不同的是引发各种情绪的外部刺激发生了变化,情绪的表达方式也有所不同。

其一,生气。青少年生气的原因主要有:被嘲弄,被批评,被欺骗,受到训斥,受到父母或老师的处罚,觉得自己或好友受到委屈,应有的权益受到侵害,被别人当成小孩子看待,看到别人太霸道等。此外自己正在忙于或专心于某件事情受到干扰,自己的东西被父母或他人占用,渴望独立却受到父母或老师的抑制,对自身的希望和实际达到的水平差距较大等,也都容易引起青少年生气。在生气的时候,部分青少年会大发脾气,乱摔东西,猛摔房门把自己一个人关在房间里,或用轻蔑、嘲讽、咒骂的语言来攻击对方;部分青少年会变得郁郁寡欢,不与他人交往,女生容易哭泣。比较严重的反应是离家出走。但随着年龄的增大,最多以白眼、瞪眼或嘀咕等方式抱怨,但还经常会对父母怀有对立的情绪。

其二,恐惧。到了青少年时期,以前的恐惧慢慢消失,但新的恐惧也开始出现。如害怕晚上单独出门,害怕和陌生人相处,害怕学校的功课等。绝大多数十几岁的青少年除了在亲密的伙伴面前以外,在其他比较陌生的人面前都会感到害羞。他希望给别人好印象,但又缺乏自信,所以产生恐惧情绪,不能泰然处之,典型的表现就是身体和动作僵硬、笨拙或发抖,脸色发红、发白、出汗等。他一般不会像儿童一样立刻躲开,因为不被社会所接受,也是没有胆量的表现。一般是事先避开这种场合,或用合理化的方式为自己开脱。所以青少年时期个体的自我防御机制开始发挥作用,以保护自己的尊严。

其三,烦恼。青少年时期的大部分烦恼来源于想象中的恐惧,而不是实际发生的事情。虽然由于家庭、社会经济情况不同,他们烦恼的性质和内容可能也有一定的差异,但绝大多数青少年最烦恼的就是学校的学习,而这类烦恼的根源往往是测验和考试。其次还有仪表、人际交往(尤其是缺乏知己和异性关系的处理)、与父母之间缺乏理解、自己性格上的弱点、能力、金钱等。男生更容易为能力和金钱而烦恼,女生更容易为仪表和交往而烦恼。烦恼最常见的表现,一是用言语表示讨厌父母、老师或同学,二是满脸愁容,漫不经心。如果烦恼的频率和强度达到一定的程度,就容易导致焦虑,大部分青少年的焦虑都和社会发展方面有关,尤其是个体的自我期望和实际表现不一致的情况比较多。

其四,嫉妒。青少年时期的嫉妒一般比较强烈,但往往掩饰得很好。嫉妒的对象一般是学习好的同学、在某一方面有突出才能的同学、家庭条件比较好的同学、在异性中受欢迎的同学等。嫉妒的方式一般是讽刺性的批评或讥笑、背后的毁谤等,但一般比较间接含蓄,尽量不想让人知道自己的嫉妒情绪。

其五,羡慕。羡慕是渴望的一种,青少年不但希望得到别人拥有的东西,而且比较注重质量和品牌,如衣服、自行车、旅游、体育项目、未来学校和职业等。羡慕时往往以语言来表示,如抱怨自己东西不好、夸耀别人的东西、假设或展望自己以后的情况等,有的青少年对于自己一时无法得到的东西可以用"酸葡萄心理"加以掩饰。

其六,情爱。十几岁的青少年和父母的感情开始疏远,往往把情感集中在那些自己喜欢、关系好或让他感到安全、信任或被爱的同伴身上。这时他们喜欢的人不多,所以比较强烈。他们往往希望一直和最喜欢的人在一起,一起学习,一起娱乐,赠送礼物等。当离开一段时间时,通常用书信或电话保持联系。在这种情况下,异性同学在一起比较容易发展成恋爱关系。这时父母和教师既不能横加干涉,也不能放任自流。

其七,愉快。青少年感到愉快的事情包括:学习比较顺利,成绩比较突出,同伴交往融洽,和同伴一起观看或进行喜欢的体育或娱乐项目,发泄烦恼和忧虑等。

其八,好奇。由于环境的束缚和自身经验的增多,青少年的好奇心没有以前那么多。但新的、未知领域的事情开始进入他们的生活,主要是和性有关的问题、异性交往问题和知识上的求知欲。

二、学生良好情绪的培养

学习不可能脱离学生的情绪体验而孤立地进行。在学生的学习过程中,情绪的教育与对数学、阅读的指导同等重要。情绪教育不仅仅是以情绪来促进教育,更强调要教育情绪本身,其目的是提高学生的情绪智力,即一般所谓的情商。

情绪教育的内容主要包括以下几个方面:

1. 了解自我

当某种情绪刚一出现时便能察觉,这种自我觉知能力是情绪智力的核心。自我觉知能力高的人对自己的情绪具有清晰的认知,能有效地管理自己的情绪。对学生自我觉知方面的教育就是帮助他们提高了解自我的能力。具体包括:强化自我觉知,使学生能够辨识不同的情绪感受,明确这些感受代表的意义,并能清晰理解自我的思维、情绪感受、行动反应之间的相互关系;能清醒地认识到自己是在理智地作决策还是任凭冲动情绪主宰;能够预见不同选择方案的可能后果;能够认清自己的优势和缺陷,积极而现实地看待自我。

2. 管理自我

管理自我即调控自我的情绪,使之适时、适地、适度。这种能力建立在自我觉知的基础上。每种情绪都有其作用与意义,调控的核心是保持平衡而不是压制情绪。管理自我教育特别要注重:帮助学生学会找出情绪表现所掩藏的真实感受,比如某学生所表现出来的是愤怒,而其实他感到的是受了伤害;学会消除焦虑、抑制愤怒、缓解悲哀的情绪技能。如转移注意力,参加具有较大运动量的体育活动,通过享受生活让自己振奋,设法取得一个小小的成功,换个角度看问题,助人等都是行之有效的情绪技能;教育学生对自己的所作所为负责,对自己的选择与行为承担责任。情绪管理能力强的学生有较强的挫折承受力,较能抑制愤怒;较少与人争吵、打架,较少破坏课堂秩序,基本能用适当的方式表达愤怒;较少表现出进攻性或自暴自弃的行为;较善于化解压力;较少孤独感和社交忧虑。

3. 自我激励

美国哈佛大学的心理学家威廉·詹姆士研究发现,一个没有受到激励的人,仅能发挥其能力的20%～30%,而当他受到激励时,其能力可以发挥至80%～90%,要想取得成功,自我激励的能力必不可少。它意味着一个人在遇到挫折时,是否能做到坚韧不拔,依然满腔热情,继续努力。善于自我激励的人能有效地集中注意力,具有较强的成就动机、热情与毅力,能经受住诱惑,抵制冲动,延缓满足,并能保持稳定的乐观态度。

4. 识别他人情绪

识别他人的情绪是移情能力的体现。移情,即"感人之所感",并同时能"知人之所感";是既能分享他人情绪,对他人的处境感同身受,又能客观理解、分析他人情绪的能力。移情能力是在情绪的自我觉知基础上发展起来的。移情能力强的学生较能接受他人的观点;较能设身处地地为他人着想;较能敏锐地体察他人的情绪;能更认真地倾听他人诉说。要提高学生的移情能力,可以通过以下方面对学生进行教育:如教给学生一些倾听与提问的技能技巧;帮助他们区分对方所说所做及自己对此的反应与判断,避免误解对方的真实意图;教给他们就事论事的处理原则。

5. 处理人际关系

能够调控他人的情绪是把握人际关系技巧的核心,它要求其他两种情绪技能的成熟:自我管理与移情。善于处理人际关系的学生一般分析和了解人际关系的能力较强;能较好地解决冲突,协商解决分歧,有较好的人缘,比较开朗外向,能与同伴友好相处;有较多的同龄朋友;比较关心体贴人;比较喜欢社交和合群;能与他人同甘共苦,较好合作,乐于助人;能平等待人。培养学生人际关系的能力,一方面,要进行认知指导,纠正其认知偏差,对有些学生的认知缺乏要进行"补课";另一方面,教给他们一些社交的技能、技巧,如表达情绪的技巧、合作的艺术、谈判的技巧,使他们学会调停冲突以及必要的妥协。

复习思考题

1. 什么是情绪情感?
2. 情绪情感有哪些功能?

3. 简述高级社会情感的分类。

4. 什么是应激？应激对个体有什么影响？

5. 应对挫折的对策有哪些？

6. 简述表情的种类。

7. 如何培养青少年良好的情绪？

本章参考文献

[1] 姚本先.心理学新论(修订版).北京:高等教育出版社,2005.

[2] 彭聃玲.普通心理学(修订版).北京:北京师范大学出版社,2004.

[3] 叶奕乾,何存道,梁建宁.普通心理学(修订版).上海:华东师范大学出版社,1997.

[4] 韩永昌.心理学(修订2版).上海:华东师范大学出版社,2001.

[5] http:// online_learning/chapter5_section1_3. htm.

[6] http://hi. baidu. com.

[7] http://www. bjjc. gov. cn/bjoweb/minfo/view. jsp.

第七章
意 志

【本章导学】

　　人的有意识行为是在意志的调节下进行的。意志具有引发行为的动力作用，但比一般动机更具有选择性和坚持性。法国生物学家巴斯德（L. Posteur）有一段名言："立志、工作、成功，是人类活动的三大要素。"在本章中，我们主要探讨意志的定义及其作用，掌握意志的心理过程及意志的心理结构，理解意志品质的内容和如何来培养与锻炼学生良好的意志品质。

第一节　意志的概述

　　（一）意志的定义

　　人不仅能够认识外部世界，对有关事务产生各种态度体验，更能表现出自觉能动性，驱使人们从事各种改造主观世界的意志行动。马克思曾说过："只有在崎岖的小路上不畏艰险，勇敢攀登的人，才有希望达到光辉的顶点。"这里讲的"不畏艰险"、"勇敢攀登"，即表现了一个人顽强的意志力，它是人们认识世界、改造世界的强大精神支柱。人的意志过程具有复杂的心理成分，但坚强的意志主要是靠后天教育的培养和个人积极参与社会实践，经受多种磨炼，只要不懈努力，终能练就铮铮傲骨与坚韧不拔的意志力。

　　意志是指一个人在一定动机的驱使下，自觉地确定目的，并根据目的来支配、调节自己的行动，克服各种困难，从而实现预定目的的心理过程。人对客观世界的反应并非是消极、被动的，而是积极的、能动的。人在反应客观世界的过程中，不仅接受内外刺激的作用，产生认识和情绪情感，而且要采取行为，反作用于客观世界。人根据对客观事物的认识，先在头脑中确定行动的目的，然后根据这个目的来支配自己的行动，并力求实现此目的，这种心理活动就是意志，由意志支配的行动称为意志行动。人有了意志，就能够积极地改造世界，改造自身，从而成为世界的主人。

　　（二）意志行动的特征

　　1. 意志行动是有自觉目的性的行动

　　意志行动是人类所特有的。它是在人类认识世界和改造世界的过程中产生的，也是随着人类不断地深入认识世界和更有效地改造世界的过程中发展的，所以，意志是人的主观能动性的最突出的表现,也是人和动物在本质上相区别的特点之一。恩格斯说:"我们并不想否认,动物是具有从事有计划的、经过思考的行动的能力的……但是一切动物的一切有计划的行动,都不能在自然界上打下它们意志的印记,这一点只有人才能做到。一句话,动物仅仅利用外部自然世界,单纯以自己的存在来使自然界改变,而人则通过他所做出的改变来使自然界为自己的目的服务,来支配自然界。这便是人同其他动物的最后的本质的区别,而造成这一区别的还是劳动。"可见,动物作为自然界的一部分,以自身的活动适应周围环境,动物的活动虽然也改变环境,但它在自然界并没有留下意志的痕迹。人类则是通过自觉的活动来改变自然,在同自然界进行物质和能量的交换中,支配自然界为人类服务。在改造自然界的活动中,人类也发生着各种社会关系,并不断地改变着这种关系。人类的历史正是改造自然和改造社会的历史,而历史的每一步都留下了人的意志的痕迹。只有人类才能预先确定一定的目的,有组织地去逐渐实现这一目的,也就是说,人类通过意志,通过内部的意识事实向外部动作的转化,达到认识世界、改造世界的目的。

2. 意志行动与克服困难相联系

在人的活动中有许多行动是具有目的性的,但是有些行动,诸如饭后散步、闲时聊天、观鱼赏花等并没有明显困难,故一般不认为它们是意志行动。只有那些与克服困难相联系而产生的行动,才是意志行动。例如,身体欠佳时坚持工作、为按时完成某项重要任务而奋斗拼搏等。一个人意志坚强的水平往往以困难的性质和克服困难的努力程度加以衡量。

意志行动中所遇到的困难有两种:内部困难和外部困难。内部困难是指内存于人脑中的某些不利因素,例如,消极的情绪、信心不足、态度犹豫、知识经验不足、性格上的胆怯等。外部困难是指由于客观条件而造成的某些不利因素,例如,环境条件恶劣、缺乏必要的工作条件、周围人的冷嘲热讽以及政治经济方面的落后等。一个人在实现自觉确立的目的的过程中,都有可能遇到内部困难和外部困难,正是在克服各种困难的过程中才表现出一个人的意志力量。因此,教育家都主张意志锻炼要从小做起,教师和家长要有意识地创造条件,帮助青少年在克服困难的过程中,培养坚强的意志。

3. 意志对行动的调节作用

意志是意识调节功能的表现。意志对行动的调节作用保证了人的行为的方向性,调节的最终结果表现为预定目的的实现。意志对行动的调节作用表现在对人的行动的发动和抑制两个方面。发动表现为推动人去从事为达到预定目的的行为,抑制表现为制止和预定目的相矛盾的愿望与行动。例如,约束自己以战胜外界的诱惑和干扰,不做与目的相违背的事情。意志对行动的发动和抑制作用,在人的实践活动中是互相联系和统一的。为了达到预定目的,意志通过发动和抑制两个方面,克服与预定目的相矛盾的行动,发动与预定目的的实现有关的行动,从而实现对人的行动的调节和支配。意志不仅调节人的外部动作,还可以调节人的心理状态。当运动员在重大比赛中向自己提出"不要恐慌、稳定发挥"的要求时,实际上是意志促使其镇定,表现出意志对情绪状态的调节。

(三)意志与认识、情绪的关系

1. 意志与认识的关系

意志与认识情感是心理过程的不同方面,它们之间有着密切的联系。首先,意志的产生是以认识过程为前提的,离开了认识过程,意志便不可能产生。自觉的目的性是意志的特征之一,人的任何目的都不是凭空产生的,都是在认识活动的基础上产生的。目的虽然是主观的,但它却是来源于人对客观现实的认识的结果。人在选择确定目的和采取方法和步骤的过程中,审时度势,分析主客观条件,回忆过去的经验,设想未来的结果,拟订方案和制订计划,对这一切所进行的反复权衡和斟酌等,都必须通过感知、记忆、思维、想象等认识过程才能实现。可见,人们只有在认识了客观规律和人类需要之间的关系,才可能提出切合实际的目的,才能以一定的方式和方法去实现目的。

其次,意志对认识过程也有很大的影响。没有意志努力,就不可能有认识过程,更不可能使认识过程深入和持久。因为在认识活动中,人总会遇到这样或那样的困难,要克服这些困难,就需要做出意志努力。例如,观察的组织、有意注意的维持、追忆的进行、解决问题时思维的展开以及想象的形象化进程等,都离不开人的意志的参与。可见,没有意志行动,就不会有认识活动,更不可能进行有效的社会实践活动。

2. 意志与情绪的关系

首先,情绪既可以成为意志行动的动力,也可以成为意志行动的阻力。当某种情绪、情感对人的活动起推动或支持作用时,这种情绪、情感就会成为意志行动的动力。例如,在工作、学习中,积极的心境、对祖国的热爱和社会责任感会推动人们努力学习、辛勤劳动。当某种情绪、情感对人的活动起阻碍或消极作用时,该情绪、情感就会成为意志行动的阻力。例如,消极的心境、高度的应激状态和害怕困难的情绪与情感,都会妨碍意志行动的执行,动摇以致削弱人的意志。消极的情绪对意志行动的干扰作用,取决于一个人的意志力水平,意志坚强者可以克服消极情绪,使意志行动自始至终贯彻到底;意志薄弱者则可能被消极情绪所压垮,使意志行动半途而废或一无所获。

其次,意志能够控制情绪,使情绪服从理智。人们在工作或学习中面对困难而产生的消极情绪,可以通过意志力加以调节和控制,从而使自己的意志行动服从于理智的要求。例如,人既能够调节和控制由于失败或挫折带来的痛苦或愤怒的情绪,也能控制和调节由于胜利带来的狂喜和激动,当然这取决于一个人的意志力水平的高低。

认识过程、情绪情感过程和意志过程是密切联系的。认识过程、情绪情感过程中包含着意志的成分;同样,意志过程中也包含着认识过程和情绪情感成分,只是为了研究的需要,才对统一的心理过程从不同侧面进行分析。当在对人的统一的心理活动进行分析时,必须注意它们之间存在的密切联系。

第二节 意志的过程与心理结构

一、意志的过程

意志行动,有其发生、发展和完成的历程,这一过程大致可以分为两个阶段:采取决定阶段和执行决定阶段。前者是意志行动的开始阶段,它决定意志行动的方向,是意志行动的动因;后者是意志行动的完成阶段,它使内心世界的期望、计划付诸实施,以达到某种目的。

(一)采取决定阶段

这是意志行动的开始阶段,也是准备阶段。它决定意志行动的方向和行动的方法、步骤,是完成意志行动不可缺少的开端。采取决定阶段一般包含确定目的或目标、制订计划、心理冲突、作出决策等许多环节。目的是人的行动所期望的结果。在行动中,人期望要得到的结果,有时是明确的,有时则不一定是明确的。有时行动想要达到的结果只有一个,无选择的余地,这时确定目的不会产生内心冲突;有时则有好几个可供选择的目的,确定目的就会产生心理冲突,需要作出意志努力。目的确定之后,进一步就要选择达到目的行动方式和方法,拟定出行动计划。对于行动的方式、方法的选择,也有各种不同情况。有时只要一提出目的,行动的方式、方法便可以确定,这无须意志努力。在通常情况下,达到目的的方式、方法也要进行选择,比较各种方式、方法的优缺点及可能导致的结果。这时也可能产生内心犹豫不决;时而想采取这种方式、方法,时而想采取那种方式、方法,难以下决心拟定出行动计划。因而在确定行动计划作出决策时也会产生心理冲突,需要作出意志努力。

  人的意志行动是由一定的动机引起的,意志行动是有目的、有方向的活动过程,在决定行动方向时往往存在着动机斗争。在同一个时间内,个体的多种需要不可能同时满足,而且其中有些可能是相互矛盾的,那么可为与不可为、孰先孰后,就有矛盾,产生动机斗争,也就是思想斗争。动机斗争解决以后,个体才能确定行动的目的,意志首先表现在动机斗争之中。动机斗争一般分为三类:(1)"双趋斗争"。当一个人以同样强度的两个动机去追求两个并存的、但又不能同时实现的目的,产生的心理矛盾称为"双趋斗争"。例如,"鱼我所欲也,熊掌亦我所欲也"。(2)"双避斗争"。当一个人遇到两个威胁而都想避开的情境但又不能全避开时的心理矛盾称为"双避斗争"。例如,某学生犯了一个比较严重的错误,想去向老师认错,但又怕老师批评;不去认错,又怕被老师发现后受到更严重的处分。只有二者权衡,取其轻者。(3)"趋避斗争"。当一个人对同一事物产生两种相反的动机时,即既想要又怕要的心理矛盾称"趋避斗争"。例如,有位中学生既想参加国庆60周年庆典,又怕耽误学习。是趋是避,不同的人有不同的选择;或趋强于避,不惜一切而趋之;或避强于趋,不求趋而力避之;可是不改革又没有出路。所以大家都希望改革,但又要使风险降到最小限度。

  在多种动机斗争中,衡量动机强度的指标有三个,内驱力的能量、持续性和实现既定目标方法的可改变性。由于各种动机对人的强度不可能完全相同,一般由实际发生作用的、强度较强的优势动机决定行动。

  意志行动中的动机斗争是指动机之间相互矛盾时,对各种动机权衡轻重,评定其社会价值的过程以及解除意志的内部障碍的过程。就动机斗争的内容来说,它分为原则性动机斗争和非原则性动机斗争。凡是涉及个人愿望与社会道德准则相矛盾的动机斗争属于原则性动机斗争。例如,当涉及国家、集体、个人三者利益的矛盾时,如何摆正自己的位置,解决这类原则性动机斗争,就要经过激烈的思想斗争,因此也最能体现出一个人的意志品质。一个意志坚强的人善于有原则地权衡和分析不同的动机,及时地选择正确的动机,并确定与之相应的目的。意志薄弱者则会长久地处于犹豫不决的矛盾状态,甚至确定目的之后,也不能坚持,并且还会受到其他动机的影响而改变。凡是不与社会准则相矛盾仅属于个人爱好、兴趣、习惯等方面的动机斗争属于非原则性的动机斗争。例如,休闲时间是看电影或看小说还是复习功课,先做数学题还是先念英语单词等并不涉及原则,也不会有激烈的思想斗争。当然,在对两种活动孰先孰后的选择在某种程度上表现一个人的意志力水平,即是否能根据当时的需要毅然决定取舍。

  确定目的在意志行动中非常重要,目的在意志行动中起着极为重要的作用。目的越深刻(即社会意义越大)、越具体,则由这个目的所引起的毅力也越大,就越表现出一个人的意志力量。相反，一个没有明确目的而盲目行动的人，往往会患得患失，斤斤计较，因此便无成就可言。但是，目的的确立并不是件容易的事情。通常，一个人在行动之前往往会有几个彼此不同甚至相互抵触的目的，因此需要对其进行权衡比较，根据目的的意义、价值、客观条件和自身特点而最终确定一个目的。一般来说，有一定的难度、需要花费一定的意志努力之后可以达到的目的，往往是比较适宜的目的。但由动机过渡到行动的过程是不同的。在简单的意志行动中，动机是单一的、明确的，通过习惯的行为方式就能直接过渡到行动，因此，一般不存在明显的动机斗争。在较复杂的意志行动中，行动虽然是由多种动机引起的，但如果它们之间不矛盾，就不会发生动机斗争。例如，一位学生努力学习，既可能是对学习本身有兴趣，也可能是为了个人的荣誉或集体的荣誉；既可能是为升学做准备，也可能是为了将来的就业打好基础。虽然这些动机对学习活动及相应的行动有不同的推动力量，但没有根本对立的冲突，是协调地结合在一起发生作用的。但是这种相互统一是相对的、有条件的。

是否能通过动机斗争而正确地树立行动的目的，表现了一个人的意志力量。动机间的矛盾越大，斗争越激烈，确定目的时所需要的意志努力也越大。意志的力量表现在正确地处理动机斗争，选择正确的动机，确定正确的目的。

在几个目的中，选择确定一个目的的过程，实质上是一个决策过程。决策是意志行动中的重要成分。在整个决策过程中，人的心理过程和个性特征都起着一定的作用。在决策实行之初，必须探讨目的实现的意义、价值及其各种方案，同时搜集各种情报，从中选出一种最可行和最有前途的方案。在决策的执行阶段，必须建立一套信息反馈系统，以便有效地修正行动，使目的顺利地达到。

选择行动方法和策略是在目的确定之后由实现目的愿望所推动的。它是一个人适当地涉及自己行动的过程。这一过程既能反映一个人的经验、认知水平和智力，又能反映出一个人的意志力水平。例如，简单的意志行动，如果有较长远的目的，就要选择行动方法和策略，期间会遇到各种阻力和困难，如能选择出合理的优化行动模式，就能促使目的顺利实现，如选择不当就可能导致意志行动的失败。在这些过程中都表现出了人的意志。

方法的选择、策略的确定和计划的拟定，要满足两个方面的要求。其一，为实现预定目的的行为设计是合理的；其二，这种方式、方法符合客观事物的规律和社会准则及要求，是合法的。只有把这两个方面有机地结合起来，才能使预定目的顺利实现。

（二）执行决定阶段

执行决定是意志行动的最重要环节。因为即使在做出决定时有决心、有信心，如果不见之于行动，这种决心和信心依然是空的，意志行动也就不能完成。意志行动只有经过执行阶段，才能达到预定的目的；不执行决定，就没有意志行动可言。因此，执行决定阶段是意志行动的中心环节。执行有两种形式：一种是采取积极举动来达到的外部行动形式；另一种是制止那些不利于达到目的的外部行动的形式。例如，学生上课时，一方面要积极组织自己的视听活动；另一方面还要抑制各种分心现象和干扰课堂教学正常进行的举动。执行的两种形式体现了意志在实际行动中的调节作用。

从做出决定过渡到执行决定，在时间上往往因具体情况的不同而有所不同。有时在做出决定之后就立即过渡到执行决定阶段，这通常发生在下列情况下：行动的目的和实现行动的方式、方法比较明确具体，完成行动的主客观条件已经具备，而行动又要求不失时机地完成。例如，在战斗中，做出军事行动的决定，就必须立即执行。有时，决定是比较长期的任务或是未来行动的纲领。这样的决定并不立即付诸行动,而仅是将来行动的企图。例如,学生们准备在暑假内完成一篇作文,目的、计划都明确了,决心也下了,但并不立刻行动,因为条件还不完全具备,只是一种打算。

在实现所作的决定时最突出的特点是在行动中会遇到许多困难,而克服困难就需要积极的意志努力,意志就表现在克服内心冲突、干扰及外部的各种障碍上。意志努力在这一环节上常常会表现为:第一,在实现所作决定中必须承受的巨大体力和智力上的负荷;第二,必须克服原有知识经验及内心冲突对执行决定所产生的干扰;第三,在意志行动中一旦出现新情况、新问题与预定目的、计划、方法等发生矛盾时必须努力做出果断决断;第四,在意志行动中遇到来自外部的预料不到的情况时能够咬牙坚持;第五,个性品质或情绪影响与执行决定相冲突时,能够控制和克制,从而顺利执行所作的决定;第六,在克服困难,实现所作出的决定的过程中,还要根据意志行动中反馈的新情况来修正原先的行动方案,放弃不符合实际情况的决定,以更好地达到目标。

在执行决定的过程中,已经确立起来的决心和信心也可能会发生动摇。这通常发生在下列情况下:第一,执行决定时遇到的困难,要付出大的努力而与个体已形成的消极的个体品质(如懒惰、骄傲、保守、坏习惯等)或兴趣爱好发生矛盾,从而使决心和信心发生动摇;第二,在作出决定时虽然选择了一种目的,其他目的仅受到暂时的压抑,但仍然很有吸引力。在执行决定的过程中,暂时受到压抑的期望又可能重新抬头,产生了新的心理冲突;第三,在执行决定的过程中,还可能产生新期望、新意图和新方法,它们也会与预定的目的发生矛盾,令人踌躇,干扰行动的进程;第四,有时在作出决定时没有考虑到各种主客观条件,没有预见到事物的发展变化,在执行决定时遇到新情况,出现新问题,而人又缺乏应付新情况、解决新问题的知识和技能,也可能使人犹豫不决。这些矛盾都会妨碍意志行动贯彻到底,只有解决了这些矛盾才能将意志行动贯彻到底,达到预定的目的。

当意志行动达到预定目的时,又会增强克服困难的毅力,提高克服困难的勇气。优良的意志品质,正是在克服的实际斗争中锻炼和培养起来的。

二、意志的心理结构

意志的心理结构是很复杂的,这里主要讨论意志结构中的几种主要心理成分:期望、抱负水平、选择和决策。

(一)意志行动中的期望

期望是主观上希望发生某一事件的心理状态,是一种与将来有关的动机。期望的结果就是意志行动所欲达到的目的。一个人在现实生活中会有各种期望,同时行为的实际结果和期望之间也会发生矛盾。这样,人在行动中就要选择目标,或对奋斗目标做出安排——制定出符合自己的近期目标、中期目标和长远目标。目标的确定和选择是意志行动中一个基本特征。目标的确定和选择与一个人的抱负水平密切相关。

(二)意志行动的抱负水平

所谓抱负是指个人在做某件实际工作之前估计自己最多能达到的成就目标。例如,一个人在打靶前估计自己能打中5环,但实际上只打中4环,这时就会产生失败感;如果继续打靶击中6环,这时就会产生成功感。所以成败感实际上是个人的抱负水平与实际成就之间所产生的"负差"(成就高于抱负)与"正差"(成就低于抱负)时的主观体验。抱负水平制约着对行动目标的追求。个人的抱负水平是后天形成的。

抱负水平制约着一个人的意志行动。因为要获得成功和进一步成功的期望会增强人对工作的吸引力,而失败和对失败的预期会减低对工作的吸引力。因此,抱负水平高的人对待工作自觉、有信心、有毅力,能努力地去克服困难;而抱负水平低的人对工作缺乏自觉性、缺乏信心和毅力。但是个人的抱负水平也不能太高,不能严重脱离自己的实际情况。如果是这样,就被人视为自我吹嘘。在工作中长期备受失败感折磨,会引起严重的情绪冲突,有碍心理健康。对于这样的学生,教师就应该帮助他实事求是地分析估量自己,把过高的抱负分解为一个个远近不同的具体目标,由远及近,逐步实现。对于抱负水平过低的学生,教师则应帮助他提高其抱负水平,以锻炼其意志,充分发展其才能。

(三)意志行动中的选择与决策

冯特曾根据动机的特点把意志的基本形式分为三类:冲动动作、有意动作和选择动作。冲动动作是一种动机引起的行动,例如,儿童看见糖果后直接就去抓,没有什么思虑和反省。有意动作时意识中有两种动机,其中一种清晰有力,另一种在意识中逐渐消退,有意行动是由清晰有力的动机而引起的。选择动作时存在着相互对立的动机,但哪种动机都很难占优势,通过"动机斗争",其中之一被选择,并由它引起动作。冯特认为选择动作最能体现出意志的特色。选择是意志的一个基本特征。无论是目的的确定、计划的制订,或是执行决定,意志都表现出选择的特征。要选择,就涉及决策问题。广义地讲,如果一个人看到至少有两种行动的可能,并且根据某种标准选择其中之一,力求设法加以实现,那么这个人在做出一项决策;只有一种可能性的行动或者多种选择之间无须仔细思考的行动,都谈不上决策。决策,因问题而引起,可以看成问题解决的过程。寻找一条从不能令人满意的初始状态通往符合个人意愿的目标状态的道路,也就是决策。决策过程由下列一些相互连接的阶段组成:确定问题(现状和目标分析);寻找各种可供选择的方法;对各种可供选择的方法进行评价;作决定(在各种方案中选出一个);贯彻执行;监督(各个阶段的连接)。决策阶段的意志力表现在人对目标状态的追求、选择和作出决定时的信心。

三、意志的生理机制

意志过程与认识过程、情感过程一样,也是脑的机能。但关于意志过程的生理机制还没有完全揭示出来。巴甫洛夫在他的研究基础上认为,意志行动是通过一系列随意活动实现的,并认为大脑皮层的运动分析器感受和分析来自运动器官(肌肉、肌腱、关节)的神经冲动,并调节运动器官的活动,这对于随意运动具有特别重要的意义。但随意运动中每一个动作的完成,在很大程度上还有赖于来自效应器官的返回传入。大脑皮层通过运动感受器接受返回传入以实现对运动过程的调节。

巴甫洛夫指出,词语是全部高级神经活动的随意运动的调节者,在人们的意志行动中起主导作用。所以,一个人在长跑途中,别人对他喊"加油"、"努力",或者自己的内部言语激励自己"坚持到底",都能帮助他很好地完成意志行动。通过割裂脑的研究发现,大脑两半球切开的人,对自己身体左侧失去意志的联系和控制,从而出现了奇特的情况:当把一幅图样呈现给大脑左半球时,右手就会像一位受理性支配的艺术家那样勾画草图;当将图样呈现在大脑右半球时,左手则会像一台自动打字机一样临摹图样,但被试者意识不到他在做什么。可见,大脑左半球言语中枢是意志控制的场所。

研究还表明,大脑额叶是形成人的意志行动的目的,并保证贯彻执行的部位。额叶区严重损伤,人就会丧失形成自我行动的愿望,不能独立制订行动计划,也意识不到行动中的偏差和错误,无法有效地调控自己的行动。如果要求病人依次画圆圈、十字、三角形、正方形等,他画了一个圆圈后仍继续画圈。另外,如果要求病人对一个声音用右手反应,对两个声音用左手反应,并形成右—左—右—左的刻板运动。以后突然改变序列,变成右—左—右—左—左,病人无法接受新的命令提示,只会继续做先前的反应。后来人们认为,儿童的额叶比其他各叶发育成熟的时间晚,其言语系统的机能较弱,自觉性较差,意志力也较差。

第三节 意志的品质及学生意志的培养

一、意志的品质

人们在各种意志行动中,经常会带有稳定的特点,体现出一定的规律性,在心理学上就被归纳为几种不同的意志品质。良好的意志品质是保证活动顺利进行、实现预定目的的重要条件。

(一) 意志的自觉性

自觉性是指一个人在行动中具有明确的目的,能认识行动的社会意义,并使自己的行动服从于社会要求的意志品质。有自觉性的人有坚定的立场和信仰,相信自己的目的是正确的,在行动中能够把自己的热情和力量投入行动中,千方百计克服困难,充分发挥自己的主观能动性。同时,在行动中既不轻易接受外界的影响而改变自己的目的、计划和方法,也不拒绝一切有益的意见和建议,在思想和行动上表现出既有原则性又有灵活性。

与自觉性品质相反的是受暗示性和独断性。受暗示性是指容易接受别人的影响,不加分析地接受别人的思想和行为,轻易改变或放弃自己的决定,表现为盲目行动。独断性是指对自己的决定坚信不疑,一概拒绝他人的意见或建议。独断性的人表面上看来似乎是独立地采取决定、执行决定,实际上是缺乏自觉性的表现。这种人坚持己见,以自己的意愿替代客观事物发展的规律,当客观环境发生变化时,也不肯更改自己的目的和计划,经常毫无理由地拒绝或考虑他人的意见。受暗示性和独断性的品质都是意志薄弱的表现。

加强目的性教育,注意培养道德情感是培养意志自觉性的重要内容。首先就是要树立正确而高尚的行动目的。只有具有高尚的目的、远大的理想,才会在行动中克服内部和外部的各种困难险阻。另外,要把远近目的有机地结合起来,既要看到近期的目的是为了实现远大目的的一个具体步骤,也要看到具体行动的深远的社会意义。由于行动的自觉性的提高,就会在远大目标的指引下胜不骄、败不馁,再接再厉,以求达到最后的目的。其次,要注意培养人的崇高的道德情感。道德情感在实现目的的意志行动中起促进作用,即情感在意志的支配下,可成为行动的动力促使人去克服困难和坚持实现目的。

(二) 意志的果断性

果断性是指一种善于明辨是非、抓住时机、迅速而合理地采取决定,并实现所做决定的意志品质。具有果断性品质的人能全面而深刻地考虑行动的目的以及达到目的的计划和方法，虽然也有复杂的、剧烈的内心冲突，在动机斗争时，没有多余的疑虑，在需要行动时能当机立断，但在不需要立即行动或者是在情况有所变化时，又能立即停止或改变已经执行的决定。

意志的果断性品质是以自觉性品质为前提，并与智慧的批判和敏捷性相联系的。由于目的明确、是非明辨，才能毫不踌躇地采取坚决的行动。但是复杂情境中所表现出来的高水平的果断性并不是每个人都会具有的。果断性品质必须以正确的认识为前提，以大胆无畏和深思熟虑为条件。

与果断性品质相反的是优柔寡断和草率决定。优柔寡断是指在做决定时顾虑重重、犹豫不决，一直处于动机斗争状态而迟迟做不出决定。其主要特征是思想分散，情感矛盾，在各种动机、目的、方法之间摇摆不定，时常怀疑自己已作决定的正确性。当要其必须作出选择时，又会任意选择而无信心去完成。草率决定是指对任何事情总是不加思考，既不考虑主客观条件，也不考虑行动后果，选择的目的只是想尽快摆脱由此带来的不愉快的心理状态。草率决定的主要特征是懒于思考而轻举妄动。优柔寡断和草率决定都是意志薄弱的表现。

（三）意志的坚韧性

坚韧性是指对行动目的的坚持性，并能在行动中保持充沛的精力和毅力的意志品质。具有坚韧性意志品质的人，一方面善于克服和抵制不符合行动目的的主客观诱因的干扰，做到目标专一，始终不渝，直到实现目的；另一方面能在行动中做到锲而不舍，百折不挠，勇于克服各种困难。坚韧性是人的重要的意志品质，一切有成就的人都具有不屈不挠地向既定目的前进的坚韧的意志品质。

与坚韧性品质相反的是动摇和顽固。动摇是指立志无常、见异思迁，尽管有行动目的，但虎头蛇尾，遇到困难即放弃对预定目的的追求。顽固是指只承认自己的意见或论据，当实践证明其行动是错误时仍固执己见、一意孤行，因而往往受到客观规律的惩罚。动摇性和顽固性虽然表现形式不同，但其实质都是不能正确对待行动中的困难，都属于消极的意志品质。一个人在实现所作决定的过程中，总会遇到来自内部和外部的困难，这是对意志品质的实际考验。因此，为了培养一个人优良的意志品质，就要组织好各种实践活动，使他能在活动中实现意志行动，在实际活动中克服困难，并在其过程中取得直接的经验。

在组织实践活动中，首先，要善于把具体活动与远大目标有机联系起来。其次，设立的每一项目标要恰当，目的超出人的能力或客观条件的许可，会挫伤意志，丧失信心；目的过于容易，不经意志努力就能达到，也起不到锻炼意志的作用。只有那些经过自己的意志努力才能克服困难并实现目的的项目或任务，对意志锻炼最大。最后，在完成活动并实现了预定目的以后，要及时进行总结，分析自己在实践活动中的意志品质的实际表现，以取得直接的经验，它对意志品质的提高也起着重要作用。

（四）意志的自制力

自制力是指意志行动中能够自觉地控制自己的情绪，约束自己的动作和言语的品质。自制力反映着意志对行动的抑制职能。具有自制力意志品质的人，一方面善于控制自己去执行所采取的决定，具有较强的组织性和纪律性；另一方面又善于控制自己的情绪和冲动，表现出较强的忍耐性。其主要特征是情绪稳定、注意力高度集中、记忆力强和思维敏捷。与自制力品质相反的是冲动性。冲动性是指不能控制自己的情绪,对自己动作和言语约束较差的品质。其主要表现为思想容易开小差,并易受外界的引诱和干扰而不能律己,有时甚至会产生违反纪律的行为。冲动性是意志薄弱的表现。

由于自觉性、果断性、坚韧性和自制力四种品质之间是相互联系的,因此缺少其中任何一种品质,都会在人的性格上带来某种缺陷。要在实践活动中不断地加强意志的自我锻炼,才能形成优良的意志品质。

二、学生意志的发展

(一) 自觉性和独立性的发展

小学生的意志行动盲目性大,不稳定性强。他们很容易改变自己的行动或盲目地追随他人的行动。他们的行动很大程度上是根据家长和老师的要求与指导来调节的,有很大的依赖性。青少年则不同,他们对客观事物的认识能力已大为发展,自我调节能力和行动规划能力都与小学儿童大有不同。他们的学习活动一般都有比较明确的目的,能在一定程度上独立确立目的,制订计划,支配自己的行动。

初中生的自觉性特点,表现为其近期目标起着更重要的作用,如得到老师的表扬、考到第几名等。他们对未来理想的观念比较笼统和肤浅,其对行为的影响较小。在独立性方面,少年学生往往还保留依赖性和模仿性,易受暗示。

高中生的自觉性则有了很大的发展。首先,他们既有近期目标,又有较长远的目标,如既可能有考第几名的目标又可能有今后考什么大学的目标;其次,高中生确立行动目的比初中生有更强的独立性,也更能独立支配自己的行为。

(二) 果断性的发展

青少年学生一般都能按照一定的观点、原则去行事,果断性比以前提高了。但是,他们常常带有盲目性、冒险性等特点,遇到困难和复杂的事物,往往不加周密思考就草率从事,有时也表现为犹豫不决。我国的一些心理学研究发现,意志果断性的发展,从小学二年级到初中二年级并不显著,到高一前后才出现明显提高。这可能是与他们的认识能力,特别是思维的批判性和敏捷性的发展相联系的。高中生的果断性比初中生就明显提高了。

(三) 坚韧性的发展

初中生行动目的的明确性、情绪情感和个性对意志的支撑作用、自我调控能力等方面都比小学生强,因此,坚韧性比小学生大有进步。但初中生也常表现出有坚持下去的决心,遇到困难时却又易灰心丧气。高中生的坚韧性往往比初中生强。

(四) 自制力的发展

初中生的自制力比小学生有了质的提高,无论在课堂纪律的维持上,还是在学生课外活动中,都显示出小学生更多地需要教师的提示和管束,而初中生则表现出更多的自律能力,但仍然较差。初中生的情绪也易于改变,意志也不够坚定。初中生与高中生相比有明显的不足。

三、学生意志的培养与锻炼

意志品质作为学生学习活动的保证和身心发展的重要条件,不是生来就有的,特别是良好的意志品质，更需要在后天教育和实践活动中有目的地加以培养。

（一）学生意志的培养

1. 加强世界观和人生观教育，确立正确的行动目的

自觉目的性是意志行动的重要特征，学生意志品质的发展都建立在一个正确而合理的行动目的的基础上。因此，在学校教育活动中，应该对学生加强科学的世界观和正确的人生观教育，使他们勇于探索人生的意义和价值，学会明辨是非，分清善恶、荣辱。只有这样，才能使他们既具有崇高的人生目标，又能在日常生活和学习中确立有意义的行动目的。

在对学生进行世界观和人生观教育的时候，应该紧密结合社会现实和学生当前的学习、生活实际，帮助他们把个人的理想和价值追求与国家、社会、集体的利益联系起来，既具有远大的目标，又能转化成日常学习和生活中的苦干及实干的精神。例如，我国著名的数学家陈景润在中学时代一位数学老师的启迪下，立志要摘取哥德巴赫猜想这颗数学王冠上的明珠，为中国人争光，在以后的十几年中，他不顾政治运动的冲击和生活条件的简陋，埋首于数字和草稿纸中，夜以继日地进行推导、演算，终于取得了重大突破，得到了世界数学界的认可。

2. 组织实践活动，加强意志锻炼

坚强的意志是在克服困难的实践活动中磨砺出来的。在学校教育中，日常的学习、劳动和课外活动，都需要为达到一定的目的付出艰辛和努力，这正是培养学生良好的意志品质的最佳途径。特别是学习活动，更需要一种锲而不舍的顽强的学习毅力。所以，教师应该科学、严谨地组织学生的学习活动，合理安排班集体的劳动和课外文体活动，使每个学生融入其中，全身心地投入。当学生形成了良好的学习习惯和劳动习惯，他们的意志品质也必然发展起来。在学校日常活动之外，教师也可以有意识地组织能磨炼学生意志的实践活动，如晨练、爬山、野营、徒步旅行等，甚至有时可以人为地给他们制造一些挫折和磨难。苏联教育家马卡连柯就曾经说过：不应当捏塑一个人，而应当锻炼，锻炼出一个人，这就是说，先要好好烧红，然后再用锤子去锤……

另外，在意志锻炼中，还要根据学生的实际情况，因材施教。对于学生在实践活动中表现出的良好意志品质，教育者要及时肯定，帮助他巩固下去；对于不良的意志品质，则要及时指出，设法教育、纠正。例如，对于行为盲从、易受暗示的学生，教师应该培养他们对集体与他人的义务感和责任感，启发他们的独立精神和自觉意识；对于行事轻率、行为鲁莽的学生，要帮助他们认清行为的不良后果，帮助他们学会控制自己的情绪，理智行事；对于优柔寡断、怯懦的学生，则要树立他们克服困难的信心和勇气，帮助他们学会审时度势，当机立断；对于行为偏执、性情孤僻的学生，要从心理上接近他们，帮助他们正确看待个人与社会、集体的关系，使自己的行动符合群体的利益。

3. 发挥教师和班集体的影响，给予必要的纪律约束

在学生意志品质的形成中，离不开周围的人和环境的影响。特别是在学校教育中，教师和班集体发挥着不可忽视的作用。除了父母之外，学生对在学校生活中与自己朝夕相处的教师有一种特别的信任和尊重，并不自觉地去模仿其言行。因此，一位教师如果想培养学生良好的意志品质，首先自己在工作中要表现出目标明确、处事果断、兢兢业业、不畏困难的作风。俗话说，"身教重于言教"，教师的行为榜样对学生意志品质的培养有特殊的效果。

学生所在的班集体是其成长的重要环境，在具有良好班风的集体中，同学之间互帮互助，注重集体的利益，也为自己是集体的一分子而自豪。当学生建立起对集体的义务感和荣

誉感时,就会为了集体的目标和利益,去努力学习,热心支持集体活动,在此过程中,独立、坚强、勇敢、自制等意志品质也得到培养。当然,要形成良好的班风,还要有严格的纪律去约束集体成员,朝共同的目标努力。当学生能够自觉遵守集体的规章制度,不做违反纪律的事,这本身就是最好的意志锻炼。

4. 启发学生进行意志的自我锻炼

学校的政治思想教育、课内外的实践活动以及教师和班集体的影响,要在学生的意志品质形成中真正发挥作用,还必须调动学生自己的主观能动性。随着学生自我意识的增强和自我评价能力的提高,他们逐渐意识到意志品质的重要性,以及自己意志品质的缺点和不足对学习的影响,就会主动接受这些教育影响,予以积极配合。这个时候,也为教师启发学生进行意志的自我锻炼提供了条件。在教育实践中,人们发现学生能够做到意志品质的自我锻炼,并有一些行之有效的方法和途径,如用格言、座右铭警醒自己,用杰出人物的事迹对照、监督自己的言行;与身边的榜样相比,找出差距,迎头赶上;制订作息计划和学习计划,并严格执行;自己设计一些加强意志锻炼的活动,并努力实践;每天坚持记日记,反思自己的言行和思想,发现缺点,及时改正等。

(二) 青少年意志的锻炼

1. 对青少年进行社交心理辅导

青少年是社会中最活跃的群体,他们的心理发展阶段决定了他们处在一个渴求社交、但又患得患失的矛盾期。由于城市的孩子普遍兄弟姐妹较少,独生子女逐渐增多,他们从小在家庭氛围中接触同龄人的机会少,交际方式缺少灵活性。有些可能会走上极端,喜欢在社会上"潇洒",容易为坏人所骗,误入歧途。对此,应从学校教育方面着手,加强个人修养,增强集体荣誉感,多开展健康的文体活动,使他们通过参加集体活动,培养自己的社交能力;培育正确的人生观,做好宣传工作;提倡学生多读中外优秀文学作品,开展有关人生主题的讨论;举办家长学校,教育家长如何在孩子面前做一个好榜样等。

2. 对青少年进行竞争心理教育

生活在一个充满竞争的社会,各类竞争是不可避免的,在学校面临学业上的竞争,在社会面对的是事业上的竞争,还有生活中形形色色的竞争等。应当看到,适当的竞争压力是可以起正面作用的,俗语说"压力可转化为动力",过度的紧张就适得其反,不仅会使其水平大打折扣,而且会影响身心健康的发展。关键是要对竞争抱平常心态,把竞争看作是一次展示自身才华的机会,重视竞争的过程,而不要把目光过分集中在竞争的结果上。同时,如果发现自己在竞争过程中心理压力过大时,要学会放松自己,例如,通过与人谈心、唱歌、运动、听音乐等,或通过其他途径自我开导,使自己心情愉快,保持平和的心态,主动地去竞争,绝不采取躲避的态度。通过反复锻炼,就会培养出勇于竞争、积极向上的精神品格,以适应竞争激烈的当今社会。

3. 对青少年进行自立的心理教育

从社会、学校到家庭,有针对性地进行教育,目的是为了使他们能够独立自主地适应并承受来自社会各方面的竞争压力,从而在社会上立足并取得成绩,因此对学生进行自立的心理教育是必不可少的。其主要内容是帮助青少年克服紧张情绪和依赖性。青少年的自立能力差,往往表现在不敢面对陌生的环境,对自身信心不足。我们应通过心理教育,使他们学会正确、灵活、机智地面对陌生环境,学会欣赏和自我欣赏,学会管理和自我管理,尤其是一些动手能力强的项目,如军训、学农甚至手工制作、烹饪等;或一些需具备胆量的项目,如演讲、辩论等活动,都是对青少年进行自立心理教育的有效途径。让他们逐渐克服紧张情绪,克服对家长、老师或其他人的依赖,树立信心,其自立能力自然就会得到加强。

4. 对青少年进行挫折心理教育

对青少年进行挫折心理教育,目的是使青少年学会正确对待逆境、失败,培养百折不挠的精神。一方面青少年对社会的认识已有一定的深度,从各方面获取了大量的信息,容易产生不同层次的各种需求;但另一方面由于受情感、意志、认识和能力等因素的制约以及社会、家庭环境因素的影响,个性发展还不稳定,心理发展尚欠成熟,一旦在追求自己的某项目标中不能得到满足,就容易产生挫折感。而且这也是每个人不可避免的情况,处理不好,就会产生不良后果,轻则造成情绪波动,重则影响身心健康,一蹶不振。因此,要注意对青少年进行心理教育,引导他们正确面对挫折,学会在遇到挫折时能平衡自己的心理,开导自己,为自己解脱,从而更坚强、更豁达地面对挫折,面对困难。

【小资料】励志教育的历史典范

北宋著名的政治家、文学家范仲淹从小父亲病逝,其母改嫁到朱家,朱家是山东长山县的富户,但范仲淹从小读书十分刻苦,为了磨砺意志,常去附近的长百山上的醴泉寺寄宿读书,生活极其艰苦,每天只煮一锅稠粥,凉了以后划成四块,早晚各取两块,拌几根腌菜,调拌上醋汁,吃完继续读书,后世便有断斋划粥的美誉,这样差不多过了三年,长山县的书籍已不能满足他的需要,他不顾朱家和母亲的阻拦,流着眼泪,毅然辞别母亲,离开长山,徒步求学去了,后到睢阳应天府书院就读时,他的一个同学见他终年喝粥,便送些美食给他,他竟一口未尝,听任佳肴发霉,直到人家怪罪起来,他才致谢说:"我已安于过喝粥的生活了,一旦享受美餐,日后怕吃苦不得。"正是凭借这种顽强的意志,后来在二十六岁就中进士,逐步成为中国历史上著名的改革思想家、政治家、军事家和文学家。他为官清廉,刚正不阿,处处为民着想,那种忧国忧民的品质勉励后代多少为官者和知识分子。

如果范仲淹从小没有甘于清苦的砺志思想和行动,没有顽强的意志,那也就不能有后来巨大的思想和文学成就,也就不可能为民着想,刚正清廉,也就不会留下"先天之下忧而忧,后天下之乐而乐"的千古名句。

【心理点评】当代少年儿童也存在着一些问题,比如父母对孩子的过分保护,导致孩子的依赖性强,独立生活能力差;心理素质较差,不知为别人着想,以自我为中心,尤其是吃苦耐劳的能力较低,意志脆弱,遇到困难不是迎难而上,而是采取逃避的态度。这反映了当下少年儿童的意志脆弱、不能吃苦耐劳的情况,我们社会、学校和家庭决不能忽视,随着社会发展和时代进一步发展,培养孩子具有坚强的意志,具有吃苦耐劳的精神,这就显得尤为重要。

四、意志规律在教学活动中的运用

在教学过程中,教师教学的活动是服务于学生的学习过程的。学生的学习活动是一个长期而艰苦的过程,要取得成功,同样离不开意志努力的参与。人们早已发现,学业成就的好坏与意志水平的高低通常是一致的。因此,教育者在教学中如何运用意志的规律,促进学生的学习活动,是应当受到重视的问题。

(一) 据意志与认识的关系,促进学习活动

如前所述,意志与认识过程有着密切的关系,认识是意志的基础和前提,意志对认识活动又产生着重要影响。学习活动主要是一种认识活动,但要达到相应的学习目标,还必须是一种意志行动。因此,教学中处理意志与认识的关系,就是要将它们统一于学生的学习活动中,促进学习活动的顺利进行。

首先,使学生明确学习的目标、意义和结果,激发学生的意志行动。意志行动的基本特征就是有明确的目的性,无论是在一门课的学习中,还是在一节课的学习中,学生只有了解了自己的学习目标,学习行为才会更自觉,更具有方向性。使学生了解学习的意义和结果,可以激发起强烈的学习动机,这是学习行为产生的内在动力。因此,教师在教学过程中,应善于给学生确立明确的目标导向,使学生能够预期到自己学习行为的结果,同时以目标的实现督促学生的意志行动,帮助他去积极地克服困难,完成学习任务。

其次,发挥意志对学习过程的支配和调节作用。当学生在学习过程中有了明确的意志行动,并具备了一定的意志品质,就要帮助学生利用意志过程的规律调控自己的学习活动。具体来讲,学习活动也应该有采取决定和执行决定阶段,既有预先的学习计划的制订、学习方法的选择和学习策略的安排,又要在执行中不遗余力,坚决果断地贯彻预定计划。另外在学习中遇到外部困难或者内部产生动摇退缩时,要运用坚韧的意志严格要求自己,攻克难关,走出困境。有时,教师可以在教学中有意设置一些困难情境和学习障碍,让学生从挫折中磨炼意志,培养学习的恒心和毅力。

(二) 根据意志与情感的关系,促进学习活动

教学活动中,教师也可以利用意志与情感的关系,既增强学生的意志力,又调动其饱满的学习情绪,推动学习活动的进行。

积极的情感可以激发人的学习动机,对意志行动产生推动作用。我们经常看到,那些在学习活动中神情愉快、情绪饱满、热爱读书的学生,往往更能克服困难,锲而不舍,取得良好的成绩。怎样发展这些积极的情感,促进学习中的意志行动?一方面,要培养师生之间和学生之间真诚、亲密的情感联系。如果教师与学生之间能够建立起平等、真挚、互相信任的关系,它就会为学生创造一个轻松、愉快的心理氛围,并成为学生学习活动持久的驱动力。尤其对于小学生,他们总是把和自己关系密切的教师作为心目中的好教师,愿意上这位教师的课,也愿意付出努力来学好这门课。另一方面,教师还应多采用正强化的原则保护学生积极的情感。那就是说,教师对学生的学习行为要多进行积极的评价,多给予肯定和鼓励。学生在获得成功时得到肯定和表扬,会进一步激发他学习的热情,从而争取更大的进步;学生在失败时若也能得到教师的关心和鼓励,就在保护他的自尊心的同时,也增强了自信心,有利于他调整情绪,继续努力。

当然,一些不良的情感对意志过程起着阻力作用。学生在学习中遭遇挫折和失败时,有时会感到悲观、失望,甚至是丧失自信,一蹶不振。这就需要教师及时发现问题,帮助学生正确地认识和调控不良情绪。同时,教师应该要求学生增强意志品质的自制力的训练,学会自己控制和排解不良情绪的困扰,保证意志行动坚持下去,达到预定目的。

五、意志规律在品德教育中的运用

(一) 意志在学生道德品质形成中有重要作用

道德品质的形成过程是一个知、情、意、行的培养过程。所谓知、情、意、行,即道德认识、道德情感、道德意志和道德行为。如果说道德行为是品德形成的标志,道德意志则是品德形成的关键阶段。学生从认识各种道德规范到转化为实际行动,如果只是昙花一现,或是"三天打鱼,两天晒网",并不能代表道德品质的真正形成。学生只有做到持之以恒地去遵守社会道德规范,舍己为人,助人为乐,即使遇到误解、打击也毫不退却,才能真正说明具备了良好的道德品质。因此,在品德教育中,应注重学生意志力的锻炼,使学生的道德行为出于自觉性,达到经常化,形成良好的道德品质。

(二) 品德培养要借助于意志行动过程来实现

意志行动过程包括内部的采取决定阶段和外部的执行决定阶段,是一个由内部决策转化为外部行动的过程。品德教育过程是一个由外到内的过程,即将外部的德育影响内化到学生的内心世界,达到主观的认可和接受。但品德的真正形成则又是一个由内到外的过程,即学生将接受的道德准则和道德观念在行为上表现出来,落实到自己的实际生活中去。这后一个阶段经常就是一个意志行动实现的过程。在社会生活中,学生经常会遇到社会利益、集体利益和个人利益的矛盾,以及公与私、善与恶的冲突,教育者应该引导他们,通过学生内部的动机斗争,确立正确的道德目标。之后,教育者还应依据学生的实际情况制订道德培养计划,选择适合的道德训练途径和方法。当然,最重要的还是要不遗余力地去贯彻和执行这些计划和目标,这既是学生的一个自觉行动的过程,也离不开教育者的引导和监督。在克服了各种困难,接受了成败的考验,充分体验到道德行为带给自己的愉悦和自豪感之后,道德目标也就伴随着意志行动过程的完成得到实现。

(三) 良好的意志品质是品德形成的重要保证

意志品质的自觉性可以帮助学生去主动了解各种道德规范,独立地评价和认识善与恶、美与丑,并能自觉地采取行动,按自己的道德准则行事;意志品质的果断性可以帮助学生在大是大非面前,或是道德考验的紧急关头,勇于承担责任,当机立断,果敢坚决地采取行动;意志品质的坚韧性使学生在道德行动中遇到困难和阻力时,既能够坚持原则,百折不挠,又能够因地、因时制宜,机智灵活地达到预定目的;意志品质的自制力可以保证学生抵制不道德的信念,在私利和诱惑面前不为所动,同时,为顾全社会和集体的利益甘于奉献,勇于作出牺牲。

最后需要说明的是,意志过程对学生学习活动和道德教育的积极作用的实现,不仅仅是教师对学生的一个外在控制和督促的过程,更重要的是发挥学生的主观能动性,使他们在自我教育中自觉地加强意志锻炼,完善自己的意志品质,更好地促进学业的进步和道德水平的提高。

复习思考题

1. 什么是意志?它与认识、情感过程的关系怎样?
2. 意志行动的基本特征有哪些?

3. 意志行动的心理结构如何?
4. 动机冲突主要有哪几类?
5. 如何培养学生的意志品质?

本章参考文献

[1] 姚本先.心理学新论(修订版).北京:高等教育出版社,2005.
[2] 彭聃玲.普通心理学(修订版).北京:北京师范大学出版社,2004.
[3] 叶奕乾,何存道,梁建宁.普通心理学(修订版).上海:华东师范大学出版社,1997.
[4] 韩永昌.心理学(修订2版).上海:华东师范大学出版社,2001.
[5] 韦世桢,胡维芳,曹建平,等.现代心理学.北京:新华出版社,1999.

第八章
个性和个性倾向性

【本章导学】

个性又称人格,是指个体区别于他人的整个心理面貌。心理学研究认为,个性结构十分复杂,通常意义上讲,个性倾向性、个性心理特征和自我调控系统是个性的几种重要组成部分。其中,个性倾向性是推动人进行活动的动力系统,是个性结构中最为活跃的因素,它是人的个体意识的积极性的表现,能充分反映出人的社会行为和活动方式。在这个动力系统中,包括需要、动机、兴趣、价值观等心理成分。这一章将首先对个性作以综述,然后着重对需要、动机、兴趣及价值观作比较详尽的介绍。

第一节 个性的一般概述

一、什么是个性

个性,又称为人格。个性在英语中为 personality,源于拉丁语的 persona。原意是指古希腊戏剧中演员所戴的面具,它代表剧中人物的角色和身份,表现剧中人物的某种典型的心理。就如我国京剧中的各种脸谱一样,用来表现各种性格和角色。心理学沿用面具的含义,转意为个性。其中包括了两个意思:一是引申为一个人在生命舞台上所扮演的各种角色时表现出来的种种言行,是个性所具有的"外壳",它表现出一个人外在的个性品质;二是指一个人由于某种原因不愿展现的心理成分,即面具后的真实自我,这是个性的内在特征。

在心理学中,一般认为,个性是个人在自然素质的基础上,在一定的社会生活条件下形成的具有一定倾向性的、比较稳定的、独特的各方面心理特征的总和,它体现了一个人独特的精神风貌。

个性是个体有别于他人的整个心理面貌,是人类心理的重要组成部分,它不仅使人们的心理活动和行为表现出各自不同的特点,而且还是人们各种心理活动和行为的动力源泉。在现实生活里,我们很难甚至不可能找到两个人具有完全相同的心理特征和个性。例如,在观察事物时,有的人细致入微,有的人粗枝大叶;在待人接物时,有的人热情洋溢,有的人冷漠矜持。即使都是热情的人,表现形式也各不相同,有的人外露,有的人则含蓄。在意志活动中也表现出各不相同的特征:有的人工作独立性强,果断且有自制力;有的人则优柔寡断,盲目性和冲动性较大。总之,不同个性的人在生活中做什么、怎样做都表现出各自不同的心理特征。这是因为每个人都有各自的个性心理特征,也有不同的个性倾向性。两者彼此联系、错综复杂地交织于一个人身上,构成人与人之间千差万别的个性。

二、个性的心理结构

个性结构也可以称为个性组织。从系统论的观点看,个性是复杂的、多侧面的、多层次的统一体。它包括个性倾向性和个性心理特征两大部分。这两大部分有机结合,使个性成为一个整体结构。

(一) 个性倾向性

个性倾向性是人进行活动的基本动力,是个性结构中最活跃的因素。它决定着人对现实的态度,决定着人对认识活动的对象的趋向和选择。个性倾向性主要包括需要、动机、兴趣、理想、信念和世界观。它们较少受生理因素的影响,主要是在后天社会化过程中形成的。个性倾向性的各个成分并不是彼此孤立的,而是相互联系、相互影响和相互制约的。其中,需要又是个性倾向性乃至整个个性积极性的源泉。只有在需要的推动下,个性才能形成和发展。动机、兴趣和信念等都是需要的表现形式。世界观居于最高层次,它制约着一个人的思想倾向和整个心理面貌,是人们言论和行动的总动力或总动机。个性倾向性是以人的需要为基础的动机系统,它是推动个体行动的动力。

(二) 个性心理特征

个性心理特征是指人经常地、稳定地表现出来的心理特点,主要包括能力、气质和性格。在个体心理发展过程中,这些心理特征逐渐形成,并且不同程度地受生理因素的影响,构成个性中比较稳定的成分。

个性的两种成分之间并不彼此孤立,它们相互渗透、相互影响、错综复杂地交织在一起。个性心理特征受个性倾向性的调节,个性心理特征的变化也会影响个性倾向性。因此,个性是一个统一的整体结构。

三、个性的基本特征

个性具有整体性、独特性和共同性、稳定性和可变性、社会性和生物性等方面的特征。

(一) 整体性

个性的整体性是指构成个性的各种心理成分和特质,如能力、气质、性格、情感、动机、态度、价值观、行为习惯等,在一个现实的个人身上它们并不是孤立存在的,而是密切联系构成一个完整的功能系统。

个性的整体性首先表现在各种心理成分的一致性。一个正常的人总是能够及时、正确地认识和评价自己。能及时调整在人的内部心理世界中的各种矛盾,调整人格中的各种心理冲突,使自己的心理和行为保持和谐一致。如果没有这种一致性,人的心理活动就会出现无序状态,出现人格分裂。其次,个性的整体性还表现在个性是由各个紧密联系的成分构成的多层次、多侧面、多水平的统一整体。构成个性的各种成分中,有的是主要的,起主导作用,有的是次要的,起辅助作用。起主导作用的成分决定了个性的基本特征。最后,个性的整体性还表现在只有从整体出发,在和其他个性特征的联系中,才能认识个别特征,使其具有确定的意义。由此可见,正常人的心理是多样性的统一,是一个有机的整体。

(二) 独特性和共同性

个性的独特性是指人与人之间的心理和行为是各不相同的。由于个性组合结构的多样性，使每个人的个性都有其自己的特点。比如同是沉默寡言的特征，有的人冷眼看世界，不是知音不与谈；有的人胸无点墨，故作高深。强调个性的独特性，并不排除个性的共同性。个性的共同性是指由于受共同的社会文化影响，同一民族、同一地区、同一阶层、同一群体的个体之间具有的共同的典型心理特点。例如受儒家文化的影响，全世界的华人都有不少相同的个性特征。因此，个性是差异性和共同性的统一。

(三) 稳定性和可变性

个性的稳定性是指个体的个性特征经常地、一贯地表现在心理和行为之中，具有跨时间的连续性和跨情景的一致性。例如，一个人经常地、一贯地表现得冷静、理智、处事有分寸，我们才能说这个人具有"自制"的性格特征。至于他偶尔表现出的冒失、轻率，则不是他的人格特征。由于个性的稳定性，我们可以从一个人儿童时期的个性特征推测其成人的人格特征。俗话说，"江山易改，禀性难移"，即形象地说明了个性的稳定性。个性的稳定性并不意味着它在人的一生中是一成不变的，随着生理的成熟和环境的改变，个性也可能产生或多或少的变化。如社会地位和经济地位的重大改变、丧偶、迁居异地等，往往会使一个人的个性发生较大的甚至彻底的改变。

(四) 社会性和生物性

个性从其形成和表现的形式上看，既受社会历史的制约，又受个人生理特征的影响。如需要、理想、信念、价值观、性格都是受社会影响而形成的，使个性带有明显的社会性。例如，在一定的社会中，同一民族、同一阶级的人们在某些共同的生活条件下生活，逐渐掌握了这个社会的风俗习惯和道德观念，就会形成某些共同的人格特点。但是人又是一个有血有肉的个体，个体的遗传和生物特性是个性形成的自然基础，影响着个性发展的道路和方式，也决定个性特点形成的难易。例如，一个神经活动类型属于强而不平衡型的人，就比较容易形成勇敢、刚毅的人格特点；而要形成细致、体贴的人格特点就比较困难。相反，一个神经活动类型属于弱型的人，就比较容易形成细致、体贴的人格特点；而要形成勇敢、刚毅的人格特点就比较困难。所以个性是先天自然素质和社会环境的相互选择、相互渗透的积淀物。

第二节 需要

一、需要的含义

人类不断地发展着适应环境的积极力量，不断地调整着自己创造文明进步和社会财富的巨大能量，这种基本能力就是需要、意向和动机。人和动物一样，在饥饿、渴和疲劳时都会产生吃、喝、睡等方面的要求；人类在孤独、缺少尊重感时会产生安全、情感和尊重上的要求；当生活中一个人没有实现自己的价值时，其强烈的要求会压倒一切。这种常见现象的心理行为表现就是需要。

心理学研究认为，需要是由生理上或心理上的缺失或不足所引起的一种内部紧张状态，它是个体活动积极性的源泉。

需要首先是一种内部紧张状态，其次它也会指向一定的对象。导致这种紧张状态的原因是生理上或心理上的缺失。当体内的血糖、血压、疲劳等生理水平低于正常水平时，机体为了生存就会将这些缺失以补足的方式表现出来，因此为了生存，人们需要空气、水、食物、睡眠和安全等。同时人类的某些社会性需求，在外在诱因作用下，也会以不平衡态反应在人脑中，需要补足。需要的迫切程度与体内缺失的数量成正比。同时，由个体生理上或心理上的缺失或不足引起的需要，有的来自内部，如口渴了就要喝水，这是由机体内部的要求引起的；有的来自外部，如学生为了实现教师的期待而产生热爱学习的愿望。这些要求都指向能满足生存和发展要求的一定对象，并且具有一定的选择性。通常来说，经验、爱好、价值观和文化习俗会影响个体的这种选择。

需要还是个体活动积极性的源泉。需要是人行为活动的内在动因，具有驱动行为的动力特征。正是需要推动着人们积极活动，去追求一定的目标，以满足人的生理和社会要求。没有需要，就没有人的一切活动。需要越强烈，由它引起的活动也就越有力。因此，个体的需要是个体行为积极性的源泉，需要是人活动的动力。这种特性并不因需要的暂时满足而消失。如饮食、睡眠等一些生理需要，带有明显的周期性。需要的暂时满足并没有使之消失，而是进入了潜伏状态。低层次需要满足后，又会产生新的更高层次的需要。

二、需要的种类

常见的划分方法有以下几种。

（一）根据需要的起源分类

根据需要的起源，可以把需要分为自然需要和社会需要。

1. 自然需要

这种需要又称为生理性需要。它与维持个体的生存与种族繁衍相联系，是一种本能的需要。如人对空气、水分、食物、睡眠、安全、运动等的需要。自然需要是人与动物共有的需要，但是无论是需要的内容，还是满足需要的对象和手段，人与动物都有着根本的区别。人的自然需要仍带必然的社会性。

2. 社会需要

社会需要与个体的社会生活需要相联系，是后天习得的需要。如在客观条件允许的情况下，一般读完中学的人，还有想上大学继续深造的需要。它是人的社会要求在人脑中的反应。如人对劳动、交往、爱情、审美、学习、尊重、成就、道德等的需要。社会需要是人类特有的高级需要。

（二）根据需要对象的性质分类

根据需要对象的性质，可以把需要分为物质需要和精神需要。

1. 物质需要

物质需要是指个体对生存和发展所必需的物质生活的需要，既包括对自然界产物的需要，也包括对社会文化产品的需要。比如对衣、食、住、行及工作条件、交通工具、家电产品等物品的需要。随着社会的进一步发展，人的物质需要也不断地得到发展。随着人类社会的不断发展，人类会追求更高质量的物质生活。

2. 精神需要

精神需要是指个体对生存和发展所必需的精神生活的需要。如对科学知识、审美、道德文明、创造、成就等方面的需要。这些需要对人类历史的发展起着十分重要的作用。高层次的精神需要永远是人类自身不断向前发展的巨大动力。

上述分类只具有相对意义。因为不同类型的需要常常互相联系,不能截然将其分开。如对服装的需要,从物质生活角度讲可以称为物质需要,从审美角度来说又可以称为精神需要。对饮食来说,可以是一种生理需要,也可以是一种物质需要,还可以是一种精神需要。

三、马斯洛需要层次理论

需要层次理论是由美国心理学家马斯洛(A. H. Maslow,1908—1970)提出来的,他是美国人本心理学的开拓者。人本心理学是第一次世界大战后美国在当代西方心理学中的一种革新运动。20世纪60年代初美国人本主义心理学会成立后,这一运动有较大发展,1971年在荷兰举行过国际会议,影响扩及欧洲和亚洲。人本心理学家认为,心理学应着重研究人的价值和人格发展,"以人为本"是其核心主张。他们认为人类本性中蕴藏着无限的潜力,人类有实现自己全部潜能的需要。马斯洛通过对杰出人物大量研究后认为,个体的成长过程,其实就是个体潜能不断开发出来的过程,自我实现是这种发展的最高境界,由此他提出了"需要层次理论"。

马斯洛认为,人的需要存在不同层次,这些需要是由低层次向高层次发展的。层次越低的需要强度越大,需优先满足,再依次满足较高层次的需要。由此,他把需要依次划分为如下五个层次,它们是生理需要、安全需要、归属与爱的需要、尊重的需要和自我实现的需要(见图8-1)。

图8-1 马斯洛的需要层次图

1. 生理需要

生理需要是最基本的需要,指对食物、睡眠、空气、性、母性等直接与个体生存和延续后代有关的需要。古人所讲的"仓廪实而知礼节"即是此理。生理需要满足后,更高一层次的需要随之产生。

2. 安全需要

安全需要是指希望求得保护和避免危险的需要,也包括安全的工作环境和稳定的收入,生活有保障,稳定的生活秩序等。通常来说,生理需要满足以后,安全需要也就随之产生。当面临危险时,人会把安全看得比一切都重要。

3. 归属与爱的需要

这是在前两个层次的需要得到满足后所产生的需要。即是指人希望得到别人爱和爱别人的需要,包括乐意与人交往和与他人建立密切关系的需要。如果这一需要长期得不到满足,人就会感到空虚和孤独。

4. 尊重的需要

个体前三种需要基本满足后就会产生尊重的需要。尊重的需要是指个体追求体现个人价值的需要,包括自尊和他尊两个方面。自尊是个人对自己的尊重,希望个人有价值,如自信、成就、自主、胜任、支配。他尊是指他人对自己的尊重,如追求名誉、地位、身份等。

5. 自我实现的需要

以上四种需要得到满足以后,人才会产生自我实现的需要,自我实现是人生的最高境界。这种需要是指个体希望最大限度地实现自己潜能的需要。科学家的发明创造、艺术家的精湛表演,他们每个人都想使工作精益求精,这些都体现着自我实现的需要。马斯洛研究了林肯、罗斯福、爱因斯坦等几十位最成功的名人,找这些自我实现者共同具有的优秀人格特征。

马斯洛的需要层次论较系统地研究了人类的需要的实质及其规律,这对心理学的需要理论完善有促进意义,也在社会实践中产生了良好作用,特别是对于调动人的积极性与创造性起到了积极影响。但马斯洛的需要理论也有一定的不足。一方面,马斯洛把生理需要、安全需要、归属与爱的需要、尊重的需要都归结为基本需要,并认为这些需要是与生俱来的,低估了环境和教育对需要发展的影响。另一方面,马斯洛强调个体优先满足低级需要,忽视了高级需要对低级需要的调节作用,忽视了人的主观能动性。

此外,在需要的理论中,莫瑞(H. A. Murray)的需要理论也有一定影响,莫瑞是美国人格心理学家。他通过大量实验研究确定出了人类所具有的各种需要。他列举了人类如成就需要、交往需要、自主需要、攻击需要、支配需要等 20 种需要。他还区分了习得性需要与内脏性需要。成就需要、交往需要、恭敬需要等属于习得性需要,而对食物、水、空气等方面的需要属于内脏性需要。莫瑞对人的需要进行了创造性研究,采用了测验和问卷的方法开展客观工作。

第三节 动机

一、动机的概念

动机是指引起和维持个体活动,使活动朝着某个目标产生行为的内在动力。动机一词源于拉丁文 movere,即推动的意思,它是一个解释性的概念,用来说明个体为什么有这样或那样的行为。

动机可以是意识到的,也可以是无意识的。动机虽不能直接观察,但可通过分析个体的任务选择、个体对活动的努力与坚持程度以及言语表述等部分行为表现,间接推断个体的行为动机。

引起动机的条件主要有内在条件和外在条件,它们共同起作用。

(1) 引起动机的内在条件是人的需要,动机在需要的基础上产生。某种需要得不到满足,就会推动人去寻找满足需要的对象,从而产生个体的活动与行为动机。需要是个体行为积极性的源泉,动机则是这种源泉和实质的具体表现。例如,学生的学习动机,就是学生学习需要的具体表现;再如,人的吃喝行为,就是满足人的饥渴的内在需要。动机和需要紧密地联系在一起,离开需要的动机是不存在的。当需要在强度上达到一定水平,并具有满足需要的对象存在时,就引起动机。

(2) 引起动机的外在条件是能够满足需要的事物,它们经常诱发动机,因此被称为诱因。诱因是驱使个体产生一定行为的外在条件,是引起动机的另一个重要原因。例如,价格的贵贱可能成为个体做出购买某物行为的诱因。诱因分为正诱因和负诱因。正诱因是指个体因趋向或接受它而得到满足的诱因;负诱因是指个体因逃离或躲避它而得到满足的诱因。例如,对于酷热来说,凉风是正诱因,日晒是负诱因。诱因可以是物质的,也可以是精神的。

个体在某一时刻具有一定的需要同时有诱因存在,而具这种诱因符合社会规范的要求,此时就能产生动机。例如,人都有进行社会交往的需要,但若身在孤岛,缺乏必要的交往对象,这种交往需要就无法转化为交往动机,也就不会产生社交行为。人只有在群体中才会产生交往动机并进行交往活动。可见,需要和诱因是形成动机的两个必要条件,需要强调动机中个体的内部力量,诱因强调动机中的外部环境。

人的活动是由一定的动机激发,并指向一定的目的。动机和目的之间的关系是很复杂的。动机是激励人去行动以达到目的的主观原因,而目的是活动期望达到的结果。在简单的活动中,动机和目的可能是完全一致的。例如,口渴的时候就会产生喝水的动机,活动的目的就是喝水。而在复杂活动中,动机和目的有时一致,有时却不一致。在同一种活动动机下,目的可能不同。例如,同样是在"争当三好"这一动机下,有的学生目的是使自己成为一个全面发展的人;有的学生是为了得到同学们的羡慕和尊重;而有的学生则是为了得到父母的奖励。

在活动目的相同的情况下,动机可能存在着不同。例如,同样以升大学为目的,有的人可能是想为社会贡献自己的一份力量;有的人可能是为了替父母争一口气;有的人可能是为了提高自己的社会地位。另外,动机和目的是可以转化的。在一种情况下是动机的东西,在另一种情况下可能成为目的。学校教育中经常强调培养学生目的,其实也就是在激发和培养他们的学习动机。

二、动机的作用

动机的作用主要体现在以下三个方面。

(一) 始动作用

动机是引起行为的原动力,对行为起着始动作用。它能推动个体产生某种活动,使个体由静止状态转向活动状态。如为了消除饥饿而引起择食活动,为了获得优秀成绩而努力学习,为了取得他人赞扬而勤奋工作,为了摆脱孤独而结交朋友等。动机激活力量的大小,是由动机的性质和强度决定的。一般认为,中等强度的动机有利于任务的完成。

(二) 指向作用

动机是引导行为的指示器,对行为起着导向作用。如在学习动机的支配下,人们可能去图书馆或教室;在休息动机的支配下,人们可能去电影院或娱乐场所;在成就动机的驱使下,人们会主动选择具有挑战性的任务等。可见,动机不一样,个体活动的方向和所追求的目标是不一样的。

(三) 维持和调整作用

动机是保持行为的续动力,对行为起着续动力作用。当动机激发个体的某种活动后,这种活动能否坚持下去,同样要受动机的调节和支配。动机的维持作用是由个体的活动与他所预期的目标的一致程度来决定的。当活动指向个体所追求的目标时,这种活动就会在相应动机的维持下继续下去;相反,当活动背离了个体所追求的目标时,这种活动的积极性就会降低,或者完全停止下来。有时,人们在成功的机会很小时,也会坚持某种行为,这是人的长远信念在起决定作用。

以上三方面的作用,就构成动机的最本质特征,对个体行为的作用和意义十分重大。而在具体活动中,动机的上述作用的表现是很复杂的,因为影响动机的因素有很多,例如人的兴趣、价值观、意志、认知等。不同的动机可以通过相同的活动表现出来;不同的活动也可能是由相同或相似的动机所支配,并且人的一种活动还可以由多种动机所支配。例如,学生按时复习功课、完成作业的活动,其学习动机可能是不同的。有的可能是为父母,有的可能是为了可以考取高一级的学校,有的可能是出于个人的物质要求,有的可能是理解到自己对祖国的责任等。又如,成就动机可以促使人们在不同的学习领域(体育、音乐、美术等)进行积极的活动。因此,在考察人的行为活动时,就必须要揭示其动机。只有这样才能对他的行为作出准确的判断。

三、动机的种类

因为研究视角不同,动机种类的划分也就不同。归纳起来,心理学的动机的分类主要有以下五个方面。

(一) 生物性动机和社会性动机

这是根据动机的不同起源而划分的。生物性动机如寻找食物等方面,它们与人的生物性需要相联系。社会性动机如交往动机、尊重动机等方面,它们与人的社会性需要相联系。

(二) 内在动机和外在动机

这是根据动机的自主性水平不同而划分的。内在动机是由活动本身产生的快乐和满足所引起的,它不需要外在条件的参与,完全是自主性的。例如因为对故事感兴趣而去书店买图书。外在动机是由活动外部的因素所引起的。根据自主性水平由低到高,可以把外在动机再进一步分为外在规则动机、内转规则动机和认同规则动机。外在规则动机是指为了获取积极的后果或避免消极的后果而产生的动机。如员工为了获得上级的表扬或迎合领导的要求而干好工作。内转规则动机是指外在的要求转变为内在的要求,人们用内在的要求衡量自身的行为。例如,一个工人会说:"我在任务完成前加班加点工作,如果不这样我会感到内疚。"认同规则动机是指人们看重某一行为,并且无条件地执行。例如,一个人会说:"我去上班,因为这对我十分重要。"

(三) 合理动机和不合理动机

这是根据动机的意义不同而划分的。合理动机是指与人的社会利益相一致,有利于个体健康发展的动机,它包括高尚的、正确的和在一定时期有较多积极因素的动机。不合理动机则是指不符合人的社会利益和个体健康发展的动机,它包括低劣的、错误的和有较多消极因素的动机。

（四）远景性动机和近景性动机

这是根据动机行为与目标的远近关系不同来划分的。远景性动机是指动机行为与长远目标相联系的动机。近景性动机是指与近期目标相联系的动机。例如，大学生毕业后在选择工作时，有的考虑今后长远规划和社会发展的前景，有的则只考虑找一个差不多的工作先挣点钱养活自己，实现经济独立。他们的选择动机就属于远景性动机和近景性动机的范畴。

（五）主导性动机和辅助性动机

这是根据动机在活动中的地位和作用不同来划分的。主导性动机是指对行为起支配作用的动机。辅助性动机则是指对行为起辅助作用的动机。主导性动机和辅助性动机之间的关系比较一致时，活动动力就会加强；如果彼此冲突，活动动力就会减弱。

以上分类是较为常见的划分方式。根据动机所涉及领域的不同，还可以把动机分为学习动机、劳动动机、工作动机等，这样划分有助于对特定活动进行研究。还有些学者把动机划分为生理性动机和心理性动机，认为这样划分与心理学兼顾身心两方面问题的取向较为一致。

四、动机理论

目前，心理学界有关动机的理论主要有归因理论、驱力理论、诱因理论和自我效能理论等。

（一）归因理论

社会心理学家海德于20世纪50年代始创归因理论。归因是指人对他人或自己所表现的行为发生的原因加以解释的过程。在归因时通常有以下两种情况：①将行为发生的原因归于外界环境因素的作用，称为情景归因。②将行为发生的原因归于个人的性格因素或其他主观条件（如能力、性格、态度等），这称为性格归因。心理学研究认为，通常人们在解释他人的行为时，倾向于性格归因，在解释自己的行为时，则往往倾向于情景归因。其实这两种倾向都可能导致归因误差。

社会心理学家凯利和韦纳对行为归因又继续进行了研究。凯利认为，在面对他人的行为表现时，参照特殊性、共同性、一致性三个标准，就可以确定应采取何种归因方式。特殊性是指人在每次遇到同类事情都有这样的行为，还是只有在遇到这样一件事情偶然出现这种行为？共同性是指人与其他人一样都产生这种行为，还是大家都没有这种行为只有他自己出现这种行为？一致性是指此人每次遇到这类事件他是否都有如此反应？韦纳提出了自我归因理论。他认为，人们在做完一件重要事情之后，在对自己的行为结果进行分析时，常常从能力、努力、难度、机遇、身心状况、他人反应等几个方面进行归因。他认为在上述几项归因中，从来源上分，有的属于内在因素，有的属于外在因素；从稳定性来划分，有的因素是稳定的，有的因素是不稳定的，会因不同任务而发生变化；从控制性来划分，有的因素能够自我控制，其余多数因素不能控制。不同的归因取向与个体的成就动机强弱有密切关系。如一个人把考试成绩不佳归因于自己没有好好努力、没有准备好等内在可控制的因素，则他下次考试就会有较强的动机。若把考试成绩差归因于与教师的教学、考试难度等外在不可控制的因素，那么下次考试他也不会有很强的动机。

归因理论从不同侧面阐述了个体行为的复杂因素，对人们更好地适应社会、取得学习和工作成效有较好的启示和帮助。

(二) 驱力理论

驱力理论强调驱力在个体行为激起中的作用。所谓驱力是指由生理或心理上的需要所引起并推动人去从事满足这种需要的行动的内部唤醒状态。心理学家吴伟士最早将此概念引入心理学,他用驱力来解释有机体行为的动力。赫尔在驱力理论方面的研究较为突出并自成体系。他认为,生理缺失或需要驱使个体从事某种行为以满足这些需要,驱力是需要状态的一种特性,产生于心理不平衡,结果是发动行为使有机体回到平衡状态,即需要产生生存需要的能量。脑生理学的实验研究支持了这种观点。电刺激某些脑部区域,例如下丘脑侧部,能起到和获取食物一样的强化作用。在动物的这些脑部区域插入电极,让动物学会通过某种活动接过电极,动物饥饿时会拼命去获得这种电刺激,但在吃饱后,这种活动就会减少。除了需求刺激外,其他的内部刺激也能形成驱力状态。经过大量系统研究,赫尔扩展了驱力理论,提出动机是由驱力、习惯和诱因共同决定的,用公式可做如下表示:动机＝驱力×习惯×诱因。

(三) 诱因理论

如上所述,动机的驱力理论强调的是行为的内在推动力,而动机的诱因理论强调的是外界诱因在个体行为中起着重要作用,应关注外界刺激、奖赏、目标等如何引导个体行为的发生。巴甫洛夫的经典条件反射研究揭示了在无条件刺激基础上条件反射的建立过程,因此可以认为,原来与有机体无关的刺激通过条件作用可以引起有机体反应的力量,即外在刺激所起诱因作用是通过条件反射逐步获得的。斯金纳在操作性条件反射学说的基础上提出强化理论,认为有机体的操作性行为是通过强化形成的,强化对行为起着动机作用。

诱因理论揭示了目标设置的高低如何影响个体动机行为的表现。洛克等人的研究表明,行为表现随目标难度的增长而提高,即个体选择的目标难度越大,其行为表现越好,尽管此时达到目标的可能性在降低。这种观点具有明显的认知特征,目标对行为的激励作用受行为者对目标认知的影响。

(四) 自我效能理论

自我效能理论是由美国社会心理学家班杜拉提出的一种动机理论。班杜拉认为,人的动机受自我效能的影响。自我效能是指个体从认知到如何应付具体情境的能力。这种效能涉及人对自己在具体任务或情境中行为能力的判断。按照班杜拉的观点,自我效能判断会影响人去从事何种活动,在某情境中尽多大努力,在某项任务上能坚持多久,以及人在预期某种情境或卷入某种情境时的情绪反应。自我效能判断在动机的确定与维持方面起着重要作用,当个体对目标的实现有高的自我效能判断时,就会保持高的动机;缺少有关目标进展的信息或低的自我效能认知会使人放弃努力。班杜拉认为,个体的行为并不仅仅是通过立即的后果来保持的,它还可因预期或预料的后果得以保持。个体会通过自己的认知能力在头脑中保持某个目标并期待未来的奖赏来使自己坚持某种行为,这种认知能力部分地是以正向的自我效能判断,以及为了达到目标而奖赏自己的能力为基础的。如果个体的大脑中保持目标的认知能力有限,或预测未来结果的能力有限,个体认为实现目标可能性不大,个体取得进步而没有获得外在的或内在的奖励等,这些都会使个体对目标的长期保持变得比较困难。

班杜拉在《自我效能:控制的实施》著作中还提出了培养个体自我效能信念的有效途径。首先,要累积行为的成功经验。个体的成功经验会经常地、极大地提高自我效能信念,过多的不良经验会降低这种信念。其次,相关水平者的经验。所谓相关水平者即指与自己成绩大体相当的人,他们的成功和进步会时时增强自我效能信念。再次,适时适度的言语激励。老师、家长和其他与个体关系密切者的建议、引导和必要的激励会增强人的自我效能信念。最后,稳定的情绪状态。情绪状态忽高忽低不利于自我效能期待的提高。积极稳定和乐观自信的情绪状态会极其有利于自我效能信念的提高。

(五) 公平理论和双因素理论

公平理论和双因素理论分别由美国心理学家亚当斯和赫茨伯格提出。1967年亚当斯(Adams)提出公平理论,旨在强调工资报酬分配公平、合理有助于调动职工的积极性。公平理论认为,职工工作动机既受其所得绝对报酬的影响,也受相对报酬的制约。当这两种报酬,特别是相对报酬与本单位其他与其情况相似的人们相一致时,就会产生公平感,因而心情舒畅,努力工作,进而提高了工作效率。反之,则会产生不公平感。在这种不公平感的影响下,就会产生一系列不良心理和行为。1959年赫茨伯格(F. Herzberg)提出了双因素理论。这种理论包括保健因素和激励因素。他通过研究认为,引起职工不满意的因素往往不是由于外部工作条件造成的,他把这些因素称为"保健因素"或"维持因素"。他又从另外的调查中发现,使职工感到非常满意的因素主要是工作富有成就感,工作成绩能得到社会承认,工作本身有挑战性等。这类因素能有效地激发职工的积极性与创造性,从而提高劳动生产率。因此,他把这种工作与任务本身能够激发职工满意感的因素称为"激励因素"。

五、动机强度和工作效率

工作效率与动机强度有密切联系。在一般情况下,人们可能认为,如果动机强度不断增强,有机体的活动就会越高涨,活动的效率也就越佳。但是,事实并非如此。当活动动机很低时对工作的态度冷漠,工作效率较低。然而,当活动动机过强时,有机体处于高度的紧张状态,其注意和知觉的范围变得过于狭窄,反而限制了正常活动,从而使工作效率降低。例如,在考试复习中作了充分准备的学生一心想考出好成绩,往往在考试中不能充分发挥实力,甚至不及格,就是因为动机过强,反而降低了效率。因此,为了使活动卓有成效,就应避免强度过低或过高。

在各种活动中都有一个动机最佳水平问题。动机最佳水平因课题的性质不同而不同。在比较容易的课题中,工作效率有随动机提高而上升的趋势;而在比较困难的课题中,动机最佳水平有逐渐下降的趋势。这种现象是耶克斯和多德森通过动物实验发现的,所以称这种现象为耶克斯-多德森定律(见图8-2)。

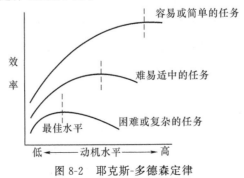

图 8-2　耶克斯-多德森定律

六、学生学习动机的激发与培养

学习动机是指直接推动学生进行学习的内部动因。学习动机不是某种单一的结构,而是各种不同的动力因素组成的整个系统所引起的。这些因素包括:学习的需要,对学习的必要性的认识及信念,学习兴趣、爱好及习惯等。它们共同推动学生的学习行为,是学生学习活动的内部动因。因此,要提高教学效果,就要善于在教学中激发和培养学生的学习动机。

学习动机的激发是利用一定的诱因使已经形成的学习需要被充分地调动起来,即由潜在的状态转化为活跃状态,成为学习活动中的积极因素。

(一) 明确学习目标

由于目标对动机有较大影响,因此通过明确学习目标来激发学习动机,是教学中不容忽视的一个方面。教师不仅要帮助学生明确总的学习目标,如某一年的学习目标、某一学科的学习目标等,还要帮助学生明确具体的学习目标,如某单元学习目标、某节学习目标等,这对激发学习动机相当有效。具体来说,总的目标要高些,但教师需根据教学的要求,并结合学生的实际帮助学生确立适当的具体目标。这是因为确立高的目标,有利于激发自己的潜能,增强远景性动机。但具体的目标,又要切实可行,使之不失成功的机会,使具有远景性动机的学习行为,能在具体情景中为一系列近景性动机所激励。这其实就是远景性动机与近景性动机的结合。

(二) 给予学生及时和适当的反馈

给学生的学习结果予以及时的反馈,可以增强他们的学习动机。学生在了解学习结果后,可以看到自己的进步,提高学习热情,增加努力程度,同时又能看到自己的不足,激起上进心,克服缺点,争取更好的成绩。运用反馈时应注意以下几点:(1)对学生的学习结果应及时反馈,对低年级学生更应如此;(2)对学生的各种学习结果应给予全面反馈;(3)应提供基于掌握而不是社会比较的反馈,对学生的反馈应以正面反馈为主,应随时让学生了解距离自己定的学习目标还有多远。对学习成绩不理想的学生,应从各个方面发现其可取之处并给予表扬与鼓励,以增强其自信心和上进心。

(三) 正确运用强化

在学校里,正确运用强化是激发学生努力学习和养成良好行为习惯的重要手段。在运用强化激发学生的行为动机时,应注意针对所要引起的不同行为结果采用不同的强化方法。使用连续强化,个体的行为及行为倾向建立快,但消退也快;使用间隔强化则相反,个体的行为及行为倾向建立慢,消退也慢。一般来说,在课堂教学中,由于要让学生在一节课中始终保持对学习内容的注意及对学习过程的参与,应多采用连续强化的方法,而对于一种良好的行为习惯的培养,由于注重的是这种行为习惯的保持,所以应对与这种习惯有关的行为采用间隔强化的方法。因为在使用这种强化的情况下,虽然行为与行为倾向建立缓慢,但其消退也缓慢,最有利于行为习惯的最终养成。

(四) 提供成功机会

让学生在学习过程中不断得到某些成功的体验,已成为运用现代心理学研究成果激发学习动机的最重要手段之一。美国教育心理学家奥苏伯尔(Ausubel,1978)曾指出:"动机与学习之间的关系是典型的相辅相成的关系,绝非一种单向性的关系。"因此,教师在传授知识的同时,应让学生获得成功的体验。学生一旦尝到学习的乐趣,既能使学习动机获得强化,又有助于产生自信心,增强自我效能感。而这又会对学习动机产生积极的促进作用。可以说,通过成功的机会来激发学习动机,具有多方面的综合效益。

运用这种方法的要点,是控制教学的进度和难度,使学生的某些具体的学习目标不断得到实现,尤其是要尽可能地创造条件,使学生有机会走出课堂,走向社会,将所学的知识运用于社会实践,在为社会服务的过程中获得巨大的成功喜悦。这种方法的实质,既提高学生对学习活动成功概率的主观估计,又充分利用强化自我效能感等作用,旨在增强学习动机的强度和稳定性。

(五)引导学生对学业失败进行正确归因

学生在学习中遇到挫折,如果认识不正确,很可能导致学习动机减弱。这种情况在学生学习的初期阶段尤为突出。因此,要引导学生对挫折进行正确归因。学校教学中的实际情况比较复杂,涉及归因的因素比较多,例如学习态度、兴趣、教学质量、能力、经验、心境、任务难度、运气、同学帮助等,运用这种方法的要点,是促进学生的归因朝着有利于吸取教训、总结经验、增强信心、再接再厉的方面分析,其实质就是利用归因对学习动机的积极影响。

(六)创设良好的学习心理环境

让学生的学习活动处于良好的心理氛围之中,有利于对学生学习动机的激发和维持。因此,教师在教学过程中要特别注意以下几点:

(1)要避免学生出现过度的焦虑。因为过度焦虑的学生难以发挥自己的认知操作水平,会因此而降低学习动机的强度。

(2)要有合作化的教学取向。在学校教学中引入一定的竞争机制以激励学生学习是必要的,但最近的研究表明,创设为共同目标而努力的合作化目标结构的教学机制,不仅能帮助学生完成复杂的智力任务和提高学生积极的学习动机,还可以促进形成同伴之间、教师与学生之间积极的相互作用。

(3)要满足学生的一些基本的合理需要。这可为促进学生发展高层次的学习动机创造条件。

(4)要善于调节学生的情绪。学生的认知过程和情感过程是一个有机的整体。因此学生的情绪状态对教学效果有着直接的影响。积极的情感对认知活动起着启动和激励的作用,能提高智力活动的效果。

第四节 兴趣

一、什么是兴趣

兴趣是个体力求认识某种事物或从事某项活动的心理倾向。它表现为个体对某种事物或从事某种活动的选择性态度和积极的情绪反应。人们对有兴趣的事物或活动,总会表现出肯定的情绪态度,在认识活动中常常会废寝忘食、其乐无穷,对事物和活动的这种兴趣也成了人们认识活动的动力。正因如此,我们通常就用"喜欢学文学"、"喜欢听音乐"、"喜欢体育"等来表达人的兴趣之所在,人对某种事物一旦发生了这种特殊的兴趣之后,就会优先并且愉快地去认识这种事物。比如对文学感兴趣的人,思想就会常常集中或倾向于这方面的问题,斟酌语词的最佳搭配,构思一篇文章的合理布局,在谈话中也往往显示出这方面的专长,所谓"三句话不离本行",说明一个人对本行业产生了兴趣。

兴趣是在需要的基础上,在社会实践过程中形成发展起来的。兴趣反映人的需要,成为人对某种事物认识和获得的倾向性,如人对学习的兴趣,就是由于人对学习和知识的需要。人的需要是各种各样的,人的兴趣也是各种各样的。人们不仅有由于对物质的需要而产生对有关物质的认识和获得的兴趣,而且还有在精神需要的基础上发展起来的有关精神方面的兴趣。人的需要发生改变,其兴趣也随之改变。但需要并不等于兴趣,如当某人极度疲倦时,就有休息和睡眠的需要,却不等于他对休息和睡眠有特别的兴趣。

动机与兴趣既有联系又有区别。它们都起源于需要,以需要为基础,都是需要的表现形式,都是行为的动力因素。但是,兴趣是动机的进一步的发展。对某一事物产生了动机,未必一定能发展为兴趣。但一旦成为兴趣,必然会有与之相伴随的动机。

二、兴趣的分类

根据不同的标准,可把兴趣进行以下分类。

(一) 根据兴趣的内容分类

根据兴趣的内容,可把兴趣分为物质兴趣和精神兴趣。

物质兴趣是由物质的需要所引起的兴趣,表现为对衣食住行等物质生活用品(如照相机、录音机)的兴趣;精神兴趣是由精神需要而引起的兴趣,表现为对认识的兴趣或对文艺、体育、美术及社会生活等的兴趣。精神兴趣越广阔,人的精神生活就越丰富,越富有朝气,它表明一个人的精神境界,是个性发展高水平的表现。

(二) 根据兴趣的指向性分类

根据兴趣的指向性,可把兴趣分为直接兴趣和间接兴趣。

直接兴趣是对事物或活动过程本身的兴趣,如对电影、小说、画报等的兴趣;间接兴趣是对活动的目的、任务和结果的兴趣。如有的学生对学习过程本身可能并无兴趣,但考虑到学习的目的、任务或后果对他将有重要的意义,如学习可以成为一个对社会有用的人才,学习可以拿到学位得到社会的承认等,从而对学习感兴趣,这是间接兴趣。如果能教育学生把直接兴趣和间接兴趣进行正确结合,适当转化,对于他们的学习是极为有利的。

(三) 根据兴趣持续时间的长短分类

根据兴趣持续时间的长短,可把兴趣分为短暂的兴趣和稳定的兴趣。

短暂的兴趣随着某种活动的产生而产生,又随着某种活动的结束而消失;稳定的兴趣不会因某种活动的结束而消失,它是一种长期的、稳定的、对一个人产生积极作用的兴趣。良好而稳定的兴趣,能使人的各种活动具有高度的自觉性和积极性。

(四) 根据兴趣的效能分类

根据兴趣的效能,可把兴趣分为积极兴趣和消极兴趣。

消极兴趣只有表面上的了解,仅停留在对兴趣对象的感知和欣赏上。积极兴趣是一种有效能的兴趣,是有主动性质的兴趣。这种人不是停留在静观阶段,而是为了获得兴趣的对象去积极活动。例如,对于搞文学创作的人或者对文学特别感兴趣的人,他们不只是欣赏故事情节,更主要的是研究作者的构思以及精彩的语言描写,他们的兴趣是积极兴趣。

三、兴趣的作用

兴趣对人的各种实践活动都具有重要的作用。因为兴趣是人从事活动的内在动力之一。

首先,兴趣可使人满腔热情地从事各种实践活动,丰富人的心理生活内容。如果一个人对他所从事的活动兴趣盎然,他就会满腔热忱地去参加他喜爱的社会实践活动,就会觉得生活内容丰富多彩,使人处于愉快的心境之中,对生活充满热情。

其次,兴趣对丰富人的知识、开发智力有重要的意义。兴趣可激发人们的求知欲,推动人们去探究学习。科学史上许多科学家取得卓越成就的原因之一,是他们对自己从事的专业具有浓厚的兴趣。有关研究表明,如果一个人对工作有兴趣,工作积极性就高,能够发挥他的全部才能的 85%～90%;如果一个人对工作没有兴趣,工作积极性就低,只能发挥他的全部才能的 20%～30%。

最后,兴趣是一种有浓厚情感的志趣活动,有助于创造性地完成当前活动。凡是有成就的人,都是由于他们对所从事的活动有着浓厚的兴趣,与他们对事业的责任心结合起来,凝成一股强有力的力量,推动着他们去孜孜不倦地活动而取得成功。伟大的科学家达尔文,是在自幼培养和发展了对生物科学的浓厚兴趣的鼓舞下,坚韧不拔,数十年如一日地去钻研生物的科学。他小时候喜欢观察昆虫的活动,酷爱打猎、玩狗、捕捉老鼠,并乐意采集和制作各种植物标本。后来,他又环游世界各地考察动植物的生长情况。回到英国以后,他就居住在农村潜心研究科学长达 24 年之久,最后终于写出了《物种起源》、《人类起源和性的选择》、《动物和植物在家养下的变异》等许多专著,并创建了达尔文主义。

四、兴趣的品质

良好的兴趣,应具备以下品质,同时它们体现了人们兴趣的个别差异。

(一)兴趣的倾向性

兴趣的倾向性是指人的兴趣是指向一定的事物的。比如有的人对文学感兴趣,有的人对美术感兴趣,有的人偏重于物质钱财,有的人热衷于某种精神生活。兴趣倾向性的个别差异主要是由人的生活实践不同而造成的。

(二)兴趣的范围

兴趣的范围是指个体兴趣的广度。

在兴趣的范围上,人与人之间的差异也很大。有人兴趣范围广泛,对许多事物和活动都兴致勃勃,乐于探求;有人则兴趣范围狭窄,对周围一些活动和事物漠不关心。个人的知识面、阅历程度和兴趣的广泛程度密切相关。个人兴趣越广泛、知识越丰富,在事业上取得成就的机会就越大。历史上许多卓越人物都有广泛的兴趣和渊博的知识。在广泛的兴趣中,要有一个中心兴趣,不能过于分散和广泛。否则样样都喜欢,样样都不专,结果必然是自顾不暇、一无所长。应该在广泛兴趣的基础上,有一个中心兴趣,使兴趣既博又专,才可能取得成就。

（三）兴趣的稳定性

兴趣的稳定性是指兴趣的持久与稳固。有的人对感兴趣的事物长期保持稳定，不管遇到什么困难和挫折，都锲而不舍。居里夫人晚年多病，但科学研究已成为她终生的兴趣，她说："我的生活是不能离开实验室的。"相反，有的人兴趣缺乏稳定性，容易见异思迁，对某一事物产生的兴趣很快就会被另一种兴趣所代替，这样的人很难在工作和学习上取得成功。

（四）兴趣的效能性

兴趣的效能性是指兴趣对人的活动所产生的效果，或者说兴趣的力量。根据兴趣的效能，兴趣可分为消极的兴趣和积极的兴趣两种。消极的兴趣是被动性质的兴趣，这种人只限于"心向往之"而已，他的兴趣不能成为实际活动的动力，因而兴趣不能产生实际效果。积极的兴趣是一种有效的兴趣，具有积极兴趣的人，不会停留在静观阶段，而是为了获得兴趣的对象去积极活动，因而也是一种有力的动机表现。

五、学习兴趣的培养

学习兴趣是学生力求认识某种学习对象或参与某种活动的倾向。由于这种倾向是与一定的情感相联系的，因此，具有学习兴趣的学生不仅积极主动地学习，而且保持着愉悦的情绪，所以能够持之以恒，甚至达到废寝忘食的地步。可见学习兴趣是学生学习自觉性和积极性的核心因素，是学习动机中最现实、最活跃的心理成分，是推动学习的一种最实际的内部动因。保持浓厚的学习兴趣，是提高学习效率的重要条件。那么在教学过程中，应该如何来培养学生的学习兴趣呢？

（一）知识准备

一个人只有对某一方面知识了解得全面而系统，并能胜任相应的活动，才会产生相应的兴趣。要培养学生广泛而又稳定的兴趣，就要提高教学效率，利用课内、课外两种渠道丰富学生的知识。

（二）加强学习目的教育

学生的学习兴趣，虽然可以是由对知识本身、学习本身的需要而产生，但它总不及建立在明确知识的社会意义基础上稳固而持久。心理学的研究和教学经验也表明，具有明显的社会意义的知识，对于学生的兴趣倾向有着特殊的影响，帮助学生更好地学习。因此，要加强学习目的教育，明确学习活动的社会意义，形成间接兴趣，用间接兴趣支配学习活动的进行。

（三）积极开展各种课外活动

仅仅使学生明确知识的社会意义，还不能保证学生产生真正的学习兴趣，只有组织学生积极主动地参加某些探求知识的实际活动，才能更有效地培养学生的学习兴趣。学校开展丰富多彩的课外活动和社会实践活动，不仅能扩大学生的知识领域，使学生从活动中体会到知识的实践意义，满足求知的需要，还有利于培养学生某方面的学习兴趣。

（四）培养良好的兴趣品质

教师应充分了解学生的兴趣差异，并有针对性地开展工作，培养其积极而有益的兴趣品质，克服其不良的、消极的兴趣品质。

（五）讲究教学艺术

在教学过程中，教师要注意教学形式与教学手段的科学性、趣味性、艺术性，力求以深刻丰富、系统全面的内容，新颖而独特的教学方式，风趣、幽默的语言，亲切和蔼的态度进行教学，使学生在愉悦的心境中真正体会和掌握知识的本质，并能自觉地去探索社会生活和自然界中的各种新问题。正如古人所云："知之者不如好知者，好之者不如乐之者。"

此外，创设有利于培养学习动机的外界环境和教育条件，对于启发学生的学习兴趣也是非常重要的。

总之，正当的、广泛的、积极的、稳定的兴趣，在促进学生的学习、成长和成才等方面有重大作用，所以应加强对学生兴趣的培养。

第五节　价值观

价值观是哲学等诸多社会科学都要研究的问题，但侧重点却各有不同。心理学主要运用实验方法和调查方法，从个体的视角结合价值观的内容，就其在个体或群体自身上形成、发展的过程及其影响的因素，对行为导向的内部过程等问题进行研究和探讨。

一、什么是价值观

心理学研究认为，价值观是指主体按照客观事物对其自身及社会的意义或重要性进行评价或选择的原则、信念和标准，并指导行为的心理倾向系统。价值观充分体现了人作为主体对于客体的评价意识，是个体以自己的需要为基础对事物的重要性进行评价时所持的内容尺度。价值观取向体现了人的价值评价和选择的倾向性。

二、人的价值观取向基本特点

心理学研究认为，人的价值观取向主要呈现以下基本特点：

一是需求的重点呈现出年龄特征。尤其是在青少年时期，主要体现出追求知识、学历、就业和婚姻，后期则对社会地位十分关注，追求事业的成功。

二是具有从众心理。对于青少年而言，他们在价值取向上容易受同辈人的影响。随着年龄的增长和社会阅历的丰富，到了成年人时期，这种从众心理就会相对减弱。

三是由不稳定性逐渐向稳定性发展。青少年时期，人们对各种事物的认识还不是很稳定，因而其价值取向也会产生波动。随着年龄的增长，这种不稳定性会逐渐减弱，稳定性会逐渐加强。

三、价值观的种类

价值观是一种多层次、多维度的心理倾向系统，可以根据不同的标准对价值观进行分类。这里简要介绍一下弗洛姆、见田宗介和莫里斯的划分方法。

（一）弗洛姆的划分方法

弗洛姆把人的价值观主要划分为接纳型、剥削型、贮藏型、市场型、生产型五种类型。

（1）接纳型。这类人认为一切好的来源都在身外,因而他们以向外界索取为满足自己需要的唯一方式。其外部表现是乐观的,对现实生活和自己的作为具有一定信心,但当需求来源受到威胁时,就会产生焦虑情感。

（2）剥削型。这类人认为一切好的东西都在身外,但他们都不希望接受,而是用武力或诡诈来夺取,他们常常根据利用价值来对人进行评判,对人的态度飘忽不定。

（3）贮藏型。这类人对可以从外界取得的所需缺乏信心,因而其安全感以储蓄和节省为基础,不愿意过度消费。

（4）市场型。具有这类价值观的人关心"人格市场"的价值,随世俗的需要而改变自己,就如同在交易市场上价格随行情变化一样。

（5）生产型。这类人认为,从事生产创造,造福于人类是人生最大的幸福。马克思、恩格斯等历史伟人都属于这种价值观类型,因而他们对人类的发展作出了巨大贡献。在价值观的培养和教育上,生产型价值观是青少年应该着力形成和发展的理想目标。

（二）见田宗介的划分方法

见田宗介是日本心理学家,他认为价值是使欲想得到充分满足的性能。20世纪90年代,他提出以下四种基本价值观类型:

（1）快乐价值型,即使自己的欲求立即充分满足的性能。

（2）功利价值型,即让自己的欲求长期充分满足的性能。

（3）情爱价值型,即让他人乃至社会的欲求立即得到满足的性能。

（4）正当价值型,即让他人乃至社会的欲求长期得到充分满足的性能。

（三）莫里斯的划分方法

心理学家莫里斯把价值观划分为以下十多种类型,它们是中庸型、乐观型、慈爱型、享乐型、协作型、努力型、多彩型、安乐型、接纳型、克己型、行动型和服务型等方面。

四、价值观的表现形式

从价值观的表现形式来看,理想、信念、世界观等都是价值观的表现形式。

（一）理想

理想是人对未来有可能实现的目标的向往和追求。

理想是人对自己所设定的目标,这个目标是人积极向往和追求的对象。如少年儿童希望将来成为文学家、艺术家、科学家、企业家、政治领袖等。

根据理想的内容,可以把理想分为两大类:社会理想和个人理想。社会理想是对社会公理、社会制度、社会体系等的理想。如美国黑人民权主义领袖马丁·路德金的著名演讲《我有一个梦》中所说的那样。个人理想是关于个人未来的理想,主要包括道德理想、职业理想和生活理想等。社会理想和个人理想是紧密联系的,其中社会理想居于最高层次,并制约着个人理想;个人理想又是社会理想的具体体现。

理想是个人动机系统的一部分,一旦形成,就成为鼓舞人们前进的巨大动力。理想是人生的航标,为人们提供了奋斗目标,为人生的航船指明方向,并是鼓舞人们前进的巨大动力。

（二）信念

信念是坚信某种观点的正确性,并支配自己行为的个性倾向。

信念具有坚信感,它表现为个人确信某种理论、观点或某种事业的正确性和正义性,对它抱有确信无疑的态度,并且力求实现。当坚信感成为个人活动的动力时,信念也就确立起来了。

信念一经确立就会有很大的稳定性,比较难以改变,一个人对已确立的信念,只有通过反复实践证实并确认错误时,才有可能改变。信念使个性稳定而明确,缺乏信念的人,个性模棱两可,见风使舵,朝秦暮楚。信念使个性具有主动性和积极性。历史上有无数杰出人物,出于对事业的坚定信念,不惜抛头颅,洒热血,做出许多可歌可泣的业绩。

信念的坚定性是人显示巨大精神力量的行为动机。夏明翰烈士在就义前的那首诗:"砍头不要紧,只要主义真。杀了夏明翰,还有后来人。"文天祥在《过零丁洋》中的"人生自古谁无死,留取丹心照汗青"的诗句,都表达了自己对事业的坚定信念。

(三) 世界观

世界观是信念的体系,即一个人对整个世界的根本看法。

社会的世界观和个人的世界观既有区别又有联系。社会的世界观是社会意识的组成部分,主要是哲学研究的对象。世界观的系统化和理论化,就是哲学范畴中最重要的研究对象之一。每一个人都有自己的世界观,个人的世界观是自我意识的组成部分,所以是心理学研究的对象。心理学研究注重于个人的世界观在各种心理活动中的作用及其形成过程和规律。同时,个人的世界观受社会的世界观所制约,并表现出社会的特点。西方心理学一般不研究世界观的问题,前苏联心理学家比较重视对世界观的研究。他们探讨了世界观的结构,认为世界观包括四个成分:认识因素、观点因素、信念因素和理想因素。认识、观点、信念和理想相互作用形成世界观,而世界观又反过来影响认识、观点、信念和理想的形成。

世界观是个性倾向的最高层次,它是个人行为的最高调节器,影响个人的整个心理面貌。世界观对人的心理活动的作用表现在:①决定个性发展的趋向和稳定性;②影响认识的正确性与深度;③制约情绪的性质与变化;④调节人的行为习惯。

理想、信念和世界观有机地联系着,它们受社会历史条件所制约,在阶级社会中具有阶级性。

复习思考题

1. 什么是个性?它有哪些基本特性?
2. 个性的心理结构由哪些成分组成?
3. 什么是需要?常见的需要有哪些种类?
4. 什么是马斯洛的需要层次理论?
5. 什么是动机?引起动机的条件是什么?
6. 动机的作用和种类有哪些?
7. 动机的理论包括哪些内容?试分别对它们进行简单解释。
8. 如何培养学生的学习动机?
9. 什么是兴趣?良好兴趣应具备哪些品质?
10. 如何培养学生的学习兴趣?
11. 什么是价值观?人的价值取向基本特点是什么?价值观有哪些种类?
12. 价值观的表现形式有哪些?

本章参考文献

[1] 马克思,恩格斯. 论教育. 北京:人民教育出版社,1979.
[2] 李铮,等. 心理学新论. 北京:高等教育出版社,2001.
[3] 周东滨. 心理教育论. 赤峰:内蒙古科学技术出版社,2005.
[4] 叶浩生. 心理学通史. 北京:北京师范大学出版社,2006.
[5] 任俊. 积极心理学. 上海:上海教育出版社,2006.
[6] 辞源. 北京:商务印书馆,1979.
[7] 马绍斌. 心理保健. 广州:暨南大学出版社,1995.
[8] 申荷永,等. 心理教育. 广州:暨南大学出版社,1995.
[9] 朱智贤. 心理学大词典. 北京:北京师范大学出版社,1989.
[10] 叶奕乾,何存道,梁建宁. 普通心理学(修订版). 上海:华东师范大学出版社,1997.
[11] http://www.docin.com/p-12444683.html.

第九章
气　质

【本章导学】

　　气质是一个古老的心理学问题,又是人的个性心理特征之一。本章主要探讨气质的概述、类型、测量与气质在教育中的应用。

第一节　气质概述

　　气质是一个很古老的概念。古希腊医生希波克拉底在公元前5世纪,根据日常观察和四种体液(血、黏液、黄胆汁和黑胆汁)在各人体内的多寡不同,把人的气质分为动作迅猛的胆汁质,性情活跃、动作灵敏的多血质,性情沉静、动作缓慢的黏液质,性情脆弱、动作缓慢的抑郁质。几个世纪后,罗马医生哈林用拉丁语 tempevametnum 一词来表示体内4种体液的混合比例,这就是"气质"概念的来源。

　　人们日常对气质的理解与心理学上的气质概念是不同的。人们日常对气质的理解是指人的风格以及气度,我们有时会说"这个人气质很好",指的就是一个人表面的气度。文学巨匠巴尔扎克曾说过:"一夜可以产生一个暴发户,三代也培养不出一个贵族。"深圳大学副教授徐晋如2012年10月发微博称,"从没读过莫言的作品,但只要看他长得一张村支书的脸,就知道这人绝不可能写出好作品。"这也是指人的表面的风度与模样,当然对错值得商榷。

　　心理学上的气质概念是指一个人在心理活动的强度、速度、灵活性与指向性等方面的特点。"气质"这一概念与人们平常说的"禀性"、"脾气"相近似。在人们的日常生活中可以看到,有人干什么事都风风火火,干活速度快;有人则拖拖拉拉,速度很慢;有人不论做什么事总容易急躁,有人则观察细微,做事不急不躁、细心。人与人在这些方面的差异,就是个人气质不同的突出表现。

一、气质的概念

　　气质是一个人生来就具有的典型的、稳定的、表现在心理活动的强度、速度、灵活性与指向性等方面的动力特征。

　　1. 气质是一个人的心理活动的动力特征

　　气质是使一个人的心理活动具有某种稳定的动力特征,使每个人的心理活动带有各自不同的心理特点。所谓心理活动的动力特征,是指心理过程的强度(例如,情绪体验的强度、意志努力的程度)、心理过程的速度和稳定性(例如,知觉的速度、思维的灵活程度、注意力集中时间的长短)以及心理活动指向性特点(有的人倾向于外部事物,从外界获得新印象;有的人倾向于内心世界,经常体验自己的情绪,分析自己的思想和印象)等方面在行为上的表现。

2. 气质是一个人的心理活动的稳定特征

一个人的气质特点很少受个人活动的目的、动机和内容的影响,具有较强的稳定性。所以气质能使一个人所有的心理活动都染上特定的色彩,形成其独特的风格。"江山易改,禀性难移"主要是指一个人的气质一般不容易改变。

3. 气质主要受人的先天因素影响

一个人的气质受个人神经系统类型的影响较多。心理学的研究表明,在一个人生命的最初阶段,对于外界事物的刺激以及产生的反应都有明显的差异,这些气质上的差异不是由于后天环境条件所造成的,而是由于神经系统的先天特性造成的。这种先天的生理机制就是个体气质的最初基础,在一个人的各种活动中表现出来。有人曾研究了20对同卵双生子和异卵双生子,结果发现,同卵双生子在某些气质特征(如内向与外向)方面比异卵双生子表现出更大的相似性。

4. 气质具有后天改变的可塑性

气质虽然主要受个人的先天因素影响,但并不意味着它在后天完全不起变化。在生活环境和教育条件的影响下,通过性格的作用,加上个人的主观努力,气质可以得到相当程度的改造。例如,在学校这样一个集体里,干什么事都比较慢的人,可能会变得行动迅速起来;粗心的人可能变得比较细心。由此可以看出一个人的气质虽具有极大的稳定性,但也有一定的可塑性。

二、气质的学说

1. 气质的体液说

古希腊学者恩培多克勒(Empedokles)最早提出人体"四根说"。他认为人体由四根构成,血液是火根,呼吸是空气根,液体部分是水根,固体部分是土根。

古希腊医生希波克拉底(Hippocrates)将恩培多克勒的"四根说"发展成为"四液说"。希波克拉底认为,人体内有四种性质不同的体液:血液、黄胆汁、黑胆汁和黏液。机体的状态就决定于四种体液的分布比例。

罗马医生盖伦(C. Galen)从希波克拉底的体液说出发,将人体内的体液的分布比例用拉丁语命名为"temperamentum",这就是"气质"概念的来源。他还加进了新的元素——人的道德品行,这些因素组成13种气质类型。现在,气质类型简化为4种类型,即今天我们通常认定的多血质、胆汁质、黏液质和抑郁质。每一种气质类型的特点都是某种体液占优势的结果,并有特定的心理表现。盖伦还认为,人的行为方式不仅决定于气质,也决定于周围环境。

2. 气质的体型说

德国精神病学家克瑞奇米尔(E. Kretschmer)把人的体格类型分为三种:肌肉发达的强壮型、高而瘦的瘦长型和矮而胖的矮胖型。他认为,不同体型的人具有不同的气质。矮胖型的人,外向而容易动感情;瘦长型的人,内向而孤僻;强壮型的人则介于两者之间。

克瑞奇米尔认为,正常人与精神病患者只有量的差别,没有质的不同。他认为,不同体型的正常人在气质上也带有精神病患者的某些特征。例如,矮胖型的人具有躁狂抑郁症的特征,瘦长型的人具有精神分裂症的特征,强壮型的人具有癫痫症的特征。因此,他将人的气质也分为:躁郁气质、分裂气质和黏着气质。

美国心理学家谢尔顿(W. H. Sheldon)受克瑞奇米尔的影响,对气质与体型的关系进行了更为深入的研究,把人的体型分为三种主要类型:内胚叶型(柔软、丰满、肥胖)、中胚叶型(肌肉骨骼发达、坚实、体态呈长方形)和外胚叶型(高大、细瘦、体质虚弱)。谢尔顿发现三种气质类型:头脑紧张型、身体紧张型和内脏紧张型,他还发现体型与气质之间有高达 0.8 左右的正相关。

3. 气质的血型说

1901 年,维也纳大学的卡尔·兰德斯坦纳(Karl Landsteiner)发现血液的不同类型,创立 ABO 系统,以解决输血过程的障碍问题。这引发了日本心理学家古川竹二的灵感。1927 年古川竹二很敏感地将四种血型和四种气质类型联系在一起。他在大量的调查基础上认为,希波克拉特的四种气质类型不是由胆汁和黏液决定,而是由血型决定。他把南德斯依纳的 ABO 系统与四种气质类型相结合,创立了"气质的血型说",根据血型把人的气质划分为 A 型、B 型、O 型和 AB 型四种。

古川竹二的研究引起了许多人的兴趣,日本血型人类学家能见正比古认为:"血型的真正含义指的是人体的体质和气质类型。""可以更简洁地给血型作如下定义:血型就是所有生物的体质类型和气质类型。"

但是,许多学者认为这种理论没有多少科学根据,血型说的最大缺陷就在于搞不清血型为什么能决定人的气质和性格,它们的内在联系是什么。我国中山医科大学黄锋香、赵耕源两位学者在全国第六届心理学学术年会(1987 年)上,发表题为《493 例医学生血型与气质关系调查分析》的论文,证明气质与血型分布的差异无显著意义,即气质和血型没有什么必然或较为密切的联系。气质与血型关系问题是一个有争议和需要进一步研究的问题。

4. 气质的激素说

气质的激素理论是英国心理学家伯曼(I. Berman)等人提出来的。激素是由内分泌细胞分泌的高效能化学物质,在血液中的浓度极低,但对生理和心理活动有重大影响。

伯曼认为,人的气质特点是由内分泌活动所决定的。他根据人的某种内分泌腺特别发达把人划分为:甲状腺型、垂体型、肾上腺型、性腺型、副甲状腺型和胸腺型。他认为,不同类型的人,有不同的气质特点。

现代科学研究表明:激素对人的气质确有影响。激素激活或抑制着人体的不同机能,激素过多或过少对个体的行为的确有影响。例如,肾上腺特别发达的人,会表现出情绪容易激动的气质特征。生物化学测定也表明,人在恐惧时,肾上腺素分泌增加;人在发怒时,去甲肾上腺素分泌增加。但是,各个内分泌腺之间相互联系、相互制约共同组成内分泌系统,不能简单地强调一两个内分泌腺体的作用;也不能孤立、片面地强调激素对气质的作用,因为神经系统直接或间接地控制着内分泌腺的活动,控制着激素的合成和分泌。激素也影响着神经系统的功能。人体内有两种调节机制:神经调节和体液调节。在中枢神经系统的主导作用下,通过这两种机制,影响气质的活动。

5. 气质的活动特性说

美国心理学家巴斯(A. H. Buss,1975)用活动性、情绪性、社交性、冲动性为指标,将人的气质划分为活动型、情绪型、社交型、冲动型四种类型。

活动型的人倾向于喜欢迎接新的任务,爱活动,不知疲倦,在婴儿期表现为手脚乱动,儿童期表现为在教室里坐不住,成年期显示出强烈的事业心;情绪型的人觉醒程度和反应强度大,婴儿期表现为经常哭闹,儿童期易激动、难以相处,成年期表现为喜怒无常;社交型的人渴望与他人建立密切的关系,婴儿期表现为离不开父母亲人,孤单时哭闹得很凶,儿童期容易接受教育,成年后与周围的人非常融洽;冲动型的人缺乏抑制能力,在婴儿期就表现为急躁,儿童期经常坐立不安,注意力易分散,成年表现为讨厌等待等。巴斯的这一理论的缺陷在于没有揭示出活动特性的生理基础。

6. 高级神经活动类型说

巴甫洛夫认为人的气质是由人的高级神经活动类型决定的,他提出的气质的高级神经活动类型说,是现代最为著名的气质生理学说。

巴甫洛夫运用动物条件反射实验的方法建立了高级神经活动学说,他的学生又运用条件反射的方法在人身上做了大量的实验,证明巴甫洛夫的高级神经活动学说也适用于人。这一学说较好地解释了气质的生理基础,得到了广泛的认同。

(1) 高级神经活动过程的基本特性

巴甫洛夫认为,高级神经活动有两个基本过程:兴奋过程和抑制过程。这两个神经过程有三个基本特性:神经过程的强度、神经过程的平衡性和神经过程的灵活性。

神经过程的强度是指个体的大脑皮层细胞受强烈刺激或持久工作的能力。它被认为是神经类型的最重要标志,具有重大的意义。

神经过程的平衡性是指个体的兴奋过程和抑制过程之间的强度是否相当。

神经过程的灵活性是指个体对刺激的反应速度以及兴奋过程和抑制过程相互转换的速度。人与人之间在兴奋和抑制的灵活性上也存在差异,有人灵活性强,有人灵活性弱。

神经过程的三个基本特性是变化的。例如,兴奋过程强而抑制过程弱的动物,经过训练有可能使抑制过程增强而与兴奋过程相平衡。神经过程的灵活性是个体发育中最容易变化的一种神经过程的基本特性。

(2) 高级神经活动类型

高级神经活动类型是由神经过程的三个基本特性独特组合形成的。巴甫洛夫指出:"由于神经系统基本特性的一些可能的变动,以及这些变动的可能组合,就一定会发生神经系统的各种类型,计算起来,至少有二十四种类型,但证诸实际,其数目可以大加缩小,即缩减为特别显著的、醒目的四种类型,而且最主要的是,这四种类型是按其对周围环境的适应性和对致病动因的稳固性各不相同的。"

高级神经活动的4种主要类型是:

①强而不平衡的类型(兴奋型)。这种类型的个体兴奋过程强于抑制过程,是一种容易兴奋、不受约束的类型,所以也称为不可遏制型。

②强而平衡、灵活的类型(活泼型)。这种类型的个体兴奋过程和抑制过程都较强,并且相互容易转化,以反应灵敏、活泼、能很快适应变化着的外界环境为特征。巴甫洛夫认为这是一种最完善的类型。

③强而平衡、不灵活的类型(安静型)。这种类型的个体兴奋过程和抑制过程都较强,但两者不易转化。比较易形成条件反射,但不易改造,以坚韧而行动迟缓为特征。

④弱型(抑制型)。这种类型的个体兴奋过程和抑制过程都很弱。在困难工作面前,正常的高级神经活动容易受破坏而患神经症为特征。

巴甫洛夫认为,兴奋型相当于胆汁质,活泼型相当于多血质,安静型相当于黏液质,抑制型相当于抑郁质(见表9-1)。

表 9-1 神经活动类型与气质类型对应关系

高级神经活动类型	强度	平衡性	灵活性	行为特点	气质类型
兴奋型	强	不平衡		攻击性强,易兴奋,不易约束,不可抑制	胆汁质
活泼型	强	平衡	灵活	活泼好动,反应灵活,好交际	多血质
安静型	强	平衡	不灵活	安静、坚定、迟缓、有节制、不好交际	黏液质
抑制型	弱			胆小畏缩,消极防御反应强	抑郁质

后来心理学的许多研究表明,人的神经类型并不总是与气质类型相一致的,或者说它们并不像巴甫洛夫所说的是同一个东西。气质是人的心理特征之一,神经类型是气质的生理基础,气质是高级神经活动类型的心理表现。气质不仅与大脑皮质的活动有关,而且与皮质下的活动有关,还与内分泌腺的活动有关。因此可以说整个个体的身体组织都在一定程度上影响着一个人的气质。但巴甫洛夫提出的高级神经活动类型学说为神经活动类型和气质类型的关系勾画出了一个轮廓,对气质的实质做出了较具科学性的解释。他的开创性研究为今后人们进一步探索气质的实质打下了坚实的基础。

第二节 气质的类型

气质类型是指在某一类人身上共同具有的典型气质特征的有机结合。目前心理学界对气质类型及其典型的气质特征的描述尚无统一的见解。在气质理论的评述中,我们就可以看到学者在这个问题上的分歧。这里介绍几种影响较大的气质类型的理论。

(一)外倾型和内倾型

最早对外倾、内倾这对概念做过研究的是奥地利精神病学家格罗斯(O. Gross,1902,1909)。以后荣格(C. Jung,1875—1961)在他的《心理类型》(1921)一书中最先把外倾向、内倾向的概念引入人格研究。他根据里比多作用方向的不同,把人区分为外倾和内倾两种基本类型。里比多指向外部世界的人,属于外倾型;里比多指向自己内部世界的人,属于内倾型。以后不少学者对这两种人作了不少研究。根据陈仲庚和张雨新(1986)对许多文献的概括,这两种类型的人具有以下一些特点:

典型外倾者善交际,喜欢聚会,有许多朋友,喜欢交谈而不愿独自读书。易激动,行动常碰运气,凭一时冲动而不加思索,易惹麻烦。粗心大意,随便而乐呵呵。爱开玩笑,什么场合都有话可说,对一切问题都有现成答案。喜欢变化,闲不住,爱活动,常不停地做些事。富有冲动性,有攻击倾向,爱发脾气也容易忘掉。总之,这种人情感不易控制,表现得不像一个可靠的人。

典型内倾者安静,退居,自省,喜欢读书而不喜欢与人交往。除密友外,与他人保持距离,朋友甚少。做事先想,有周密的计划,常深思熟虑,极少冒失妄动。不爱激动,以适宜的谨慎、态度严肃处理日常生活与事物,喜欢整齐有序的生活方式。能控制自己的情感,很少以攻击性方式行事,极少发脾气。他是一个可靠的人,虽有点悲观色彩,但十分尊重伦理标准的价值。

除了上述两种典型的类型外,更多的人是属于中间类型,即既有外倾的特点也有内倾的特点。

（二）场依存型和场独立型

有人把场依存性和场独立性看作是气质的一个维度。如果是这样,就可以把人区分为场依存型和场独立型两种基本类型。场依存型和场独立型的理论最初是为阐明垂直知觉的个别差异而提出来的(H. A. Within,1954)。在暗室作律框实验时,被试者面对着一个可调倾斜度的亮框,框中心安装着一个能转动度数的亮棒,要求被试把亮棒调垂直。结果发现,一些被试者往往把亮律调来与亮框看齐,即根据框主轴来判断垂直,这类人属于场依存型者。另一些被试者则往往利用自己所感觉到的身体位置把亮律调来接近于垂直,这类人属于场独立型者。后来大量的研究表明,场依存性和场独立性是较多地依存于遗传因素和生理基础的一个人格维度,也可以把它们看作是两个对立的信息加工方式。场依存型者倾向于以外部参照作为信息加工的依据,而场独立型者则倾向于更多地利用内部参照。

场依存性和场独立性不仅表现在知觉中,也表现在他们的人际关系中。场依存型者比场独立型者更多地利用外在的社会参照来确定他的态度和行为,特别是在模棱两可的情况下是这样。场依存型者注意别人提供的社会线索,优先注意他所参与的人与人际关系的情况,对他人感兴趣,并善于与他人交往;而场独立型者则对他人提供的社会信息不敏感,对他人不感兴趣,喜欢关心概念和抽象原则,行为是非社会走向的,不善于与人交往。

张厚粲等人(1988)的研究表明,场依存型和场独立型人格特征虽然与外倾、内倾有某种程度的一致性,但却是人格的两种不同的维度。场依存性和场独立性是一个人格的连续维度的两端,更多的人介于这两者之间。与其他气质类型一样,场依存型和场独立型没有好坏之分。

（三）四种传统的气质类型

把人区分为多血质、胆汁质、黏液质和抑郁质四种传统的气质类型,是心理学中流行的分类方法。在这方面,前苏联心理学家的工作很有特色,他们对确定神经系统基本特性的指标以及由哪些神经系统的基本特性来构成某种气质类型做了许多探讨。

1. 气质类型的特性

根据前苏联心理学家的研究,构成气质类型的几种特性如下:

(1)感受性。这是人对外界刺激的最小强度产生心理反应的能力,它是神经系统强度特性的表现。

(2) 耐受性。这是人在时间上和强度上经受外界刺激的能力,它也是神经系统强度特性的反应。

(3) 反应的敏捷性。它包括两类特性：一类是不随意的反应性,即各种刺激引起心理的指向性,如不随意注意的指向性、不随意运动反应的指向性等；另一类是指心理反应和心理过程进行的速度,如说话的速度、记忆的速度、思维的敏捷度、动作的灵活性等。反应的敏捷性主要是神经系统灵活性的表现。

(4) 可塑性。这是人根据外界的变化而改变自己的行为以适应环境的难易程度,它是神经系统灵活性的反应。

(5) 情绪兴奋性。这是指以不同的速度对微弱刺激产生情绪反应的特性。它既反映神经系统的强度,也反映神经系统的平衡性。

(6) 外倾性和内倾性。这是指人的心理活动、言语和动作反应是表现于外还是表现于内的特性。表现于外称为外倾性,表现于内称为内倾性。外倾性是兴奋过程强的表现；内倾性是抑制过程强的表现。

2. 传统的气质类型

(1) 多血质。感受性低,耐受性较高；不随意的反应性强；具有可塑性和外倾性；情绪兴奋性高,外部表露明显,反应速度快且灵活。

(2) 胆汁质。感受性低,耐受性较高；不随意的反应性高,反应的不随意性占优势；外倾性明显,情绪兴奋性高,抑制力差；反应速度快,但不灵活。

(3) 黏液质。感受性低,耐受性高；不随意的反应性和情绪兴奋性均低；内倾性明显,外部表现少；反应速度慢,具有稳定性。

(4) 抑郁质。感受性高,耐受性低；不随意的反应性低；严重内倾；情绪兴奋性高而体验深,反应速度慢；具有刻板性,不灵活。

3. 传统气质类型的行为特征

(1) 胆汁质：坦白、直率、精力旺盛、反应迅速、情绪发生快而强、易怒和暴躁,具有外倾性。

(2) 多血质：活泼好动、反应迅速、敏感、情绪发生快而多变、注意和兴趣容易转移、思维敏捷、善交际、亲切、有生气,但往往轻率,具有外倾性。

(3) 黏液质：沉着、安静、情绪发生慢而弱、反应缓慢、注意稳定且不易转移,往往表现为固执和冷漠,具有内倾性。

(4) 抑郁质：情绪发生慢、体验深沉、反应慢、行为孤僻、善于观察别人不易察觉的细小事物,具有内倾性。

在西方心理学中以传统的四种气质类型进行分类的当推英国心理学家艾森克(H. J. Eysenck)。他以两个维度,即内倾与外倾、情绪的稳定与不稳定,把人分成四种类型：稳定内倾型、稳定外倾型、不稳定内倾型和不稳定外倾型。稳定内倾型表现为温和、镇定、安宁、善于克制自己,相当于黏液汁；稳定外倾型表现为活泼、悠闲、开朗、富于反应,相当于多血质；不稳定内倾型表现为严峻、慈爱、文静、易焦虑,相当于抑郁质；不稳定外倾型表现为冲动、好斗、易激动等,相当于胆汁质。

丹麦皮特斯特鲁普的一幅漫画生动地描述了四种具有典型气质类型人对同一事件的不同反应,如图 9-1 所示。

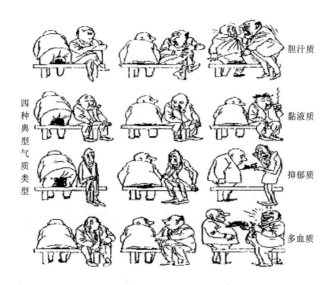

图 9-1　丹麦皮特斯特鲁普的漫画

前苏联心理学家达威多娃曾形象地描述了四种基本气质类型的人在同一情景中的不同行为表现。四个不同气质类型的人上剧院看戏,但都迟到了。胆汁质的人和检票员争吵,企图闯入剧院。他辩解说,剧院里的钟快了,他进去看戏是不会影响别人的,并打算推开检票员进入剧院。多血质的人立刻明白,检票员是不会放他进入剧场的,但是通过楼梯进场容易,就跑到楼上去了。黏液质的人看到检票员不让他进入正厅,就想"第一场总是不太精彩,我在小卖部等一会儿,幕间休息时再进去"。抑郁质的人会想:"我老是不走运。偶尔来一次戏院,就这样倒霉。"接着就返回家去了。

4. 气质类型的分布

按照组合的规律,一般有 15 种气质类型,即多血质、胆汁质、黏液质、抑郁质、胆汁—多血质、胆汁—黏液质、胆汁—抑郁质、多血—黏液质、多血—抑郁质、黏液—抑郁质、胆汁—多血—黏液质、多血—黏液—抑郁质、胆汁—黏液—抑郁质、胆汁—多血—抑郁质、胆汁—多血—黏液—抑郁质。

但在现实生活中并不是每个人的气质都能归入某单一气质类型的。除了少数人具有多血质、胆汁质、黏液质、抑郁质四种类型的典型特征外,大多数人都属于中间型或混合型,也就是更多地具有某一气质类型的特点,在生活和工作中主要表现出这种气质类型的特点,同时又具有其他类型的一些特点。

第三节　气质的测量

气质类型的测定方法主要有观察法、实验法和测验法等。其中测验法是测定气质类型较为简便的方法,主要有波兰心理学家简·斯特里劳编制的《斯特里劳气质调查表(STI)》、美国心理学家瑟斯顿编制的《瑟斯顿气质量表》、《艾森克人格问卷》和我国山西省教科所张拓基、陈会昌编制的《气质类型调查表》等。

一、观察法

观察法是在自然条件下,有目的、有计划地通过观察被观察者的言行和表现,以了解其气质特点的一种方法。运用观察法确定气质类型,要求在观察、记录一个人日常生活中的行为特征、智力活动特征、言语特征及情绪特征以后,对所得材料进行分析、判断、归纳和综合,然后对照各种气质类型的指标,确定其气质类型。此种方法使用简单,易于掌握,若运用得当,所得结果比较符合实际。这种方法很适合教师使用。

二、实验法

一般认为,构成气质类型的心理特性有:感受性、耐受性、反应的敏捷性、可塑性、情绪兴奋性和倾向性。通过实验测定这些特性有助于了解人的气质特征和气质类型。当代心理学在研究气质时,重视测量人的情绪反应。如《简明不列颠百科全书》写道:"现代研究气质的方法是:在标准化的紧张情境下测量人的情绪反应,并对测量结果进行统计分析。"

气质特征和神经过程的基本特性有关。因此,通过实验了解人的神经过程的基本特性(强度、灵活性、平衡性和动力性等)也有助于了解人的气质特征气质类型。

【小资料】阿良克瑞斯基测定儿童气质的方法

苏联学者阿良克瑞斯基通过对儿童的言语活动特性的实验研究来确定个体的神经过程的特点和气质类型。他用言语电波描记法测定儿童言语的反应时间、强度和意义内容。实验时,要求被试者用大声朗读普希金的《上尉的女儿》中的三句诗。用言语电波描记器记录他们朗读的时间,分析每一个词的发音长度、间隔和发音强度。

【心理点评】人的气质类型可以通过实验法进行测定,也证明了气质特征与神经过程的基本特性有关。

三、测验法

用测验法评定气质,就是把许多有关气质的问题排列起来,要求被试者或熟悉被试者的人来回答。前者称为自我评定,后者称为他人评定。回答方式一般有两种:两择一式的(回答"是"或"不是")及三择一式的(在前面两种回答上加上"不知道"或"不肯定")。这种方法实施简便,评分确定,容易得到数量化的结果,因此经常被研究者所采用。但这种方法的一个主要缺点是被试者在回答问题时往往会有意或无意地做假。因此应在问卷中插入测谎题以检验问卷结果的效度。

1. 吉晋气质调查表

吉晋气质调查表是美国吉尔福特和晋莫曼于1956年发表的一种问卷式的人格测验调查表。这个调查表共包括10个因素,每个因素代表一种人格特质。每种特质用30题测定,共300题。

2. 斯特里劳气质调查表

波兰华沙大学心理学教授简·斯特里劳(J. Strelau)从20世纪50年代起,对气质问题进行了大量研究,编制了几种适合不同对象使用的气质调查表。其中最有特色且已被译成多种文字在国际上广泛应用的是简·斯特里劳气质调查表(简称 S·TI),简·斯特里劳气质调查表共有 134 个测验题目,包括兴奋强度、抑制强度、灵活性三个量表及一个第二级量表——平衡性。此调查表已被译成中文,经试用,基本适用于我国。

3. 塞斯顿气质量表

塞斯顿气质量表是用来评定气质的七种因素的,即评定活动性、健壮性、冲动性、支配性、稳定性、社会性和沉思性。这七种因素由七类题构成,每一类有 20 题,整个问卷共 140 题。回答方式是三择一式,即在"是"、"不是"或"不肯定"上作一记号。

4. 艾森克人格问卷

艾森克人格问卷(EPQ)是由英国艾森克(H. G. Eysenck)教授和夫人根据因素分析法编制的,最早于 1975 年出版。

EPQ 是从艾森克以往的几个个性调查表发展起来的。首先是 Maudstey 医学问卷(MMQ,1952),有 40 个项目,主要调查神经质(N);其后是个性调查表(MPI,1959),由 E 量表和 N 量表组成;1964 年在上述 N 量表和 E 量表外再加上 L 量表(Lie,掩饰,虚假)成为艾森克个性调查目录(EPI)。1975 年再加入 P 量表(精神质)成为现在的艾森克人格问卷(EPQ)。

EPQ 分为成人和幼年两套问卷,各包括精神质(P)、内外向(E)、神经质(N)和说谎(L)四个量表,均为 88 个项目。一个项目只负荷一个维度因素,P 量表、E 量表、N 量表和 L 量表在成人和幼年问卷分别包括 23 个、21 个、24 个、20 个项目和 18 个、25 个、23 个、22 个项目。

艾森克认为正常人也具有神经质和精神质,高级神经的活动如果在不利因素影响下向病理方面发展,神经质可发展成为神经症,精神质可发展成为精神病。因此,神经质和精神质并不是病理的,不过有些精神病和罪犯是在前者的基础上发展起来的。

一般结果认为,此量表的项目较少,易于测查,项目内容较适合我国的情况,被认为是较好的人格测定方法之一。我国修订的 EPQ 有多种版本,北方地区有陈仲庚等人的修订本,南方地区有龚耀先、刘协和等人的修订本,其中龚耀先主持修订的儿童问卷和成人问卷各由 88 个项目组成。

5.《气质类型调查表》

《气质类型调查表》由我国山西省教科所张拓基、陈会昌编制。《气质类型调查表》共 60 个项目,每种基本气质类型各 15 题,按随机顺序排列。采用自陈法,要求被试者按指导语的要求回答问题。

第四节　气质在教育中的应用

每个人的气质类型都不相同,而气质对人的认识活动、情感活动以及意识活动都有一定的影响;同时任何一种气质类型都有其积极的一面,也有其消极的一面。我们一方面不能主观、片面地认为某种气质类型是好的,某种气质类型是坏的;另一方面又要认识到气质对学生学习活动、个性发展以及未来的职业适应均会产生一定的影响。学生在学校接受教育的时间比较长,一般都在 12 年(至少 9 年义务教育)或者 15 年,甚至更长的时间,所以教师要帮助学生认清自己气质的积极方面和消极方面,通过学校教育和学生个体的主观努力,扬长避短,形成个人良好的个性品质。

一、气质对学习活动的影响

气质作为神经活动的动力特点,会对学习的方式和不同学习内容的学习效率产生一定的影响。

国内外研究表明,在中小学时期,学生的不同气质类型会影响其学业成绩,特别是气质中的情绪性与活动性对学业成绩有一定影响。但对大学生的研究没有发现气质类型对学业成绩有影响(朱琼瑶,1999)。所以大学生无论具有哪种气质类型,只要努力学习,都会在自己的专业学习中取得好成绩。

二、气质对教育实践工作的意义

学生的不同气质特征是教师因材施教的依据之一。教师应当了解不同学生的气质类型和气质特征,在教学和育人过程中做到因势利导,提高教育效果,培养学生良好的个性品质,使所有学生都能够很好地发展。

(一) 根据学生不同气质类型采取相应的教育策略

因为每个学生的气质类型大都不同,在同样的学习过程中,学生的表现也不会完全相同。教师在教学工作中,注意引导学生在学习的时候扬长避短,发挥自己气质特征的长处,同时避免气质类型带来的弊端,达到提高学习效率的目的。教师在教育学生的过程中,也要根据学生的不同气质类型,采取相应的教育策略,使学生养成良好的个性品质。例如,对于气质类型偏于多血质的学生,要防止其粗心大意、虎头蛇尾、兴趣多移的弱点。注意要求他们学习中认真细致,刻苦努力,要培养中心兴趣。

(二) 大学生气质与教育

教师要明确地告诉学生气质类型本无好坏之分,每种气质类型均存在着积极方面和消极方面。

任何一类气质的消极方面均有形成不良个性的可能。教师要给予学生有关气质方面的基本理论和知识,并帮助他们客观地分析和认识自己气质特征中的长处与短处。并教会他们有意识地控制自己气质上的消极方面,发展积极方面。根据气质的"可塑性"特征,通过教育的培养和学生的自我调适,是能够使学生形成良好的气质特性的。

1. 大学生的气质类型分布

大学生作为社会的一个特殊群体,他们的气质类型主要是混合型的气质类型,也存在一定比例的单一的气质类型。同时研究还发现,大学生的气质类型还存在性别差异。女大学生中的多血质和黏液质类型比例明显大于男大学生,而男大学生中的胆汁质和抑郁质类型比例则大于女大学生。

2. 根据大学生自身气质特点进行教育

因为每个大学生都具有自己独特的气质特点,所以教师在教育大学生的时候,要根据大学生的自身气质特点进行教育,使他们发展得更好,在人生路上走得更顺畅。在这方面,复旦大学作出了积极的尝试,初步效果还不错。

3. 大学生应进行自我教育

人的气质虽然受先天影响较大,但在长期的学习生活中也可以加以改造。大学生由于接受了从幼儿园到大学十余年的教育,与其他人相比,更能够比较清楚地看到自身气质类型的优缺点,因而,应充分重视气质对自己的学习、生活和行为的影响,扬长避短,发挥自己气质的优点,根据专业和兴趣培养优秀性格以掩盖气质中的不足。

胆汁质的学生思维敏捷,做事比较果断,有很强的进取心,不畏困难,但常易急于求成,缺乏耐心,应养成良好的自我控制能力和耐心细致的作风;多血质的学生具有做事灵活、反应迅速的特点,学习兴趣也非常广泛,但在学习过程中容易虎头蛇尾,注意力容易分散,不能坚持始终如一,在求学时要尽量多培养集中注意力和自己的专业兴趣,养成踏实专一的品质;黏液质的学生虽然做事沉着冷静,脚踏实地,但反应速度不快,且个性比较固执,应克服呆板的、单一的学习方式,注意培养学习和决策方面的果断性,跟上时代发展的步伐;抑郁质的学生做事时细心内向,观察细致,但往往容易自卑,缺乏自信,非常敏感,考虑得也比较多,行动性不强,应注意克服自卑,培养自信心,增强行动性。

人的气质类型各不相同,正是这种不同造就每个人不同的人生历程。作为大学生既要认识到自己的气质特点,又能客观地评价自己的气质类型,同时更要不断地调节和完善自己的气质特征,使自己能够适应今天快速发展的时代与复杂的人际关系,更好地发展自己。

(三) 气质与职业指导

在一般职业活动中,气质并不能决定一个人的职业成就,这已为众多心理学家研究并得到肯定的结果。气质特征是一个人职业选择的依据之一,某些气质特征为个人从事某种工作提供了有利条件。

一般来说,胆汁质型的人,较适合于要求反应迅速、决策果断、挑战性强的工作,如飞行员、推销员、演员等。如要他们从事耐心细致的工作,那么就必然付出较大的耐力,而且效果还不会很好;多血质型的人,较适合做反应敏捷、动作多变、富有表情的社交性或文艺工作。而要他们从事单调而持久的工作,即使付出很大的主观努力,其效果也不会很好;黏液质型的人,较适合于做按部就班、耐心细致、刻板性强的工作。如果让他们从事激烈多变、灵活敏捷的工作,将是费力不讨好的;抑郁质型的人,较适合于从事烦琐细致、应变缓慢的工作,否则效果不佳。

上面所说的结果并不是绝对的。在同一职业领域内,人们可以找出不同气质类型的代表;在不同领域内,作出突出贡献的成员中,也可以找出同一气质类型的代表。研究发现,俄国有四位著名文学家,普希金属于胆汁质,赫尔岑属于多血质,克雷洛夫属于黏液质,果戈理属于抑郁质,他们虽属不同气质类型,但在文学领域内都取得了突出成就。

大学生如果明确自己气质的特点,就可以根据自己的特点选择未来的职业。

如何运用气质理论的研究成果,指导大学生的职业选择和专业定向,仍然是一个值得深入探讨的课题。

复习思考题

1. 气质的概念主要包括哪些方面?
2. 气质的学说有哪些?
3. 气质类型有哪些种类?传统的气质类型又包括哪些种类?

4. 简述气质的测量方法。

5. 举例说明气质在教育中的应用。

本章参考文献

[1]姚本先.心理学新论(修订版).北京:高等教育出版社,2005.

[2]叶亦乾,等.普通心理学.上海:华东师范大学出版社,2004.

[3]王雁.普通心理学.北京:人民教育出版社,2002.

[4]张厚粲.心理学.天津:南开大学出版社,2002.

[5]黄希庭.心理学导论.北京:人民教育出版社,2001.

[6]韩永昌.心理学.上海:华东师范大学出版社,2001.

[7]卢家楣,魏庆安,李其维.心理学基础理论及其教育应用.上海:上海人民出版社,1998.

[8]张德.心理学.长春:东北师范大学出版社,1987.

第十章
性　　格

【本章导学】

在现实生活中,性格是一个人的核心特征,可以从个人的行为中观察到,也是把不同的人区别开来的主要特征。在本章中,主要讲述性格的概念、类型、形成的原因、测量等。

第一节　性格概述

在英语中"性格"(character)一词源于希腊语,原意为雕刻,后来引申出的含义是印刻、特性、属性、标记等。在现实生活中,性格一词主要用于区别人们之间行为上的不同特性。性格是人的个性心理特征的重要方面,人的人格差异首先表现在性格上。人们在面对灾难时的表现就集中体现了人的性格差异,比如2008年汶川地震时人们的不同行为。

在日常生活中,人的性格特征在不同方面的表现有很大差异。在工作和学习方面,有人有责任心,有人勤劳,也有人认真、上进;有人可能有些拖拉、马虎、不负责任,或者懒惰。在与人交往方面,有人对人热情,乐于助人;有人对人冷淡,自私自利。在个人评价方面,有的人谦虚谨慎,有的人狂妄自大等。这些不同的心理特征是人的性格差异。

一、性格的概念

我国的心理学教材一般把性格定义为:性格是一个人在对现实的稳定态度和习惯化的行为方式中所表现出来的个性心理特征。人们对性格定义的理解主要有以下三点。

(一)性格在人与现实的态度和行为方式中的表现

每个人对现实的态度是对社会、对集体、对他人和对自己的看法与评价,是一个人的人生观、价值观、世界观的集中体现。性格的态度特征并不是孤立存在的,人对现实的态度总是通过人在生活在行为方式中反映出来,而人习惯了的行为方式又体现了他对现实的态度。人们对现实的态度和与之相适应的行为方式共同构成了人的性格。

在现实生活中,每个人的行为方式与性格特征之间的关系表现在以下几个方面:

1. 在不同的人身上,同一性格特征可以有不同的行为方式。比如,两个人都帮助有困难的同学,但他们的行为方式却不同。一个同学用自己的力量去帮助他,另一个同学在班级号召全体同学都来帮助这个同学。

2. 在不同人身上,不同的性格特征可以有相同的行为方式。2013年雅安地震时,全国人民都对雅安人伸出了援手,作出这种同一行为的人们当然具有不同的性格特征。

3. 在同一个人身上,同一性格特征在不同的时间、地点和条件下,可以以不完全相同的行为方式表现出来。比如,在2008年5月12日汶川发生8级地震后,全国人民都为抗震救灾贡献自己的一份力量。有的人捐钱,有的人献血,有的人则直接去了灾区,参加救人的行动。

为此,我们必须看到行为方式与性格特征之间的这种错综复杂的关系,否则,容易被一个人的表面现象所蒙蔽。

(二) 性格是一个人稳定的心理特征,又具有一定的可塑性

性格是人在社会生活实践活动中,在与客观世界相互作用的过程中形成发展起来的。外界客观事物的各种影响通过人的心理活动反应并固定下来,构成一个人一定的态度体系和其独特的行为方式。一个人的性格是个体在他长期的社会生活实践中形成和发展起来的,一旦形成,就不会轻易改变,所以是一个人相对稳定的心理特征。在某些特殊情况下,个人偶然性的表现,不能认为是他的性格特征,只有经常表现出来的、习惯性的做事以及行为方式才能认为是他的性格特征。

宋朝著名文学家苏轼性格豪放不羁,锋芒毕露,结果一生屡遭贬斥,曾被贬湖州、黄州、定州、惠州、儋州等地,地方越贬越偏僻,官越贬越小,后期甚至不得签书公事。但苏轼无论被贬到哪儿,生活多么艰难,一直非常乐观。在惠州时,苏轼写下了"日啖荔枝三百颗,不辞长作岭南人"、"报道先生春睡美,道人轻打五更钟"的诗句。正是这种乐观的生活态度,在海南度过的近四年中,苏轼克服了生活条件上的极度困苦,写下一百多首诗,给《易》、《论语》、《尚书》等作了注,撰写了《东坡志林》等。

因此,如果了解一个人的性格特征,就能预测出他在某种情况下会表现出的态度和行为。哈佛大学著名的性格分析专家亨利·穆雷博士,在1943年研究希特勒的报告中,预言如果德国战败,希特勒会选择自杀。他还预测到一些细节,希特勒可能会躲到地下掩体里,以一种戏剧化的方式开枪自杀。1945年,希特勒果然在柏林地堡中自杀身亡,印证了心理学家的预言。

一个人的性格虽然具有稳定性,但这不是绝对的,还是可以改变的,性格还具有可塑性,随着人的社会生活环境和条件的改变,人的性格特征也会发生相应地变化。如《乱世佳人》里的斯佳丽原本有富裕的家庭,向往美好的爱情和生活,对金钱没有任何概念。但南北战争爆发以后,饥饿、贫穷让斯佳丽变得成熟和勇敢,同时也使她变得尖刻和自私,甚至为了钱可以舍弃亲情和朋友,她成了一个只认钱的人。她为了亲人的生存,亲自下地干活。为了筹集300美元税钱,保住父亲的塔拉庄园,抢走自己妹妹的恋人,和一个自己根本不爱的人结婚,只因为如果妹妹和这个人结婚,是不会拿出钱交税的;她可以为了赚钱,丢开妇女足不出户的规矩,抛头露面地经营木材厂;为了赚更多的钱,采用"上等人"所瞧不起的"卑鄙"方法;为了钱和一个被所有人责骂为"无耻、下流"的人结婚。

(三) 性格是最具核心意义的个性心理特征

在现实生活中,能够把两个人区别开来的主要特征是性格,所以性格是最具核心意义的个性心理特征。一个人对现实的态度和行为方式与个体需要、动机、信念和世界观联系密切。

1. 一个人对现实的态度是在生活中逐渐形成的,是个体对自己、他人和社会的看法和评价,体现了个体的人生观和价值观,他的各种行为方式也集中表现了这种价值体系。

2. 一个人的对现实的态度不是孤立存在的价值体系,因为人们都是生活在具体的社会环境中,所以他的价值观念会在各种行为中表现出来。因此,一个人的性格是个体价值观的具体表现,同时也体现了社会的主流价值观和行为准则,所以性格具有直接的社会意义。

评价一个人,往往从他个人的性格方面进行评判,主要以社会行为准则和价值标准作为判断的标准,评判的是个人的道德品质,所以性格有好坏之分,这与气质没有好坏之分有根本的区别。一个人的行为符合社会行为准则和价值标准,他就对社会的进步起到了积极作用;如果他的行为与社会行为准则和价值标准相悖,则会对社会产生不良影响,对国家和社会造成危害。

3. 性格对一个人的其他个性心理特征也具有重要的影响。性格的发展决定着能力和气质的发展,影响着能力和气质的具体表现。"勤能补拙"意思是指后天的勤奋能够弥补先天的不足、缺陷,这就说明性格对能力有很大的影响作用,直接影响着能力的形成、发展和表现。

性格是最具核心意义的个性心理特征,掌握了一个人的性格特征,就可以基本了解他的态度、价值观、行为方式,就了解了他整个人的特征。

二、性格和气质

在日常生活中,人们对个体所表现出来的性格特征和气质特征很难区分,常常将两者混为一谈。其实,性格与气质是两种既相互联系,又有本质差别的个性心理特征。

(一) 性格与气质的区别

1. 两者表现个体不同的个性心理特征

性格表现的是从个体对待现实的态度和行为方式方面,而气质则是体现个体心理活动的速度、稳定性与灵活性、强度与平衡性等。

2. 两者形成的机制不同

气质的形成受生物学因素影响较大,主要受人的高级神经活动类型制约;而性格是后天在人的社会生活实践中形成的,主要受个体的社会环境制约。

3. 两者的改变程度不同

气质一般不容易改变,即使发生改变,速度也比较缓慢;性格发生改变的程度比较大,改变速度比较快,尤其是经历过人生的重大变故以后。

4. 两者的社会评价不同

气质所表现的是人的心理活动的动力特征,无好坏之分;而性格体现的内容更多地具有道德评价意义,所以性格具有好坏之分。

(二) 性格与气质的联系

气质与性格既相互制约又相互影响,有着密切的联系。

1. 气质影响性格的形成和表现

气质影响性格的形成和表现,即性格特征形成的快慢速度和表现方面。比如黏液质的人,由于神经类型属于安静型的,要想形成做事果断的性格特征就比较难;而胆汁质由于兴奋型的,相对就比较容易形成做事果断的性格特征。

2. 性格对气质也发生一定的影响

性格在一定程度上掩盖和影响着气质,使人的气质特点发生一定程度的改变。人为了适应社会,在社会化的过程中,往往学会控制自己,使自己的行为表现符合社会的要求,这种在现实生活中形成对社会的态度和习惯化了的行为方式,就是对气质产生反作用的过程。

三、性格的作用

（一）性格对健康的影响

1. 性格影响人的生理健康

科学家已经证实 A 型性格是诱发心脏病的重要因素,据美国心肺和血液研究所的调查表明,具有 A 型性格的人患心脏病的比例高达 98% 以上。A 型性格的人喜欢争强好胜,什么事都要拿第一,急于追求事业的成功,容易形成血栓,促发心绞痛和心肌梗死。

心理学家和医学家已经证实了性格因素在癌症的诱发与发展的过程中具有不可忽视的作用。此外,科学家还研究了多种疾病与性格的关系。

2. 性格影响人的心理健康

许多心理疾病都有其相应的病态性格。

神经衰弱症的病态性格特征表现为:敏感、胆怯、自卑、脆弱、缺乏自主、依赖性强,或者是自我中心主义、主观、执拗、暴躁、自制力差、喜怒无常。

忧郁症的病态性格特征表现为:疑心太重、固执死板、尖刻挑剔、胸襟狭隘、沉默寡言、情绪不稳、好生闷气、懦弱畏怯、自暴自弃。

（二）性格对事业成就的影响

个人性格中对别人、集体、社会态度的特征,会影响他的事业成就。如一个人容易对别人付出关心,对集体有很强的荣誉感,对社会现象高度关注,那么他们在工作中积极肯干,勇于付出,责任心强。由于个人的这些性格特征,他们在工作中一般都能作出较好的成就。

个人性格中对劳动或工作的态度特征,也会影响他的事业成就。一个人如果以劳动为荣,那么在工作中就会积极认真地完成自己的工作,容易在工作中取得成绩。相反,如果他好逸恶劳,则会在工作中投机取巧,敷衍了事,不仅不能在工作中成功,反而会不断地犯错误。

个人性格中的对自己态度的特征,也会影响他的事业成就。一个人如果对自己要求严格,那么会认真对待自己的工作,不会放任自己犯错误。

个人性格中的意志特征,也会影响他的事业成就。一个人只有具有坚强的意志,才能克服工作中的各种困难,完成各项任务,取得个人事业上的成就。

（三）性格对人际交往的影响

一个人的性格特点会直接影响他的人际关系。

性格外向的人,往往容易和别人打交道,和人形成良好的人际关系。而内向性格的人则比较保守,不轻易显露自己,也不喜欢接近别人,因而也不容易与人建立互动关系。

美国学者安德森通过研究,发现影响人际关系的个人品质有:真诚、诚实、理解、忠诚、真实、可信。

由此可见，个人的性格对人际交往有重要影响。

（四）性格对职业选择的影响

性格直接影响到个人对职业的选择。一个人如果对社会有很强的责任感，他会选择警察、教师等相关职业；个体对待任何事物都比较认真负责，则会选择会计等需要耐心细致的工作；个体具有坚强的意志，就会选择军人、运动员等需要付出艰苦努力的工作。

性格直接影响到个人的职业成就。美国著名心理学家和职业理论的专家约翰·霍兰德的职业人格理论认为，一个人的性格如果与他从事的职业相适应，那么他对这一类职业很容易产生兴趣，也容易取得事业的成功。但事实上，性格与职业的成就并不是直接的对应关系。要想取得事业上的成就，光有兴趣是不够的，还需要其他条件。

第二节 性格的结构

一、性格的结构分析

一个人的性格是一个十分复杂的系统，在不同的场合表现出不同的特点。我国的心理学教材一般认为性格是由多侧面、多成分的心理特征构成的复杂的心理结构，对性格结构主要从性格的态度特征、性格的情绪特征、性格的意志特征、性格的理智特征四个方面进行分析。

二、性格的态度特征

性格的态度特征是指个体在对现实生活各个方面的态度中表现出来的一般特征。

人对现实态度体现的个性特点是性格的重要组成部分。人对客观现实的影响总是以一定的态度给予反应，客观对象和现象是多种多样的，因此，人对客观现实进行反应时，性格的态度特征也是多种多样的，它由以下几方面构成。

1. 对别人、集体、社会态度的特征

公而忘私或假公济私；忠心耿耿或三心二意；善于交际或行为孤僻；热爱集体或自私自利；礼貌待人或粗暴；正直或虚伪，富有同情心或冷酷无情，等等。

2. 对劳动或工作的态度特征

勤劳或懒惰；认真或马虎；细致或粗心；创新或墨守成规；节俭或浪费，等等。

3. 对自己态度的特征

谦虚或骄傲；自尊或自卑；严于律己或放任，等等。

三、性格的情绪特征

性格的情绪特征是指一个人在情绪活动中经常表现出来的强度、稳定性、持久性以及主导心境方面的特征。

1. 情绪强度方面的特征

主要表现为人的情绪对工作与生活的影响程度和人的情绪受意志控制程度。有人情绪反应强烈、明显、易受别人的感染；有人反应微弱、不明显、不易受感染。

2. 情绪稳定性方面的特征

主要表现为情绪的起伏和波动程度。有人遇事情绪波动性大,有人则情绪比较稳定,心平气和。

3. 情绪持久性方面的特征

主要是指情绪对人身心各方面影响的时间长短。有的人情绪产生后很难平息,有的人情绪来得快去得也快。

4. 主导心境方面的性格特征

不同的主导心境反映了主体经常性的情绪状态。如有的人经常精神饱满、乐观开朗,主导心境是乐观的;有的人却经常愁眉苦脸、烦闷悲观,主导心境是悲观的。

四、性格的意志特征

性格的意志特征是指一个人在自觉调节自己行为的方式和水平上表现出来的心理特征。自觉性、坚定性、果断性、自制力等是主要的意志特征。

(一) 自觉性

自觉性是指个体在行动之前有明确的目的,确定了行动的方法,并且在行动的过程中能克服困难,直至达到行动目的。

(二) 坚定性

坚定性是指在达成目标的过程中,无论遇到什么困难,都能坚持实现自己的目标。例如,欧立希发明药物"606",失败了 605 次。后来,他又在"606"的基础上,经过 913 次失败发明了效果更好的新药。

(三) 果断性

果断性是指个体遇到紧急或复杂的情境时,能够迅速判断情况,果断地做出正确的决定。在紧急或困难情况下表现出的意志特征,如勇敢或胆小、果断或优柔寡断、镇定或紧张等。

(四) 自制力

自制力是指善于控制自己的行为和情绪。对行为自觉控制的意志特征,如自制或任性,善于约束自己或盲动;对自己作出决定并贯彻执行方面的特征,如有恒心与毅力、坚韧不拔或见异思迁、半途而废。

在评价和培养性格的意志特征时,必须要考虑到它的具体内容。因为性格的意志特征是受人的人生观、价值观所制约的。

五、性格的理智特征

性格的理智特征是指个体在感知、记忆、想象、思维等认知活动中表现出来的心理特征。性格的理智特征也是多方面的,表现为各种不同的认知特点的差异。

(一) 感知方面

有主动观察型和被动观察型。主动观察型能按自己的目的和任务进行观察,比如心理咨询师经过观察自己的当事人,会发现心理问题的一些外部表现;被动观察型则不容易发现问题,易受环境干扰。

(二) 记忆方面

有的人记忆速度快,看过就能记住;有的人记忆速度慢,需反复记忆才能记住;有的人记忆牢固且一般不会遗忘,有的人记忆不牢且忘得比较快。

(三) 想象方面

有主动想象和被动想象、狭窄想象型和广阔想象型、创造想象型和再造想象型之分。

(四) 思维方面

从思维的深度上可分出深刻型和肤浅型,前者能从事物的表面现象看出问题的本质,后者则仅仅看到事物的表面现状。

从思维的创造性上可分出独立型和附和型,前者能从生活与工作中发现问题和解决问题,后者则不能提出自己的观点和看法,只能附和他人的看法。

性格的各种特征并不是孤立、静止地存在的,也不是各种性格特征的机械组合,而是相互联系、相互制约成为一个整体。

1. 个体的四种性格特征之间存在内在联系。例如,一个人对工作的责任心比较强,那么这个人一定比较热情、有恒心、有毅力、能自我控制。正因如此,可以根据某人的一种性格特征推知其他的性格特征。

2. 个体的四种性格特征在不同的场合有不同的表现。例如,有的学生在教师面前表现积极,而在父母面前则比较懒惰。

3. 个体的性格特征是可以改变的,具有较强的可塑性。一个内向的学生,可以通过积极参加学校的各项活动而变得活泼开朗。

以上性格结构的四方面相互联系、相互影响,构成一个完整的统一体存在于每个人的身上。要想全面地了解一个人,就应对他性格的各个方面作全面分析。

第三节 性格的类型

性格的类型是指一类人身上所共有的性格特征的独特结合。按一定标准可以把性格加以分类,有助于了解一个人性格的主要特点和揭示个体性格的实质。由于性格结构的复杂性,在心理学的研究中至今还没有大家公认的性格类型划分的原则与标准,现将有代表性的观点加以简介。

一、按照人的心理机能划分性格类型

根据心理机能划分人的性格类型是英国的培因(A. Bain)和法国的李波特(T. Ribot)提出的性格分类法。他们根据理智、情绪、意志三种心理机能在人的性格中所占优势不同,将人的性格分为理智型、情绪型、意志型。

理智型的人通常以理智来评价周围发生的一切,并以理智支配和控制自己的行动,处世冷静,不为情绪所左右;情绪型的人通常用情绪来评估一切,言谈举止易受情绪左右,做事冲动,不善于思考;意志型的人行动目标明确,主动、积极、果敢、坚定,有较强的自制力。

二、按照心理活动的倾向划分性格类型

根据心理活动的倾向划分性格类型是瑞士心理学家荣格(C. G. Jung)提出的性格分类法。荣格根据一个人里比多的活动方向来划分性格类型,里比多指个人内在的、本能的力量。里比多活动的方向可以指向于内部世界,属于内倾型,其特点是处事谨慎,喜欢深思熟虑,不善于交往,思想和情绪不易外露,社会适应能力弱;里比多活动的方向指向外部世界的为外倾型,其特点是心理活动倾向于外部,活泼开朗,好交际,不善隐饰自己的思想和情绪,社会适应能力强。这种性格类型的划分,在国外已应用于教育和医疗等实践领域。

三、按照性格与职业的匹配划分性格类型

根据性格与职业的匹配划分性格类型的是美国学者霍兰德(John. L. Holland)。霍兰德是著名的职业指导专家,他提出了性格—职业匹配理论。他指出,学生的性格类型、学习兴趣和将来的职业准备密切相关。人们在不断寻求能够获得技能,发展兴趣的职业。经过几十年的研究和一百多次的实验,他提出了系统的职业指导理论。他把性格划分为六种类型:社会型、探索型、现实型、艺术型、企业型和传统型,并认为社会上的每一个人都可以划分出一种主要的性格类型。每一种性格类型的人,对相应的职业感兴趣。

霍兰德从个人的实际经验出发,并经过长期的实验研究把个人的性格类型主要划分为六种,并把性格类型与职业选择结合起来,致力于性格类型和职业类型的匹配,对个体的职业指导具有重大意义。不过,心理学的研究表明,一个人对某一种职业很有兴趣,并不意味着他一定能把这种工作做好,对工作的兴趣是做好工作的重要条件,但不是唯一条件,影响职业的心理因素是多种的和复杂的。

四、按照人的社会生活方式划分性格类型

根据人的社会生活方式划分性格类型的是德国的心理学家斯普兰格(E. Spranger)。斯普兰格从文化社会学的观点出发,根据人认为哪种生活方式最有价值,把人的性格分为六种类型,即经济型、理论型、审美型、宗教型、权力型、社会型。

在现实生活中,往往是多种类型的特点集中在某个人身上,但常以一种类型特点为主。

五、按照人的不同特质划分性格类型

特质是指个人的遗传与环境相互作用而形成的对刺激发生反应的一种内在倾向。特质既可以解释人格,又可以解释性格,因为性格是狭义的人格。

美国心理学家奥尔波特最早提出人格特质学说,应用最广的是卡特尔的特质论。

(一)卡特尔的特质论

1947年,卡特尔(R. B. Cattell,1905—1998)在奥尔波特的人格物质学说的基础上开始了他的人格特质实证研究工作。卡特尔认为人格的基本结构元素是特质,特质是从行为推出的人格结构成分,它表现出特征化的或相当一致的行为属性,即人格特质是在不同情境中表现出来的稳定而一致的行为倾向。

人格特质是人格结构的基本单元,通过分析人格特质的特点,可揭示个体的人格结构。特质的种类很多,卡特尔根据人格特质的独特性,将人格特质区分为独特特质和共同特质。

前者是个体所特有的人格特质,后者是许多人(同一群体或阶级的人)所共有的人格特质。

卡特尔还根据人格特质的层次性,将人格特质区分为表面特质和根源特质。表面特质是指一群看起来似乎聚在一起的特征或行为,即可以观察到的各种行为表现,是能够从个体外部行为中直接观察到的特质,是个体的行为表现。表面特质与根源特质的关系是,前者是后者的表现形式。每一个根源特质控制着一簇表面特质。根源特质可以看成人格的元素,它影响着我们的行为。卡特尔推断所有的个体都具有相同的根源特质,但每个人的程度不同。

卡特尔通过对实证材料的因素分析,透过对表面特质的因素分析找到它们所属的根源特质。卡特尔认为,每个人都具有 16 种根源特质:乐群性、聪慧性、情绪稳定性、恃强性、兴奋性、有恒性、敢为性、敏感性、怀疑性、幻想性、世故性、忧虑性、激进性、独立性、自律性、紧张性。但是,每个人的人格特质存在一定量的差异。正是由于这种量的差异,才使个体之间表现出人格结构上的差异。

(二)五因素模型

五因素模型的提出者是诺曼(W. T. Norman),经过研究者的大量工作被许多研究所证实和支持,已为多数特质论者认同,被称为新型的特质理论。

人格结构中的五个因素后来被称为"大五",这五个维度因素是神经质(N)、外倾性(E)、经验开放性(O)、宜人性(A)和认真性(C)。

五因素模型是通过问卷法研究得出的。科斯塔(Costa)等人根据对 16PF 的因素分析和自己的理论构想编制了测验五因素的 NEO-PI 人格量表(NEO-PI Five-Factor Inventory),该量表包括 300 个项目,被试在五点量表(从完全同意到完全不同意)上指出每个句子表示他们自身特点的程度。除了五个因素上的得分,被试还有为每个维度量表设置的六个测量特质水平的层面量表得分,这些层面量表提供了有关大五因素的每个因素内的行为的更大区分性。

(三)七因素模型

特里根(Tellegen,1987)等人将评价维度引入人格结构。用不同的选词原则,获得了七个因素,构成了七因素模型。这七个因素是:正情绪性、负效价、正效价、负情绪性、可靠性、宜人性、因袭性。与五因素模型相比较,七因素模型增加了正效价(如优秀的、机智的、勤劳的等)和负效价(如邪恶的、凶暴的、自负的等)两个因素,其余五个维度与"大五"有大致的对应关系。研究者在验证时,基本肯定"大七"的稳定存在,但在国外"大七"不如"大五"流行。

(四)中国人的"大七"人格结构

北京大学的王登峰、崔红等人经过 20 多年的艰苦研究,发现西方人的"大五"模型不适用于中国人的人格,由中国词汇分类中得出的"大七"人格结构更加符合中国人的实际情况,更加接近中国人人格的真实状态。

王登峰和崔红在《解读中国人的人格》一书中指出中国人的"大七"人格结构:外向性、善良、行事风格、才干、情绪性、人际关系、处世态度。

第四节 性格的形成和发展

一个人的性格不是天生的,是在他的生活实践的过程中形成的。一个人的性格是在他的先天遗传素质的基础上,通过后天家庭、学校、社会环境以及个人自身的相互影响形成的。其中遗传因素是性格的自然前提,在此基础上,其他环境因素对性格的形成和发展起决定作用。所以性格是人在环境的相互作用过程形成和发展起来的,是一个人生活经历的反映。影响性格的形成和发展的因素是多方面的。

一、生物学条件

性格形成的生物学基础是遗传,遗传是性格形成和发展的生物学前提。只有具备了这种前提,性格才可能形成。

(一) 人的高级神经活动的类型

人的高级神经活动的类型即神经系统的强度、平衡性和灵活性,这种特性会影响特定性格的形成,这种影响表现为起加速作用或起延缓作用。

一个人从出生之日起,就受到周围环境的各种各样的影响,他必然要以一定的方式——暂时的神经联系来回应这种影响。一方面,神经系统的强度、平衡性和灵活性制约着暂时的神经联系的形成和变化;另一方面,后天建立的暂时的神经联系也改造着神经类型的特征。对个体的性格来说,高级神经活动类型不能决定一个人的性格,而受后天环境影响建立的暂时的神经联系对性格形成更具有直接意义。

【小资料】科学家揭秘"5·12地震幸存者"大脑改变原因

研究人员利用新型功能型核磁共振技术,对挑选出的44个志愿者进行大脑扫描,并将获得的大脑影像与32个没经历过地震的正常人的大脑影像进行对比,结果发现,这些志愿者的大脑中,额叶边缘系统及纹状体区域的活动增强,同时这些区域的连接性减弱。龚启勇推测,这44个幸存者大脑的异常反应,预示着他们将来可能发展成创伤后应急障碍(PTSD)患者。他们会恐慌、情绪低落、失眠、频繁地做噩梦,有的人会烦躁易怒,心神恍惚,难以集中注意力。同时,他们会对原来感兴趣的事物丧失兴趣,也可能把自己孤立起来,避免和他人交往。

【心理点评】由上面的例子可以看出人的神经活动对人的心理的影响,尤其是对性格的影响。

(二) 外表特征

个人的身高、体重、体型、外貌等生理上的特征都会对性格产生影响,影响到他的自信心、自尊感等性格特征的形成。

体型、外貌等生理特征之所以对性格形成有影响,主要是社会文化的评价作用。因为这些特征或者符合或者不符合文化的价值观,由此影响到他人对个体的不同反应。例如人们对于外貌特征的评价,符合社会赞同标准的人会得到更多的社会认同,常常得到多数人的喜爱,容易形成自信、乐观、活泼开朗的性格;相反,有生理缺陷者容易被人们讥笑或怜悯,往往易形成内倾、自卑的性格。

(三) 性别差异

性别差异对人性格的影响也有明显的作用。一般认为,男性在性格上更具有独立性、自主性、攻击性、支配性,并有强烈的竞争意识,敢于冒险;女性则比男性更具依赖性,较易被说服,做事有分寸,具有较强的忍耐性。当然这并不是绝对的,随着社会的发展,生活中这种性格的性别差异也在逐渐淡化。一个突出的表现就是大学生中女生越来越多,很多学校女生比例已经超过男生,并且硕士、博士中的女生比例也在逐年增加。

性格的性别差异主要受社会和生活环境的影响。人类社会基本上是父系社会,女性到现在依然受到这种因素的影响,在学习和工作方面受到一定程度的限制。人的性别角色是通过社会和生活环境形成的,潜移默化,耳濡目染,特别是父母的榜样作用,对人的性格形成有重要影响。

二、自然物理因素

生态环境、气候条件、空间拥挤程度等物理因素都会影响人格。

(一) 生态环境对性格的影响作用

一个著名的研究实例是,巴理(1966)关于阿拉斯加州的爱斯基摩人和非洲的特姆尼人的比较研究。这个研究说明了生态环境对人格的影响作用。

爱斯基摩人以渔猎为生,夏天在水上打鱼,冬天在冰上打猎。主食肉,没有蔬菜。过着流浪生活,以帐篷遮风避雨。这种生活环境使孩子逐渐形成了坚定、独立、冒险的人格特征。而特姆尼人生活在杂色灌木丛生地带,以农业为主,种田为生,居住环境固定。这种生活环境使孩子形成了依赖、服从、保守的人格特点。由此可见,不同的生存环境影响了性格的形成。

另外,气温也会导致人的某些人格特征的频率提高。如热天会使人烦躁不安,对他人采取负面反应,甚至进攻,发生反社会行为。世界上炎热的地方,也是攻击行为较多的地方。中国人民公安大学王大伟教授的研究结果表明,"气温上升 2 ℃,全国范围内强奸案发率就会上升 1‰"。王大伟因此编了一首平安歌谣:"较为平安一二三,四五六月往上蹿。夏天多发强奸案,冬季侵财到峰巅。"

(二) 气候条件对性格的影响作用

自然气候使地球上不同区域形成了不同的人种,也使不同区域的人们形成了不同的性格。比如我国生活在南方和北方的女性在性格上有很多不同,南方气候是温暖、湿润,水草、树木较多,河流较多,所以南方姑娘多温柔可爱;而北方气候干燥,雨水较少,多山少河,因而北方姑娘多大方、直爽。

(三) 空间拥挤程度对人格的影响作用

心理学家认为自然环境对人格不起决定性影响作用,更多地表现为暂时性的影响;自然物理环境对特定行为具有一定的解释作用。在不同的物理环境中,一个人可以表现出不同的行为特点。当然人们对空间拥挤程度的接受,还与一个人本身居住环境的人口密度有关。

三、社会文化因素

每个人都处于特定的社会文化背景之中,社会文化对性格的影响是非常重要的。社会文化影响社会成员的性格特点,使他们的性格结构朝着相似性的方向发展,进而起到一个维系社会稳定的作用。每个人都是在特定的文化、特定的社会和特定的经济地位中被抚养长大的,一般的文化背景、社会制度、经济地位都会对个人性格的形成和发展产生深刻的影响。因此,不同的时代、不同的民族、不同的社会生活条件和自然环境,都会影响人的实践活动,影响他的性格特征,从而形成不同时代、不同民族的典型性格。

个人必须融入特定的社会文化中,具有社会文化要求的性格特征,做出符合社会文化的行为,这样才能更好地适应社会。如果一个人极端偏离其社会文化所要求的性格特征,不能融入社会文化环境中,就可能被视为行为偏差或患有心理疾病。

社会文化对性格具有塑造功能,这反映在不同文化的不同民族有其固有的民族性格。例如中华民族是一个勤劳、勇敢的民族,这里的"勤劳、勇敢"的品质便是中华民族的共有人格特征。

(一)饮食对性格的影响

饮食会影响一个人性格的表现形式。

情绪不稳定的人,往往是酸性食物摄入过量,缺乏维生素 B 和维生素 C 的原因。建议这类人多吃碱性食物,如蔬菜、水果类、海藻类、坚果类、谷类、豆类等。同时减少对盐和糖的摄取,少吃零食。这样就能改善人的性格。

做事虎头蛇尾的人通常缺乏维生素 A 和维生素 C,应多吃猪肉、牛肉、羊肉、鸡肉、鸭肝、牛奶、羊奶、鸡蛋、鸭蛋、河蟹、田螺等食物,还要多吃富含维生素 C 的辣椒、红枣、猕猴桃、山楂、橘子、苦瓜、油菜、豇豆等。

性格固执者,经常吃肉类及高脂肪食物,血中尿素偏高。这类人应在饮食上减少肉类食物,可多吃鱼,并尽量生吃;蔬菜以绿黄色为主,少吃盐。

(二)育婴方式对性格的影响

不同民族有不同的育婴方式,进而影响到不同的民族形成不同的性格。

中国人习惯约束婴儿的活动,将婴儿用毯子或被子等布类裹得紧紧的,婴儿无法自由活动;婴儿睡眠时,也放在母亲身边,到一定年龄才独居,对孩子过度关注。所以中国儿童的性格有时比较保守,自理能力和独立性比较差。而美国人则很少约束婴儿的活动,主张让他们自由地活动,自由地探索,睡眠时也是母子分开的。美国人的性格则比较开放,独立性比较强。

(三)社会流行风气对性格的影响

社会上普遍流行的爱好、风气、习惯,通过广播、电视、网络、书籍等渠道影响人的道德评价和行为习惯的形成,进而影响人的性格。

【小资料】武汉高校调查显示:大学生近半成"手机控"

调查发现,智能手机的普及,让越来越多的大学生加入"低头族",无形之中被手机"绑架"。57.3%的大学生坦言自己是手机网民,对手机上的微博、微信、人人网以及娱乐软件等

"都了解且常使用"。

除了用手机接打电话和收发短信外,47%的受访大学生表示手机绝不离身,几乎每天都使用手机娱乐或交流,譬如看新闻听歌和登录QQ、刷微博。57%的大学生肯定自媒体工具提供丰富的国内外各行各业最新资讯,还提供更多的交流平台,表达和交际更趋多样化。

华中师范大学教育部人文社会科学研究项目"自媒体背景下高校校园文化建设研究"课题组,选取武汉地区7所不同层次、不同类别高校的大学生群体作为调研对象。调研以问卷调查为主、座谈访问为辅,共发放问卷1 400份,回收有效问卷1 256份,具有一定的代表性。

针对近半大学生成为"智能手机控"现象,课题组负责人周挥辉建议,高校应顺应时代,利用自媒体优势想新招,开展富有特点的校园文化活动吸引他们,并通过开设课程或讲座引导大学生树立科学的网络文化价值观,不断提升大学生的媒介使用素养。大学生自身也应学会自制、自律,理性上网,珍惜大学时光。

【心理点评】社会因素对学生性格的影响确实很大。社会流行的东西特别是价值观对学生的影响尤其需要家长、学校教师和整个社会重视。在资讯发达的今天,对学生的影响无处不在。

四、家庭因素

家庭因素对一个人性格的形成起着至关重要的作用,因为家庭教育是儿童接受最早、持续时间最长的教育,是其他教育不可替代的,一个人的性格是家庭塑造出来的。

（一）家庭气氛的影响

家庭气氛是指家庭成员在日常生活的相互关系中所形成的稳定的心理和行为环境,家庭气氛会直接影响儿童性格的形成。

一般来讲,具有和睦的家庭气氛的家庭,家庭成员之间相互关心和爱护,孩子的性格往往比较活泼、开朗,对人有礼貌,积极进取,自觉遵守法律法规。

冷淡型家庭成员之间比较疏离。这种家庭的子女性格比较温和,但有些孤僻;他们遇事冷静,却缺乏敏感和热情,和其他人的关系也比较疏远。

暴力型家庭往往不讲道理,很多时候都以拳头来解决问题。这种家庭的孩子耳濡目染,逐渐学会用武力解决问题,或者走向反面会自虐。

但上面所说的只是一般情况,现实生活中总会有特殊情况的出现,人们对此的看法并不相同。比如《"中国狼爸",棍棒底下出才子?》这个特殊案例,萧尧——这个人们一般认为被父亲打进北京大学的孩子,对记者说"家庭环境非常和谐"。

（二）家长教育方式的影响

家长在教育儿童时采取的方式对孩子的性格形成和发展起到关键的作用,一般认为家长采取民主的教育方式,对于孩子的良好性格发展是最有利的。

家长的教育方式具体表现如下。

民主的家庭:形成独立、直爽、协作、亲切、社交、机灵、安全、快乐、坚持、大胆、有毅力和创造精神。

溺爱的家庭:任性、骄傲、利己主义、情绪不稳定。

过度保护的家庭:一个学生上大学一星期被迫退学回家,离开父母照顾不了自己。

过分严厉的家庭:缺少自信心,追求过分完美,易形成强迫症。

过分控制的家庭:父母什么都管,把自己的想法强加给孩子。

(三) 儿童在家庭中的地位与角色的影响

儿童在家庭中所处的地位及扮演的角色,也会影响其性格的形成与发展。

前苏联一位心理学家对同卵双生子的姐妹进行研究,发现姐姐处事果断、主动勇敢,妹妹较为顺从、被动。经了解,在这对双生子出生后,她们的祖母指定一个为姐姐,一个为妹妹。从童年时起,姐姐就担当起保护、照顾妹妹的责任,所以形成了前面所说的性格特征,而妹妹由于被照顾和保护,就形成了依赖、顺从的性格特征。

出生顺序即排行,它对儿童的人格形成有影响。这种影响主要不是由出生早晚决定,而是由父母对孩子的态度和他在家庭中的地位决定。

阿德勒发现,家庭中的第一个子女往往感到不安全甚至敌视别人。因此,犯罪者、神经病患者及酗酒者居多。第二个子女常有野心,表现为反抗、嫉妒,总是企图压制兄妹,但善于适应环境。而最小的孩子一般总是受纵容,不论是在儿童期还是成人后,行为上常发生问题。

贝尔(Bell,1958)的研究表明,长子、长女人格多偏于保守,进取心较弱,缺乏自信心,易受人暗示,不善于表达感情,有自卑感,缺乏安全感等。

但也有一些研究表明,由于长兄是父亲事业和财产的当然继承者,而大姐则负有照料弟妹的义务,所以长兄容易形成优越感,富有支配性,而大姐则较为温存和谦让。

近年来,我国提倡一对夫妇只生一个孩子,独生子女的问题就随之出现。由于独生子女在家庭中的特殊地位,容易受到娇惯和溺爱,缺乏伙伴和分享,所以更易形成任性、自私、自我中心、依赖、胆怯、孤僻、爱发脾气等不良的人格特征。但有研究表明,独生子女的家庭地位并非都是劣势,而是具有某些优势,只要教育得法,独生子女和非独生子女的人格并无显著差异(叶亦乾,2004)。

五、学校教育对性格的影响

学校教育对儿童的性格形成也起重要作用。学校是对学生进行有目的、有计划教育的场所。学生在学校里学习系统的科学文化知识,接受思想品德教育,进行体格锻炼,树立正确的理想和世界观,形成良好的性格特征。

(一) 课堂教学对性格形成的影响

课堂教学是学校教育的最主要途径,在教师的带领下,学生从课堂教学中学习系统的科学文化知识。学生的学习从幼儿园、小学、初中、高中、大学,持续十几年,所以学生知识的学习是一种持久的学习,在学习的过程中学生学会了与同学合作,学会了克服困难,可以形成学生的坚持性、自制力、主动性和独立性等良好的性格特征。体育课不仅可以传授给学生运动技能知识,锻炼身体,还可以培养学生的意志力与勇敢精神。

(二) 校风、班风都会对性格形成影响

学生在学校的时间有十几年,良好的校风、班风对于培养学生积极性、主动性、独立性和自觉遵守纪律的优良性格特征,形成良好的人格具有重要作用。

(三) 教师对学生性格形成的影响

1. 教师的榜样作用潜移默化地影响学生性格的发展

学生的年龄越小,受教师的影响越大。教师不仅在教学中影响学生,而且他的一言一行对学生的影响更大。学生用自己敏锐的眼睛观察教师的一言一行,教师的行为举止自觉或不自觉地影响着学生,成为他们模仿和学习的榜样。

2. 教师和学生之间的关系影响学生性格的发展

教师和学生之间的关系能影响学生性格的发展,学生年级越低,年龄越小,对学生的影响越大。融洽、和谐的师生关系能使小学生形成热情、合作、自信心强和乐观向上等优良性格特征;相反,紧张、冷漠的师生关系会使小学生形成孤僻、焦虑、偏执和缺乏自信等不良的性格特征。

3. 教师对学生的管教方式影响着学生性格的发展

勒温(Lewin)等人把教师管教学生的方式分为 3 种类型,即民主的方式、专制的方式、放任的方式(见表 10-1)。心理学的研究表明,教师对学生的管教方式影响学生性格的发展。

表 10-1 教师管教方式和学生的性格特征

管教方式	学生的性格特征
民主的方式	情绪稳定、积极、态度友好、有领导能力
专制的方式	情绪紧张、冷漠或带有攻击性,教师在场时毕恭毕敬,不在场时秩序混乱缺乏自制性
放任的方式	无团体目标、无组织、无纪律

4. 教师的期望对学生性格的形成也具有重要的影响

1968 年,美国心理学家罗森塔尔和雅可布森等人做了一个著名实验。他们在一所小学的一年级至六年级各选一批学生进行所谓"预测未来发展的测验",然后交给教师一份学生名单说:"这些学生将来大有发展前途。"实际上,这些学生是随机抽取的。结果八个月后,对这些学生进行智能测验,发现名单上的学生的成绩确实进步了,教师也给了他们好的品行评语,实验取得了奇迹般的效应。罗森塔尔认为这个结果是因为教师接受了"权威诺言的暗示",对名单上的学生偏爱和期待,从而对学生的心理和行为产生了直接的影响。他借用希腊神话中主人公皮格马利翁的名字,把这个效应定名为"皮格马利翁效应"。相反,教师的低期望会使学生体验到否定和排斥、产生遗弃感和自卑感,不利于性格发展。

(四) 同伴群体对性格形成的影响

同伴群体对学生性格的形成也具有重要的影响。同龄伙伴之间的关系是完全平等的,互相分享成功和秘密,在同伴群体中获得认同并产生归属感,这种关系能促进个体具有安全感、自信心、合作性等性格特征。当然同伴影响也可能是有害的,接触到行为不良的同伴群体会对个体的性格发展产生不良影响。

六、自我因素

人的认知决定个人对待世界和人生的方式,在一定程度上影响个人性格的形成和发展。美国心理学家凯利(G. Kelly)认为,处在相同的情境中的不同的人会有不同的行为表现,经历了相同的事件,不同的人会有不同的感受或会发表不同的观点,对其以后也会产生不同的影响,导致不同的价值取向和不同的人格特征,这些差异主要是由于不同的人有不同的建构世界的方式造成的。

(一) 儿童早期经验

中国有句俗话:"三岁看大,七岁看老。"人生早期所发生的事情对性格的影响,历来为心理学家所重视,特别是弗洛伊德。

斯皮茨(Spitz)在对孤儿院里的儿童所进行的研究中,发现这些早期被剥夺母亲照顾的孩子,长大以后在各方面的发展均受到影响。许多孩子患了"失怙性忧郁症",其症状表现为哭泣、僵直、退缩、表情木然,并且有人提出弃子会使儿童产生心理疾病,孩子会形成攻击、反叛的人格。

艾斯沃斯通过陌生情境进行婴儿依恋的研究,将婴儿依恋模式分为安全依恋、回避依恋与矛盾依恋三类,并做了数十年的追踪研究,将婴儿时期的依恋对人格的发展进行了相关研究,结果表明:早期安全依恋的婴儿在成人后有更强的自信与自尊,确定的目标更高,表现出对目标更大的坚持性和更小的依赖性,并容易建立亲密的友谊。

早期童年经验对人格产生的影响依然是一个存在争议的问题。一般认为,人格发展的确受到童年经验的影响,幸福、快乐的童年有利于儿童向健康人格发展,不幸的童年也会引发儿童不良人格的形成。但二者不存在一一对应的关系,溺爱也可使孩子形成不良人格特点,逆境也可磨炼出孩子坚强的性格。

(二) 重大生活事件

一个人生活中发生的重大生活事件直接影响个体性格的形成和发展。如亲人突然离世、意外事故等,对于每个人而言都是重大生活事件,他在经历这些事件的时候会有深刻的内心情感体验,会对一个人的性格的形成和发展产生影响。

杜红梅、汪红烨、罗毅等人的研究《生活重大事件应对方式与小学生人格特质的相关性分析》表明,小学生常遇到的和影响最严重的生活重大事件是考试失败(94.7%)。小学生总体上趋向于选择"解决问题"、"求助"等成熟型的应对方式,成熟型应对方式具有外向型人格特点,不成熟型应对方式具有精神质和神经质的人格特点。

李波等人的论文《重大危机生活事件对大学生心理成长的影响——非典对大学生自我认同的影响》,经过"非典"以后,大学生在自尊和自我效能方面都有一定的提高,研究结论是经历"非典"重大危机生活事件对于大学生的心理成熟和发展具有重要的作用。

(三) 自我意识

自我意识对个体性格的形成和发展也有十分重要的影响,自我意识包括自我评价、自我体验与自我调控。随着一个人年龄的增长,个体的自我意识逐步发展起来,能够从听从他人的评价发展到独立地进行自我评价,认识到自己的优点与不足。他对外界客观事物的看法和行为方式也越来越客观,性格的发展也就越来越成熟。同样的环境因素,不同的人可能会形成不同的性格,如面对升学、就业等重大生活事件,有的人难以适应而导致性格发生偏差,做出一些过激行为;有的人却能重新审视自己,找到生活的方向,性格获得良好的发展。

第五节 性格的测量

如何正确地评定一个人的性格，使教师准确地了解学生的性格特征与类型，预测他们在学习和生活中的行为，可以培养学生的良好性格、调动学生的学习积极性，使学生能够健康成长，成为对社会有用的人才。

由于性格这一心理现象的复杂性，性格评定往往需要多种方法。

一、自然实验法

自然实验法是在日常生活条件下，适当控制实验条件，对心理现象进行研究的方法。

用自然实验法也可以对一个人的性格特点进行研究。例如，在游戏或上课时，让被试者完成一些实验性的作业，来研究学生的责任心、自制力、诚实、果断等性格特征。但它的缺点是难以对实验条件作严密的控制，例如章志光、朱文彬于1964年进行的课业责任心的实验，前苏联心理学家阿格法诺夫的勇敢实验等。

二、问卷法

问卷法是以书面提出问题的方式收集资料的一种研究方法。这种方法主要用统一设计的问卷，要求研究对象作出填答，从而获得被试者对某一现象或问题的看法和意见。

(一) 卡特尔16种个性问卷

美国伊利诺伊州立大学卡特尔(R. B. Cattell)教授采用系统观察法、科学实验法以及因素分析统计法确定16种个性根源特质。据此，他编制了16种个性因素问卷(Sixteen Personality Factor Questionnaire,16PF)。

16种个性因素各自独立，每一种因素与其他因素的相关度极小。每一种因素的测量能认识被试的某一方面的个性特征，整个问卷能对被试的16种个性因素综合了解，从而全面地评价被试的个性。

16PF适用于16岁以上的青年和成人，它有A、B、C、D、E五种复本。A、B为齐全本，每卷各有187题。C、D为缩减本，每卷各有106题。E是专门为文化较低的被试编制的实验试本，有128题。16PF在德、法、意、日等国已有修订本。

刘永和与梅吉瑞将原测验的A、B两种合并，在1970年发表中文修订本(187题，每个特质包括10～13题)，并在港台地区测验中国学生2 000人，作出常模。我国辽宁省教育科学研究所李绍衣等人于1981年在刘永和、梅吉瑞修订本基础上进行修订，后由华东师范大学戴忠恒教授和祝蓓里教授等进一步作了修订。

(二) 明尼苏达多相个性测验表

明尼苏达多相人格测验(简称MMPI)是现今国外最流行的人格测验之一，此量表是由美国明尼苏达大学教授哈萨威(S. R. Hathaway,1942)和麦克金里(J. C. McKinley)所编制的，适用于16岁以上具有小学文化水平以上的群体。该量表内容包括健康状态、情绪反应、社会态度、心身性症状、家庭婚姻问题等26类题目，可鉴别强迫症、偏执狂、精神分裂症、抑郁性精神病等。其中有 10 个分量表：(Hs)疑病症、(D)抑郁、(Hy)癔病、(Pd)精神变态、(Mf)性变态、(Pa)妄想狂、(Pt)精神衰弱、(So)精神分裂症、(Ma)轻躁狂、(Si)社会内向。所有题目均采用"是、否、不一定"来回答,题目举例如下：

(1) 我相信有人反对我。是[ ] 不一定[ ] 否[ ]
(2) 我相当缺乏自信。是[ ] 不一定[ ] 否[ ]
(3) 每隔几夜我就会做噩梦。是[ ] 不一定[ ] 否[ ]

这个测验所重视的是被试者的主观感受,而不是客观事实,又因为在编制时采用正常与异常两组对照组为样本,因此 MMPI 不但可做临床上的诊断依据,而且也可用来评定正常人的人格,使人们对一个人的人格有个概略地了解。

MMPI 是一个极好的人格测验,但因项目较多,测试需要的时间很长,故临床上许多病人在测查时不能坚持做完,或勉强完成而影响结果。简化 MMPI 是心理学家十分关心的问题之一,但一直存在争论,如 MMPI 编制者本人就反对使用简式量表。然而有一件重要工作值得注意,范森及其同事(1984)经过几十年的努力,编制成 MMPI—168。他们发现 MMPI—168 与原量表相比具备其各种特点和诊断价值,而其他人所做的分析中,似乎表明 MMPI—168 更优于标准版本。

MMPI—2 编制于 1989 年,与 MMPI 一样也是一个在国际上用途广泛的人格测验量表。该表共包括 567 个自我报告形式的题目,分基础量表、内容量表和附加量表三大类,其中基础量表包括有 10 个临床量表和 7 个效度量表。如果只为了精神病临床诊断使用,可做前 370 题。

MMPI—2 共有 567 个项目,MMPI 则有 566 个项目(其中包括 16 个重复项目)。两版 MMPI 之间有 394 个项目完全一样;有 66 个项目经过语法或语言修辞方面的改动,但基本内容没有变动；MMPI 中的 90 个项目在 MMPI—2 中被删除。故从项目内容来看,MMPI—2 保留了 MMPI 中约 84％的项目。MMPI—2 中新增加 107 个项目。被保留的项目多集中在 MMPI—2 第 370 题以前的测验部分,第 370 题以后的部分多为改动或新增加的项目。

(三) 艾森克人格问卷

艾森克人格问卷(Eysenck Personality Questionnaire,EPQ)是英国伦敦大学心理系和精神病学研究所艾森克教授(H. J. Eysenck)编制的,分儿童(7～15 岁)和成人(16 岁以上)两种类型。经过多次修订,在不同人群中测试,已经获得可靠的信度和效度,在国际上广泛应用。这一问卷于 20 世纪 40 年代末已开始拟定,1952 年正式发表,称 Maudstey 医学问卷。随后又于 1959 年及 1964 年进行增改和修订,最后于 1975 年再次修订并命名为艾森克人格问卷(EPQ)。

EPQ 的成人和幼年问卷包括 P、E、N、L 四个量表,各量表又分别包括不同数目的项目。每一个项目只要求被试者回答一个"是"或"不是"(或"否")。一定要作一回答,而且只能回答是或否。发卷后向被试者说明方法,便由他自己逐条回答,这是纸笔测验的一种。可以个别进行,也可以团体进行。

每一项目都规定了答是"是"或"不是"。如果规定答"是",被试答了"是"便计 1 分,如果答了"不是"便不记分；同理,如果规定答"不是",在答了"不是"时计 1 分,答了"是"不计分。最后根据被试者在各量表上获得的总分(粗分),按年龄和性别常模换算出标准 T 分,便可分析被试者的个性特点。

此外还有加州心理问卷、YG 性格问卷等。

三、投射测验

投射测验是一种心理测验的手段,也是一种特殊的人格测评技术。投射技术是向被试者提供一些特殊的情境,让被试者看一些特定的图片或者完成特定的句子,根据他的反应,主试者根据测验标准进行分析,便可以推断被试者的人格特征。因为没有所谓的正确答案,被试者会减少防御之心,能真实地表达自己的需求、动机等。

投射测验(project test)一词最早在 1938 年由默里在他所著的《人格探索》一书中提出,是一种要求被试者对一些模棱两可或模糊不清、结构不明确的刺激作出描述或反应,通过对这些反应的分析来推断被试者的内在心理特点的测量技术(郑希付,2008)。

投射测验的基本假设是,人对外界刺激的反应有其原因并可预测;反应决定于当时的刺激、情境,但个体的心理状况、人格结构对当时的知觉与反应的性质和方向起了很大的作用;人格结构的大部分处于潜意识中,面对模糊情境时,可以使隐藏的欲望、需求、动机等表现出来(郑日昌,1999)。

严文华(2003)认为投射在心理学中有三种含义:一是指个人不自觉地把自己的态度、愿望和情绪等,投射到环境中的事物或他人身上;二是指个人的情绪对外界事物的影响;三是指个人从经验出发作了错误的判断。

目前,投射测验主要有罗夏墨迹测验、主题统觉测验、语句完成测验、绘画测验、班达完形测验和情境对话测验等。

（一）罗夏墨迹测验

罗夏墨迹测验(Rorschach Ink-Blot Test)是瑞士精神病学家罗夏(H. Rorshach)所创。罗夏开始用画片来测验病人,后来改用墨迹图。如图 10-1 所示,先用一张纸中间滴上墨汁,然后把纸对折,使形成对称的但开头不定的图形。罗夏墨迹测验共有 10 张卡片,每张卡片上都印有一个双侧对称的墨渍图。其中 5 张为浓淡不同的黑白图,2 张为红与黑的图,3 张为几种颜色混合的图,测验时逐个问被试者看到了什么？图形像什么？看图时想到了什么？

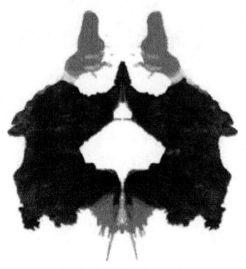

图 10-1 墨迹测验图例

一般从 3 个方面进行计分和解释：

（1）定位。被试者对图形整体反应还是部分反应？

（2）决定。被试者反应的决定因素是什么？是墨渍的形状，还是颜色，把图形看作静的还是动的？

（3）内容。被试者把图形看作什么？是人，是动物，还是特体？

（二）主题统觉测验

主题统觉测验（Thematic Apperception Test, TAT）是美国心理学家默里和摩根（H. A. Murray, C. D. Morgan, 1935）创制的。它由 30 张图像和一张空白图片成。图像多数是人物，也有一部分风景。每张图像都相当模棱两可，可以作各种不同的解释。被试者从中抽取图片 20 张和一张空白图片。分两次实施，每次使用图片 10 张。每次呈现一张图片，当被试者看到图片时，凭个人的想象，编造出一张图像上的故事。编造的故事必须包括：图像的情景，情景发生的原因，将来的演变，可能的结果以及个人的思想和情感。主试者根据故事的主题，故事中人物的关系，知觉的歪曲，不平常形式的特征，故事中反复出现的情节以及整个故事的情调（如是悲观的还是乐观的）等对被试者的性格作出鉴定。

【小资料】主题统觉测验实例

图 10-2　主题统觉测验图例

图 10-2 是 TAT 中的一张图片，是一个中年妇女站在半开的门旁，向室内观看。

一位 30 岁左右的女子，她看了这张图片后编造故事：

一位妈妈下班后回家，开门一看，感到惊喜，因为早晨上班匆忙，没有时间收拾房间，家中很乱，现在却变得十分整洁，不仅桌椅都揩得干净，而且花瓶里还插着美丽的鲜花，使人感到愉快。但不知道是谁收拾的？妈妈忽然看到高高的书橱没有整理，心中一下全明白了。故事反映被试者自己的家庭情况，被试者有一个和睦的家庭，有一个体贴父母又爱劳动的孩子。

一位 21 岁男青年对以上画面却讲述了下面的故事：

她正在收拾屋子以迎接某人的到来，她打开门，最后一遍扫视房间。也许她正在盼望儿子回家。她试图把所有的东西恢复到儿子出门时的原样。她似乎性格上有些暴虐，统治着儿子的生活,一旦他回来立即控制他。这仅仅是她控制的开端。她的儿子一定被她的暴虐所吓倒,将顺从她的井然有序的生活方式。他将按照母亲规定的生活道路走下去。所有这一切意味着她完全统治着他的生活直至她死去。

受测者编制的这个"母亲支配儿子"的故事,后来被证实它确实反映了受测者个人的问题。

【心理点评】投射测验确实能推断出人的性格特征。

(三) 句子完成法

句子完成法(简称 SCT)是投射测验的一种,主试者给出一些未完成的句子,让被试者自己填上句子所缺的部分。依据被试者所填的内容来推断被试的情感、态度以及内心冲突等,测查被试者的性格特点。例如:

我最喜欢_____
我最羡慕_____
我最讨厌_____

这种言语联想方法最早起源于德国,开始用于测查儿童的智力和能力,后来美国把句子完成法用于人格的测查。现在句子完成法已广泛地运用于心理学临床检查,测查当事人的性格,进而找到其与心理问题的关系。这种方法便于操作,既可以对个人进行施测,也可以进行团体施测。

复习思考题

1. 对性格的定义如何理解?
2. 性格与气质的区别与联系是什么?
3. 性格的结构特征有哪些?
4. 影响性格的形成和发展的因素有哪些?

本章参考文献

[1] 姚本先.心理学.北京:高等教育出版社,2005.
[2] 叶亦乾,等.普通心理学.上海:华东师范大学出版社,2004.
[3] 王雁.普通心理学.北京:人民教育出版社,2002.
[4] 张厚粲.心理学.天津:南开大学出版社,2002.
[5] 黄希庭.心理学导论.北京:人民教育出版社,2001.
[6] 韩永昌.心理学.上海:华东师范大学出版社,2001.
[7] 卢家楣,魏庆安,李其维.心理学基础理论及其教育应用.上海:上海人民出版社,1998.
[8] 张德.心理学.长春:东北师范大学出版社,1987.
[9] 王登峰,崔红.解读中国人的人格.北京:社会科学文献出版社,2005.
[10] 卢家楣.心理学.上海:上海人民出版社,2004.
[11] 全国十二所重点师范大学.心理学基础.2版.北京:教育科学出版社,2008.

[12]杜红梅,汪红烨,罗毅,等.生活重大事件应对方式与小学生人格特质的相关性分析.中国学校卫生,2008,28(3).

[13]李波,等.重大危机生活事件对大学生心理成长的影响——非典对大学生自我认同的影响.中国健康心理学,2005,13(1):48.

[14]郑日昌.心理测量学.北京:人民教育出版社,1999.

[15]郑希付.心理咨询原理与方法.北京:人民教育出版社,2008.

[16]严文华.心理画外音.上海:上海画报出版社,2003.

第十一章 能　力

【本章导学】

　　能力是个性心理特征的重要方面，它离不开具体的实践活动。心理学开展对能力的研究，既有助于个性心理研究，也有助于学生能力的发展与提高。

第一节　能力的概述

一、什么是能力

　　能力是个体顺利完成某种活动所必需的并直接影响活动效率的个性心理特征。

　　能力总是和人的某种活动联系在一起并表现在活动之中的。只有在人的具体活动中才能看出他具有某种能力。在绘画活动中，有的学生对透视、色彩鉴别、视觉表象等方面都较强，说明他具有绘画能力；在音乐课上，有的学生有很强的节奏感、曲调感和听觉表象，还唱得很好，说明他有音乐能力；在数学运算时，有的学生能迅速准确地理解题意、运算简捷和一题多解，说明他有很强的数学能力。总之，能力离不开具体活动，只有在具体活动中才能体现出人的不同天赋。

　　当然，并不是所有与人的活动有关，并在活动中表现出来的个性心理特征都是能力。只有直接影响人的活动效率并使活动任务得以顺利完成的个性心理特征才是能力。例如，活泼、沉静等个性心理特征和完成活动虽有一定关系，但不是完成活动的必备的、最直接的个性心理特征，因此不能被称作能力。而军事指挥员的观察能力、工程技术人员的计算能力和歌唱家的演唱能力等都是他们顺利完成其相应工作所必备的和最基本的个性心理特征。没有这些特征，就会影响其活动效率。心理学把这些个性心理特征称为能力。其实，任何一种能力都不可能完成复杂的活动，要完成这些活动，必须有多种能力的有机结合。例如，画家的工作，需要有色彩辨别能力、形象思维能力、形象记忆能力等的有机结合；歌唱家的工作，需要有听觉表象能力、乐曲表达力、节奏感等的有机结合。

　　如果一个人具备从事某种活动所必须具有的各种能力，并使这些能力有机结合出色地完成任务，就说明他具有从事这种活动的才能。才能是各种能力的全方位的有机结合。才能的高度发展就是天才，它是在一定的先天生理素质基础上通过后天的环境影响与教育的作用以及主观努力而逐渐形成和发展起来的。

二、能力与知识、技能的关系

能力与知识技能既有区别又有联系。能力是在掌握知识的过程中形成和发展起来的。离开了知识的学习、技能的训练,任何能力都不可能得到发展。例如,学生学习了语法知识,掌握了写作技能,其写作的能力就能得到发展;学会了观察事物的技能,其观察能力就会获得发展。同时,能力又是学习和掌握知识的必要条件,它制约着知识技能掌握的速度、深度、难度和巩固程度。例如,感知能力差的学生,感性知识上升到理性知识也比较困难,其理解程度就低。一个学生某种能力的强弱也制约着知识掌握的深度和技能水平的提高。如果某学生的理解能力和计算能力比较差,那么他在学习数学、解答数学习题方面就容易产生困难,数学成绩绝对不会高。由此可见,能力是掌握知识技能的必要条件,掌握了一定的知识技能又会促进能力的发展。

能力与知识技能的联系虽然密切,但它们仍然是有区别的。知识是人类社会历史经验的概括和总结,每个人的知识经验都是在人类社会生活过程中学习和掌握的,因此它是社会现象,技能是人们在活动中应用的基本动作方式,是通过练习而获得和巩固的。能力则是人们在活动中表现出来的,成功地完成某种活动的任务,直接影响活动效率的心理特征,是人们从事某种活动的必备的心理条件。因此,能力不等于知识与技能,其发展也是不一致的。一个人知识的多少不能证明其能力的强弱,不同的人可能掌握同等的知识技能,但他们的能力却不一定具有同等水平。例如,学习能力强的学生在掌握知识的过程中能比较轻松自如地取得良好的成绩,学习能力差的学生要获得较好的成绩,就要花大力气,下一番功夫。因此,能力是学生获得知识、掌握技能的基本条件。学生原有的知识基础、学习态度、学习条件、个性品质等还制约他们获得知识技能的速度、深度和巩固程度。在这些条件相同的情况下,能力才显示出它在掌握知识技能方面所起的作用。教师的职责不仅是传授知识,把学生教懂,而且要通过各科教学,组织有关的活动来培养和发展学生的各种能力。当今世界教育改革的一个重要内容就是采取有效措施培养学生的能力,特别是学生的自学能力。可见,能力对于掌握知识、训练技能的重要性。

三、能力的种类

(一) 一般能力和特殊能力

一般能力是指人们在一切活动中必须具备的基本能力,也即是认知能力,包括观察力、注意力、记忆力、思维力、想象力等。这些能力通常称为智力,其中以思维推理能力为核心。人们要完成某种活动任务,都和这些能力的发展紧密联系着。

特殊能力是指人们能顺利从事某种专业活动所表现出来的能力,也即是从事某种特殊职业必备的能力。例如,科学家的科技研究能力,画家的色彩辨别能力和空间想象能力,理论家的抽象逻辑能力,教师的语言表达能力和组织教育、教学的能力等都属于特殊能力。

一般能力和特殊能力彼此不是孤立的,它们有着十分密切的关系。一般能力的发展为特殊能力的形成提供了有利的条件,而特殊能力的发展又会促进一般能力的发展。例如,在教学过程中,学生参加每一项具体活动,一般能力和特殊能力常常是共同发挥作用,很难截然分开。而且每个学生在活动中都带有不同的能力倾向,各种能力的发展也不均衡。另外,一般能力又是特殊能力的组成部分。例如,人的一般视觉能力既存在于绘画能力之中,又存在于对色彩的鉴别能力中。没有视觉的一般能力的发展,就不可能有绘画能力和色彩鉴别能力的发展。

(二) 再造能力和创造能力

再造能力是指人们能够顺利掌握别人积累的知识经验和技能以及总结出来的行动方式所表现出来的能力。例如,学生在老师的指导下学习书本知识、掌握某种操作技能等。

创造能力是指人们根据一定的目标,产生新的思想和新的产品的能力,它具有新颖性和独创性的特点。例如,科学家发明创造新的科学技术,文学艺术家创造出新的作品等。

再造能力和创造能力的关系非常密切。创造能力是在再造能力的基础上发展起来的,特别是儿童,在活动中一般都是先有再造(即模仿),后才有创造。例如,儿童学语言,就是先模仿大人的发音,后学说单个的词,再后才学会说话;又如学习绘画、书法,是先学习临摹,后才有创作,待绘画和书法有了良好的基础,才可能进一步形成自己的独特风格。

(三) 认知能力、操作能力和社交能力

认知能力是指人们认识客观世界、获得各种各样的知识的能力。就是人们平常说的智力,如观察力、记忆力、思维力、想象力等。其主要功能是人脑对信息的加工、储存和提取。

操作能力是指人们在意识的调节下运用肌体完成各种各样的动作的能力。例如,体育运动中的竞技能力、演员的艺术表演能力、劳动能力、实验操作能力等。操作能力是在训练和形成操作技能的基础上发展起来的,是顺利掌握操作技能的重要条件。操作能力与认知能力有着密切的联系。通过认知能力对一定知识、经验的积累,促进了操作能力的形成和发展。反之,已经形成和发展起来的操作能力又为认知能力的发展提供了条件。

社交能力是指人们在社会交往活动中表现出来的一种能力。这是人们参与社会生活,实现人与人之间的交往,彼此保持协调不可缺少的能力。例如,学生从事的学习活动,参加团队活动以及社会公益劳动等都要表现这种能力。人们的社交能力对于组织社会团体,促进人际交往和信息沟通等都有重大作用。

第二节 能力的结构和测量

一、能力结构

能力结构在其他一些心理学著作中又称为智力结构。对于这个问题,几十年来国内外许多心理学家进行了大量研究,提出了各种见解。关于智力的概念,我国心理学家朱智贤认为:"智力是一种综合认识方面的心理特性,它主要包括三个方面:(1)感知记忆能力,特别是观察力;(2)抽象概括能力(包括想象力),这是智力的核心成分;(3)创造力(即创造性地解决问题的能力),这是智力的高级表现。智力不是某种单一的能力,而是各方面能力综合的整体结构。"

关于智力结构理论,在西方心理学界,有许多不同的学说,主要有以下几种。

(一) 独立因素说

持独立因素理论的是美国心理学家桑代克,他在《教育心理学》等著作中,曾对能力作出比较系统的描述。他认为,人的能力是由许多独立的因素构成的,如抽象能力、对社会关系和对机械问题的适应能力等。在桑代克看来,构成能力的不同因素彼此是没有关系的,是单个能力独立发展的。这种理论由于缺乏科学依据,很快就受到人们的批评。心理学家发现,当人们在从事不同的认识活动,并完成其中的不同任务时,所获得的成就彼此之间有着明显

的联系。例如,观察某一事物,同时要有注意力、记忆力、思维力的参与,否则对事物的观察就不仔细、不精确。这就说明构成能力的结构因素不是独立的,而是联系在一起的。

（二）二因素说

这是英国心理学家斯皮尔曼于 1904 年用自己创始的"因素分析法"研究能力时,提出的能力结构说。该学说认为,能力是由一般因素（也称 G 因素）和特殊因素（也称 S 因素）构成的。完成任何一种作业都需要由 G 和 S 两种因素来决定。例如,一个算术推理作业是由 $G+S_1$ 决定的;而一个言语测验作业是由 $G+S_2$ 决定的。两套测验结果出现正相关,是由于它们之间有共同因素 G 造成的;两套测验结果又不完全相关,是由于它们分别含有特殊因素 S 造成的。这里 G 因素只一个,参加所有能力活动,在能力结构中是第一位和重要的因素;S 因素有许多（S_1、S_2、S_3…）,它们分别参加某一种或几种特殊的能力活动。

（三）群因素说

美国心理学家塞斯顿采用他自己设计和发展的因素分析法,于 1938 年提出了另一种能力结构理论。他认为,智力是由一群原始心理能力所构成的,一般有七种原始因素:(1)数学因素。指能够迅速而正确地处理数学的能力;(2)词语流畅。即能迅速选择同义词或音近词的能力;(3)词的理解。即掌握词汇意义的能力;(4)推理因素。即能够从特殊事例中发现抽象规则的能力;(5)空间因素。即能够正确判断空间位置和方向的能力;(6)知觉速度。即能够迅速把握事物的细节和辨别事物异同的能力;(7)记忆因素。

塞斯顿根据他对能力结构的理解,对每种因素都设计了测验,并编制了一套《基本能力测验》。测验结果表明,各种能力之间都有正相关。例如,计算与词的流畅的相关为 0.46,与言词的意义的相关为 0.38,与记忆的相关为 0.180,这说明,七种因素并不是对立的。在各种能力中都存在着一般的因素,只是各能力间的正相关的大小不同而已。

（四）智力三维结构说

美国心理学家吉尔福特于 1959 年提出了智力的三维结构理论。他认为人的智力是由操作、内容和产品三个方面构成的,并用一个由长、宽、高三维构成的立方体加以证明。操作有 5 种,内容有 4 种,产品有 6 种。把这些项目组合在一起共计 120 种智力因素（见图 11-1）。

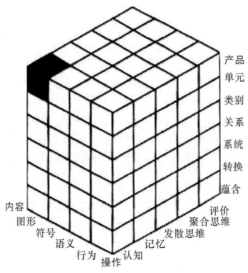

图 11-1　吉尔福特的智力结构图

吉尔福特认为,智力的第一个变项是操作。智力操作包括:(1)认知。即再认;(2)记忆。即保持已经认知的信息;(3)发散思维。即沿着各种不同方向的思考;(4)聚合思维。即全部信息导致一个正确的合乎惯例的答案;(5)评价,即对记住的和思考的信息加以评定。智力的第二个变项是智力活动的内容。它包括:(1)图形的,指具体形象的事物;(2)符号的,由字母、数字和其他记号组成的事物;(3)语义的,指具有语言意义的东西;(4)行为的,指社会性智力的内容。智力的第三个变项是产品,它包括:(1)单元;(2)类别;(3)关系;(4)系统;(5)转换;(6)蕴含。把这些项目组合在一起,共有120种智力因素。在智力三维结构模型中,每一个小立体代表一个智力因素。

吉尔福特的智力三维结构说,对人们更深入地研究智力的因素具有一定意义。它有助于各种专门能力测量的设计,有助于人们进一步探索智力的结构。

(五)智力结构层次说

英国心理学家阜南提出了智力结构层次理论。他认为智力是按层次排列的结构,而不是立体模型。他把斯皮尔曼的智力普遍因素G排在最高层次;第二层次分为两个大群,一群是言语和教育因素,另一群是操作和机械因素;第三层次分为几个小群,包括言语、数量、机械信息、空间信息和用手操作等;第四层次是各种各样的特殊智力因素,即斯皮尔曼的S。阜南的这一理论继承和发展了斯皮尔曼的二因素说,并且在G和S之间增加了两个层次。

我国心理学家认为,任何能力都是多种特性的综合,具有自己独特的结构。在能力结构中,有些心理特性占主要地位,有些特性则处于次要和辅助地位。例如,在教育能力中占主导地位的对教育活动的爱好、观察力、教育想象力、组织教学和传授知识的能力以及所担任那门学科的专业能力等;属于辅助能力的有表演能力、与专任学科有联系的其他学科的专业能力等。教育工作的成就依赖于各种能力的配合。马卡连柯在教育事中之所以取得辉煌的成就,就由于他出色地把教育能力、组织能力和文学能力紧密地结合起来。

数学能力也是由一系列能力结合构成的,其中主要的是对数学材料进行概括的能力、迅速简化系统推理和运算过程的能力、逆运算(容易地从思维的顺向进程转为逆向进程)的能力的综合。

美术活动能力也有自己的结构。据研究,在活动中发展起来的视觉分析器对线条、比例、形态、明暗、色彩、调和的高度敏感性,手部的感觉和运动的能力,形象记忆能力是美术活动的支撑特点,创造性想象力则是主导的特点。

文学能力的结构包括美感的高度发展水平、鲜明的形象记忆力、语言感、丰富的想象力、对分析人们的心理活动的浓厚兴趣等。

各种专业活动固然要求具有独特结构的特殊能力,但是,在顺利从事该种专业活动的不同的人身上,构成特殊能力的各种品质和特性的发展水平可能是很不相同的。例如音乐能力主要由曲调感、听觉表象和节奏感构成。但是,当捷普洛夫(B. M. Теплов)详细研究在音乐小组中学习成绩最好的三个学前儿童时,却发现:第一个儿童的特点是有强烈的曲调感和很高的听觉表象能力,而节奏感较弱;第二儿童有良好的听觉表象能力和强烈的节奏感,曲调感则比较弱;第三个儿童有强烈的曲调感和音乐节奏感,而听觉表象的能力则较弱。

一个人的能力不可能样样突出,甚至还有缺陷。但人利用自己的优势,或发展其他能力去弥补其不足,同样可以顺利地进行活动,表现才能。例如,盲人,甚至是盲、聋、哑的人依靠触觉、嗅觉和振动觉的高度发展,可以在一定程度上补偿他们所缺少的能力;有的人经过艰苦奋斗还在文学、艺术上取得了突出的成就。可见,这种补偿作用为每一个人参加各种活动开辟了无限的可能性。

关于一般能力的结构,各国心理学家进行了大量的研究,提出了不同的见解。由于能力问题的复杂性,由于理论研究的不足和研究方法上不够完善,关于一般能力结构问题至今还没有一个统一的看法。

二、能力测量

关于能力测量,古今中外都有人进行过许多研究,并编制了各种能力测量表,其目的就是把人的能力数量化地表示出来,以精确地说明能力的差异。根据能力的不同种类,可以分为一般能力(智力)测验、特殊能力测验和创造能力测验。

(一) 智力测验

关于智力测验在我国古代就有学者作过论述和研究。如孟子在《孟子·梁惠王上篇》中说:"权然后知轻重,度然后知长短,物皆然。"即认为人的心与物的某些特性是可以测量的。在我国从古至今流传的七巧板、九连环等都被认为是智力测验的工具。美国心理学家伍德沃斯把九连环称为"中国式的迷津"。1905年法国心理学家比奈为了鉴定痴呆儿,在医生西蒙的帮助下,编制了一套包括30个项目的智力测验量表。这就是世界上最早出现的智力量表,称为比奈—西蒙量表。1916年美国斯坦福大学心理学家推孟对比奈—西蒙量表进行了修订,称为斯坦福—比奈量表。1937年、1960年和1972年,推孟对斯坦福—比奈量表又先后进行了三次修订,成为现在世界上广泛流传的比较标准的智力测验量表。

斯坦福—比奈量表的测验项目是按年龄分组编制的。每个年龄组的测验项目由6个组成,内容包括绘画、折叠、给单词下定义、判断词义、回忆故事和推理活动。随着年龄的增长,测验项目的难度也逐步增加。

斯坦福—比奈智力测验采用智力商数作为量表单位。智商(IQ)是一个相对数,表示儿童的智力年龄($M·A$)与实际年龄($C·A$)之比的关系。为了避免计算时有小数,将商数乘100,计算智商的公式为:

$$智商(IQ) = \frac{智龄(M·A)}{实龄(C·A)} \times 100$$

例如,现有甲、乙、丙三个儿童,实际年龄都是6岁。儿童甲通过了7岁组智力量表的所有项目,其智龄就为7,代入公式:$IQ = \frac{7}{6} \times 100$,儿童甲的智商为166;儿童乙通过了6岁组智力量表的全部项目,其智龄为6,代入公式:$IQ = \frac{6}{6} \times 100$,其智商为100;儿童丙6岁组的项目未通过,而5岁组的测验项目全部通过,其智龄为5,代入公式:$IQ = \frac{5}{6} \times 100$,其智商为83。通过测验和智商的计算可以明显看出,上述三个儿童实际年龄虽然都是6岁,其智力水平却出现了差异。儿童甲的智商超过100,表示其智力水平高于同年龄的一般儿童;儿童乙的智商为100,表示他的智力水平与实际年龄相当,其智力属于中等;儿童丙的智商为83,表示他的智力水平低于同年龄的一般儿童。

推孟以智龄与实龄之比求智商的方法,是假定智龄随实龄同步增长为基础来计算的。如此,年龄越大,智商反而下降了,这显然是不符合事实的。上述智商的计算方法存在很大的局限性。

美国心理学家韦克斯勒发现了斯坦福—比奈关于智商计算的缺点,从1960年开始进行修订,创造出了新的智商计算方法。韦氏量表有三种:适用于6～16岁儿童的韦氏量表(WAISC),适用于16～75岁的成人智力量表(WAIS),适用于4～6.5岁儿童的智力量表(WPPSI)。因此,整个韦氏智力量表适用的年龄范围就广泛得多了,可以从幼年一直到老年。

韦克斯勒运用统计学原理,采用离差智商来计算人的智商,其根据是,人的智力测验分数是按常态分布的,大多数人的智力水平处在平均水平,即IQ=100。如果离平均数越远,获得此分数的人数就越少。因此,人的智商从低到高的变化范围就很大了。用韦氏量表测验所得的离差智商来确定一个人的智力在同年龄组中的相对位置,是符合实际的,不受年龄的影响,因此,就可以对各种年龄的被试者进行比较。一般认为智商在70以下者属于智力落后;在130以上者为智力发展优秀;90～100者为智力中等。

（二）特殊能力测验

特殊能力测验是指对某项特殊职业活动者的能力进行测验。例如,音乐能力测验,就从音高、音调、节奏感、时间、记忆、和谐等方面进行测验;绘画能力测验,就从色调、面积、阴影、形式、空间关系、手的动作、美的评价等方面进行测验。这种测验主要适用于职业的定向指导,对从业人员的选拔和安置,对某些具有特殊能力的儿童进行早期诊断,以便于特殊培养。

（三）创造能力测验

从20世纪50年代开始,美国的一些心理学家提出了创造能力测验,其目的是测量青年人的创造潜力。测验项目有五个:单词联想、物体用途、隐蔽图形、寓言解释、问题解答。这套测验项目要求被试者不只回答一个正确答案,回答的答案越多越好,并要求新颖性,以说明自己有创造能力。同时要根据回答的数目多少、是否恰当以及复杂程度来评定分数,辨别创造能力的差异。例如回答物体的用途,被试者回答水的用途,最好的可说出水有23种不同用途,最差的只能说出3种用途。回答得最好的不仅能找到水的广泛用途,而且回答新颖、奇特,证明他有较强的创造能力。

第三节 能力的发展与个体差异

能力是不断发展的,能力的发展有一定的趋势,存在个体的差异。

一、能力发展的一般趋势

能力的发展随年龄增长而变化,具有一定的规律性。

1. 童年期和少年期是某些能力发展最重要的时期。从三四岁到十二三岁,智力的发展与年龄的增长几乎等速。以后随着年龄的增长,智力的发展呈负加速增长;年龄增加,智力发展趋于缓和;

2. 人的智力在18～25岁间达到顶峰(也有人说是40岁)。智力的不同成分达到顶峰的时间是不同的;

3. 根据对人的智力毕生的发展的研究,人的流体智力在中年之后有下降的趋势,而人的晶体智力在人的一生中是稳步上升的;

4. 成年是人生最漫长的时期,也是能力发展最稳定的时期。成年期又是一个工作时期。在二十五六岁至四十岁之间,人们常出现富有创造性的活动;

5. 能力发展的趋势存在个体差异。能力高的发展快,达到高峰的时间晚;能力低的发展慢,达到高峰的时间早。

二、能力发展的个体差异

由于个体在成长过程中因遗传与环境的交互作用,使个体之间的能力上存在着明显的个别差异。了解和鉴别个体的差异是"因材施教"的前提。

(一)发展水平的差异

个体的能力发展水平存在着明显的差异。大致来说,在全人口中呈正态分布:两头小,中间大。以智力的发展为例,智力的高度发展称为智力超常;智力发展低于一般人称为智力落后;中间分成不同的层次。不同智力水平在人口中所占的比例是不同的,智商在人口中的分布情况见表11-1。

表11-1 智商在人口中的分布

IQ	名称	百分比
140以上	极优	1.33%
120~139	优异	11.30%
110~119	中上	18.10%
90~109	中等	46.50%
80~89	中下	14.50%
70~79	临界	5.60%
70以下	智力落后	2.90%

1. 智力超常

20世纪初,美国斯坦福大学的推孟(L. M. Terman)推行智力测验之后,天才这个概念就与智商(IQ)结合起来了。推孟首先使用智力测验来鉴别天才儿童,把智商达到或超过140定为天才儿童的临界线,从此开创了智商决定天才的新纪元。高智商(有些国家定为130以上)便成了天才儿童的主要标志。

超常儿童今后能否在事业上有成就,依赖于许多条件。其中良好的家庭环境是最主要的因素之一。美国人埃伦·温纳在其《天才儿童》一书中,将超常儿童成才的家庭环境概括为以下六种:

其一,天才儿童在家庭中占有"特殊地位",他们常常不是老大就是独生子。

其二,天才儿童生长在"丰富多彩"的环境中。

其三,天才儿童的家庭是以儿童为中心的,父母几乎将所有精力都用到确保孩子在显露天赋的领域接受早期教育上。

其四,天才儿童的父母内驱力强,他们不仅率先垂范,定出高标准,而且对孩子成就的期望值很高。但是,如果父母过分热心,喜爱孩子的成就胜于孩子本身,天才儿童就有逆反心理和半途而废的危险。

其五,父母给孩子相当多的自由。

其六,最易于才能发展的家庭环境是:一方面将高期望值与激励相结合,另一方面还应将高期望值与儿童的养育与支持相结合。

2. 智力落后

智力落后儿童也称低常儿童,是指智力明显落后于同龄儿童的平均水平,并有适应行为障碍的儿童。确定智力落后有以下三个标准:

第一,智商明显低下。一般认为智商在 70 以下的儿童是低常儿童。

第二,社会适应不良,低常儿童对周围的自然环境和社会环境不能适应。

第三,问题发生在早年。低常儿童的问题发生在早年,发生在发育阶段,即发生在 1～16 岁或 18 岁以前。

美国智力缺陷协会对智力不足程度的分类见表 11-2。

表 11-2　美国智力缺陷协会对智力不足程度的分类

程度	智商	
	比纳西蒙智力量表	韦克斯勒智力量表
轻度智力不足	67～52	69～55
中度智力不足	51～36	54～40
重度智力不足	36～20	39～25
深度智力不足	19 以下	24 以下

(二) 能力类型的差异

能力类型差异是指构成能力的各种因素存在质的差异。

1. 一般能力的类型差异

人在知觉、记忆、言语和思维方面存在着类型差异。

知觉方面的差异有三种类型:综合型,即知觉具有概括性和整体性,但分析能力较弱;分析型,即知觉具有强的分析能力,对细节感知清晰,但整体性较差;分析综合型,具有上述两种类型的特点,即同时具有较强的分析能力和概括能力。

记忆类型的差异,根据人们怎样记忆材料可分为:视觉型,运用视觉记忆效果好;听觉型,运用听觉识记效果好;运动型,有运动参加时记忆效果较好;混合型记忆,运用多种记忆效果较好。

言语和思维方面,有的人言语特点富于形象性,情绪因素占优势,属于生动的言语类型或形象思维类型;有的人言语特点富于概括性,逻辑因素占优势,属于逻辑联系的言语类型或抽象思维类型;还有居二者之间的混合型。在思维能力方面,每个人在思维的深刻性、灵活性和批判性等品质上又都有自己的特点。

2. 特殊能力的类型差异

特殊能力的类型差异是指完成同一活动可以由能力的不同组合来保证。如同是音乐成绩优异的学前儿童,一个可能具有强烈的曲调感和很高的听觉表象能力,但节奏感弱;另一个可能具有很好的听觉表象能力和强烈的节奏感,但曲调感较弱;第三个可能具有强烈的曲调感和音乐节奏感,但听觉表象能力较弱。他们三人在音乐才能结构方面存在着差异。

能力的类型差异一般不代表智力水平的高低,只影响人们学习的过程和获取知识经验的方式。

(三)能力表现早晚的差异

人与人之间在能力表现上有早晚的差异。

1. 能力的早期表现

能力的早期表现又称人才早熟。如诗人白居易1岁开始识字,5~6岁就会作诗;唐代的王勃13岁时就写了著名的《滕王阁序》;德国著名数学家高斯3岁时就会心算。

研究表明,能力的早期表现在音乐、绘画领域最为常见,能力的早期表现以良好的素质为基础,同时与早期的影响,如合理家庭教育和早期发现等都有密切的关系。

2. 中年成才

中年期是人成就最多的时期,一般认为,30~45岁是人的年龄最佳阶段,其峰值在37岁左右。有人调查了325位诺贝尔奖得主,发现其中301人在30~50岁之间取得研究成果。中年成才与其基础知识、实际经验、较强的思维能力等都有关系。不同学科的最佳创造年龄表见表11-3。

表11-3 不同学科的最佳创造年龄表

人才类别	最佳创造年龄/岁
化学家	26~36
数学家	30~34
物理学家	30~34
哲学家	35~39
发明家	25~29
医学家	30~39
植物学家	30~34
心理学家	30~39
生理学家	35~39
作曲家	35~39
油画家	32~36
诗人	25~29
军事家	50~70
运动健将	25~30
小说家	30~34

3. 能力的晚期表现

能力既有少年早慧者,也有大器晚成者。如李时珍61岁才完成《本草纲目》,齐白石50岁时才成为著名画家。

能力表现较晚的原因是复杂的,与非智力因素、从事的专业、社会制度、社会地位等都有关系。

(四) 能力发展的性别差异

关于智力的性别差异,目前研究较多,而且结论各异,但基本一致的结论有两方面:第一,男女智力的总体水平大致相等,但男性智力分布的离散程度比女性大,即很聪明的男性和很笨的男性都比女性多,智力中等的女性比男性多;第二,男女的智力结构存在差异,各自具有自己的优势领域。男性的视知觉能力较强,尤其是空间知觉能力,男性明显优于女性。女性的听觉能力较强,特别是对声音的辨别和定位,女性明显优于男性。男性偏于抽象思维,喜欢数学、物理和化学等学科。女性长于形象思维,喜欢语言、历史、人文地理等学科。一般来说,女性比男性口语发展早,在语言流畅性及读、写、拼等方面均占优势,但男性在语言理解、言语推力等方面又比女性强。

三、制约能力形成和发展的因素

现代心理学认为,遗传和环境对于能力的发展都很重要。能力是在两种因素交互作用下发展起来的。

(一) 遗传的作用

遗传就是父母把自己的形状结构和机能特点传给子女的现象。在能力的发展过程中,遗传因素的作用是重要的。研究表明,同卵双生子之间的智商相关最高,无血缘关系者之间的智商相关最低;生父母与生子女之间的智商比养父母与养子女之间的相关高,这是因为前者包括遗传因素和环境因素的作用,后者只包括环境因素的作用。智力相关系数见表11-4。

表 11-4　智力相关系数

关系	相关系数
1. 养父母与养子女	0.30
2. 亲生父母与亲生子女(生活在一起)	0.50
3. 同胞兄弟姐妹在不同环境长大者	0.35
4. 同胞兄弟姐妹在相同环境长大者	0.50
5. 不同性别的异卵双生子在同一环境长大者	0.50
6. 同性别的异卵双生子在同一环境长大者	0.60
7. 同卵双生子在不同环境长大者	0.75
8. 同卵双生子在同一环境大长者	0.88

(二) 环境的影响

一般认为,大多数人的素质相差不大,其能力发展的差异是由环境、教育和实践活动所造成的。在环境因素中,生产力方式是影响能力发展最主要的因素。生产力影响经济生活、科学文化水平和教育水平,从而影响人的智力发展。另外,营养也是影响能力发展的一个重要因素,特别是幼年的营养直接关系到能力的发展。

社会生活条件对能力的影响,通常是通过教育来实现的。教育是一种有目的、有计划、有系统的影响。教育在能力发展中起主导作用。在教育过程中,儿童在掌握知识和技能的同时也就发展了能力。在人的一生中,教育对人的智力发展都有作用。近几十年来,人们越来越认识到早期教育对智力发展的重要性。这是因为,人类的生命早期是发展的重要时期,在这个时期给以良好的教育会取得事半功倍的效果。早期教育不仅影响儿童当前的智力水平,而且还会影响他们以后的智力发展。

(三)个体实践活动

人的各种能力是在社会实践活动中形成和发展起来的。离开了实践活动,能力是难以形成和发展的。由于社会分工,使社会成员长期从事某一方面的实践活动,他们能力也就在这一方面得到发展。例如,有经验的纺织工人能够辨别40多种浓淡不同的黑色,而一般人只能辨别三四种。磨粉工人只要用手一摸,就能鉴别出面粉的粗细和质量来。"施用累能"、"勤能补拙"就很好地说明了实践对能力发展的影响。

(四)个体的主观能动性

个体是能力的载体,一个人能力的提高,离不开个体的主观努力。一个人追求的目标越大,付出的努力越多;经历的范围越广、程度越深,那么相应地其能力也就获得越大、越广和越深的发展。

综上所述,能力的形成与发展要受到许多因素的影响和制约。因此,培养和发展能力也是当今教育界研究的一个重大课题,世界各国教育改革的一个总趋势就是重视学生能力的培养。如美国著名教育心理学家布鲁纳、前苏联著名教育心理学家赞科夫等,都提出了培养和发展学生能力的理论,引起了世界各国教育界的高度重视。

四、教学过程中学生能力的培养

要培养和发展学生的能力,必须解决学校教学中存在的两大矛盾:一是现代科学知识的高速增长与学生在校学习时间有限之间的矛盾;二是知识陈旧率与学生学习目的之间的矛盾。解决这两大矛盾的根本途径就是要培养和发展学生各方面的能力,主要是教给学生获取知识的方法。古人云:授人以鱼,只供一食之需;授人以渔,则终生受用无穷。这就是说,教师给学生的不应当是"只供一食之需的鱼",而应当是打鱼的方法。在教学中应怎样培养学生的能力呢?下面简要介绍。

(一)抓好"双基"教学

各门学科的基础知识和基本技能是学生能力发展的重要条件,缺少这个条件,学生能力的发展也就成为"无源之水,无本之木"了。通过各科的教学活动,学生在获得知识、技能的同时,某些能力也就得到了相应地发展。但是能力并不等同于知识、技能。学生已有的知识、技能要转化成为能力,还需要具备一定的条件,如知识本身的性质和结构;教师的教法和学生的学法;学生主观能动性的发挥和客观因素的影响等。教师的教学就是要将这些条件有机地组织起来,统一发挥作用,只有这样才能够使学生在学习知识、掌握技能的同时,促进能力的发展。

(二)积极开展第二课堂

学生能力的培养和发展,仅限于课堂教学或书本知识的学习是远远不够的。必须在狠抓课堂教学的同时积极开展课外、校外活动,组织学生参加内容丰富的、形式多样的活动,如科技兴趣小组、文体活动、生产劳动、社会调查等。学生在这些活动中手脑并用,既满足了他们学习知识的需要,又培养了学习兴趣。使他们在运用已有知识解决活动中的实际问题的同时,各方面的能力相应地得到发展。

（三）实行因材施教

学生能力的个别差异是客观存在的,教育者针对这些差异和不同特点,采取不同措施进行教学,可以收到良好的效果。例如,把班级教学、小组教学、个别教学等有机地统一起来,实行最优化结合,并充分考虑教材的性质和分量、教学条件、学生的接受能力、知识基础、兴趣特点等,选择适当的教学方法,就能做到有针对性地培养和发展学生的能力。

（四）适时进行早期教育

近半个世纪心理学家的研究表明,对儿童适时地开展早期教育,对能力的培养和发展具有重要的作用。美国心理学家布鲁姆的研究证明人的智力发展的一般情况是：与17岁所达到的智力水平相比较,4岁前已获得50%,4～8岁获得30%,8～17岁获得20%。我国心理学工作者通过研究也认为,1～7岁是一个人智力发展的关键期,抓住这一时期对儿童实施早期教育是必要的,也是可能的。

正确实施早期教育,一是要注意适当,二是要注意全面。所谓适当就是在时间和方法上要把握好。早期教育并非越早越好,而是要适合儿童身心发展的特点,如果急于求成或措施不当,都不利于儿童身心的正常发展。所谓全面就是要注意儿童个性的全面发展和培养,不能只追求早期的知识教育,否则也不利于儿童身心的正常发展。

总之,培养学生能力的途径和方法很多,没有固定的模式,需要教师在各自的教学实践中因时、因地地进行。只有这样,才能获得能力培养的应有效果。

复习思考题

1. 什么是能力？它与具体活动有什么关系？简述能力的种类和结构。
2. 简述人的能力的个别差异。
3. 试述制约能力形成和发展的因素。

本章参考文献

[1] 潘菽.教育心理学.北京：人民教育出版社,1983.
[2] 保罗·埃金,等.课堂教学策略.北京：教育科学出版社,1990.
[3] 沈双一.课堂管理学.重庆：重庆出版社,1992.
[4] 皮连生.学与教的心理学.上海：华东师范大学出版社,1997.
[5] 马斯洛.马斯洛的智慧.北京：中国电影出版社,2005.
[6] 叶浩生.心理学通史.北京：北京师范大学出版社,2006.
[7] 任俊.积极心理学.上海：上海教育出版社,2006.
[8] 叶奕乾,何存道,梁建宁.普通心理学(修订版).上海：华东师范大学出版社,1997.

第十二章
自 我

【本章导学】

　　对很多人来说,自我是个熟悉而又陌生的领域。事实上,人们在不断地对客观世界的认识和改造中,也在不断地认识自己。"人是什么?""我是谁?""我是个怎样的人?""我行不行呀?""别人怎样看待我呢?""我应当成为怎样一个人呢?""我怎样改变现状成为理想中的那种人呢?"通俗地说,这些都是人的自我(自我意识)的表现。

　　人们对自己的认识和了解,随着对客观世界的认识的深化,也在不断地深入。人们对自我的研究不仅是个重要的课题,同时也是一个热门的话题。因为,人们对自己的认识和了解,不仅决定着人们怎样看待自己,同时,也影响着个体对他人的行为的解释。因此,了解和掌握自我的概念及其理论,了解个体自我发展的水平,从而有效地促进个体自我的发展,具有重要的意义。

　　本章就是从自我研究的概况入手,首先介绍了什么是自我、自我的产生和发展以及自我的心理结构。在此基础上,介绍了有关自我的理论。最后阐明了学生自我发展的特点,以及如何培养学生的自我意识。

第一节　自我的概述

一、自我研究的概况

　　据报道,湖南岳阳四中的女学生曾某,喜爱唱歌跳舞的她爱上了湖南卫视《超级女生》节目,并且想次年参加这个节目。此时的她开始注意自己的体貌。身高1.55米,体重44公斤,可是她认为是"不符合标准"的。于是从2005年4月开始减肥。逐渐地,她的饭量越来越少,甚至不吃东西。即使是吃了东西,也会把它吐出来。后被医院确诊为神经性厌食症。曾某8月13日离家出走到北京,十几天后死于北京。

　　【心理点评】如花的少女就这样悄然地逝去,无不令人扼腕痛惜。尽管在我们大多数人的眼中,她并不胖。但她却因为自己觉得胖而失去了生命。可见,人们是多么看重自己的想法,人们的想法决定了人们的行为,尽管这种认识有时并不正确。

　　对自我的研究,可以追溯到人类的远古时代。那时的人们在认识客观世界的同时,也在不断地思考着人本身:人是什么。那时的人们还不能够正确的区分"自我"与意识活动,把

"灵魂"和"心灵"认为是人的"自我"。真正心理学意义上的研究，首推19世纪末美国哲学家和心理学家威廉·詹姆斯的研究，其标志是1890年他发表的《心理学原理》(*The Princples of Psychology*)一书。

尽管从远古到现在，哲学家和心理学家并没有停止对自我的研究，但是这方面的研究却不是一帆风顺的。以美国为例，在1890年以后的将近50年的时间里，自我的研究几乎成为一片空白。可以说行为主义的研究成了扼杀自我研究的"刽子手"。原因在于：在这个时期，美国心理学界由行为主义学派所统治。行为主义学派倡导研究人的可以观察的外部行为，认为人的思想等主观方面的东西是不能够指导人的行为的，环境刺激直接引发人的行为，人的行为纯粹是简单的刺激—反应链的功能。与此相反，自我研究者认为，人的心理活动都是在自我的基础上进行的。人们的行为，是机体为了获得物体或达到某种状态而采取的实现步骤。因此，主张研究人的思维、感觉、情绪等内部的心理过程。比如，一个人在想："我渴了，我想喝水。"于是他走向饮水机，接水喝。行为主义理论和自我理论是如何解释呢？对于行为主义者来说，因为每次他渴了的时候都是在饮水机里发现水的，所以饮水机是个刺激物，它导致了反应行为——走向饮水机。但是对于自我理论家看来，这个人的想法"我渴了"、"我想喝水"导致了人走向饮水机这种行为。可见，两者的不同。因而，在行为主义占统治地位的时候，自我的研究是难以登上大雅之堂的。随着人本主义和认知学派的兴起，特别是认知主义在心理学研究领域的广泛的影响，自我研究领域倍受关注，对自我的研究开始兴起。究其原因是因为自我研究与认知研究的共同点，就是他们都关注机体内部的心理过程。比如，人们对自我的觉察，如"我是个好人"、"我是个勤劳勇敢的人"，以及由此产生的自我体验"自豪"等，是人的内部心理过程的一个方面。而在认知主义看来，必须研究人的大脑的内部活动的过程，弄清楚这个"黑匣子"是怎样对输入的信息进行加工的。自此，自我的研究重又兴起并且被纳入到正式的研究之中。

那么，究竟什么是心理学意义上的自我呢？

二、自我的含义

什么是自我呢？也就是说人对自身意识活动的本质认识是怎样的呢？古代的康德最早提出了这一概念。后来这一概念成为西方哲学中的重要概念之一，像黑格尔和现代存在主义哲学对此都有过论述。但是从目前的研究现状看，尽管人们对自我进行了比较深入的研究，积累了许多研究资料，而且也建立了一些相关的理论。但理论界对自我这个概念的研究目前尚无定论，还没有一个明确化的概念。表现为对自我这个概念的看法各有不同。比如说，有人认为自我就是自我意识；也有人认为自我是个大的概念，自我意识包括在自我中；还有人认为自我是个小概念，它包括在自我意识中。

造成这一状况的原因在于：第一，一些研究者把自我的概念与人格的概念互换，不加区分的使用。还有一些研究者把自我看作是人格的一个构成部分。第二，在具体的研究过程中，存在着两个自我概念，就是"ego"和"self"，而这两个概念又分别为不同的研究者所使用。从词汇上看，"ego"和"self"都是自我的意思。但是它们是两个互有联系又有区别的概念。"ego"源自精神分析学派的创始人弗洛伊德的人格结构理论。弗洛伊德认为，人格是由本我、自我和超我三个部分组成。"本我"来自于人的生物性本能，在生活中追求个人欲望的满足及个人利益的实现，就是"本我"的表现；"超我"是于本我相对立的，来自社会文化，是人在成长过程中内化为自身价值观念的各种文化信念,对个体的要求往往是牺牲个人服从整体的;"自我"则是人的理性部分。对于现实社会的要求、"超我"的道德追求和"本我"的利益追求之间往往起到协调的作用,尽可能地按照现实要求寻找最好的办法。所以,自我"ego"主要是与人的无意识活动直接联系的,在本我和自我之间起到协调的作用。

埃里克森曾经指出:"我们只有从自我中分离出'我'和'自身',才能确定自我的范围。"他认为,"我(I)"是个体的一切经验的觉知中心,"自身(self)"则是"我"的对象,是各种有关自己的经验复合体,而把各种经验统一起来保持其一致性和连续性的就是"自我(ego)"。无论是在日常生活中还是在科学理论的研究中,主要涉及的自我是 self,而不是 ego。通常,self 是指个体有关自己的主观经验,表现为一种身份感,而 ego 则是相对于本我和超我而言的,故我们这里所涉及的自我只是"self"。从自我研究的历程看,国外和国内的自我研究都集中在后者,即自我"self"。

美国的心理学家詹姆斯作为自我概念的提出者,对自我概念的阐述主要反映在他的两本书,即《心理学原理》和《彻底的经验主义》中。他认为自我包括主格我(I)和宾格我(me)。认为自我分为经验自我和纯粹自我。经验自我是人们可能经验到的一种对象,即于世界存在的其他对象共存的存在物。纯粹的自我,是指一个人知晓一切东西,包括自我的那些东西。他把作为对象的个人称为经验的自我(me),把当下的思想看成是纯粹的自我(I)。

人本主义心理学家罗杰斯也继承了詹姆斯的观点,认为自我包括主格我(I)和宾格我(me)。他认为宾格我既是自我意识的对象,也是自我意识的主体,是通过接受别人对自我的有意识的态度系统而形成的。而主格的我是自我的动力部分,是自我活动的过程,具有面向未来的特征。

例如,"我认为我是一个诚实的人"。这里有两个对立部分的自我。句子开头主语部分的"我"是主观的我、自然的我,即对自己活动的意识者;句子里宾语部分的"我"是客观的我、社会的我,即被主观的我意识到的对象,同时也是自我意识活动的主体。

我们认为,自我就是自我意识。因为它仅仅关注的是对自己的思考和感受。其中包括人是如何思考和感知自己的,以及如何思考和感知进行这些活动的过程的。

如前所述,意识是人脑对客观现实的反应。这个被反应的客观现实,既包括客观世界,也包括人的主观世界,同时还包括人自身与客观世界的关系。就是说,人不仅能意识到周围事物的存在,而且也能意识到自己的存在。不仅能意识到自己在感知、思考和体验,也能意识到自己有什么目的、计划和行动,以及为什么要这样做而不那样做,这样做的后果将是怎样,应如何调节自己的行动,等等。

所以,有人认为,自我(自我意识)就是个体对自己的身心状况、自己与周围世界的关系的认识、情感以及由此产生的意向;也有人认为自我意识是人对自己身心状态及对自己与客观世界的关系的意识。认为自我意识包括三个层次:对自己及其状态的认识;对自己肢体活动状态的认识;对自己思维、情感、意志等心理活动的认识。自我意识不仅是人脑对主体自身的意识与反应,而且人的发展离不开周围环境,特别是人与人之间关系的制约和影响,所以自我意识也反映人与周围现实之间的关系;也有人认为自我意识指人对自己的属性、状态、行为、意识活动的认识和体验,以及对自身的情感意志活动和行为进行调节、控制的过程。

综上所述,自我(自我意识)是指自己对所有属于自己身心状况,包括对自己的生理状况

（如身高、体重、健康程度等）、心理特征（如思维、需要、能力、性格）以及自己与他人的关系（自己和同学的关系、和父母的关系等）的意识。也可以说是主观我对客观我的意识。

三、自我的心理结构

自我是一个动态的心理结构。自我的心理结构是由自我认知、自我体验和自我调节三个部分组成。这三种成分之间并不是彼此毫无联系的。在自我认知的同时，个体有着这样或那样的自我情感体验，并且表现出对待自己的某种倾向。如有人认为自己不够苗条，不符合社会人的美的标准，这是对自己的外貌的认知。在这同时对自己的外貌有个体验，可能产生自卑感，于是"减肥"的行动开始了。可见，自我认知、自我体验和自我调控是相互联系、相互制约的，统一于我们每个个体的自我意识之中。

（一）自我认知

"我是一个什么样的人"、"我为什么是这样一个人"等问题的提出，就是个体对自己的自我认知。前者体现着个体对自己身心状况的认知；后者体现出个体对自己的分析等。自我认知是人的自我意识的基础。那么，什么是自我认知呢？

所谓的自我认知，是指个体对自己身心状况，以及个体与外部世界关系的认知。它包括：自我观察、自我分析、社会比较等。在此基础上形成自我概念和自我评价，并且对个体的思想和行为产生调节作用。

1. 自我观察

"我认为我是个诚实的人"。后面的"我"，既是被观察的客体，同时也是被观察的主体。就是说人不仅可以把外部世界作为个体的观察对象，还可以把自己的心理活动作为被观察的对象。如孔子的"吾日三省吾身"说的就是对自身的内省。一般来说，它包括两个方面：对目前进行的心理活动的观察；对拥有的心理经验的认知。

2. 自我分析

自我分析是在自我观察的基础上进行的。个体对自我的观察往往带有很大的主观性，常常觉得不够可靠。因此，在自我观察的基础上，往往会对自己在外部活动中的行为及情境进行分析，以达到对自己内心世界的认识。如小丽觉得很没有面子，今天在柜台与顾客发生了从业以来的第一次争吵。事情已经过去一天了。她却一直想不明白，是什么使一直很理智的她，做出不理智的行为呢？"我到底是个什么样的人呢？"以至于她对自己原有的看法都产生了怀疑。回想当时的情境，一幕幕的在眼前闪过……原来是顾客的一句"有娘养没爹教"的话，激怒了她。使她失去了理智。因为她父亲在她很小的时候就去世了。这成了她心中不能触动的痛。所以，尽管发生了与顾客争吵的事件，但是小丽还是认为自己是个理智的人。这就是小丽对自我的分析。

3. 社会比较

对自我的认知，不仅仅是依据个体已有的心理经验来完成的。事实是，人们对自我的认知，往往还有一个除自身以外的参照物。当人们觉得认知不够准确或者觉得判断的标准丧失的时候，常常把自身以外的事物作为衡量的标准来进行自我认知。如安安觉得自己从小父母离异，尽管受到妈妈的悉心照顾和培养，但是总是心头有个疑问，不知道自己算不算是个幸福的人。通过参加团体辅导，当他听到其他单亲家庭的孩子进行分享的时候，此时的他觉得虽然自己生活在单亲家庭，但是却是个幸福的人。觉得自己的感受别人也有，而别人有的许多"不幸"的事情，他却没有。可见，安安认为自己是个幸福的人是通过与别人的比较而建立起来的。

4. 自我概念

人的自我概念对人的内心和人际的行为和活动起到引发、解释、组织、传递和调节的作用。因为自我概念决定着人们对经验的解释,也影响着人们在各种情境中对结果的期待、对他人以及自己行为的解释以及自己将如何行动。自我概念包括几个部分:关于自己的记忆,关于自己的特质、动机、价值能力的信念,自己最想成为的理想自我,预期要扮演的可能自我,对自己的积极评价或消极评价(自尊);以及关于别人怎么看待自己的信念(Brown,1998;McGurie,1988)。

5. 自我评价

自我评价就是个体对自我(包括生理自我、社会自我、心理自我)所作的某种判断。自我评价是对自己能力、品德、行为等方面社会价值的评估,它最能代表一个人自我认识的水平。

(二) 自我体验

现实生活中,我们能够遇到这样的人,尽管我们觉得她在学习上表现得很优秀了,但是她仍然觉得自己不够好。现实中的表现与自己所期望的"我"相差很远。因此,常常自责,觉得自己因此不能够分担经济拮据的家庭的负担。这就是她对自己产生的体验,一种消极的自我体验。那么,什么是自我体验呢?

所谓的自我体验,是个体对自己(客体的我)是否满足自己(主体的我)的需要的态度的体验。即主观的我对客观的我所持有的一种态度体验。通常,客体的我能够满足主体的我的需要(表现为理想的我与现实的我一致),就会产生积极肯定的自我体验(自我满足);否则,就会产生消极的自我体验(自责)。它主要包括以下几个方面:

1. 自我价值感

通常表现为个体对自己持有的对自己的积极、肯定的或消极否定的态度的体验。当一个人对自己持有积极和肯定的态度,如一个人认为自己"很棒"或"我为自己感到自豪",那么,我们会认为这个人具有高水平的自我价值感,即自尊;反之,个体觉得自己很"差劲"或者觉得自己很"羞耻",这就是低水平的自我价值感,即自卑。

值得注意的是,自我价值感高并不意味着一个人的成就水平一定高。生活中,常常会见到这样的人,在别人眼中令人羡慕的成功人士,却觉得自己很无能(自卑);而在众人眼中的平庸之人,却觉得自己很好(自尊)。为什么会这样?心理学家詹姆斯作出了这样的解释:自我价值=成就/抱负×100%。

这就说明,自我价值感与个人的抱负水平有关。如果一个人有较高的抱负水平,那么,他对自己的要求和希望就很高。即使是他的成就在别人眼中已经很高了,但是这个人的自我价值的水平也不会高。因为他的所得没有超过他个人的标准;相反,一个人的抱负水平不是很高,即使他的成就在人们的眼中很平庸,但是他的自我价值感也不会低。

研究表明,自尊的重要组成部分是无条件的归属感和掌控感;而这些情感在生命的早期形成。所以说,早期经验是自尊形成的基础。

2. 自豪感与羞愧感

已有的研究表明,自豪感和羞愧感的产生,是与人的自我价值的标准密切联系的。当个体知觉到自己工作、学习或生活中行为表现与自己的自我价值标准(如理想自我)一致或不一致时,通常会产生自豪感和羞愧感。当自己的行为表现与自己的理想自我一致时,就会产生自豪感;否则,就会产生羞愧感。

3. 成功感和失败感

成功感和失败感是个体在目标实现的过程中所产生的情感体验。如果在实现目标的过程中达到了预期的目的,或者高于预期的目标,往往会产生成功的体验;相反,如果达不到预期的目标,常常产生失败的情感体验。其中,预期目标,就是指个体的自我期望水平。除此以外,能否产生成功或失败的感觉,还取决于个体的自我认知。例如,王刚是个销售员,根据自己的实际情况制定了销售任务,到年终要完成 200 万元的销售额。但是到年终时,并没有完成任务。还差 30 多万元(没有完成自己的预期目标)。大家认为他一定会产生失败感吗?答案是不一定。因为他认识到自己定的这个目标与销售市场的差距较大,另外,虽然没有完成规定的份额,但是却为明年的市场销售打下了成功的基础。

4. 内疚感

自我情感体验常常是受人的自我观念影响的。它是当一个人做了他自己认为不应该做或自认为应该做而没有做的事情时所产生的情感体验。因此,内疚感与人的行为准则和自我评价有着密切联系。

(三) 自我调控

现实生活中,人的行为表现,可以说都是人的自我意识的外在表现。人要立足于社会,更好地适应社会生活,就要通过自我调节,保持自身的和谐以及个体与周围环境的和谐。自我调控是由自我检查、自我监督和自我控制等构成,表现为个体对自己行为和态度等的调控,是直接影响个体行为的因素。在现实生活中,我们常常能够见到一些人在人际交往中如鱼得水,八面玲珑;而有些人在人际交往中举步维艰。这些自我行为上的差异表现,体现着人们自我调控水平的差异。

四、自我的产生和发展

谈到自我的产生和发展,大家不仅要思考这样的问题:自我意识是人类特有的吗?自我意识是什么时候产生的?它的发展过程如何?因此,这部分我们主要阐明以下三个问题。

(一) 自我意识是人类特有的现象吗?

长久以来,人们一直认为意识是人类所独有的能力,也就是说人类是唯一能够把自己作为注意客体的物种。动物没有意识,更没有自我意识,自我意识的产生和发展是人和动物在心理上的最本质的分界线。为此,许多心理学家做了大量的研究,通过对动物和婴幼儿的实验来证实自我意识是人类特有的现象。

许多心理学家也对婴儿做了自我识别实验。如路易斯和布鲁克斯-冈恩(Lewis;Brooks-Gunn,1979)研究发现,9~12 个月的婴儿,偶然刺激能够引起视觉自我识别;15~18 个月的婴儿,能够指出自己脸上红点的正确位置。大部分这个年龄的孩子,在照片中能够把自己和别人区分出来,指出自己所在的位置。18~21 个月的婴儿,这些能力仍然在发展;21 个月大的时候,具有较完善的自我识别能力了。

我国的刘金花等人于 1993 年运用阿姆斯特丹的镜像实验方法,对我国的婴儿自我意识的发展进行了研究。研究结果如下:

第一,婴儿自我认识出现的时间是在 21~24 个月之间。

第二,男女婴儿自我意识出现的时间差异不显著。

第三，婴儿自我认识发生的趋势为：9~10个月大的婴儿，约有60%对镜子很感兴趣，喜欢触摸镜子，看镜子中出现的影像，但是不能够识别出镜子中的影像就是他们自己；而1岁及以后几个月大的婴儿，不仅对镜子感兴趣，而且对镜子中的自我影像感兴趣了，有的孩子还到镜子后面去寻找这个"影像"。但是此时他们并不知道镜子中的影像就是他们自己；到了约18个月大的时候，婴儿能够注意到镜子中的影像随着自己的移动而移动，这种发现使婴儿很好奇。其中有24%的婴儿能够根据这种线索识别出镜子中的影像就是他们自己。到18~24个月大的时候，婴儿看到镜子中的影像能够立即去摸自己的"红鼻子"的人数激增。此时，表明他们已经具有与先前相比较完善的自我识别的能力了。

(二) 自我意识发生的标准

1. 婴儿把自己的动作从动作对象中区分出来：通常发生在一周岁左右。
2. 能把自己和自己的动作区分开来：能够知觉到自己是动作的发出者。
3. 对第一人称"我"的认识：一般在3岁左右出现。此时儿童从能够使用自己的名字到能够用"我"来称呼自己。如"我要"、"我的"、"我自己做"。

具备上述三个方面，就表明个体具有了自我意识。

(三) 自我意识的发展过程

每个人的自我都不是一生下来就有的，都是在个体的发展过程中逐步形成和发展起来的。人首先是对外部世界、对他人的认识，然后才逐步认识自己。自我意识是在与他人交往过程中，我们根据他人对自己的看法和评价而发展起来的，其中，婴儿期和儿童早期是人自我发展速度最快的时期。从自我的发生、发展到逐步的稳定和成熟大约历时20多年，而且每个个体对自己的看法都不是一旦形成，就不再变化，而是一生都在发生这样那样的变化。

自我意识的发展大致经过以下三个阶段：

1. 生理自我(8个月~3岁)

这个时期也称自我中心期。所谓的生理自我，是指个体对自己身体的认识，包括占有感、自主感、嫉妒感、羞愧感和疑虑感等。

8个月左右的时候，作为自我意识的最初形态的生理自我开始萌生；1岁左右，意识到自己是动作的主体，也逐渐认识到自己身体的感觉；2~3岁，能够使用"我"来称呼自己；到3岁左右，生理自我达到成熟。产生了羞愧感、疑虑感、占有欲和嫉妒感等。这个阶段，我们常常会观察到儿童不愿意别人拿他喜欢的玩具(占有感)；也不愿意妈妈搂抱别人(嫉妒感)；在游戏中，玩"都都飞"的游戏，会看到儿童异样的表情(疑虑感)；做事情常常是"我自己来"(自主性)等，这些都是此阶段儿童特有的表现。此时儿童是以自我为中心的。

2. 社会自我(3~14岁)

这个时期也称客观化时期。这个时期是个体接受文化影响，获得社会角色观念的重要时期。通过接受家庭教育、学前教育和学校教育，使个体在各种活动中逐渐认识和掌握他们在社会生活中扮演的社会角色观念。此时儿童关注的依然是多姿多彩的外部世界，而不是自己的内在心理；此时儿童不再以自我为中心，而是以成人的观点作为认识外部世界的依据。

3. 心理自我(14岁至成年)

这是人的自我意识发展的最末阶段，大约需要10年的时间。随着青春期性意识的萌动、觉醒,以及人的各种心理能力的逐渐成熟和发展,人的自我意识的主动性和独立性增强,更加注重自我的价值和理想。此时,个体自我意识的发展进入了心理自我时期。个体不再以自己的想法去解释外部世界,能够了解自己的心理活动和外在形象,并且具有主动和独到的见解。

第二节 自我发展的理论

一、米德的社会符号理论

这一理论是由美国社会学家乔治·赫伯特·米德提出的。作为社会学家的他,从社会学(个体与社会的交互作用)的角度阐明了关于人的自我意识的理论。主要观点概括如下:

米德十分关心人的社会化的过程。他认为人的自我的发展,是个体借助于语言符号在与他人交互活动中产生和发展的,十分强调社会交互作用。他认为没有社会交互作用,符号沟通就没有可能发生,因此,自我也就不可能通过观点采择过程而产生。提出了自我意识发展的三阶段模式:第一阶段是准备阶段。这个阶段的个体,由于没有掌握语言符号,不能够借助符号与他人交往。只是无意识地模仿他人。第二阶段是模仿阶段。此时已经掌握了语言符号,学会模仿某个重要他人,能从对方的角度来看待自己。第三阶段是社会角色扮演阶段。能够扮演某个社会角色。此时的个体能够把社会规范等内化从而形成自我。

如何理解呢? 人刚刚出生时,就像一张白纸,只是一个自然人。那么,一个自然人要转变成为社会人,就必须借助于同他人的社会交往来实现。这个过程就是理解并内化群体期望和社会规范的过程。而与他人的交往,通常要借助于语言符号的沟通。进行语言符号的沟通就需要个体采用其他人对我们的观点,并且想象他人是如何看待我们的。比如,我们要宴请远道从国外来的朋友。那么,一见面是给他一个拥抱还是握手,才能够表示对他的热烈欢迎之情呢? 这种想法就是站在对方的立场来考虑的(观点采择)。在米德看来,当个体能够想象自己在他人心目中的形象,此时就说明自我产生了。当个体能够采用社会上大多数人的普遍的、抽象的观点(如群体期望、社会规范)时,个体的自我就成熟并完善了。此时,个体就由一个自然人转化为社会人。

二、埃里克森的自我意识理论

埃里克森(E. H. Erikson,1902—1994),美国的精神分析医生,是新精神分析理论的代表人物之一。他在弗洛伊德人格结构理论的基础上,强调文化及社会环境对人发展的影响。并且根据自身的跨文化的观察,提出了把自我发展和环境结合起来的人格发展阶段论。

埃里克森认为,人格的发展是由八个阶段组成。这八个阶段是相互联系的、渐进的过程。每个阶段都有一个特定的心理危机或心理冲突。而心理危机的解决既有积极的解决方法,也有消极的解决方法。但是影响的效果是不同的。积极的解决方法能够使个体的自我加强,而且对下一个阶段心理危机的解决增加了可能性;相反,则会削弱个体的自我,增加了下一阶段心理危机顺利解决的难度,导致心理问题的出现。

【小资料】自我发展的八个阶段

生命阶段	心理社会冲突	特征
第一年	信任 vs 不信任	当婴儿受到温暖、持续的照顾时,他就能建立起信任感;缺乏照顾或照顾不够则产生不信任感。
1~3岁	自主性与羞怯和怀疑	当鼓励儿童探索自我和环境时,自主感得以发展;当儿童的探索受到抑制时,羞怯感和怀疑产生。
3~5岁	自发性与内疚感	当鼓励儿童进行各种各样的尝试时,他们的自发性就得到促进;如果父母嘲笑孩子或过度批评他们,就会使他们产生内疚感。
6~12岁	勤奋 vs 自卑	当儿童受到表扬时,他们就会获得勤奋感;当他们所作的努力被认为是不充分的或差劲的时就会使他们产生自卑感。
青春期	同一性 vs 角色混乱	处于这个阶段的个体要面临的一个关键问题是"我是谁?",拥有可靠和整合的特性的个体被认为是达到同一性;无法建立稳定和同一性的个体将面临角色混乱。
成人早期	亲密 vs 孤独	埃里克森认为处于这个阶段的个体所面临的关键问题是建立一种承诺和亲密的人际关系。这个阶段的失败将导致孤独。
成人中期	生殖 vs 停滞	个体使社会中能够进行生产的成员,为社会作出贡献,为未来创造人口。这可以通过工作、志愿努力和抚养孩子来实现。与之相反是停滞。它的特征是个体过度关心自己的幸福或认为生活是无意义的。
成人后期	完整 vs 绝望	完整是指当个体回过头来看自己所经历的生活时会有满足感。这使他们能够有尊严地面对死亡。如果遗憾成为主导,那么个体会感到绝望。

值得一提的是,他认为青春期是青少年自我发展的关键期。青少年对自我的关注以及过分关注自我在他人心目中的形象正是他们自我意识发展的表现。这个时期青少年必须追求一种稳定的和统一的自我意识,即自我同一性认识。这就需要他们对经验加以整合。他们这个时期需要面对和解决的问题,被埃里克森称为"同一性危机"。他指出:"……如果儿童感到环境对允许他把下一阶段整合在个人的自我同一性在内的所有表现形式进行彻底剥夺,那么,儿童就会以野兽突然被迫捍卫其生命般地迸发出惊人的力量进行抵抗。的确,在人类生存的社会丛林中,如果没有同一性的意识就没有生存的感觉。"他强调青少年期是一个标准的危机,是冲突不断增长的正常阶段,具体表现在这一阶段的青少年常常找不到自我,而一直处于一种无所依附的散漫状态之中。具体体现为:对自我缺乏清晰的同一感,自我评价偏低,易产生苦闷情绪;与他人的关系比较凌乱,虽对父母的生活方式不满却又没有能力按自己的方式生活;难以承担自己的社会责任,不理解社会价值的存在等。青春期的心理社会任务就是建立自我同一性和防止同一性混乱(又称同一性扩散)。同一性混乱是自我同一性的极端形式。有两种情形:一种情形是"自我同一性过剩",即一个人过分地卷入特定团体或某种亚文化中的特定角色中而绝对地排他,坚信他的方式是唯一的方式,表现为常常将一些人召集于自己的周围,将自己的信念和生活方式强加于人而不考虑其他人的感受。另一种情形是"同一性缺乏",即一个人拒绝自己在成人社会中应担任的角色,甚至否定自己的同一性需要。表现为一些人将自己融入某一群体中,尤其是那些可提供"同一性细节"的

群体,例如宗教崇拜组织、吸毒组织等。这些人容易卷入和采取某种破坏性的行为,如暴力、吸毒。

三、詹姆斯的自我意识理论

詹姆斯(W.James,1842—1910),美国心理学家,是自我概念的创始人,也是自我研究的最坚定的早期倡导者。

他认为"自我是个体所拥有的身体、特质、能力、抱负、家庭、工作、财产、朋友等的总和"。把人的自我分为经验自我和纯粹自他强调我。那么,什么是经验自我呢?"每个人的经验自我,就是他试图用'我'(me)来称呼的一切。"经验自我又分为物质自我、社会自我和精神自我三种。物质自我就是指躯体的我。因为人总是通过身体与周围的一切发生作用的;社会自我是指别人对自己的看法的意识,用詹姆斯的话说就是从同伴那得到的承认;而精神自我是指一个人内心的或主观的存在,即监控内在思想与情感的自我。纯粹自我是由不断更迭和传递内容的当下思想构成。

四、奥尔波特的自我意识理论

美国心理学家奥尔波特认为,人的自我意识发展的模式是:从生理自我发展到社会自我,最后发展到心理自我这样一个过程。

【小资料 12-3】自我意识发展模式

阶段	时间	特征
生理自我 (自我中心期)	出生至3岁	本阶段是儿童对自己身躯的认识,包括占有感、支配感和爱护感。此时儿童所表现出来的行为,大都是以我为中心的,所以也称这一时期为"自我中心期"。
社会自我 (客观化时期)	3~14岁	此阶段是儿童接受社会影响的重要时期。通过幼儿园扮演社会角色的游戏活动以及学校中的学习活动,个体体验社会角色、逐渐的理解和承担相应的社会义务与责任,并表现出符合社会要求的行为,以实现符合社会期望的社会自我。
心理自我 (主观化时期)	14岁至成年	此阶段,由于生理和心理的急剧变化,想象力和逻辑思维能力的加速发展,使个体把从社会中汲取的知识、观点等进行综合加工,表现出浓厚的个体主观性。

第三节 学生自我的发展与培养

一、学生自我意识发展的特点

从已有的研究来看,有的学者根据所做的研究提出学生的自我意识体现出一个总的态势:即随年龄的增长,自我意识的水平也在不断地提高。但是这个过程中自我意识的各构成要素并不是以均匀的速度提高的。体现出三个上升期和两个平稳期,即小学一年级至三年级、小学五年级至初一、初三至高二为上升期;而小学三年级至五年级、初一至初三为平稳期。具体表现在以下几个方面。

(一) 自我认识的发展特点

1. 自我概念

个体的自我概念的形成,是与人的自我意识紧密联系的。但是两者有所不同。有人认为自我意识是主体自觉能动的行为过程,包括知、情、意三大过程,是个体的"主我"实现认识"客我"的方法和手段。而自我概念是人自我意识的目的和结果。因此自我概念的发展反映着个体自我意识的发展水平。自我概念是个体关于"我是谁"的认识。一些人的研究发现:学生的自我概念的发展是从简单的、肤浅的抽象认识开始,逐步发展到比较复杂的、深刻的认识。表现为个体(小学生)在描述自己的时候,通常是从叫什么名字、多大年龄、是男是女、个子高矮、体态胖瘦、跑得快慢等比较具体的外部特征的描述,逐步才发展到使用比较复杂的对内在心理的描述。此时,学生常常用诚实、勤劳、懒惰、说谎、人缘好坏、想成为舞蹈家而练习舞蹈等表示人的品质、人际关系、动机特点等来描述自己。到了中学阶段,大多数学生对自己的了解更加全面。尤其是表现在对自己性格特征的了解上,更加深刻、更加细致。可见,学生的自我概念的发展随着年龄的增长不断地完善。

2. 自我评价

总体来看,年级越高的学生,其自我评价的发展水平也就越高。从小学阶段看,此时学生的自我评价能力不断发展,呈现出:对自我的评价更多地受他人的影响;所做出的评价是具体的、笼统的,主要是对外在行为的评价。随着年级的升高,例如到小学高年级,学生开始出现了抽象性评价和对内在心理品质的评价,但是人数极少。到了初中阶段,人数逐渐增加。此时的学生对个体的内部世界和内在品质,发生了浓厚的兴趣,产生了了解自己的个性特点的强烈愿望,其自我评价的独立性有了较大的发展。在整个初中阶段,这种独立性不断地提高,直到初中三年级,达到较平稳的状态。与此同时,在自我评价的过程中也表现出一定的依附性,体现在自我评价中受权威和同伴的影响上。到高中阶段,学生的自我评价能力逐渐成熟,主要体现在自我评价的全面性、主动性、深刻性和客观性方面。

(二) 自我体验的发展特点

从整体上看,自我体验的发展是由低到高不断地发展,并且呈现先快后慢的特点。这一特点,已经由一些学者研究证实。如人的自我体验大致发生在 4 岁左右。此后十几年的时间里,个体的自我体验逐渐地由肤浅发展到越来越深刻。小学阶段的儿童,自我体验有较大的发展。到了初中阶段,学生感觉到自己的长大,并且渴望像成年人那样独立和被尊重。这种情绪体验即成人感。此时学生的自尊发展呈现出明显的年级差异。初二年级,自尊有显著的降低。到了高中阶段,自我体验更加深刻,较容易产生满足感和挫折感,自我体验表现为强烈而不稳定。

(三) 自我调控的发展特点

个体能否控制和调节自己的行为,是其自我意识发展的主要标志之一。随着年龄的增长,学生的自我监控能力也在不断地提高。其提高的实质在于:小学生逐渐用内化了的行为准则来监督、调节和控制自己的行为。其外在表现是:小学高年级儿童自我监控的分数低于低年纪儿童的分数。低年级儿童自我监控主要是接受成人或权威人士(如老师、英雄人物、家长等)的约束,具有被动性;而高年级学生由外在约束到内在自我约束的发展过程中,相比较而言,其自我监控的分数反而下降了。但是这种下降恰恰表明了学生自我监控的主动性和独立性的增强。到了中学阶段,青少年的自我控制能力得到了较大的提高,表现在自觉控制、调节自己的言行、情绪,接受纪律约束的水平不断提高,但是不稳定。

二、学生自我意识形成和发展的影响因素

近年有些人在对自我意识的已有研究进行了综合研究。研究发现,学生自我意识形成和发展的影响因素与其年龄、性别、家庭环境、学校环境、健康状况、城乡差异等有密切的关系。而且随着社会的发展,一些新的、影响学生自我意识发展的因素不断涌现。例如,国外的一项研究发现,未成年人无论参与一项什么类型的业余活动,都与社交和学业在自我概念以及总体自我价值有相关性。相比较而言,和只参加一项业余活动者相比,参与多项业余活动者和不参加者在社交自我与自我价值上都有较积极的自我评价。

1. 性别与年龄

学生自我意识的发展与年龄、性别密切相关,呈现非等速、非直线的特点。在这点上国内和国外的研究是一致的。如国内韩进之的研究发现中小学生自我意识发展呈现三个上升区和两个平稳区;国外 Freeman 研究发现一般自我意识发展是起伏变化的曲线形态的,从小学到初中逐年下降,青春期后显著上升。除此以外,根据使用 Pier-Harris Self-Concept Scale (PHSS) 所做的许多研究发现,随着年龄的增长,男女童自我意识的发展存在明显差异,女童自我意识发展早于男童,其自我意识的形成在很大程度上依赖于父母及老师的评价;而男童在多个方面优于女童,特别是当学习成为儿童的主导活动后,儿童自我意识的各个方面均有所提高,只是在自我评价学习能力方面有所降低,且存在性别差异。儿童对外貌的自我感觉也与儿童自我意识有关联。

2. 家庭和早期教育因素

许多研究表明,父母文化程度、职业及其思维模式、性格、教育方式、家庭关系等因素均对青少年儿童自我意识的建立和发展起着非常重要的作用,特别是在学龄前阶段。如父母的文化程度这一因素对儿童的影响,有人对浙江省 3 358 名儿童调查发现,儿童的自我意识是随父母文化程度的升高而呈现升高的趋势;有的研究还发现,随着父亲文化程度的降低,儿童表现出更容易有学习和躯体外貌认同方面的问题;母亲的文化程度影响儿童的智力和行为得分,母亲文化程度的降低,儿童表现出更容易有学习方面的问题。而父母文化程度高导致儿童自我意识程度高的主要原因,是他们具备提供给儿童良好的认知策略、更多的交往机会和交往规则的能力。父母教养方式上的一致性对儿童自我意识也有正相关性。近年来,留守儿童问题已经引起学者的广泛关注,并对此进行了研究。发现留守儿童由于父母常年在外无暇亲自带养而由长辈带养,会直接或间接地影响其自我意识的发展,尤其是对儿童对自我的认识和评价的影响。有研究发现,青少年儿童在家庭中是否遭受到情感虐待、忽视和性虐待与他们的自我意识相关,其中对自我意识影响最为明显的因素是情感虐待和忽视。采用儿童期虐待史自评量表进行的研究结果表明:受虐待经历对小学生的自我概念发展的各个维度均有不良影响,有受虐待经历者其自我意识水平与受虐待的时间和程度密切相关。受虐待持续的时间越长或受虐待程度越重,儿童自我意识发展的水平就越低。一项关于家庭中父母性格的内、外向型对青少年儿童自我意识影响的研究表明,父母性格为外向型,那么他们对儿童自我意识水平的影响要显著高于内向型。家庭结构可能也是一个影响的因素。如研究表明,单亲家庭结构可能会对儿童自我意识的发育产生不良影响,使儿童较多表

现出自我意识偏低等现象。其原因可能是单亲家庭父母为生活所迫,与孩子缺少更多的相处交流机会;教育方法不当;儿童难以获得足够的社会支持;在父母相互推诿扶养责任的家庭中,儿童会产生自卑感和遗弃感。

3. 学校因素

学校因素主要包括教师态度、学习成绩、与同伴关系及好朋友个数等,它们对儿童自我意识有着明显影响。其中,教师这一因素对儿童自我意识的形成与发展发挥着长期、重大而持续的影响。在小学阶段,由于学生的"向师性"使得教师对学生自我意识的影响作用远远大于家长的影响;到中学后,教师的影响力虽然有所减弱,但仍是影响学生自我意识的最重要的影响因素之一;甚至有人还认为,即使是在大学阶段,教师的意见或建议仍然会高度影响学生的自我意识,且很难被其他途径的影响所取代。对于学生来说,在学校中取得好的学习成绩是取得社会认可、获得自尊和发展健康积极自我意识的重要途径之一。有研究表明,学习成绩与儿童自我意识密切相关,学习成绩优秀的儿童自我意识水平高。一项研究表明,在学习困难组中低自我意识占23.1%,而在优秀组中低自我意识的学生仅为3.0%。同伴在青少年心理发展中具有其他人际关系无法替代的独特作用,是青少年自我意识形成和发展的重要途径之一。我国儿童多为独生子女,这种状况使得同伴在青少年儿童自我意识发展中的影响更是不容忽视的。许多人的研究结果表明,同伴在学习上的互助,能够明显地提高儿童的学习成绩及自我意识。

4. 疾病因素

疾病对青少年儿童自我意识的影响,是近年来广受关注的一个问题。有些学者对慢性病、肥胖症、残障儿童的自我意识发展水平与疾病的关系进行了研究。AL Liusberg等人对ADHD(儿童多动症)患儿自我意识进行了研究发现,这类儿童无论是学校自我意识、个人自我意识、社会自我意识,还是总体自我意识,与正常儿童相比均低。有人对湖南省9 495名儿童,采用PHSS(Piers-Harris儿童自我意识量表)调查发现,单纯ADHD、ADHD伴焦虑障碍、ADHD合并对立违抗性障碍的儿童,他们的自我意识均低于正常儿童;与单纯ADHD儿童相比,伴焦虑障碍的ADHD儿童的行为、焦虑、合群分及总分均低(王丽,2011)。还有人对慢性病儿童与在校的健康儿童对比,研究发现,虽然在总分和焦虑、合群分量表上没有显著差异,但是在行为、智力与学校情况、躯体外貌与属性、幸福与满足量表得分方面,慢性病儿均低于在校健康儿童;另一项对小学4~6年级单纯性肥胖儿童调查的研究,表明健康儿童在自我意识总分及分量表上的得分,均显著高于肥胖儿童。在对听障儿童的自我意识调查研究发现,听障儿童自我意识偏低水平的比例明显高于正常儿,正常儿童对自身的行为、焦虑、合群、幸福与满足等方面得分明显高于听障儿童。

三、学生自我意识的培养

(一)培养学生健康自我意识的意义

学生自我意识的发展和完善,不仅对于学生的健康人格的养成有着重要的意义,同时对于预防学生心理健康问题的出现也具有积极的意义。长久以来,大多数学者认为正确的认识自我是心理健康的构成因素之一。而在学生的发展过程中,由于自我意识发展中出现的偏差,导致学生出现许多心理问题。对于青少年儿童自我意识发展与其心理健康之间是否有关系,具有什么样的关系的问题,一些学者进行了研究。例如在小学生中,常常会出现打架、骂人、说谎、考试舞弊、厌学、逃学等行为,严重的甚至出现自伤或伤人现象。我们把这些行为统称为问题行为。对小学生自我意识与其行为问题的出现之间的关系父母的研究表明:小学生自我意识与行为问题关系密切。而且自我意识状况对学习问题有一定的预测作用。对1 510名小学生的调查,自我意识较低的检出组(210例)中的小学生表现出更多的行为问题。而行为问题检出组(367例)中的小学生,自我意识水平明显低于正常小学生。许多研究都表明,自我意识的发展对心理健康有预测作用。又如自卑,这是中小学生都具有的常见的心理问题。自卑是学生在自我意识发展中出现的自我体验方面的问题,是个体低自尊的表现。所谓自尊,是个体在社会实践过程中所获得的对自我的积极的情感体验,它是主客体相互作用的产物,由自我效能(或自我胜任)和自我悦纳(或自爱)两部分构成。自卑感可以由学生的学业、容貌、身高、体重、能力性格、老师的责备或者朋友的拒绝等引起,其实质是对自己的拒绝,或者说是不能够悦纳自己。可见,青少年的自我意识是造成他们自卑(心理问题)的"罪魁祸首"。再如青少年过度独立的问题。独立意味着青少年自我意识的发展和进一步的完善,也是其个性走向更加成熟的表现。但是,有少部分学生独立意向不成熟,却又拒绝成人的积极建议和善意的忠告,表现为我行我素,甚至不管一切,"你叫我往东,我一定往西"的过度的独立行为,有的甚至付出自由或生命的代价。这也体现为自我意识发展中形成的心理问题。

因此,加强对中小学生自我意识的教育和培养以及对自我意识偏差的调节十分重要。

(二) 培养学生自我意识的内容

1. 正确的、全面的、适度的和积极的自我认知

正确的、全面的、适度的和积极的认识自我,是个体形成正确的自我意识的基础,对促进人的心理健康也是有益的。因为一个妄想自己是西方佛祖派来的拯救人类的使者的人,显然不能够被认为是有正确的自我意识和心理健康的人。

正确地、全面地自我认知是指个体能够了解真实的自我。一个人自我概念的获得,是后天习得的。主要是在与别人的互动过程中形成的,是与他人的交流中反馈得来的。因此,个体可以通过他人对自己的评价来认识自我。一般来说,对个体有影响,或者关系比较密切的人,对个体经常的、稳定的评价,对个体来说是比较客观的。它是个体自我评价的基础,也是个体正确、全面认识自我主要指标。

适度的、积极的自我认知是指个体具有的过度(但不是极端)的、积极的自我观念。它是个体超出(差距不是很大)自己真实自我的基础上对自己乐观的评价。可见,适度的、积极的自我认知是有别于盲目乐观的自我认知的。正如美国华盛顿大学的心理学教授乔纳森·布朗博士研究所述,"积极地看待自己的能力,即使有些不真实,也能提高成就。"

2. 勇敢面对自己的优缺点,积极地悦纳自己

什么是悦纳自我?如何理解呢?正如有的学者指出的:悦纳自我,就是个体对真实自我的接受。它是建立在自我认知的基础上的。一个了解自己的人,认识自己长处的同时,也很清楚自己的不足;知道自己不是十全十美的,但也不是一无是处。只有这样,才会真心地接纳自己,不狂妄自大,也不妄自菲薄,不卑不亢地与人交往,使自己不断地发展和成长。当个体能够接受自己时,就会以积极的态度对待自己,形成自尊;否则,就会产生自卑。特别是一些学生,他们过度自卑,表现为:只看到自己的缺点和不足,甚至加以夸大;完全看不到自己的优点和长处,甚至轻视自己存在的价值。上述提到的这两类学生,在现实生活中,我们常

常会见到。其实质是他们都没有认识到:在这个世界上,每个人都是一个独特的人,都是一个独特的、有价值的人。正因为我们彼此有很多不同,才构成了多姿多彩的群体,才组成了这个多姿多彩的社会。只有认识到这一点,才能够以自己为骄傲,积极地对待自己。

3. 积极主动地完善自我

人的自我发展是一个长期的、不断的发展过程。在这个过程中,个体可以发挥自我意识的能动性,不断地完善自我意识。自我意识完善的过程,首先体现在青少年合理目标的确立。因为,个体可以通过积极主动地设立合理的理想自我目标,为自己确定一个改变现实自我的方向和提供行动的动力。这个目标的确立,一方面,反映了个体对自己有一个比较正确的认识;另一方面,也反映了个体对未来的憧憬和追求。其次,体现在青少年是否具有一定的执行能力。在自我认识和悦纳自己的基础上,制定要实现的目标并不难,最难的是如何来实现这个目标。这要求个体必须具有一定的执行能力。这种能力,体现在个体能够约束和控制自己的行动始终朝向既定的目标;面对失败和挫折,有比较强的适应能力;并且能够做到把自己的目标的实现与社会的需要紧密地结合起来,不断地超越自我。随着学生年龄的增长,青少年学生的执行能力逐渐在各种教育活动中发展起来。这是外部教育影响和学生自我教育结合的产物。

(三)培养的途径和方法

1. 途径

如前所述,影响青少年自我意识的因素是多种多样的。因此,决定了对他们进行自我意识教育培养的途径和方法也是多种多样的。就影响因素进行分析,根据影响因素的来源和青少年儿童活动的主要场所,划分出两个最主要的因素:家庭和学校。

首先,家庭影响在学龄前儿童的自我意识的教育培养中占据主导地位是毋庸置疑的。不仅如此,在学生成长的整个过程中,家庭教育的影响一直发挥着重要的作用。

其次,学校主要是通过教学活动、班级活动和团队活动、心理健康课程的设置及提供专业的心理咨询服务,促进青少年自我意识的发展和完善,并调适他们自我意识发展过程中出现的偏差。

当然,我们必须看到,青少年学生自我意识的发展是受各种影响因素综合作用的结果。

2. 方法

就学校教育而言,依据对学生的自我意识产生影响的主体划分,主要有各任课教师和班主任,以及团队组织人员,专、兼职心理健康教育和辅导人员。对于任课教师等人,可以根据所教授的课程的特点,运用多种个性化的方法,培养学生健康的自我意识。个性化地运用方法,是基本要求。已有的研究已经证明了这一点。如有研究者运用文学或音乐对住院儿童进行干预的病例进行对照研究表明,音乐干预后虽两组总分无显著差异,但在智力与学校情况、躯体外貌与属性两个分量表上有差异,而文学干预后,患儿的 PHSS 总分、合群量表得分显著升高。而对于专业心理健康辅导人员和团队活动组织者来说,采用团体辅导的方法是比较理想的。特别是心理健康教师对学生进行发展性的团体辅导并结合个案咨询的方法,实践证明是很有效的。

(四)培养学生自我意识应该注意的问题

1. 结合年龄性别的特点,因材施教

因为学生存在自我意识发展的年龄和性别特点,所以客观上要求教育者在教育中,必须根据学生在不同的年龄和性别上表现出来的自我意识发展的特点与矛盾进行有效的教育。因此,家长、教师要提升自身素质,深入了解青少年在各个年龄阶段的生理、心理特点,熟悉他们的微观生态环境以及他们的心理状态,主动缩小与青少年在价值定向及心理上的差距,充分发挥青少年在学习上、生活上的独立性和自觉性,同时积极关注并给予适时恰当的教育引导,有针对性地提出切实可行的、积极向上的建设性指导意见,从而为他们创造良好的家庭环境、学校环境及社会环境,促进青少年自我意识的健康发展。

2. 要有针对性

在学生自我意识的教育过程中,不能为了自我教育而教育,而是要追本溯源,找到形成青少年自我意识矛盾和困惑的真正原因,从而有针对性地进行教育。例如,自卑,是属于学生的自我意识问题,但是造成自卑的原因是多样的。对于初一学生而言,许多学生的自卑常常是由于学习方面的挫折导致的,如果从学习的挫折与学习方法、科学用脑这个角度进行教育训练与培养,要比从人际交往和怎样面对挫折入手培养的效果好得多。

3. 坚持个性化方向

有研究表明,并不是所有的自我意识因素都影响青少年的自我意识水平。因此,在对青少年教育的过程中,不能单凭某个自我意识的因素水平妄加推测。而要综合考虑多个自我意识因素,如自觉性、自信感、能力评价、体貌评价和自尊感等;与此同时,要注意青少年在发展过程中的个性差异。只有结合上述两个方面综合考虑,才能满足教育培养个性化人才的要求。

复习思考题

1. 简析自我意识的成分。
2. 简述埃里克森的自我意识理论。
3. 写一份自我分析报告:我是一个怎样的人。

本章参考文献

[1] 理查德·格里格,菲利普·津巴多. 心理学与生活. 王垒,王甦,等,译. 北京:人民邮电出版社,2003.

[2] 刘宣文. 学校发展性辅导. 北京:人民教育出版社,2004.

[3] 埃里克·H·埃里克森. 同一性:青少年与危机. 杭州:浙江教育出版社,1998.

[4] 乔纳森·布朗. 自我. 北京:人民邮电出版社,2004.

[5] 姚本先. 心理学新论. 修订版. 北京:高等教育出版社,2005.

[6] 贾晓波. 中学生自我意识发展的特点. 体育教学,2007(2).

[7] 汪乃铭,钱峰. 学前心理学. 上海:复旦大学出版社,2006.

[8] 杨秀君,任国华. 近20年来中国的自我研究回顾[J]. 宁波大学学报(教育科学版),2003(3).

[9] 吴怀能,柯雪琴. 浙江省学龄儿童自我意识及其影响因素调查[J]. 中国学校卫生,2010(1).

[10] 彭以松,聂衍刚,蒋佩. 中学生自我意识发展特点及与心理健康关系的研究[J]. 内蒙古师范大学学报(教育科学版),2007(10).

[11] 乔纳斯·布朗. 自我. 北京:人民邮电出版社,2004.

[12] http://news.qq.com/a/20100414/000162.htm.

第十三章
品德心理与行为

【本章导学】

品德与道德密切联系在一起,掌握品德的内涵,了解品德与道德的关系,了解不同学者对品德心理结构的研究,掌握不同学者对品德形成阶段研究理论观点,理解不同因素对品德形成的作用,对于良好品德的形成与培养具有启迪与指导意义。

第一节 品德概述

一、品德的含义

(一)品德与道德的概念

品德又称道德品质,是一种个体心理现象,是指人依据一定的社会道德准则和规范行动时所表现出来的稳定的心理特征或倾向。

道德是指由社会舆论力量与个人内在信念系统驱使和支持人的行为规范的总和。

正如黑格尔所说的:"一个人做了这样或那样合乎伦理的事,还不能说他是有德的,只有当这种行为方式成为他性格中的固定因素时,他才可以说是有德的。"

(二)品德与道德的关系

1. 品德与道德的区别

(1)品德与道德所属的范畴不同

道德是社会现象,是调整人们相互关系的各种行为规范和准则。它是以行为规范的形式来反映社会生活的,它的产生、发展和变化服从于整个社会的发展规律。而品德是个体现象,是社会道德在个体头脑中的主观印象,其形成、发展和变化既受社会规律制约,又受个体生理、心理活动规律制约。品德支配和调节着个体的道德行为,属于个体意识的范畴。

(2)品德与道德所反映的内容不同

道德的内容是社会生活的总体要求,是对一定经济基础的反映,它是调节社会关系的行为规范的完整体系;而品德的内容则是社会道德规范局部的具体体现,是社会道德要求的部分反映。

(3) 品德与道德产生的力量源泉不同

道德产生的力量源泉是社会需要。在社会生活中，人们为了维护共同的利益，协调物质利益关系、人际关系等社会关系，以保障社会的稳定、和谐的发展而制定了共同遵守的道德行为规范，正是这种社会生存和发展的需要赋予了道德以力量。品德产生的力量源泉则是个人的需要。个人为了归属于一定的社会群体，为社会所接纳，就必须遵守一定的社会道德规范，协调个人与社会、个人与集体、个人与他人的关系，正是人的这种社会性需要促使人们自觉地按照道德要求发展与完善自我品德。

2. 品德与道德的联系

(1) 品德是道德的具体化

品德是一定社会道德规范在个体头脑中的反应和在个体实践活动中的具体体现。

(2) 社会道德风气影响着品德的形成与发展

品德是个体在社会化的过程中，在社会道德舆论的熏陶和道德教育影响下，通过自己的实践活动逐步形成发展起来的。社会道德风气的发展变化在某种程度上影响个人品德面貌的变化，品德的形成和发展以一定的社会道德为前提。

(3) 个体的品德对社会道德状况有一定的作用

如果离开了社会中具体的人的道德品质表现，道德就只能成为无实际意义的行为规范，也就失去了应有的作用，更谈不上发展了。

总之，品德和道德是相辅相成、辩证统一的关系。心理学、教育学研究个体品德，伦理学、社会学研究社会道德。心理学、教育学研究个体品德不能脱离一定的道德环境和规范，心理学对个体品德的研究成果反过来又丰富了社会道德的内容，促进了社会道德的发展。

二、品德的心理结构

美国学者赫什提出，人的道德性并不是由一些抽象的道德原则所体现的，它一般表现在下述三个方面：(1) 关心他人，愿意帮助并保护他人；(2) 能够正确地进行道德判断；(3) 行动。由此可见，品德的心理结构非常复杂，对此我们可以从静态和动态两个方面进行分析。静态是对品德结构的成分进行分析，动态是对品德的各组织形式的功能进行分析。品德的心理结构非常复杂，它既是多层次、多水平的有机统一整体，又是由多种心理因素交互作用的综合结果。长期以来，我国许多心理学家致力于对品德心理结构问题的探讨，提出了许多不同的心理结构模式。概括起来，有因素构成说、功能结构说、系统结构说和态度结构说等几种不同的结构学说。这些结构理论力图从不同的角度寻找品德心理结构的基本模式，进而发现进行品德教育和培养的有效途径。

(一) 因素构成说

因素构成说认为品德心理结构是由一系列彼此联系的心理因素构成的统一体，即个体的品德是由若干相互联系的心理因素构成的。但究竟由哪几种基本因素构成，则看法不同，从而形成"三因素论"、"四因素论"、"五因素论"、"六因素论"等观点。"三因素论"认为，个体品德结构是由道德认识、道德情感和道德行为构成的统一体。这种观点强调了认识、情感与行为习惯在品德结构中的地位和作用，也主张从这三个方面出发去培养人的品德。"四因素论"将品德心理结构看成是道德认识、道德情感、道德意志和道德行为的统一体。它与"三因素论"没有本质的区别，只是补充了意志这一要素。这种观点是目前我国教育心理学领域中比较流行的观点,也是大家普遍接受的。它要求我们从知、情、意、行四个方面入手,去考虑品德的教育和培养问题。"五因素论"在"四因素论"中增加了道德信念这一因素,把品德心理结构看成是道德认识、道德情感、道德信念、道德意志和道德行为的统一体。这种观点强调了道德信念在个体品德结构中的核心地位。"六因素论"把个体品德结构看成是道德认识、道德情感、道德动机、道德意志、道德行为和道德评价的统一体。这种观点又给"四因素论"增加了道德动机和道德评价两种要素。

因素构成说的缺陷有:(1)重视品德心理现象(因素)的分析,忽视品德结构的内在运行机制的揭示;(2)重视品德表层结构的描述,忽视品德深层的探索;(3)重视对品德结构线性的、静态的分析,忽视对品德结构作立体的、动态的考察。

(二)功能结构说

章志光教授把品德心理结构划分为生成结构、执行结构和定型结构三个断面或维度,并认为这种结构与宏观的社会环境和微观的群体环境(包括人际关系、教育方式)发生关联或相互制约时,就构成了一个包括品德机制在内的大的社会动力系统。品德的"生成结构"是指个体从非道德状态过渡到开始出现道德行为或初步形成德行时的心理结构,具体表现为个体获得道德规范的行为经验,产生是非感,形成道德行为的定势或习惯的过程。品德的"执行结构"是指个人在道德性生成结构基础上发展起来的更有意识地对待道德情境,经历内部冲突、主动定向、考虑决策和调节行为等环节的一种复杂的心理过程及其结构。它既是表明个人日常处理道德问题时的一般心理空间状况,也是说明简单的道德性向品德形成过渡的一种形式。品德的"定型结构"是指个体具有品德(道德品质)的心理结构。道德行为可以是情境性的,也可以是倾向性的。前者更多受外部特殊情境及内容不稳定因素驱使而发生,因而不经常,不一贯;后者则不同,它是内部由于先期影响而形成的某种比较稳定的品德心理结构,即定型的表现,所以带有恒常性。上述三种心理结构是品德形成过程中相继出现的不同形式,但又是相互渗透的统一体。如果前一种结构的形成为后一种结构的出现作好了铺垫,那么后一种结构的形成则是前一种结构的因素、序列的发展和功能的跃进。该结构重点在于解释品德形成的动态过程。

(三)系统结构说

系统结构说是由林崇德教授提出的。他认为,品德心理结构是由三个相互关联的子系统构成的系统。

(1)品德的深层结构和表层结构关系系统,即道德动机与道德行为系统;

(2)品德的心理过程和行为活动的关系系统,即道德认识、道德情感、道德意志和道德行为的品德心理特征系统;

(3)品德的心理活动和外部活动的关系及其组织形式系统,即品德的定向、操作和反馈系统。

以上有关品德心理结构问题的探讨,都是在普通心理学的基本知识和基本概念基础上建构起来的,可称之为品德心理结构的普通心理模式。

第二节 品德形成的理论

关于品德的发展,心理学家进行了大量的研究。特别是20世纪60年代以来,出了很多研究成果,这些成果对揭示品德发展的规律有很重要的意义。只有把品德横向结构的剖析与纵向发展规律的揭示结合起来,才能获得对品德完整的全面认识。

一、皮亚杰的品德发展阶段论

瑞士心理学家皮亚杰在他的《儿童的道德判断》一书中,根据他的理论和大量临床研究的事实,分析了儿童对游戏守则的理解及遵守过程,并通过一些对偶故事的观察实验,把儿童的品德发展划分为四个阶段。

(一) 自我中心阶段

自我中心阶段(2~5岁)是从儿童能够接受外界的准则开始的。儿童在打弹子游戏中总是自己玩自己的,按照自己的想象去执行规则。这是因为儿童还不能把自己与外在环境区别开来,而把外在环境看作是他自身的延伸。规则对他来说,还不具有约束力。皮亚杰认为5岁以前是"无律期",顾不得人我关系,而是以"自我中心"来考虑问题。

(二) 权威阶段

这一阶段(6~8岁)也称作他律期。该时期的儿童服从外部规则,接受权威指定的规范,把人们规定的准则看作是固定的、不可变更的,而且只根据行为后果来判断对错。有人称该时期为道德现实主义或他律的道德。

(三) 可逆性阶段

这一阶段(8~10岁)的儿童已不把准则看成是不可改变的,而把它看作是同伴间共同约定的。儿童一般都形成了这样的概念:如果所有的人都同意的话,规则是可以改变的。儿童已经意识到一种同伴间的社会关系,应相互尊重。准则对他们来说已具有一种保证他们相互行动、互惠的可逆特征。同伴间的可逆关系的出现,标志着品德由他律开始进入自律阶段。这一时期也称作自律期,也就是自主期。道德发展到这个时期,不再无条件地服从权威。当然这个时期判断还是不成熟的,要到十一二岁后才能独立判断。有人称该时期为道德相对主义或合作的道德。

(四) 公正阶段

这一阶段(11~12岁)的公正观念是从可逆的道德认识脱胎而来的。他们开始倾向于主持公正、平等。公正的奖惩不能是千篇一律的,应根据各个人的具体情况进行判断。

皮亚杰认为,品德发展的阶段不是绝对孤立的,而是连续发展的。儿童品德的发展是一个连续的统一体,应用时加以分界只是为了研究的方便,并不表明发展的连续统一体的中断。

【小资料】皮亚杰与对偶故事

这是皮亚杰研究道德判断时采用的一种方法。利用讲述故事向被试者提出有关道德方面的难题,然后向儿童提问。利用这种难题测定儿童是依据对物品的损坏结果还是依据主人公的行为动机做出道德判断。由于皮亚杰每次都是以成对的故事测试儿童,因此,此方法被称为对偶故事法。

对偶故事一:

A. 有一个小女孩叫玛丽,她想使母亲高兴,于是便替母亲裁布。但是,因为她还不会很好地使用剪子,结果将她自己的衣服剪了一个大洞。

B. 一个叫玛格丽特的小女孩在她母亲外出时拿剪子玩,因为她不会很好地使用剪子,结果将自己的衣服剪了一个小洞。

皮亚杰对这个对偶故事提出以下两个问题:

(1) 这两个孩子的过失是否相同?

(2) 这两个孩子中,哪一个更坏一些?为什么?

对偶故事二:

A. 一个叫约翰的小男孩在他的房间时,家里人叫他去吃饭,他走进餐厅。但在门背后有一把椅子,椅子上有一个放着15个杯子的托盘。约翰并不知道门背后有这些东西。他推门进去,门撞倒了托盘,结果15个杯子都撞碎了。

B. 从前有一个叫亨利的小男孩。一天,他母亲外出了,他想从碗橱里拿出一些果酱。他爬到一把椅子上,并伸手去拿。由于放果酱的地方太高,他的手臂够不着。在试图取果酱时,他碰倒了一个杯子,结果杯子倒下来打碎了。

皮亚杰对这个对偶故事提出以下两个问题:

(1) 这两个小孩是否感到同样内疚?

(2) 这两个孩子哪一个更不好?为什么?

通过大量的研究,皮亚杰概括出一条儿童道德认识发展的规律:儿童道德认识的发展是由他律向自律过渡的过程。

他律:是指儿童的道德判断只注意行为的客观效果,不关心主观动机,是受自身以外的价值标准所支配的;

自律:是指儿童根据自己的主观价值标准进行道德判断。

年幼儿童的道德判断是由自身以外的价值标准支配的,具有客观的性质,是一种他律水平的道德;随着儿童年龄的增长,他们的道德认识也在不断发展,道德判断的标准开始逐步摆脱承认惩罚的影响,在评价某种行为的是非时,能依据自己掌握的道德标准对行为做出判断,这种道德判断具有了主观的性质,是一种自律水平的道德。

儿童在五六岁以前是属于无规则的阶段。这个阶段儿童在游戏中没有合作,也没有规则,社会规则对他们没有约束力,他们没有必须怎样做的认识。

儿童在六岁到八九岁期间处于他律的阶段,这是儿童认为独立于自身之外的规则是必须遵守的。这一阶段儿童之所以表现出他律的行为,是因为:

(1) 儿童与他人的关系是一种权威与服从的关系,服从权威就是对的。

(2) 儿童的思维处于自我中心,只从自己的立场考虑问题,不能明确地把自己与他人区分开,把成人说的混同于自己想的。

八九岁之后儿童过渡到自律阶段,这一阶段的儿童开始认识到规则不是绝对的,应该与他人相互尊重并合作,共同决定或修改规则。儿童之所以能从他律转向自律,是因为:

(1) 这时儿童认识到与他人的关系是一种平等的关系。

(2) 儿童的思维已从自我中心脱离出来，能站在他人的立场上考虑问题，规则只是在维护自己和他人的关系。

二、柯尔伯格的品德发展理论

美国发展心理学家柯尔伯格采用两难故事(典型故事是"海因兹偷药")，与青少年进行"开放式"的个别交谈，使他们对道德两难问题充分发表自己的看法，然后从他们的道德陈述中分析出道德发展的规律。他采用这样的道德两难故事法，测试了十来个不同国家大量的6～21岁的被试者，发现尽管种族、文化、社会规范等各方面都不相同，但道德判断能力随年龄发展而发展的趋势却是一致的。根据不同年龄的儿童和青少年所作出的反映，柯尔伯格把儿童道德发展划分为三个水平、六个阶段。

(一) 前习俗水平

大约出现在幼儿园及小学低中年级阶段。该时期的特征是，儿童遵守规范，但尚未形成自己的主见，着眼于人物行为的具体结果与关心自身的利害。也就是说，这一水平的道德观念纯然是外在的，儿童为了免受惩罚或获得个人奖赏而顺从权威人物规定的准则。这一时期又分为两个阶段。

第一阶段：惩罚和服从取向。这个阶段的儿童根据行为的后果来判断行为是好是坏及严重程度。认为受赞扬的行为就是好的，受惩罚的行为就是坏的。他们服从权威或规则只是为了避免处罚，没有真正的准则概念。

第二阶段：朴素的利己主义取向。这个阶段的儿童为了获得奖赏或满足个人需要而遵从准则，偶尔也包括满足他人需要的行动，他们认为如果行为者最终得益，那么为别人效劳就是对的。儿童不再把规则看成是绝对的、固定不变的东西。他们能部分地根据行为者的意向来判断过错行为的严重程度。

柯尔伯格认为大多数9岁以下的儿童和许多青少年犯罪，在道德认识上都属于第一级水平。

(二) 习俗水平

这是在小学中年级上出现的，一直到青年、成年。这一水平的儿童为了得到赞赏和表扬或维护社会秩序而服从父母、同伴、社会集体所确立的准则。他们都能顺从现有的社会秩序，而且有维持这种秩序的内在欲望。行为价值是根据遵守那些维护社会秩序的规则所达到的程度。

第三阶段：好孩子取向。这一阶段的儿童尊重大多数人的意见和惯常的角色行为，避免非议以赢得赞赏，重视顺从，想做好孩子。儿童心目中的道德行为就是取决于人的，有助于人的或为别人所赞赏的行为。他们希望保持人与人之间良好的、和谐的关系，希望被人看作是好人，要求自己不辜负父母、教师、朋友的期望，保持相互尊重、信任。这时儿童已能根据行为的动机和感情来评价行为。

第四阶段：权威和社会秩序取向。这个阶段的儿童注意的中心是维护社会秩序，认为每个人应当承担社会的义务和职责。判断某一行为的好坏，要看他是否符合维护社会秩序的准则。

柯尔伯格认为大多数青年和成人的道德推理就属于这级水平。

（三）后习俗水平

这一水平的特点是道德行为由共同承担的社会责任和普遍的道德准则支配，道德标准已被内化为他们自己内部的道德命令了，也称原则水平。这个阶段已经发展到超越现实道德规范的约束，达到完全自律（自己支配）的境界，年龄上至少是青年期人格成熟之后，才能达到这一境界。这个境界是理想的境界，成人也只有少数人达到。这一时期可分为两个阶段。

第五阶段：社会契约取向。这一阶段的道德推理具有灵活性。他们认为法律是为了使人能和睦相处，如果法律不符合人们的需要，可以通过共同协商和民主的程序加以改变，认为反映大多数人意愿或最大社会福利的行为就是道德行为。那些按民主程序产生的、公正无私的准则是可接受的，强加于人或者损害大多数人权益的法律是不公正的，应拒绝。

第六阶段：良心或原则取向。他们认为应运用适合各种情况的抽象的道德准则和普遍的公正原则作为道德判断的根据，背离了一个人自选的道德标准或原则就会产生内疚或自我谴责感。

柯尔伯格认为只有少数人在20岁后能达到第三级水平。

柯尔伯格确定了儿童道德发展的三个水平、六个阶段。每一阶段的划分不仅考虑到儿童是选择服从，还是选择需要，还要看儿童对这种选择的说明和公正性。柯尔伯格认为，道德发展的顺序是固定的，可是并不是所有的人在同样的年龄达到同样的发展水平，事实上有许多人永远无法达到道德判断的最高水平。柯尔伯格描述的品德发展的六个阶段，从儿童期一直延伸到成人期，概括来说，道德控制的发展是从个体水平，经由社会水平向道德理念水平发展的。

柯尔伯格在道德发展的心理学方面所作的贡献是多方面的。首先，他的理论促进了道德现象研究的科学化；其次，他的理论推动了认知科学的发展；最后，他的理论建立了道德发展的阶段模型，促进了道德教育科学化。但是，柯尔伯格道德发展心理学思想也存在一些不足和局限，其中有两点最为明显。首先是他的理论没有解决道德发展中的知情问题，其次是他的理论没有解决道德发展中的知行问题。

【小资料】柯尔伯格的两难故事

在欧洲，有一位妇女因患一种罕见的癌症已濒临死亡。医生认为还有一种可以救她的药，即该镇一位药剂师最近发明的一种镭。药剂师以10倍于成本的价值2000元出售该药。病妇的丈夫海因茨向每一位熟人借钱，但总共才凑得药价一半左右的钱。他告诉药剂师：妻子危在旦夕，请他便宜一些售药或允许迟一些日子付款，但药剂师说："不成！我发明了这种药，正是要用它来赚钱。"海因茨走投无路，闯进该药店为妻子偷了药。

故事讲完后，要求被试者回答：这个丈夫该不该偷药？为什么？海因茨倘若被捕，法官该不该给他判刑，为什么？

这样的道德两难问题，具有不同道德水平的人会做出不同的判断并提出不同的判断理由。根据被试者的回答，柯尔伯格把道德判断分为三个水平，每个水平又各包括两个阶段。于是，提出了三水平、六阶段品德发展理论。

三、艾森伯格的亲社会道德理论

美国儿童心理学家艾森伯格(N. Eisenberg)在柯尔伯格(L. Kohlberg)的道德发展理论基础上,创立了亲社会道德理论。主要包括:亲社会两难道德情境 道德作为一个总的领域,包括许多不尽相同的具体方面,儿童对这些具体方面的判断会有所不同。柯尔伯格研究所用的两难故事在内容上几乎都涉及法律、权威或正规的责任等问题。这些法律、责任等问题会在一定程度上制约着儿童对故事冲突所作的推理。因此,柯尔伯格运用其两难故事只是研究了儿童道德判断推理的一个方面——禁令取向的推理。艾森伯格则区分并设计出不同于柯尔伯格两难情境的另一种道德两难情境——亲社会道德两难情境来研究儿童的亲社会道德判断。亲社会两难情境的特点是,一个人必须在满足自己的愿望、需要和(或)价值与满足他人的愿望、需要和(或)价值之间做出选择,助人者的个人利益和接受帮助者的利益之间存在着不可调和的矛盾。艾森伯格则采用另一种道德两难情境——亲社会道德两难故事法,如一个城镇的居民必须在是否与另一个城镇遭受洪水灾害的灾民分享食物之间做出选择,一个人必须在帮助一个遭抢劫的妇女和保护自己之间做出选择等,对儿童亲社会道德判断的发展进行研究,提出了儿童亲社会道德判断发展的5个阶段。

阶段1:享乐主义的、自我关注的推理。助人或不助人的理由包括个人的直接得益、将来的互惠,或者是由于自己需要或喜欢某人才对之表示关心。

阶段2:需要取向的推理。他人的需要与自己的需要发生冲突时,儿童对他人身体的、物质的和心理的需要表示关注。儿童仅仅对他人的需要表示简单的关注,并没有表现出自我投射性的角色采择、同情的言语表述等。

阶段3:赞许和人际取向、定型取向的推理。儿童在证明其助人或不助人的行为时所提出的理由是好人或坏人、善行或恶行的定型形象,他人的赞扬和许可等。

阶段4:分为两个亚阶段。阶段4a:自我投射性的移情推理。儿童的判断中出现了自我投射性的同情反应或角色采择,他们关注他人的人权,注意到与一个人的行为后果相连的内疚或情感。阶段4b:过渡阶段。儿童选择助人或不助人的理由涉及内化了的价值观、规范、责任和义务,对社会状况的关心,或者提到保护他人权利和尊严的必要性等。但是,儿童并没有清晰而强烈地表述出这些思想来。

阶段5:深度内化推理。儿童决定是否助人的主要依据是他们内化了的价值观、规范或责任,尽个人和社会契约性的义务、改善社会状况的愿望等。此外,儿童还提到与实践自己价值观相联系的否定或肯定情感。

四、吉利根关于道德发展的性别差异的研究

吉利根(Gilligan,1982)认为,女性和男性思考道德问题时所用的方式并不完全相同。她在研究中发现,女性的道德决策过程是"关怀定向"的,她们更强调对他人的责任、避免伤害别人以及人们之间保持联系的重要性,而男性道德决策更多的是基于正义。虽然这些道德取向并没有优劣之分,但两者分别更符合柯尔伯格所提出的低级与高级发展阶段,女性易被判定为比男性处于更低的道德水平。

1. 在道德判断与道德推理中存在两种道德取向——公正和关怀,不同个体采用的思考方式可能不相同,个体在做出道德判断有选择地倾向某一趋向,同时也可能改变道德取向。

2. 男性和女性在对客观世界的看法是不一样的,表现在道德观上女性是典型的关怀取向,男性是典型的公正取向。

3. 不能把女性注重关怀归因于她们缺乏教育训练,相反,女性道德推理中的关怀使我们看到公正道德理论的不足。

4. 假设的故事由于具抽象的特性,易引起被试者公正思想,而真实的两难故事,由于受故事发生的背景的影响,易于激发个体的关怀思想。

吉利根提出的女性关怀道德发展的三水平、两时期。

水平1:自我生存定向。自我是关心的唯一目标,自我生存的观念最为重要。只有当自己的需要之间发生冲突时,道德思考才会产生,道德是对自己强加的约束力。

第1个过渡时期:从自私向责任感转变。个体自己的愿望和个体对他人的责任感是相互矛盾的。

水平2:善良即自我牺牲。这是女性作为照顾者和保护者在习俗水平上的观点。道德判断起源于社会规范和大多数人的意见。关心他人尤其关心他人的情感,关心冲突伤害的可能性成为这一水平中人们所关注的中心。

第2个过渡时期:从善良转向真实。女性开始认识到道德意味着既要关心自己,又要关心他人,行为的环境、意图和结果在此时期变得尤为重要。女性试图同时考虑自己与他人的需要,对他人负责而是自己善良,对自己负责而是自己诚实和真实。

水平3:非暴力道德。个体利用非暴力原则解决自私和对他人负责之间的冲突,自己与他人之间的道德平等通过平等地运用避免伤害的禁令而获得,关怀成为普遍的义务。

第三节 品德的形成与培养

一、品德的内化过程

品德的形成和改变包括方向的改变与程度的改变。方向的改变可以由好变坏,也可以由坏变好;程度变化可以从轻微到彻底改变。据美国社会心理学家凯尔曼的研究,品德的形成和改变经历顺从、认同和内化3个阶段。

第一阶段:顺从。顺从是表面接受他人的意见或观点,在外显行为方面与他人一致,个人的态度受外部奖励与惩罚的影响,因为顺从可以得到奖励,不顺从则受到惩罚。这一时期的特点是:(1)言行受外部压力的影响、强制或诱惑;(2)表面的顺从,但内心并不相信;(3)服从行为往往是一时的,有人监督就规规矩矩、绝对服从,没有人监督就违反纪律;(4)从被迫服从,逐渐形成习惯,转化为自觉服从。品德的形成和转变除受制于强制外,也从模仿他人的态度、品德开始。社会生活实践表明:许多人品德的形成和转变,并不一定受外界强制力量的影响,常常是从无意识地模仿父母、教师及自己崇拜对象的态度、言行开始的。这是形成和改变自己品德的一种最常见的形式。

第二阶段:认同。认同是在思想、情感上主动接受他人的影响,比顺从更深入一层。如当某青年经过团组织教育,参加过一些团组织的活动以后,自愿承认团章,遵守团纪,希望成为团组织的一员时,他对成为一名团员青年的价值内化程度已达到认同水平。因此,认同不受外在压力的影响,而是主动地接受他人或集体的影响。模仿的榜样是具体的,认同的榜样可以是抽象的。

第三阶段:内化。内化是指真正从内心深处相信并接受他人的观点,彻底转变自己的态度。这意味着把外部的新思想、新观点、新行为归于自己的思想体系之中,成为自己品德体系的一个组成部分。内化阶段是人们的品德真正形成或彻底转化的阶段,也是人的品德最稳定、最持久的阶段。

二、影响品德发展的因素

(一) 外部条件

外部条件是指学生自身以外的一切条件,包括家庭、社会、学校、班集体和同伴小集体等因素。教学实践和心理学研究表明,这些外部因素对学生的品德有重要影响。

1. 社会风气

如果说年幼儿童的品德主要受家庭教育的影响,那么随着儿童进入青少年时期,社会风气对他们的影响越来越大。社会风气是由社会舆论、大众媒介传播的信息、成年人的榜样作用等构成的。学校的青少年不可能与社会隔绝,他们的道德信念和道德价值观正处于形成过程中。他们既容易接受良好的社会风气的影响,也容易接受不良的社会风气的影响。据美国帕克(Parke)等人的研究,在其他生活条件相似的情况下,观看暴力电影的学生比其他学生有更多的攻击性行为出现。彼得逊(Penerson)等人对美国7~11岁学生进行的一次全国性调查显示,常看暴力电视节目的学生有更多的恐惧感,担心一个人在外玩的时候被人杀害,有时甚至对社会失去信心。当前我国实行的改革开放政策,有助于学生从多方面获得信息。但是青少年不善于作出选择,而且易受不良社会风气的影响。因此,从某种意义上说给品德教育工作增加了新的难度。

2. 同伴集体的影响

青少年的态度与道德行为在很大程度上是由他们的同伴集体的行为准则和风气决定的。社会心理学称这种现象为从众现象。所谓从众,是指个人的意见、态度和行为因受多数人的意见、态度和行为的影响而改变。

青少年的同伴集体有正式的班集体和由学校或班级组织的各种小组。一个良好的班集体,对学生优良品德的形成和不良品德的改变有极为重要的作用。倘若一个班集体有共同的目标、严明的纪律约束,学生之间和师生之间关系和谐、融洽,集体成员奋发向上,那么个别品德不良的学生由于受到良好的集体气氛的感染,会很快变好,或者至少不敢调皮捣乱,因为他这种行为极其孤立,得不到别人的附和(即强化),久而久之,便会消退。

青少年中往往会出现一些非正式的小集体。青少年随着年龄的增长,逐渐与父母疏远。他们喜欢和同伴交往,希望得到同伴小集体的认可和接纳。倘若父母和教师的价值标准不符合他们同伴小集体的标准,他们宁愿冒犯教师和父母而不愿得罪"朋友"。青少年中的非正式团体,在初中和小学阶段差不多是清一色的男生与女生分开的团体;到了高中,由于生理上成熟,当他们产生了异性爱的时候,就出现了男女混合团体。这些非正式的小团体,不论是思想健康的或不健康的,都对青少年的态度和品德的形成与改变有重要影响。

3. 家庭环境

家庭对个体社会化的影响是最早和最重要的。虽然很多道德观念的形成与家庭以外的社会交往分不开,但个体进行这些交往活动的同时并没有离开家庭的影响,并且由于顺序效应,往往将多渠道的影响都归因于家庭方面。1995年,艾森伯格等人研究发现,如果儿童在早期有较丰富的与父母或兄弟姐妹的交往经验,那么他们在幼儿园和学龄阶段就倾向于对他人的情感更敏感,也更容易对自己的违规行为产生羞怯的情绪。研究者认为,与父母或兄弟姐妹的交往,一方面为儿童提供了道德定向的信息,另一方面也提供了意识这些定向的机会。怀特(White,1996)根据系统理论,从家庭凝聚力、家庭适应性和家庭沟通这三个方面的结构及其与道德观念影响源的关系,提示了家庭影响个体品德内化的原因。

家庭环境对儿童、青少年的品德既有有意识、有目的的教育与促进,同时又有潜移默化的影响。因此,家长要加强自身品德修养,注重正确、科学的教育方式,创造出融洽的、和谐的家庭气氛,那么其子女的品德就会向着正确的方向发展。

(二) 内部条件

影响品德学习的内部条件是指学生自身的各种因素,如智力水平、年龄、受教育程度以及其他各种心理因素。

1. 智力水平

心理学研究表明,智力水平与品德的关系是复杂的。例如,有人对500名有违法记录的青少年犯的智商进行测量,结果发现他们的智商分布与随机抽样的儿童的智商分布相似。但比平均智商低8～10分。而且,在他们当中,相对而言,智商低的较多,智商高的较少。许多研究比较一致地发现,考试作弊与智商水平成负相关。智商水平越高,考试欺骗行为越少。心理学家认为,智商低且成绩不良的学生,由于失败的经验导致他们企图通过欺骗来提高自己的成绩。但聪明与道德不是一回事,当测验涉及非知识性问题时,智商与欺骗行为的上述关系便消失或下降。聪明用得不当,只能使欺骗行为更狡诈。还有人们普遍接受的一个事实就是智力与诚实呈正相关。哈桑和梅(1928)发现,在控制了年龄因素的情况下,IQ和欺骗行为之间的相关在-0.50～-0.60之间。其他一些研究结果也都发现了同样普遍的相关。詹森和高姆力(1972)的研究结果也指出,当冒险程度减轻时,诚实和智商之间的关系削弱。这个结果表明,诚实和智商之间的相关至少部分地取决于聪明的儿童知道权衡自己的偏常行为而被人发现的可能性有多大。但这个结果不能证明越诚实的孩子,他的智力水平就越高。

2. 受教育程度

许多研究者认为,学校正规教育是影响一个人道德发展的最有利因素之一。受正规教育的多寡,影响一个人最终将要达到的道德水平。陈欣银等人(1988)用莱斯特的DIT对不同受教育程度的人进行测验,其中包括初中生、高中生、大学生以及少年大学生。测验结果表明,接受正规教育的程度与青少年道德判断发展有显著相关。少年大学生的道德判断水平与普通大学生的判断水平一样,明显高于同龄的初中学生的判断水平。由此可见,不论文化背景如何,受教育程度始终是影响道德判断发展的一个重要因素。此外,道德教学和短期道德训练都能促进儿童道德发展。

3. 道德认知水平

学生原有的道德认识水平处于哪一个阶段将制约新的品德的学习。道德判断水平的高低,虽然不能完全决定道德行为选择,但对道德行为选择有重要制约作用。我国在品德教育中流行的一句名言是"晓之以理"。根据皮亚杰的研究,我们对儿童和青少年讲理,即传递社会认可的道德价值时,不能脱离儿童和青少年的接受能力。

三、品德培养的方法

(一) 晓之以理

我们在对学生进行品德教育时,通过说服,提高学生道德认识,是经常采用的策略。如何使说服这一使用频度最高的品德教育方法发挥最大的效果?心理学家与教育家提出了以下几种策略。

1. 价值辨析

该学派的代表人物是纽约大学的拉斯教授和他的两名学生西蒙与哈明,在他们所著的《价值观与教学》中,系统地阐述了这一学派的基本理论和价值观教育方法。他们把人的价值观念看作是自身的一种内在价值,由于价值观念混沌一片,人不能清醒地意识到,因而就难以指导人的行为,为了让这些潜在的价值观念发挥作用,就需要对它们进行一步步地辨析。

2. 提供单面论据与双面论据

美国的霍夫兰德(C. L. Hovland)等人在第二次世界大战末期,曾根据美国政府的要求,希望说服士兵相信对日本的战争可能要延长,以防止他们产生日本会提前投降的幻想。霍夫兰德等人准备了两种不同的说服信息。第一种是只提供正面论据,强调日本军队人数多,士气高,有武士道精神,还控制了不少当地资源。而美国到太平洋盟军基地的补给线很长,不容易迅速供应补给品,因而战争可能要继续两年。第二种是提供正反两方面的论据。除介绍上述第一种论据外,还强调了不利于日军继续作战的因素。如"盟军的海军力量强于日本"、"在过去两次海战中,日本海军损失惨重"等,结论还是战争要继续两年。结果发现,对于受教育程度较低的士兵来说其理解能力较差,分不清楚正反两方面的论据中哪些是正确的,哪些是不正确的,因此,他对正反两方面的论据感到无所适从,较难改变态度;而受教育程度较高的士兵,理解能力较强,能对相反的论据进行客观分析,而且还会对说服者产生公正感,从感情上倾向于说服者,因而较易改变态度。所以,教师说服低年级学生,主要应用正面论据,而说服高年级学生,则可以考虑提供正反两方面的论据。

3. 小组道德讨论

小组道德讨论是柯尔伯格的合作者布莱特(M. Blatt)于1973年设计并实施的道德教育模式。他们认为,儿童通过对假设性两难道德问题的讨论,能够理解和同化高于自己一个阶段的同伴的道德推理,排斥低于自己道德阶段的同伴的推理。

4. 群体规定

经集体成员共同讨论决定的公约、规定会有助于学生态度的改变。因为经成员讨论的规定,使成员承担了执行的责任,这样的规定对学生会产生约束力。这种约束力随学生觉察到群体内意见一致程度的提高而增强。一旦某个学生出现越轨行为,就会遇到群体的有形或无形的压力,迫使他们改变自己的态度。据裴宁同(M. P. Penigton)等人研究,如果群体讨论和群体决定在程序上结合,群体中的意见一致性最高,最有可能引起态度的改变。所以,如果教师期望有效地改变学生的态度,运用集体讨论后作出集体规定的办法,肯定是有益的。

（二）动之以情

教师的说服，有些主要是以理服人，有些则主要是以情动人。那么，说服的情感因素与理智因素哪一个更有利于学生的态度改变呢？20世纪50年代，美国的哈特曼（S. Hartman）研究了三种说服选民的竞选宣传方式的效果。第一种是散布有强烈情绪色彩的传单，第二种是散发条理清楚、说理充分的传单，第三种是没有散发传单。结果发现，接受第一种说服的选民投赞成票的最多，可是两个月以后的调查发现，这些选民大多不记得传单的内容了。而接受第二种说服的选民则仍然对传单的内容记忆犹新。可见，说服内容的情感因素对态度的改变容易收到立竿见影的效果，但这种影响往往不能持久。而说服内容的理解的因素则容易产生长期的说服效果。

说服的情感因素与理智因素对态度改变的影响还受学生成熟度的制约。如果教师期望低年级学生改变态度，富于情感色彩和引人入胜的说服内容容易发生影响。而期望高年级学生改变态度，充分说理，逻辑性强的说服内容有更大影响力。对一般的学生来说，说服开始时，加强情感感染会有助于引起学生的兴趣，然后再用充分的材料进行说理论证，会产生长期的说服效果。

教师的说服内容与学生一定的需要发生联系时，会引起各种情绪反应。如果教师的说服引起了学生的恐惧情绪，心理学家称其为恐惧唤起。平时，我们经常看到，母亲告诫横穿马路的孩子要注意来往的车辆，否则会被汽车压成肉饼的，有助于孩子形成遵守交通规则的态度。能唤起恐惧情绪的说服有助于学生改变考试作弊、吸烟酗酒、抄袭作业等比较简单的态度，但不利于改变比较复杂的态度。如果能将恐惧唤起与明确的指示结合起来，就能最有效地改变学生的态度。

引起情感共鸣有利于道德情感的培养，在进行道德教育时，教师应以满腔热情和真挚的情感来感染学生，热爱学生，善于调节和控制自己的情感，教师对学生爱得越深，其对学生的亲近感、期望感、信任感越可以使学生对教师产生依恋仰慕之情，从而受到感染、感动和感化，即所谓"亲其师而信其道"。

道德情感具有情境性，一定的道德情境能激发相应的道德情感。因此，在道德情感的培养中，教师要注意教育情境潜移默化的作用，创造某些情境以帮助激发青少年的情感体验。例如组织班会、班集体活动，从会场布置到活动程序，从活动内容到会场气氛，都要考虑情感因素及其心理效应，努力做到在情景交融的道德情境中引发、培养学生的道德情感。

（三）导之以行

学生品德的形成必须体现在道德行为的实施之上，因此，应该注重引导学生形成道德行为习惯。下面介绍道德行为培养的两种方法。

1. 组织训练。坚强的意志是在实践活动中形成和发展的，教师应有意识地将教学、教育活动作为培养道德意志的实践活动，给他们创设克服困难的情境，引起青少年学生自觉锻炼的意向。例如，组织各种类型的比赛，有利于学生的好胜心和集体荣誉感，引起学生强烈的"赢"的欲望，使他们在自身的努力中得到意志力的锻炼。

2. 奖励与惩罚。奖励是指施于行为之后以增加该行为再次出现可能性的事物，它包括外部奖励和内部奖励。当学生缺乏遵照社会道德规范行动的自觉性时，教师通过物质或精神的外在手段（如奖品、荣誉）来促使他们形成良好的道德品质，这些外在手段就等于外部奖励，也就是强化。如果学生在遵照社会道德规范行动后体验到满足感，从而进一步激励学生的某种需要，因而在以后类似的情境或刺激下，道德行为出现的概率就会升高。

奖励的运用首先要正确选择道德行为，奖励应该是乐于助人、拾金不昧、尊老爱幼等具体的道德行为，而不是一般的概括性行为。其次，要正确选择奖励，以虽多次奖励但不至于引起迅速的满足为原则，而且不必时时运用物质奖励。在不少场合，向学生微笑，表示亲昵或口头赞扬，同样能产生良好的强化作用。再次，在教师期望的良好行为出现以后，就要立即给予奖励，不要延搁太长的时间。最后，随着学生年龄的增长，应引导学生更多地利用内部奖励，让学生对自己的道德行为本身获得满足，感到愉快，以增强学生的道德行为。

惩罚是指为减少或消除某种不良行为再次出现的可能性而在此行为发生后所跟随的不愉快事件。过去，人们常常将惩罚视为负强化的同义语，其实不然。负强化是消除伤害性或讨厌的刺激以增加合乎要求行为出现概率的过程。例如，学生因违反纪律而受到处分，这是惩罚。现在学生有了遵守纪律的良好行为，教师撤销了该生原受的处分，使其遵纪行为得到巩固，这是负强化。十分明显，惩罚与负强化的区别主要表现在两个方面。第一，它们的作用不同。负强化的作用是增强符合要求的行为，惩罚的作用则是抑制不符合要求的行为。第二，行为与不愉快刺激的依从关系不同。在惩罚过程中，不愉快刺激的实行依赖于不符合要求行为的出现，而其终止与受罚行为无关。在负强化过程中，不愉快刺激的终止依赖于符合要求行为的出现，而不愉快刺激的出现却不依赖于特殊行为的开始。

为了正确使用惩罚，这里介绍正确运用惩罚的七条原则。

第一，避免不适当的惩罚，对违反课堂纪律的行为施以体罚或罚款是不适当的。

第二，惩罚应与学生的不良行为相对应。批评学生在课堂里随便讲话，不应同时指责其过去曾在上课时吃东西。

第三，至少需要有一种不相容的逃避反应，学生在课堂里随地吐痰的不相容反应是擦掉痰迹。

第四，惩罚应尽可能及时，若惩罚延后，不良行为不容易消除。

第五，在实施延迟惩罚时，应力求使受罚者想到原先的过失情境。

第六，力戒惩罚后又立即出现奖励。

第七，向学生指出合适的行为以代替被惩罚的行为。

3. 自我强化。自我强化是自我教育的一种表现，具体包括自我命令、自我检查、自我奖励、自我惩罚等。教师不仅要充分信任学生，而且要有明确的外部监督和检查措施，帮助学生能够逐步过渡到自我调节和自我监督。例如要求学生自己制定行为目标，自己管理自己，自己奖励自己，自己惩罚自己，这些方法都有利于青少年道德意志的锻炼。自我教育是以中学生自觉参与他们自身思想品德塑造的最高形式，也是进行教育的最有效的方法。这种教育效果最真实、最牢固，即使在无人监督的情况下，在结束学校生活后，学生也会朝着道德修养的目标不断前进。

四、不良品德矫正方法

不良品德是指经常违反道德要求或犯有较为严重的道德过错。产生不良品德的原因与社会、家庭、学校教育等客观因素有关，也与个体的认知与行为水平及个性特点有关。运用心理学的行为强化理论,可以对不良品德行为进行矫正,具体的方法如下。

1. 防范协约

这是以书面形式在教育者与被教育者之间建立实施和监督关系的一种矫正的方法。协约如同日常生活中的条约,有关制定者均应恪守。协约的目的在于对行为及其所产生的结果之间的联系加以控制。

一般来说,协约的具体条文是根据不良行为者的具体情况和相应的教育要求来拟定的。对不良行为者应该做什么,不做什么以及有关时间、地点、条件等都作了明确的界定和规定,对教育者的监督、管理体制的作用也有清楚地说明。协约的制定和实施是要提高行为者的积极性,发挥其自主性,调动其自控力来矫正自身的某种不良行为。

为使防范协约的方法有效,运用时应注意以下几点:(1)教育者须同时发挥制定、协商、咨询、执行、监督等作用;(2)内容应详细,且形成文字条文,避免发生歧义或误解,所制定的内容,一切有关人员都应遵循;(3)执行情况应详细记录,这本身能起到强化作用;(4)注意及时修订有关的内容和要求,以求既收到当前的矫正效果,又顾及促进未来的发展。

2. 表征性奖励

这一方法是编制一套表征性奖励系统来对行为者在矫正了不良行为或作出了良好的行为反应后予以肯定和奖励。奖励的表征可以是各种筹码,也可以是各种颜色的粘贴纸卡等。在使用这个方法之前,须先让接受矫正的不良行为者弄清楚表征奖励系统及其对行为的相应要求。这常有两方面的规定,一是行为要求与表征系统的关系与强化刺激物的关系。如规定一节文化教育课没有违反纪律可得一黄纸卡,一节活动课没有争吵骂人可得一蓝纸卡,一天没有打架可得一橙纸卡,等等;又规定一张红纸卡可担任活动 15 分钟,六张橙纸卡可换一张红纸卡,一张红纸卡可担任活动司仪一次,等等。二是"强化菜单",这是指矫正了不良行为或作出了符合要求的行为反应后,行为者所获得的表征系统可按规定自由地选择相应的强化刺激,就像顾客根据手头持有的钱按餐馆菜单上的介绍,自行挑选菜肴一样。

任何矫正不良行为的方法都有强调强化的作用,但又要避免单调。然而,在实际使用中往往很难多样化。倘若注意了多样化,又容易造成有关成员的分心而干扰了正常的活动。表征性奖励中强化菜单的使用,既避免了成员的分心,又顾及了强化的多样化。另外,按照操作性条件作用理论中的强化观点来分析,个体应该适应延时强化,这是社会现实生活的特点。品行不良的很多问题,从基本意义上看,就是个体不能适应社会生活的延时强化,只顾为自己追求即时的满足所造成的。表征性奖励系统的使用可使个体从追求即时的满足强化过渡到适应延时强化,表征性奖励系统中行为者既可由于行为表现良好而马上获得表征性奖励,又需稍有耐心过一定时间后才能按"菜单"规定兑现成强化刺激物。

3. 强化暂停

这种方法是在一段特定时间内对个体暂时不予强化,或把个体暂时与特定的强化环境相隔离,从而抑制不良行为的发生或降低其发生频率。它相当于日常生活中人们处理问题行为的一种做法,即让犯过错者单独待在某一地方,如办公室、漱洗室。有关心理学理论认为,不良行为也是学习(尤其是强化影响)的结果,因此,控制强化及强化物情境就能矫正不良的行为。这种控制的途径之一就是强化暂停。

有关研究指出,要使强化暂停这一方法收到较好效果,需注意以下几点:

(1)在执行强化暂停这一方法前,应向对象明确指出:"如果你有某(不良行为),(强化刺激)将绝对不会发生。"

(2) 强化暂停持续时间尤忌过长,否则会造成问题行为者失去应有的受教育的机会。一般来说,应按预先约定的时间,时间一到,暂停即告终止;或者按个体不良行为是否已明显得到抑制或有所好转来控制强化暂停时间。

(3) 强化暂停的场所应该没有任何吸引人的或造成分心的事物。通常应选择狭小、通风良好的地点。

(4) 在执行强化暂停过程中,应尽可能使用某种言语的或非言语的信号,即及时暗示行为者中止不良行为。那种仅仅让个体去体验暂停的"滋味",并不是使用强化暂停的真正目的。

(5) 如果发现问题行为者宁愿待在暂停情境里,那就不能简单地使用这种方法了。例如,某个问题行为者见考试就头疼,不愿意参加测验,他就可能故意表现出不良行为来求得暂停的处分,从而逃避面临的考试。

复习思考题

1. 什么是品德与道德?二者的关系如何?
2. 阐述并分析皮亚杰的品德发展阶段论、柯尔伯格的品德发展理论、艾森伯格的亲社会道德理论、吉利根关于道德发展的性别差异的研究的要点。
3. 试述品德形成与改变的阶段及含义。
4. 结合生活实际,谈谈影响品德发展的因素。
5. 说明晓之以理、动之以情和导之以行的心理学意义。
6. 列举几种常见的品德培养的策略。

本章参考文献

[1] 陈琦,刘儒德. 当代教育心理学. 北京:北京师范大学出版社,2007.
[2] 李伯黍,燕国材,曹子方,等. 教育心理学. 上海:华东师范大学出版社,1994.
[3] 万云英. 学校教育心理学. 北京:人民教育出版社,2000.
[4] 王丕. 学校教育心理学. 郑州:河南大学出版社,1991.
[5] 林崇德. 品德发展心理学. 上海:上海教育出版社,1989.
[6] 张大均. 教育心理学. 北京:人民教育出版社,1999.
[7] 李伯黍. 品德心理研究. 上海:华东化工学院出版社,1992.
[8] 章志光. 学生品德形成初探. 北京:北京师范大学出版社,1993.
[9] http://www.lw23.com/paper_87267121_2/.
[10] http://www.zhujinhe.cn/jyxlx/skja13.html.
[11] http://zjys.com.cn/cn/etfzkc/onews.asp?id=148&owen1=经典推荐&owen2=经典研究.

第十四章
学习心理

【本章导学】

对于人类而言,学习是终生面对的最常见、最基本、最重要的主题之一。通过之前各章节的学习,我们已经了解了学生的认知发展、个性和社会化发展,以及学生之间的个体差异,这些都是在学生学习过程中发挥重要作用的心理规律。在本章中,我们主要探讨学习的一般概念、对学习规律与学习条件等做系统研究和描述的学习理论、学习的具体过程以及学习的迁移。其中,学习的迁移涉及学生运用习得的知识经验去适应日常生活、解决问题。

第一节 学习概述

一、学习的概念

在中国,"学习"一词,是把"学"和"习"复合而组成的词。最先把这两个字连在一起讲的是孔子。其中"学"偏重于思想意识的理论领域,"习"偏重于行动实习的实践方面。学习就是获得知识,形成技能,获得适应环境、改变环境的能力的过程。实质上就是学、思、习、行的总称。

在心理学领域,对于学习的概念,在心理学发展的不同时期,不同的学派都试图进行过界说。总地来说,学习的概念有广义和狭义之分。

广义的学习指从低等动物到人类,在其后天生活的过程中,通过活动和练习等获得行为经验的过程。下面举几个广义的学习定义的例子:

索普(Thorpe,1963):学习是通过由经验产生的个体行为的适应性变化而表现出来的过程;

鲍尔和希尔加德(Bower;Hilgard,1981):学习是指一个主体在某种规定情境下的重复经验引起的、对那个情境的行为或行为潜能的变化;

山内光哉(1986):学习,是由于过去的经验而获得,它不依赖于暂时的疾病、疲劳或药物等心身状态的变化,而是比较持久的行为和行为的可能性的变化;

潘菽(1980):学习是人及动物在生活过程中获得个体的行为经验的过程;

张春兴(1994):学习是因经验而使个体行为或行为潜势产生改变且维持良久的历程。

以上这些对学习的界定,在学习的特点上达成了以下一些共识:(1)学习是人与动物共有的;

(2)学习是有机体后天习得经验的过程;(3)学习的结果是,个体由于经验而发生了一种比较稳定的变化。

熟知以上特点,就可以完成以下几个判断:
(1)"学习与生命并存,一切具有高度组织形式的动物生活都是学习"(√);
(2)由先天遗传而获得的有机体的行为不是学习(√);
(3)动物等级越高,遗传行为越少。因此随着动物等级的提高,学习在其生活中的作用越来越重要(√);
(4)个体由于特定的心理状态,如疲劳、醉酒而引起的行为变化不是学习(√);
(5)个体由于成熟等原因发生的比较稳定的变化也不是学习(√)。

综上所述,广义的学习是指有机体在后天生活过程中经过练习或经验而产生的行为或内部心理的比较持久的变化的过程。

【小资料】动物的学习行为

美丽的蝴蝶破蛹而出就会翩翩起舞,小鸭子出生没多久就会下水嬉戏,哺乳动物一出生就会找寻母亲温暖的怀抱,吮吸乳汁,蜘蛛织网也是无师自通。动物的这些行为都是与生俱来的,称之为本能行为。而有些行为则与本能行为不同,是后天获得的经验性行为,称之为学习行为。

一、习惯化学习

当同一种刺激反复发生时,动物的反应就会逐渐减弱,最后可完全消失,除非再给予其他不同的刺激,行为反应才能再次发生。雏鸡、小火鸡、幼鸭初次看到头上有物体移动时,不管这个物体对自己有无害处,比如说掉下一片树叶,它们都会表现出惊恐反应,做出蹲伏或其他惊恐的举动。可是当它们经历过几次像掉落树叶的情况后,它们的蹲伏反应便会渐渐减弱,对日常飞掠过的飞鸟或别的物体的恐惧也日趋损失。也就是说,它们对这种刺激的敏感度已经降低了。当然,如果出现了陌生的飞行物体,如一只老鹰,它们仍然会表现出惊恐的举动。

二、模仿学习

动物在幼年时会模仿抚育者或其他成年动物的行为,来学习一些基本的技能。幼小的黑猩猩会学习年长者如何取食白蚁,很多鸣禽并不是生来就会唱歌,它们必须先听到其他鸟的鸣唱,才能自试啼声。所以一只普通的灰雀在金丝雀的环境中长大,也能发出像金丝雀一样美妙的歌声。

模仿行为在动物适应环境上有着重要意义,它使得动物能从同种其他个体的经验中学习知识,还可以绕过完全依赖遗传机制的途径直接继承,这对社群传统的形成大有好处。

三、印痕学习

奥地利动物行为学家康纳德·洛伦兹曾做过实验:他把灰鹅蛋分为两组,一组由母鹅孵化,另一组由孵化箱孵化。孵化箱孵化出来的小鹅把洛伦兹当成了妈妈,洛伦兹走到哪儿,小鹅跟到哪儿。这种学习后果是由直接印象造成的,所以称为"印痕"学习。据实验,很多一出生就能四处活动的动物都能够产生印痕行为。如大部分鸟类、豚鼠、绵羊、鹿、山羊和多种鱼类。印痕是新生动物学习的一种重要形式,它可以使那些没有自卫能力的小动物紧紧依附在它们的父母身边,从而使食物供应和庇护更有保障。

四、联想学习

联想学习就是一种称为条件反射的学习方式。条件反射又分为经典条件反射和操作条件反射。19世纪末期,俄国生理学家巴甫洛夫进行了一系列条件反射的实验,他通过研究狗对铃声产生唾液的种种方式,揭示了一些学习行为的本质,受到全世界生物学家的注意。

美国心理实验学家斯金纳做了一系列操作条件反射的实验,这是一种反复试验类型的学习,即动物开始时是自发地做出各种反应(先天具有的各种反应),后来,其中的一种反应被反应的结果所强化。由于这一反应一次次的成功而增加出现的频率,反应得到进一步的加强,其他反应则由于一次次的失败而被放弃,结果形成了这一特殊的条件反射。

经典条件反射完全是人为控制的,在自然界没有什么适应意义,而操作条件反射确实是更接近自然界的一类学习,大多数动物的觅食及躲避行为都是一种操作性的条件反射。

五、推理学习

推理学习是动物学习的最高级形式,即动物凭直觉对新生事物因果关系做出判断的过程。较高等的动物有一些推理行为,如绕道取食。把食物放在玻璃板后面,动物要拿到食物必须先绕过玻璃板,解决绕道问题是动物的顿悟,即一下子明白了阻隔的存在和解决的办法。

德国科学家沃尔夫冈·科勒对黑猩猩的学习行为进行了一系列的实验,证明黑猩猩的确有推理的能力。他把香蕉挂在天花板上,屋内有三只木箱,黑猩猩只有把三只木箱堆在一起才能吃到香蕉。开始时黑猩猩到处乱跑,一会儿它安静下来了,仿佛在思考问题,最终把三个箱子堆在一起拿到了食物。

人类是万物之灵,人的学习除了具有有机体学习的一般特征,无论内容、方式和性质上都与其他动物有重要区别。

狭义的学习即人类学习的定义是:学习是在社会生活实践中,通过社会传递,以语言为中介,自觉、积极主动地掌握社会和个体经验的过程。

学生的学习是人类学习的一种特殊形式,主要特点如下:(1)以掌握间接经验为主,与人类认识客观世界有所不同;(2)是在教师指导下,有计划、有目的、有组织地进行;(3)有一定程度的被动性。因为有时候,学生的学习是为了适应将来的环境,而不是当下的环境,因此学习的主动性和积极性欠佳。人类学习与动物学习的区别见表14-1。

表14-1 人类学习与动物学习的区别

	动物学习	人类学习
内容	掌握个体经验	个体经验 以个体的形式掌握社会经验
方式	自发的(第一信号系统)	成人指导 以语言为中介(第二信号系统)
性质	消极被动的适应环境	自觉、有目的、积极主动的适应或改造环境

二、学习的意义

如前所述,动物等级越高,遗传行为越少。因此随着动物等级的提高,学习在其生活中的作用越来越重要。

(一) 学习是个体适应环境的必要手段

无论动物还是人类,学习都是个体适应环境、与环境保持动态平衡的重要手段。

(二) 学习促进个体的生理发展

个体的生理发展与学习是互相作用的。同时个体生理发展也遵循"用进废退"的自然法则,其中"用"即后天的学习。如动物和人类的感觉剥夺实验,都证明了缺乏外界刺激和学习活动,动物或人类的感官等心理特性的发展都会受到抑制。

(三) 学习促进个体的心理发展

学习使个体获得知识经验,并在适当的条件下应用知识经验,同时扩展和完善原有认知结构,促进心理的进一步发展。心理的发展不是自发的、自然的,而是通过不断学习来实现的。

三、学习的分类

学习是一种复杂的现象,从不同角度可以进行不同的分类。

(一) 按照学习主体分类

根据学习的主体不同,可以将学习分为动物的学习、人类的学习和机器的学习。前两者不再赘述,这里简单谈谈机器的学习。

机器的学习主要指计算机的学习,属于人工智能的研究领域。

美国斯坦福大学人工智能研究中心尼尔逊教授对人工智能下了这样一个定义:"人工智能是关于知识的学科——怎样表示知识以及怎样获得知识并使用知识的科学。"而美国麻省理工学院的温斯顿教授认为:"人工智能就是研究如何使计算机去做过去只有人才能做的智能工作。"这些说法反映了人工智能学科的基本思想和基本内容。即人工智能是研究人类智能活动的规律,构造具有一定智能的人工系统,研究如何让计算机去完成以往需要人的智力才能胜任的工作,也就是研究如何应用计算机的软硬件来模拟人类某些智能行为的基本理论、方法和技术。机器的学习过程实际上就是一个随着经验的不断积累而改善操作,并使机器能表现出智能的过程,即计算机系统获得信息并利用信息解决问题的过程。但是机器学习无疑与人类学习有本质的区别。机器、机器运行的程序、机器的工作过程,都是由人操纵的。机器可以有自动性,但是不具有主观能动性。机器学习也只是人类学习的物化。机器的学习既有可能性,也有局限性。

(二) 按照学习内容或结果分类

1. 布卢姆的教育目标分类法。对教育目标分类体系的设想,最初是1948年由在波士顿召开的美国心理学年会的一些考试专家在一次正式会议上提出来的。其主要代表人物有布卢姆、克拉斯沃尔(D. R. Krathwohl)等人。布卢姆等人把教育目标分为三大领域——认知领域(cognitive domain)、情感领域(affective domain)和动作技能领域(psychomotor domain)。他们的教育目标分类强调指导教学过程和对结果进行评价,其实是一种教学目标分类。

此后,布卢姆等人在1956年出版的《教育目标分类学,第一分册:认知领域》中把认知领域的目标分为六个亚领域,即知识(knowledge)、领会(comprehension)、运用(application)、分析(analysis)、综合(synthesis)和评价(evaluation);在1964年出版的《教育目标分类学,第二分册:情感领域》一书中把情感领域目标分为五个亚领域,即接受(注意)[receving(attending)]、反应(responding)、价值评价(valuing)、组织(organization)、由价值或价值复合体形成的性格化(characterization by value or value complex)。

2. 加涅的学习结果分类。加涅倾注了毕生精力找到了支配人类行为表现的5种学习结果。这5种学习的结果也称5种习得的性能。主要包括认知、动作技能和态度三方面。认知主要包括智慧、认知和言语。①智慧技能。实质是人们应用符号办事的能力。由简单到复杂分别是辨别、概念、规则和高级规则。②认知策略。加涅认为认知策略是一种特殊的智慧技能,它与智慧技能的区别是:智慧技能是个体学会使用符号与环境发生作用,是处理外部世界的能力,而认知策略是对内组织的技能,它的功能是调节监控概念和规则的使用,是处理内部世界的能力,是个体对认知过程进行调节与控制的能力。认知策略使用的先决条件是具备相应的智慧技能。③言语信息。是在人所获得的能力中一种最为熟悉的能力,即人用语言来表述的能力。加涅认为言语的学习不但是使学过的东西能逐字逐句地回忆出来,而且是要用自己的语言表达出来。根据言语信息本身所具有的不同复杂程度,加涅区分出不同的言语形式:符号学习、事实学习、有组织的言语信息的学习。④动作技能。加涅认为动作技能有两个成分:一是操作规则,二是肌肉协调能力。动作技能的学习就是使一套操作规则支配人的肌肉协调,是指个体不仅完成某种规定的动作,而且这些动作组织起来构成流畅、合规则和准确的整体行为。⑤态度。加涅认为态度是一种能够影响人对某一类物、某一类事或某一类人作出个人选择的内部状态。它是通过学习而建立起来的一种影响人选择自己行动的内部状态。态度包括认知、情感和行为几种成分。

(三) 按照学习水平分类

1970年,加涅根据学习的繁简水平不同,提出了八类学习。①信号学习:即经典性条件作用,学习对某种信号作出某种反应。其过程是刺激—强化—反应;②刺激—反应学习(S-R的学习):即操作性条件作用,其过程是情景—反应—强化,即先有情景,作出反应动作,然后得到强化;③连锁学习:是一系列刺激—反应的联合;④言语联想学习:也是一系列刺激—反应的联合,但它是由言语单位所联结的连锁化;⑤辨别学习:即学会识别多种刺激的异同并对之作出不同的反应;⑥概念学习:对刺激进行分类时,学会对一类刺激作出同样的反应,也就是对事物的抽象特征的反应;⑦规则的学习:规则指两个或两个以上概念的联合。规则学习即了解两个或两个以上概念之间的关系;⑧解决问题的学习:即在各种情况下,使用所学规则去解决问题。加涅的这一分类是由简单到复杂,由低级到高级。前三类学习都是简单反应,许多动物也能完成。

1971年,加涅做了修正,把前四类学习合并为一类,把概念学习扩展为具体概念和定义概念的学习两类,这样这种分类成为:①连锁学习;②辨别学习;③具体概念学习;④定义概念学习;⑤规则的学习;⑥解决问题的学习。

(四) 按照学习方式分类

奥苏贝尔根据学习进行的方式,将学习分为接受学习和发现学习。接受学习是指教育者以系统定论的形式,向学生传授知识。发现学习是指学习内容不是现成地教给学生,而是由学生自己发现。

另外,奥苏贝尔根据知识学习过程的不同性质,将学习分为意义学习和机械学习。意义学习是指语言文字或符号所表述的新知识能够与学习者认知结构中已有的有关旧知识建立一种实质的和非人为的联系。以下两个先决条件是划分意义学习和机械学习的标准:①学习者表现出一种意义学习(meaningful learning)的意向,即表现出一种把新学的材料与他已了解的知识建立非任意的、实质性联系的意向;②学习任务对于学习者具有潜在意义,即学习的任务能够在非任意的和非逐字逐句的基础上与学习者知识结构联系起来。其举例见图14-1。

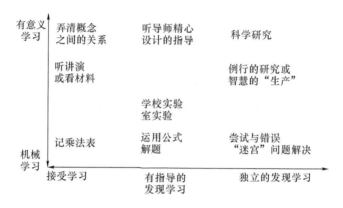

图14-1 分布于有意义学习—机械学习、
发现学习—接受学习之间的学习举例

四、学习的影响因素

影响学习的因素有很多,但归纳起来不外乎两大类。一是内部因素,包括个体的各种智力因素和非智力因素;二是外部因素,主要包括社会、家庭和学校的教育环境。其中,学生个体的一些智力因素和非智力因素起着关键的作用,下面将详细介绍这几种因素。

(一)学习动机

1. 学习动机及其作用

学习动机是激发和维持个体进行学习活动,并使其学习活动朝向一定学习目标的一种内部启动机制。学习动机和学习的关系是辩证的,学习能产生动机,而动机又推动学习,二者相互关联。

2. 学习动机的分类

对学习动机的分类有很多,这里讲述对教学实践较有影响的两种学习动机。

(1) 内部学习动机和外部学习动机

根据学习动机的动力来源,可以分为内部学习动机和外部学习动机。

内部动机(intrinsic motivation)是指由个体内在的需要引起的动机。例如,学生的求知欲、学习兴趣、改善和提高自己能力的愿望等。

外部动机(extrinsic motivation)是指个体由外部诱因所引起的动机。例如,某些学生为了得到教师或父母的奖励或避免惩罚而努力学习,他们从事学习活动的动机不在学习任务本身,而是在学习活动之外。

研究表明,内部动机可以促使学生有效地进行学校中的学习活动,渴望获得有关的知识经验,具有自主性、自发性。具有外部动机的学生的学习具有诱发性、被动性,他们对学习内容本身的兴趣较低(Lee,1991;Spaulding,1992)。

当然,内部动机和外部动机的划分不是绝对的。由于学习动机是推动人从事学习活动的内部心理动力,因此任何外界的要求、外在的力量都必须转化为个体内在的需要,才能成为学习的推动力。因此,我们在教育过程中强调内部学习动机,但也不能忽视外部学习动机的作用。教师一方面应逐渐使外部动机作用转化成为内部动机作用,另一方面又应利用外部动机作用,使学生已经形成的内部动机作用处于持续的激发状态。

(2) 认知驱力、自我提高驱力和附属驱力

奥苏贝尔认为,动机是由三种内驱力组成:认知驱力(cognitive drive)、自我提高驱力(ego-enhancement drive)和附属驱力(affliative drive)。驱力不同,可以有不同种类的动机。

认知驱力是指学生渴望认知、理解和掌握知识,以及陈述和解决问题的倾向。实际上是一种求知的需要。它发端于学生好奇的倾向,以及探究、操作、理解和应付环境的心理倾向。这种内驱力是从求知活动本身得到满足,所以是一种内在的学习动机。

自我提高驱力是指学生希望通过获得好成绩来提高自己在家庭和学校中地位的心理倾向。随着年龄的增长,学生自我意识增强,他们希望在家庭和学校集体中受到尊重。这种内驱力推动学生努力学习,争取好成绩,以赢得与其成绩相当的地位。自我提高驱力强的学生,所追求的不是知识本身,而是知识之外的地位满足,所以这是一种外在的学习动机。

附属驱力是指学生为得到家长和教师的赞扬而学习的心理倾向。这种动机也不是追求知识本身,而是追求知识之外的自尊满足(家长和教师的认可和赞扬),所以也是一种外在的学习动机。

(二) 学习策略

"工欲善其事,必先利其器"。掌握必要的学习策略,学生在学习中可以少走弯路,提高学习效率。根据学习策略覆盖的成分,迈克卡等人将学习策略概括为认知策略、元认知策略、资源管理策略。

1. 认知策略

认知策略是加工信息的一些方法和技术,有助于有效地从记忆中提取信息。一般而言,认知策略因所学知识的类型而有所不同,复述、精加工和组织策略主要是针对陈述性知识,针对程序性知识的则有模式再认识策略和动作系列学习策略。

(1) 复述策略。是在工作记忆中为了保持信息,运用内部语言在大脑中重现学习材料或刺激,以便将注意力维持在学习材料上的方法。

(2) 精细加工策略。是一种将新学材料与头脑中已有知识联系起来从而增加新信息的意义的深层加工策略。例如,学习"医生讨厌律师"这句话时,附加一句"律师对医生起诉了",以后回忆就相对容易一些。一般的精细加工的策略有许多种,其中有好多被人们称之为记忆术。比较流行的有位置记忆法、首字联词法、视觉联想法和关键词法等。

(3) 组织策略。整合所学新知识之间、新旧知识之间的内在联系,形成新的知识结构,是学习和记忆新信息的重要手段。其方法是将学习材料分成一些小的单元,并把这些小的单元置于适当的类别之中,从而使每项信息和其他信息联系在一起。组织使得学生可以用各类别的标题作为提取的线索,从而减少回忆时的负担。因此,在教学中,教师要教会学生对信息进行分类。在教复杂概念时,教师不仅要有序地组织材料,而且要使学生清楚这个组织性的框架。

(4) 模式再认策略。模式再认知识涉及对刺激的模式进行再认和分类的能力。模式再认知识的一个重要的例子是识别某个概念的一个新事例。比如，再认鲸鱼属于哺乳动物。第二个重要的例子就是识别符合某个行为的条件或符合应用某个规则的条件。

(5) 动作系列学习策略。动作系列首先是当作构成某个过程的一系列步子来学习的。学习者必须有意识地执行每一步，一次执行一步，直到过程完成。在学习某一个过程时，存在两个主要的障碍。第一个就是工作记忆存储量的限制。任何一个过程如果步子长达9步以上，超过短时记忆的容量（7±2），那么就很难被保持在工作记忆中。为了克服这一局限，可以利用一些记忆辅助手段，如把这些步子写下来给学生。当然，重要的是成功地完成这一过程，而不是记住这些步子。第二个潜在的问题就是学生缺少必备的知识。例如，学生还未学会一定的原理、定理，要求他们解几何证明题将是十分困难的。在教学某一过程时，教师不妨先进行一下任务分析。通过任务分析，教师能了解学生在次级技能上的能力，如果有必要，可进行一定的补习。

2. 元认知策略

元认知策略是学生对自己认知过程的策略，对自己认知过程的了解和控制，有助于学生有效地安排和调节学习过程。计划策略、控制策略和自我调节策略都属于元认知策略。

3. 资源管理策略

资源管理策略是辅助学生管理可用环境和资源的策略，有助于学生适应环境并调节环境以适应自己的需要，对学生的动机有重要的作用。

资源管理策略包括：学习时间的管理、学习环境的管理、学习努力和心境的管理、学习工具的利用、社会性人力资源的利用。

(三) 学习风格

学习风格由赛伦首先提出。学习风格对于学习质量、学习效率有很大的影响。不同的国家，由于地域文化、教育制度的不同，学习风格是大相径庭；当然，即使是相同的地域及教育制度，不同的人都会有不同的学习风格。

学习风格主要涉及认知风格，也称认知方式，是指个体偏爱的加工信息方式，表现在个体对外界信息的感知、注意、思维、记忆和解决问题的方式上。这里介绍几种研究较多、影响较大的认知方式。

1. 场依存型与场独立型

飞行员调整身体的位置时，有些人主要利用来自仪表的线索，他们不能使自己的身体恢复垂直；另一些人则主要利用来自身体内部的线索，尽管座舱倾斜，他们能使自己身体保持与水平垂直。维特金称前一种人的知觉方式为场依存型，后一种人的知觉方式为场独立型。所谓场，就是环境，心理学家把外界环境描述为一个场。

场独立型和场依存型是两种普遍存在的认知方式，其差异是一个连续系列，呈常态分布。大多数人处于场依存型和场独立型之间。

场独立型的人的心理分化程度较高，大脑左右两侧功能高分化，具有较高的思维、认知变通能力和人格自主性，在理性思维方面较为出色，较容易完成要找出问题的关键成分和重新组织材料的任务，喜欢个人钻研、独立思考和学习，不易受到暗示，自信、自尊心强。但是场独立型的人社会敏感度和社交技能往往偏低，与人交往时也很少能体察入微。

场独立型和场依存型这两种人格特点，不能说孰优孰劣。

2. 反思型和冲动型

沉思与冲动的认知方式反映了个体信息加工、形成假设与解决问题过程的速度和准确性。区别是在不确定的情境中，个人对自己解答问题的有效性的思考程度，对其判别标准题的反应时间与精确性。研究表明，约 30% 的学前儿童和小学儿童都属于冲动型，有的可能是对任务很熟悉，或者思维很敏捷的缘故。

在学习方面，沉思与冲动这两种方式存在明显差异。一般来说，沉思型学生阅读成绩好，再认测验及推理测验成绩也好于冲动型学生，而且在创造性设计中成绩优秀。相比之下，冲动型学生往往阅读困难，较多地表现出学习能力缺失，学习成绩常不及格。不过，在某些涉及多角度的任务中，冲动型学生则表现较好。

3. 整体型和系列型

英国心理学家戈登·帕斯克发现，在学生使用的假设类型以及建立分类系统的方式上，表现出一些有趣的差异。整体型策略的学生解决问题时，倾向于使用比较复杂的假设，每个假设同时设计若干属性；而系列型策略的学生在解决问题时，倾向于把精力集中在一步步策略上，他们提出的假设一般来说比较简单，每个假设只包括一个属性。

与整体型策略和系列型策略相对应，存在着结构的和随意的两种学习风格。例如，有些学生喜欢常规性的、有依赖性的和有条理性的知识；而有些学生则恰好相反，他们喜欢那些不可预测的、不同寻常的、出人意料的事物，而极端厌恶常规情境的单调和无趣。表现在课程上，有些学生喜欢完全受支配的结构，有些则喜欢自主和自由；有些学生喜欢教师把一、二、三、四各点都分配好，有些学生则喜欢自己组织问题。

在教学中，学生获得的学习材料和自己的学习习惯的策略匹配与否与学习成绩有很大关系。所以在教学实践中，教师需要为学生提供适合学生以自己偏好的学习风格来学习的机会。如果教师采取某种比较极端的教学方法（也许这种方法本身也反映了教师自己习惯采取的策略），那么必然会有一些学生感到这种教学方法与自己的学习风格相距甚远，从而影响学生的学习。但这并不等于说教师没有一种途径促进所有学生的学习。帕斯克认为，在教学之前，教师应先给学生提供一定的信息，比促使这些信息与学生已有的认识结构相互作用，以此来激发学生对学习意义的理解。

4. 发散式思维和聚合式思维

从信息加工角度来看，发散式思维是一种搜索策略，注意面较广，沿着不同的方向去思考，对信息或条件加以重新组合，找出几种可能的答案、结论或假说。聚合式思维则趋向于只注意某些方面，并很快地就局限在某一特定领域之间。发散式思维和聚合式思维是学生使用储存信息的两种不同的方式。

5. 内倾和外倾

卡尔·荣格(Carl Jung)认为外倾者的行为主要指向外部世界的各种事件，他们的思维是受客观事物支配的。与此相反，内倾者往往是根据个人的价值观和标准来评判外部事件。内倾者的思维是受个人对事物的理解和看法影响的，甚至为它们而困惑。

艾森克(H. J. Eysenck)等人的实验结果表明，在学术性方面，内倾明显优于外倾。其他一些研究结果也得出结论，发现内倾者在大学入学考试时成功率较高。但随后在小学中的实验得到的结果是，外倾者始终成绩较好，这种对比到 13 岁以后不再明显。另外，内倾的男孩和外倾的女孩在学习上往往都比较成功。

五、关于学习的理论取向

学习理论要解答的是有机体如何在后天生活过程中获得客观经验这一问题。根据对这个问题的基本解答,可以将各种学习理论归为联结派学习理论和认知派学习理论。

联结派学习理论的核心观点是,学习过程是有机体在一定条件下形成刺激与反应的联系从而获得新的经验的过程。主要包括桑代克的"试误—联结"学习理论、巴甫洛夫与华生的经典型条件反射学习理论、斯金纳的操作性条件反射学习理论、班杜拉的社会学习理论。这些理论的共同特点是:①过程上,简化了有机体学习的内部操作活动,将学习看作是一种由此及彼的联结;②结果上,将有机体学习简化为若干兴奋点形成的通道;③条件上,注重学习的外部条件(如强化、情境),忽略内部条件(如动机、经验)。

认知派学习理论的基本观点是,学习过程不是简单地在强化条件下形成刺激与反应的联结,而是由有机体积极主动地形成新的完形或认知结果的过程。主要包括格式塔的完形学习理论、托尔曼的符号学习理论、布鲁纳的认知—发现学习理论、奥苏贝尔的接受—同化学习理论、建构主义的学习理论。认知派理论也有三个共同特点:①过程上,都把学习看作是复杂的内部心理加工过程;②结果上,都主张学习的结果是形成反映事物整体联系与关系的认知结构;③条件上,都注重学习的内部条件,强调学习者在学习过程中的主动性和积极性,注重内部动机,注重学习的认知性条件,如过去的经验、背景知识、心智活动水平等,注重学习过程中信息性的反馈等。

第二节 学习过程及迁移

一、学习过程简述

(一)知识的学习

这里所说的学习知识是一种获得间接经验的心理过程,既不同于人类知识形成的历史过程,也不同于个体通过直接参与生活实践从亲身经历中获得知识,而是指学习者将存储在语言文字符号载体中的知识转化为个人精神财富的过程。

现代认知心理学家从最为微观的认知层面揭示了知识学习的内部信息加工机制。我国传统教育心理学也对知识的学习过程进行了分析和研究,将知识的学习分为三个阶段:知识的理解、知识的巩固和知识的运用。这一分法虽然粗略,但易于理解。下面对这三个阶段进行阐述。

1. 知识的理解

理解是个体逐步了解事物的各种关系、联系直至认识其本质和规律的一种思维活动。知识理解的标志有:①能用自己的话说出来,即能把握知识的实质,确定知识的深层结构,从而可以在改变表层结构的前提下,仍能用新的表层结构来表达同一个深层结构;②能根据理解知道如何去完成所需要的动作,即能正确地执行动作。学习者已有的知识经验在当前的情境中起着非常重要的作用,意义的理解是通过外界信息与已有知识经验的相互作用而实现的。

在教学条件下,学生对知识的理解一般要经历两个阶段:对学习内容的直观认识和对学习内容的概括,即从感性认识上升到理性认识。从感知开始,对有关事物的外在特征感知,同时,自然而然地进行不同程度的想象、比较和归纳等思维活动,从而获得对知识的感性概括和认识。

参照知识理解的两个阶段,在教学中,可以考虑多使用一些帮助提高知识理解水平的措施,主要有:

(1) 扩充和利用感性经验。常用的直观形式包括实物直观、模具直观、言语直观。在提供直观时需注意:①注意直观对象呈现的模式;②注意词与形象的结合;③注意培养学生对直观对象的分析能力。

(2) 培养学生掌握观察方法。如顺序观察法、素描观察法、连续观察法、实验观察法、操作观察法、比较观察法。

(3) 适当运用变式和比较。

(4) 注重知识的系统化。

(5) 通过启发式教学,提高学生思维活动的积极性。

(6) 照顾学生理解教材的特点。

2. 知识的巩固

知识的巩固与理解相互依存,是知识积累和应用的前提。

知识的巩固是指在掌握知识的过程中对教材的持久记忆。包括识记、保持、再认或重现三个基本环节。有关知识巩固的途径,一般来说,主要包括:①提高识记的目的性、自觉性;②指导学生采用各种有效的记忆方法,使学生获得良好的识记效果;③合理地组织复习。

3. 知识的应用

狭义的知识应用是指在教学过程中,学生在理解教材的基础上,依据已经获得的知识去解决同类课题的过程,是知识学习过程中的关键环节,是对知识理解与巩固水平的检验,同时也可以促进知识的理解和巩固。

一般而言,知识的应用在智力活动方面要经过审题、联想、解析和课题类化四个基本环节。审题指明确问题的目的和要求,了解已知和未知条件,在头脑中建立问题的最初表征;联想就是以形成的问题表征为提取线索,激活头脑中有关知识结构,为理解和找到解决问题的方法做准备;解析就是分析已知和未知条件,确定问题的主要矛盾,寻找方法;类化就是概括当前问题与原有知识的共同本质特征,将要解决的问题纳入到原有同类知识结构中,解决问题。

影响知识应用的因素主要有:

(1) 知识的理解和巩固水平。知识的理解水平和巩固程度直接影响着知识应用的效果。知识理解水平高,则学生受旧知识的干扰少。为了提高理解水平和应用知识的灵活性,注意练习的多样化是必要的。

(2) 智力活动水平。

(3) 课题性质。解答简单的课题比复杂的多步骤课题容易,解答单一课题比综合课题容易,解答文字题比实际操作题容易。

(4) 学生当时的生理和心理状态。

(二) 动作技能的学习

动作技能的形成是指通过练习逐渐掌握某种外部活动方式并使之系统化的过程。在众多关于动作技能学习过程的阶段或步骤的观点中,费茨(T. M. Fitts)和波斯纳(M. I. Posner)1964年提出的三阶段的观点最具有代表性,这三个阶段是:认知阶段、联系形成阶段和自动化阶段。

1. 认知阶段。在认知阶段,学习者需要接受来自各种感觉通道的信息并试图将其内化。如儿童初学毛笔字,首先必须仔细观察范例,了解每一笔如何起笔、收笔,每一笔的粗细、长短以及用笔的力度等。因此在这个阶段,学习者注意范围小,集中于个别动作,不能照顾动作的细节,难以发现自己的一些错误和缺点,而且常表现出全身肌肉紧张、动作慌乱、僵硬、缓慢、不协调、多余动作突显、连贯性差等特点,需要较多的意识控制。认知阶段的长短主要取决于动作技能的性质和复杂程度。

2. 联系形成阶段。又称为定型、联系阶段。实质上就是学习者把基本动作综合成更大单位,从认知方面转向动作方面,最后形成一个连贯的初步动作系统的阶段,即学习者不断接受反馈、逐步消除错误、作出精确调节以达到最大效率的过程。一般来说,该阶段比认知阶段持续时间长。

3. 自动化阶段。动作技能的完善阶段。如书法家在完成书法作品时,每一个字的起笔、运笔、收笔如行云流水,一气呵成,而且字的间架结构安排合理,笔画粗细得当,用力轻重适中,达到了高速、轻松、精确、连贯的水平。相比认知阶段,在执行动作时,技能从由大脑高级中枢控制逐步向较低中枢控制,意识成分参与减少,多余动作和前述紧张状态消失,注意范围扩大,并能根据情境变化灵活准确、迅速地完成整套动作,就像是自然涌现,无须特殊的注意和纠正。

总之,动作技能的形成需要从领会动作要点和掌握局部动作开始,到建立动作之间的有机联系,最后达到整套动作序列的自动化过程。

动作技能一旦掌握,就不易遗忘,这也是动作技能的学习与知识学习的一个重要区别。对动作技能遗忘进程进行研究(许尚侠等,1986),得出的结果与艾宾浩斯的无意义音节的遗忘进程有很大区别(见图14-2)。

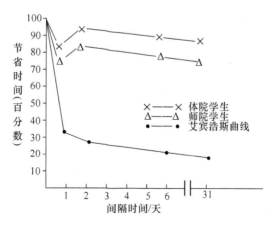

图 14-2 运动技能与无意义音节的遗忘曲线的比较

为什么会这样呢?

具体原因如下:动作技能是在大量练习的基础上获得的;许多动作技能是以有序连续的局部动作为基础的,有序连续的动作只要出现某一局部动作,动作的其他连锁就会相应出现,因此有序连续的动作序列构成的动作系统不易遗忘;动作技能不同于言语知识,它的保持高度依赖小脑的低级中枢,这些中枢可能比脑的其他部位有更大的保持动作痕迹的能量。

(三) 品德的形成

品德的形成详见第十三章《品德心理与行为》此处不再赘述。

(四) 学生心理健康教育

1. 心理健康教育的概念

国家教育部新颁布的德育大纲第一句就明确指出:"德育即政治、思想、道德与心理健康教育。"明确地把心理健康教育作为德育的重要组成部分。有研究结果显示,初中阶段是一个人接受心理健康教育的最佳时期,如果发生心理问题,也是最容易纠正的时期。中小学心理健康教育是根据中小学生生理、心理发展特点,运用有关心理教育方法和手段,培养学生良好的心理素质,促进学生身心全面和谐发展和素质全面提高的教育活动。

2. 中小学心理健康教育的意义

开展中小学心理健康教育具有重要的意义。首先,有利于促进学生身心健康和全面发展,包括促进学生身心健康,形成健全的人格,提高适应能力等;其次,有利于推进学校素质教育的全面实施,帮助实现教育目标、减轻学习负担和实施创新教育;最后,有利于推动全社会的文明与进步,推动社会主义精神文明建设和保证社会局面的安定与和谐。

3. 中小学心理健康教育的途径

实施心理健康教育可通过以下一些途径:

(1) 全面渗透在学校教育的全过程中。在学科教学、各项教育活动、班主任工作中,都应注重对学生心理健康的教育,这是心理健康教育的主要途径。

(2) 除与原有思想品德课、思想政治课及青春期教育等相关教学内容有机结合进行外,还可利用活动课、班团队活动,举办心理健康教育的专题讲座。对小学生也可通过组织有关促进心理健康教育内容的游戏、娱乐等活动,帮助学生掌握一般的心理保健知识和方法,培养良好的心理素质。

(3) 开展心理咨询和心理辅导。对个别存在心理问题或出现心理障碍的学生及时进行认真、耐心、科学的心理辅导,帮助学生解除心理障碍。

(4) 建立学校和家庭心理健康教育沟通的渠道,优化家庭教育环境。引导和帮助学生家长树立正确的教育观,以良好的行为、正确的方式去影响和教育子女。

(5) 心理健康教育要讲求实效,把形式和内容有机地结合起来。具体方式和所需时间,可从实际出发,自行安排。

二、学习迁移

(一) 学习迁移的概念

学生在学习过程中,现有的学习往往是以个体的过去经验为基础的,同时,当前的学习也会对将来的学习产生某种影响。在日常生活和学习活动中,可以经常观察到这样一些现象,如会英语的人学习德语,比没有掌握英语的人要容易得多;骑自行车的技能,对学习驾驶摩托车有促进作用;物理学的光学知识,对理解有关眼的解剖和机能方面的知识能产生积极影响。一种学习对另一种学习的影响都可称为学习迁移。

过去经验对个体的影响无处不在,因此现实中大多数迁移都是自然发生的,并且所发生的迁移并不都像上述例子中那样,总是产生积极的影响,因此需要对迁移的规律进行深入研究,从而更好地控制和调节学习中的迁移现象。

（二）迁移的种类

对于迁移种类的划分,可以有多种角度,知晓这些划分的意义在于,可以让我们更好地理解迁移以及迁移的作用。

1. 按迁移结果分类

从迁移结果上看,可划分为正迁移和负迁移。

所谓正迁移,是指一种学习对另一种学习产生的积极影响,即促进作用。前面提到的事例,都是正迁移的例子。而所谓负迁移,是指一种学习对另一种学习产生的消极影响,即阻碍作用,又称为干扰。例如,小学生开始学习小数知识时,对小数数值的理解,往往容易受整数数位知识的干扰而产生错误的理解。这就是学习中所发生的一种负迁移现象。

2. 按迁移方向分类

从迁移方向上看,可划分为顺向迁移和逆向迁移。

学习之间发生的影响,有的是前一种学习对后一种学习的影响,有的是后一种学习对前一种学习的影响。前者称为顺向迁移,后者称为逆向迁移。上面所举的例,都属于顺向迁移。后学习的汉语拼音会对以前学习的汉字发音产生影响,则是一个逆向迁移的例子。

值得注意的是,无论是顺向迁移还是逆向迁移,都有正、负之分;同样,无论正迁移还是负迁移,也都有顺向和逆向之分。

3. 按迁移产生的情景分类

从迁移产生的情景上看,可划分为横向迁移和纵向迁移。

横向迁移指的是难易相同或雷同的学习间的相互影响,又称水平迁移。例如"举一反三"、"触类旁通"都属于横向迁移。纵向迁移指的是难易不同的学习间的相互影响,又称垂直迁移。例如,简单的学习对较复杂的高层学习所产生的影响,先学习的原则对后学习的例证所产生的影响,都属于纵向迁移,它们既有正的和负的,也有顺向的和逆向的。

4. 按迁移的内容分类

从迁移的内容上看,可划分为一般性迁移和特殊性迁移。

特殊迁移是指学习某一内容后对相似的学习有特殊的适用性,动作技能的迁移大都属于特殊迁移。例如,毛笔字写得好的人,一般来说,钢笔字也会写得不差。一般迁移是指有关原理、态度、学习方法的迁移,又称非特殊迁移。

（三）影响迁移的因素

迁移虽然是学习中的普遍现象,但它并不是无条件的。探讨影响学习迁移的因素,对促进正迁移,防止干扰,提高教学效果,具有十分重要的作用。影响学习迁移的主要因素有以下几个方面:

1. 客观因素

(1) 学习材料的共同因素

桑代克和伍德沃斯(R. S. Woodworth)早年曾做过专门实验研究。让被试者观察各种大小不同的长方形面积(10~100平方厘米),直至能准确估计每个长方形面积为止;然后让被试者估计稍大的长方形面积或面积相同而形式不同的各种长方形,结果被试者的进步仅是原来的三分之一左右。通过实验,桑代克得出结论,通过练习,被试者的学习成绩可以得到明显提高,练习能够在同类活动中产生迁移,从而提出了学习迁移的共同要素说。他们否定形式训练说,认为两种学习只有在机制上存在共同因素,一种机能的变化才能改变另一种机能。例如,毛笔字写得好会对写好钢笔字产生迁移。桑代克认为,相同的因素是指相同的联结,其含义很广,包括目的、方法、普遍原则和经验上的基本事实四个方面。

既然是两种学习材料,它们之间除了具有共同因素之外,必然会有不同的因素。因此,两种材料的学习可能产生正迁移,也可能同时产生负迁移。为了促进学习迁移,防止干扰,在教学中教师应引导学生正确认识学习材料之间的共同因素,并通过比较认识它们之间的区别。

(2) 学习情境的相似性

这里学习情境包括诸如学习场所、环境布置、教学或测验人员等的相似性,这些情境有时可以不同程度地提供一些原有的有关学习线索,从而促进学习或解决问题。

(3) 教材的组织结构

教材是学生学习的基本材料,其科学的基本结构有助于学习的迁移。掌握学科的基本结构不仅便于学生对教学内容的理解和记忆,而且有利于学习迁移。它强调组织好的教材结构应注意:①教材呈现的顺序要注意从一般到个别的不断分化,这样的教材既便于教师的教,也便于学生的学;②教材的知识结构要从已知到未知逐步系统化。

(4) 学习指导

学习指导包括对学生的学习目的、学习态度和学习内容及学习方法的指导,其中学习态度和学习方法的指导,对迁移有重要影响。学习态度是一种比较稳定的心理反应倾向,帮助学生形成良好的学习态度是一项复杂的、长期的工作。良好的学习态度一经形成,就会促进其他方面态度的形成。学习方法是达到学习目的的手段,是制约学习效果的重要因素之一,学习方法的实质是在头脑中形成的一种认知或解决问题的策略。掌握良好的学习方法需要教师的指导和个人实践,指导学生学习,就某种意义上说,就是帮助学生学会如何学习。学生会学习、会解决问题,实际上这也是一种能力,有了这种能力就会明显地促进正迁移。

现代西方教学的重点在于指导活动和采用活动型的教学程序。这是因为,通过活动进行学习比正规上课的学习更有意义,而且更有利于把学生的学习迁移到新情境中去。实践证明,学生适当参加与学习有关的活动,可以使学生在错误的尝试中得到益处。如果对学生的活动给予必要的指导,则不仅可以减少错误,而且可以增加学习的迁移。学生的学习态度、兴趣、技能等可以通过活动,产生迁移而加以培养。教育实践证明,在活动中,由教师预先提供正确答案的指导方式,不如在教师的指导下通过学生自己发现问题、解决问题学习效果好。因为指导学生自己发现和解决问题,能增加迁移的效能。学习指导可随学生年龄的增大和问题的难易而有所不同。此外,学生在学习新知识或解决新课题时,为了防止学生已形成的学习方法或思维习惯的消极影响,教师也应及时给予适当的指导,以促进学生的正迁移,防止干扰。

2. 主观因素

(1) 对学习材料的概括水平

苏联著名心理学家鲁宾斯坦(C. Л. Рубцнuсtейн)强调,概括是迁移的基础。

两种学习材料之间的共同因素固然是产生迁移的必要条件,但不是充分条件。如果不能通过概括,把握一般原理,掌握事物的本质和规律,也难以产生迁移。事物虽然是多种多样的,但却有共同的东西,即事物的本质和规律。掌握事物的本质和规律,人就能以不变应万变,产生广泛的迁移。所以赞科夫和布鲁纳都强调,在学校中应加强基本概念和原理的教学,道理就在于此。

(2) 学生的认知结构

对应前述教材的组织结构对迁移的影响,奥苏贝尔接受了布鲁纳的思想,更深入地研究了学生的认知结构对学习迁移的影响。他认为,在有意义学习中,认知结构始终是一个关键的因素,现有的学习受原有认知结构的影响,原有的认知结构由于接收新信息而得到改造,这种改造后的认知结构又会影响后继的学习。奥苏贝尔从认知结构的观点看待学习迁移,他对先前学习及其对后继学习的影响作了新的解释。认为先前的学习不是最近经验的一组刺激与反应的联结,而是按照一定层次组织起来的,适合当前学习任务的知识体系。在有意义的学习中,先前的学习并不直接对后继学习发生影响,而是通过原有认知结构间接地影响新的学习或迁移,学习迁移的效果主要不是指运用一般原理于特殊事例的能力,而是指提高了相关类属学习、概括学习和并列结合学习的能力。

(3) 定势作用

定势作用详见第五章《想象与思维》,此处不再赘述。

复习思考题

1. 简述学习的概念与意义。
2. 根据学习内容和结果可以将学习如何分类?根据学习水平、学习方式又如何分类?
3. 学习动机是指什么?学习动机和学习的关系如何?
4. 学习动机主要由哪几种驱力驱动?
5. 什么叫学习策略?什么叫学习风格?主要的学习风格包括哪些?
6. 中小学心理健康教育的含义是什么?如何实施?
7. 试论述学习迁移及其影响因素。

本章参考文献

[1] 莫雷. 教育心理学. 广州:广东高等教育出版社,2002.
[2] 陈琦,刘儒德. 当代教育心理学. 北京:北京师范大学出版社,2002.
[3] 彭聃玲. 普通心理学(修订版). 北京:北京师范大学出版社,2004.
[4] 姚本先. 心理学新论(修订版). 北京:高等教育出版社,2005.
[5] 叶奕乾,何存道,梁建宁. 普通心理学(修订版). 上海:华东师范大学出版社,1997.

第十五章 教学心理

【本章导学】

在第十四章中,我们已经知道要想让学生学习取得好的效果,想让学习迁移总是发挥积极作用,其中涉及很多教学方面的因素。在本章中,我们将继续着力探讨何谓有效教学,教师应该如何进行教学设计,应该懂得哪些课堂管理方面的知识。

第一节 有效教学

进行有效教学是教师的核心工作。自教学诞生以来,教育者就一直都在追求和探索有效教学。有效教学(effective teaching)的理念源于20世纪上半叶西方教学科学化运动。在实用主义哲学和行为主义心理学的影响下,美国进行了一场教学效能核定运动,引起了世界各国教育学者的关注。人们开始意识到教育不仅是艺术,也是一门科学,要有科学的基础,同时也可以用科学的方法来进行研究,主要包括哲学、心理学、社会学的理论和方法。

一、有效教学的概念

我国现行的《基础教育课程改革方案(试行)解读》指出,所谓"有效"主要是指通过教师一段时间的教学之后,学生能获得具体的进步和发展。有效教学指教师遵循教学活动的客观规律,以相对较少的时间、精力和物力投入,取得尽可能多的教学效果。具体地说,包括如下三重意蕴。

(1) 有效果:指教学活动结果与预期教学目标的吻合程度。

(2) 有效益:指教学活动收益、教学活动价值的实现。即指教学目标与特定的社会和个人的教育需求吻合的程度。从社会效益的角度讲,主要在于是否符合社会对培养人的要求,努力造就合格和优秀的公民。而个人效益指通过教学能引导个人学会学习、学会生存、学会合作、创新,促进个人智慧、品质、体格等方面的成长和发展。

(3) 有效率:单位时间里完成的工作量。因此教学效率=有效教学时间/实际教学时间,或教学效率=教学产出(效果)/教学投入。可见如果教学产生了结果(教学效果),且产生了所期望的结果(教学效益),但相对于结果而言,所作的教学投入不相称,即大的、多的教学投入只获得了小的、少的教学产出,那么这种教学也算不上是有效教学。

前苏联教育家巴班斯基提出了教学过程最优化理论。所谓最优化的教学就是在教养、教育和学生发展方面保证达到当时条件下尽可能大的成效,而师生用于课堂教学和课外作业的时间又不超过学校卫生学所规定的标准。教学效果和时间消耗是衡量教学过程是否"最优"的标准,也是教学过程组织的基本原则。

【小资料】苏霍姆林斯基"解放下半日"

苏霍姆林斯基坚持用心理科学和教育科学来指导自己的教学和学校管理——"解放下半日"。每天的下半日是自由的。在他的学校里面,不管是小学,还是中学都是这样的——下午是属于儿童的时间。这个时间,既可用来发展学生的兴趣、特长、爱好,也可用来运动、活动、游戏、玩耍、休闲等等。"学生需要自由活动时间,就像健康需要空气一样。……自由活动时间是学生智力生活丰富的首要条件,不仅使他们生活中有学习,而且使学习富有成效。"

在他领导的学校里,他制定了既严格又人性化的纪律:孩子每天按自己的愿望随意使用5~7个小时的空余时间,不允许低年级学生一天在室内进行3小时以上的脑力劳动,不允许12~15岁的少年每天(除在校上五六个小时课以外)花四五个小时做家庭作业。他认为,过重的作业负担会摧残少年,使他的健康终身遭受不良影响,会损坏他的美,使脊柱弯曲、胸廓狭窄、眼睛近视。

【心理点评】我们设想一下,如果一个学生的知识都来自于教师、来自于学校,这个学生是不可能有很大出息的。相反,如果在一个孩子的脑子里面,他自己学到的知识要比学校老师教给他的要多得多,这孩子将来可能更有出息。没有一个了不起的科学家说:"我以前只学老师教的,只学学校教的。"所以,我想,一个高明的校领导、一个了不起的老师,应该考虑这一点:不能占据学生学习的全部时间,一定要"解放儿童"!教师在教学中应该树立这样一种观念,应该时刻提醒自己"学生学习的时间应该是有限的"。

综上所述,有效教学提倡的是效果、效益、效率三者并重的一种教学观,有效果、有效用、有效率是有效教学的三个维度,有效果是指学有所得、所获;有效益是指学的东西是有价值、有用的;有效率是指学的过程和方法是科学的,即教学的效果和学生的进步、发展,不是通过加班加点、题海战术、机械训练或挤占挪用学生的自主学习时间和其他学科教学时间等损害学生可持续发展的途径取得的,而是从教学规律出发,科学地运用教学方法、手段和策略实现的。总之,有效教学就是一种"多快好省"的教学(王鉴,2006)。

坚持有效教学意义重大。有效教学符合现代教学的发展趋势。在我国以人为本和经济快速发展的大形势下,教育目标已从"有学上"转变为"上好学",对教育质量的关注已经到了一个新的历史起点。因此提倡有效教学和打造高效课堂已成为教育的重要目标和任务。

有效教学是我国实现素质教育的重要保证。通过有效的教学设计和教学实践促进学生多元发展,在不断提高教师教学技能专业化水平的同时,有利于促进素质教育顺利实现。

有效教学是教师专业素质的体现,同时也是对教师的解放。从有效教学的角度来说,好教师的标准反映为:①哪些老师能够做到当堂完成教学任务?②哪些教师课前和课后较少占用学生的时间?这些都有赖于教师的科学合理的教学设计,是教师专业素质最有力的体现。同时,高效率教学使得教师可有更多的时间用于教学研究、个人研习等。

有效教学有助于激发和强化学生的学习动机。学生学习有效,花费时间少而明显,会产生一种轻松、愉快的成功感,这种情绪体验能激发和强化学生的学习动机。相反花费时间多而收获少甚至没有收获,就会产生困惑、失望的失败感,这种情绪体验会弱化学习动机,最终使学生陷入厌学的困境中。

二、有效教学的因素模型

1. 卡罗尔的学校学习模型

1963年,美国学者卡罗尔(J. B. Carroll)发表了《学校学习的一种模式》,提出"学校学习模型",认为学生的学习成效由学习的必要时间与实际时间决定。必要时间指学生完成某一学习任务必需的时间,由学生的能力倾向、学生理解教学的能力与教学质量决定;实际时间指从事某一学习活动实际所花的时间,由学习机会与毅力决定。这样学习效果就是实际学习时间除以必要学习时间,用公式表述如下:学习效果=实际学习时间/必要学习时间= 学习机会×毅力/能力倾向×教学质量×学生理解教学的能力。可见能力只决定学习所需时间,如果教学质量高,有充足的时间,任何具有学习能力的学生都可以学会任何知识。

2. 斯莱文的有效教学QAIT模型

美国教育心理学家斯莱文(Slavin,1987)在卡罗尔"时间模式"的基础上,更完整地把握影响教学效果各种重要变量之间的关系,提出了提高教学有效性的QAIT教学模式。该模式从教学的质量(Quality of instruction)、教学的适当性(Appropriate levels of instruction)、诱因(Incentive)和时间(Time)四个因素来诠释教学的有效性。

四个变量具体是指:①教学的质量:主要依赖于课程的质量及每一堂课呈现本身的质量;②教学的适宜性水平:能确保学生很容易学会新内容,难度适中;③诱因:教师确保学生有完成学习任务和学会所呈现材料的动机;④时间:学生有足够的时间学会教师所教的材料。

如图15-1所示,在这个模型中,每一因素就像锁链的一环,整条锁链的力量决定于链条中最弱的一环。四个因素都必须适宜,任何一环的薄弱都将影响全局、影响教学目标的实现。因此,如果教学质量低,不管学生原有知识经验多么丰富、有多强的学习动机和多么充足的时间,同样不会学得很好。

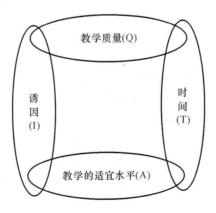

图15-1 有效教学QAIT模型

三、有效教学模式

1. 教学模式的历史发展

教学模式是教学活动的基本结构,每个教师在教学中都在自觉或不自觉地按照一定的教学模式进行教学,只不过这里存在一个是否科学合理的问题。了解教学模式的历史发展有助于人们借鉴传统和对当代各种新教学模式的理解,有助于人们把握教学模式的发展趋势。

系统完整的教学模式是从近代教育学形成独立体系开始的,"教学模式"这一概念与理论在20世纪50年代以后才出现。不过在中外教学实践和教学思想中,很早就有了教学模式的雏形。

古代教学的典型模式就是传授式,其结构是"讲—听—读—记—练"。教师灌输知识,学生被动机械地接受,书中文字与教师的讲解几乎完全一致,学生对答与书本或教师的讲解一致,学生是靠机械地重复进行学习。

到了17世纪,随着学校教学中自然科学内容和直观教学法的引入,班级授课制度的实施,夸美纽斯提出应当把讲解、质疑、问答、练习统一于课堂教学中,并把观察等直观活动纳入教学活动体系之中,首次提出了以"感知—记忆—理解—判断"为程序结构的教学模式。

19世纪是一个科学实验兴旺繁荣的时期。赫尔巴特的理论在相当程度上反映了当时科学发展的趋势。他从统觉论出发,研究人的心理活动,认为学生在学习的过程中,只有当新经验与已经构成心理的统觉团中概念发生联系时,才能真正掌握知识。所以教师的任务就是选择正确的材料,以适当的程序提示学生,形成他们的学习背景或称统觉团。从这一理论出发,他提出了"明了—联合—系统—方法"的四阶段教学模式。以后他的学生莱因又将其改造为"预备—提示—联合—总结—应用"的五阶段教学模式。

以上这些教学模式都有一个共性,它们都忽视了学生在学习中的主体性,片面强调灌输,在不同程度上压抑和阻碍了学生的个性发展。所以在19世纪20年代,随着资本主义大工业的发展,强调个性发展的思想的普遍深入与流行,以赫尔巴特为代表的传统的教学模式受到了挑战,应运而生的杜威的实用主义的教育理论得到了社会的推崇,同时也使教学模式向前推进了一步。

杜威提出了"以儿童为中心"的"做中学"为基础的实用主义教学模式。这一模式的基本程序是"创设情境—确定问题—占有资料—提出假设—检验假设"。这种教学模式打破了以往教学模式单一化的倾向,弥补了赫尔巴特教学模式的不足,强调学生的主体作用,强调活动教学,促进学生发现探索的技能,获得探究问题和解决问题的能力,开辟了现代教学模式的新路。

当然,实用主义教学模式也有其缺陷。它把教学过程和科学研究过程等同起来,贬低了教师在教学过程中的指导作用,片面强调直接经验的重要性,忽视知识系统性的学习,影响了教学质量。因此在20世纪50年代受到了社会的强烈批评。

20世纪50年代以来,随着科学技术的发展,教育面临着新的科技革命的挑战,促进人们利用新的理论和技术去研究学校教育和教学问题。现代心理学和思维科学对人脑活动机制的揭示,发生认识论对个体认识过程的概括,认知心理学对人脑接受和选择信息活动是研究,特别是系统论、控制论、信息加工理论等的产生,对教学实践产生了深刻的影响,也给教学模式提出了许多新的课题。因此这一阶段在教育领域出现了许多的教学思想和理论,与此同时也产生了许多新的教学模式。

2. 教学模式的发展趋势

(1) 从单一教学模式向多样化教学模式发展

20世纪50年代以后,由于新的教学思想层出不穷,再加上新的科学技术革命使教学产生了很大的变化,教学模式出现了"百花齐放、百家争鸣"的繁荣局面。据乔伊斯和韦尔1980年的统计,现在教学模式有23种之多,其中我国提出的教学模式就有10多种。

(2) 由归纳型向演绎型教学模式发展

归纳型教学模式重视从经验中总结、归纳,它的起点是经验,形成思维的过程是归纳。演绎型教学模式是指从一种科学理论假设出发,推演出一种教学模式,然后用严密的实验来验证其效用。它的起点是理论假设,形成思维的过程是演绎。归纳型教学模式来自于教学实践的总结,不免有些不确定性,有些地方还不能自圆其说。而演绎型教学模式有一定的理论基础,能够自圆其说,有自己完备的体系。

(3) 由以"教"为主向以"学"为主的教学模式发展

传统教学模式都是从教师如何去教这个角度来进行阐述,忽视了学生如何学这个问题。杜威的"反传统"教学模式,使人们认识到学生应当是学习的主体,由此开始了以"学"为主的教学模式的研究。现代教学模式的发展趋势是重视教学活动中学生的主体性,重视学生对教学的参与,根据教学的需要合理设计"教"与"学"的活动。

(4) 教学模式的日益现代化

在当代教学模式的研究中,越来越重视引进现代科学技术的新理论、新成果。有些教学模式已经开始注意利用计算机等先进的科学技术的成果,教学条件的科技含量越来越高。

3. 教学模式的概念

乔伊斯和韦尔在《教学模式》一书中认为:"教学模式是构成课程和作业、选择教材、提示教师活动的一种范式或计划。"实际教学模式并不是一种计划,因为计划往往显得太具体、太具操作性,从而失去了理论色彩。将"模式"一词引入教学理论中,是想以此来说明在一定的教学思想或教学理论指导下建立起来的各种类型的教学活动的基本结构或框架,表现教学过程的程序性的策略体系。因此教学模式是一定的教学理论或教学思想的反映,是一定理论指导下的教学行为规范。

教学模式通常包括五个因素,即理论依据、教学目标、操作程序、实现条件和教学评价,这五个因素之间有规律的联系就是教学模式的结构。

(1) 理论依据

教学模式是一定的教学理论或教学思想的反映,是一定理论指导下的教学行为规范。不同的教育观往往提出不同的教学模式。比如,概念获得模式和先行组织模式的理论依据是认知心理学的学习理论,而情境陶冶模式的理论依据则是人的有意识心理活动与无意识的心理活动、理智与情感活动在认知中的统一。

(2) 教学目标

任何教学模式都指向和完成一定的教学目标,在教学模式的结构中教学目标处于核心地位,并对构成教学模式的其他因素起着制约作用,它决定着教学模式的操作程序和师生在教学活动中的组合关系,也是教学评价的标准和尺度。正是由于教学模式与教学目标的这种极强的内在统一性,决定了不同教学模式的个性。

(3) 操作程序

每一种教学模式都有其特定的逻辑步骤和操作程序,它规定了在教学活动中师生先做什么、后做什么,以及各步骤应当完成的任务。

(4) 实现条件

实现条件是指能使教学模式发挥效力的各种条件因素,如教师、学生、教学内容、教学手段、教学环境、教学时间等。

(5) 教学评价

教学评价是指各种教学模式所特有的完成教学任务,达到教学目标的评价方法和标准等。由于不同教学模式所要完成的教学任务和达到的教学目的不同,使用的程序和条件不同,当然其评价的方法和标准也有所不同。目前,除了一些比较成熟的教学模式已经形成了一套相应的评价方法和标准外,有不少教学模式还没有形成自己独特的评价方法和标准。

4. 教学模式的特点

(1) 指向性

任何一种教学模式都是围绕着一定的教学目标设计的,而且每种教学模式的有效运用也需要一定的条件,因此不存在对任何教学过程都适用的普适性的模式,也谈不上哪一种教学模式是最好的。评价最好教学模式的标准是在一定的情况下是否能达到特定目标。在选择教学模式时,必须注意不同教学模式的特点和性能,注意教学模式的指向性。

(2) 操作性

教学模式是一种具体化、操作化的教学思想或理论,它把某种教学理论或活动方式中最核心的部分用简化的形式反映出来,为人们提供了一个比抽象的理论具体得多的教学行为框架,具体规定了教师的教学行为,使得教师在课堂上有章可循,便于教师理解、把握和运用。

(3) 完整性

教学模式是教学现实和教学理论构想的统一,所以它有一套完整的结构和一系列的运行要求,体现着理论上的自圆其说和过程上的有始有终。

(4) 稳定性

教学模式一般情况下并不涉及具体的学科内容,是大量教学实践活动的理论概括,即普遍性规律,所提供的程序对教学起着普遍的参考作用,具有一定的稳定性。但是教学模式是依据一定的理论或教学思想提出来的,是一定社会的产物,总是与一定历史时期社会政治、经济、科学、文化、教育的水平联系,受到教育方针和教育目的的制约。因此这种稳定性又是相对的。

(5) 灵活性

作为并非针对特定的教学内容教学,体现某种理论或思想,又要在具体的教学过程中进行操作的教学模式,在运用的过程中必须考虑到学科的特点、教学的内容、现有的教学条件和师生的具体情况,进行细微的方法上的调整,以体现对学科特点的主动适应。

5. 教学模式的功能

(1) 教学模式的中介作用

教学模式能为各科教学提供一定理论依据的模式化的教学法体系,使教师摆脱只凭经验和感觉,在实践中从头摸索进行教学的状况,搭起了一座理论与实践之间的桥梁。

教学模式的这种中介作用,是和它既来源于实践又是某种理论的简化形式的特点分不开的。一方面,教学模式来源于实践,是对一定具体教学活动方式进行优选、概括、加工的结果,是为某一类教学及其所涉及的各种因素和它们之间的关系提供一种相对稳定的操作框架,这种框架有着内在的逻辑关系的理论依据,已经具备了理论层面的意义。另一方面,教学模式又是某种理论的简化表现方式,它可以通过简明扼要的象征性的符号、图式和关系的解释,来反映它所依据的教学理论的基本特征,使人们在头脑中形成一个比抽象理论具体得多的教学程序性的实施程序。便于人们对某一教学理论的理解,也是抽象理论得以发挥其实践功能的中间环节,是教学理论得以具体指导教学,并在实践中运用的中介。

(2) 教学模式方法论的意义

教学模式的研究是教学研究方法论上的一种革新。指导人们从整体上去综合地探讨教学过程中各因素之间的互相作用和其多样化的表现形态,以动态的观点去把握教学过程的本质和规律,同时对加强教学设计、研究教学过程的优化组合也有一定的促进作用。

6. 教学模式的分类

教师对教学模式的选择和运用要有一定的要求,教学模式必须要与教学目标相契合。要考虑实际的教学条件针对不同的教学内容来选择教学模式,当然首先还是要了解有哪些教学模式,它们的特点是什么。

教学模式大体上可以从主体学习活动的性质(是接受还是探究)以及主体学习活动的社会互动程度(是个体还是社会)两个维度加以定位,如图15-2所示。

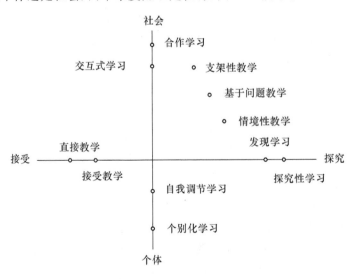

图15-2 教学模式概览

另外,按照在教学中的地位和作用不同,还有人把教学模式分为教师中心取向的教学模式,图15-2中的直接教学和接受学习就属于这一类,都比较强调教师在教学过程中的中心地位;而图15-2中的发现学习、探究学习、个别化学习等模式则强调学生在学习活动的积极主动性及其作用,可以统称为学生中心取向的教学模式;而合作学习、情境性学习、基于问题的学习和支架式教学等强调师生处于一个学习共同体之中,教师是学生学习过程中的支持者、帮助者和合作者,这一类可以称之为学习共同体取向的教学模式。

第二节 教学设计

近年来,教育研究者对教师的教学设计越来越感兴趣,并做了广泛的研究,这也是心理学和教育心理学越来越重视理论联系实际,注重为教育实践服务的一种现实反映。教学中,教师的教学设计在很大程度上决定了学生将要学什么。良好的计划和设计是教学成功的一半。

一、教学设计概述

1. 教学设计的含义

加涅曾在《教学设计原理》(1988年)中界定为:"教学设计是一个系统化(systematic)规划教学系统的过程。教学系统本身是对资源和程序作出有利于学习的安排。任何组织机构,如果其目的旨在开发人的才能均可以被包括在教学系统中。"

帕顿(J. V. Patten)在《什么是教学设计》一文中指出:"教学设计是设计科学大家庭的一员,设计科学各成员的共同特征是用科学原理及应用来满足人的需要。因此,教学设计是对学业业绩问题(performance problems)的解决措施进行策划的过程。"

赖格卢特对教学设计的定义基本上与对教学科学的定义是一致的。因为在他看来,教学设计也可以被称为教学科学。他在《教学设计是什么及为什么如是说》一文中指出:"教学设计是一门涉及理解与改进教学过程的学科。任何设计活动的宗旨都是提出达到预期目的的最优途径(means),因此,教学设计主要是关于提出最优教学方法的处方的一门学科,这些最优的教学方法能使学生的知识和技能发生预期的变化。"

梅里尔(Merrill)等人在新近发表的《教学设计新宣言》一文中对教学设计所作的新界定值得引起人们的重视。他认为:"教学是一门科学,而教学设计是建立在这一科学基础上的技术,因而教学设计也可以被认为是科学型的技术(science-based technology)。"

美国学者肯普给教学设计下的定义是:"教学设计是运用系统方法分析研究教学过程中相互联系的各部分的问题和需求。在连续模式中确立解决它们的方法步骤,然后评价教学成果的系统计划过程。"

学习教练肖刚定义教学设计:"教学设计是一个系统设计并实现学习目标的过程,它遵循学习效果最优的原则,是课件开发质量高低的关键所在。"

总体来说,教学设计(instructional design)是指教学的系统规划及教学方法的选择、安排与确定,即为了符合总的教育目的,应该设置什么样的教学目标,及对具体的教什么(课程内容)和怎么教(教学模式、教学媒体、课堂管理等)进行选择、安排和规划。

本节中,我们将按照这个概念,依次介绍教学目标、教学模式、教学媒体及课堂管理等方面的设计。

2. 教学设计的类型

根据所起作用不同,可以将教学设计分为宏观设计和微观设计。

(1) 宏观设计

教学的宏观设计是指进行教学的总体规划、制定教学的远景蓝图以及选择教学的宏观方法学等,主要包括四个方面:①制订课程计划。从整个班级学习与接受能力出发,全面安排有效学习的课程数量、学习活动方式、课时安排与分配(包括课堂教授和实验操作的配合)等,从整体上保证教学系统的正常运转;②制定课程标准。据学习规律,规定教学的基本要求与进度;③编选教材。通常是按教育部制定的教材教授学生,因此这里的编选教材是指教师依据课程标准编写的讲义、教授提纲。教师应妥善处理教材本身的内在逻辑要求与学习规律要求,以提高教学成效;④制定教学成效考核的办法。也就是了解学生的学业成绩,了解教学目标的实现状态,并对今后的教学活动进行调整。

(2) 微观设计

教学设计应宏观设计与微观设计相结合,方可相得益彰。微观设计指确定教学活动的计划以解决教学的短近规划问题,它针对一个课题或单元进行,包括六个步骤(如图15-3所示):

① 确定教学目标;
② 了解学生的准备状态;
③ 制订教学程序计划;
④ 进行教学活动;
⑤ 确定教学成效考核的内容及方式;
⑥ 对教学成效做出确切的评价,并对教学是否需要继续作出判断。

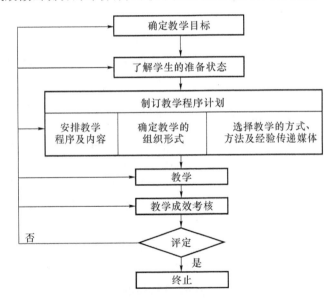

图 15-3 教学设计流程

这六个步骤是相互联系、相互制约的。其中确定教学目标和了解学生的准备状态是制订教学程序计划的前提;教学活动是教学程序计划的执行,即实现教学目标的过程;考核是对教学活动成果的鉴定,也是对所制定的教学规划是否完成及是否需要修改的反馈。作为一名教师,要顺应现代教育教学理论的深化改革,在教学活动中不仅扮演讲授者的角色,同时还要发挥指导、管理、咨询的作用,对现代教学设计的理论有透彻的理解,才能对教学活动精心设计。

二、教学目标的设计

教学目标是教学活动所预期的结果,或是预期的学习活动要达到的标准。教学目标的确定是成功开展教学的先决条件。

1. 教学目标分类

教师在设置或表述教学目标时,都应该首先了解和考虑目标的层次问题。在一般意义上,社会赋予学校的宏大目标都是比较抽象的,如"教书育人"、"发展智慧"等。而在实际教学中,目标可以具体到一个小的行为,如"正确写出某一个汉字"等。作为教师首先要了解教育目标的分类,包括布卢姆的教育目标分类、加涅的学习结果分类和学习水平分类等。

2. 教学目标的表述

教学目标不能简单地陈述教师做什么,而应当陈述学生的学习结果,这些结果包括语言信息、智慧技能、认知策略、动作技能及情感态度等,并应在学习开始时向学生出示学习目标,用这些目标指引学生学习。教学目标的陈述应力求明确、具体,可以观察和测量。尽量避免用含糊的、不切实际的语言。

教师所持的学习观会影响其对教学目标的表述。

(1) 马杰的行为目标表述法

可以说制定新课程标准的基石之一就是马杰的行为目标理论,马杰于1962年根据行为主义心理学提出行为目标的理论与技术,明确提出标准表述的行为动词要有外显性和可操作性。

行为目标有时也称作业目标,具体指可观察和可测量的行为。行为目标的优点是它清楚地告诉人们,"分析能力"意味着什么以及如何观察和测量这种能力。行为目标包括三个要素,一是行为动词,二是行为条件,三是行为标准。新课标提倡五要素,其实就是三要素的简单扩展,增加了行为主体(学生)、行为对象(学习内容)。

① 可观察的行为

行为目标要用可以观察的行为来表述教学目标。在目标表述时要避免使用描述内部心理过程的动词,如"知道"、"理解"、"欣赏"、"记住"等,而应该使用行为动词,如"背诵"、"解释"、"选择"、"写出"等。使用行为动词,可以使我们很容易观察到目标行为是否实现以及何时实现。

布鲁姆三个领域的教学目标都选用了明确的行为动词,对我们如何陈述这些领域的教学目标具有一定的借鉴作用。以下列出的是为认知领域的目标所选用的动词。

知识:界定、描述、指出、标明、列举、选择、说明、配合、背诵等。

理解:转换、区别、估计、解释、引申、归纳、举例说明、猜测、摘要、预估、重写等。

应用:改变、计算、示范、表现、发现、操纵、修饰、操作、预估、准备、产生、关联、解答、运用等。

分析:细列、图示、细述理由、分辨好坏、区别、指明、举例说明、猜测、关联、选择、分开、再分等。

综合:联合、编纂、组成、创造、计划、归纳、修饰、设计、重组、重建、重改、重写、总结等。

评价:鉴别、比较、结论、对比、检讨、分辨好坏、解释、指明、阐释、关联、总结、证明等。

② 行为发生的条件

行为目标中的条件要素说明了在评价学习者的学习结果时,在什么条件下评价。行为发生的条件通常包括下列因素:

- 环境因素:空间、光线、温度、气候、室内、室外、安静或噪声等。
- 人的因素:独立进行、小组集体进行、在教师指导下进行等。
- 设备因素:工具、仪器、图纸、说明书、计算器等。
- 信息因素:资料、教科书、笔记、图表、词典等。
- 时间因素:速度、时间限制等。
- 问题明确性因素:指提供什么刺激来引起行为的发生。

③ 可接受的行为标准

行为标准是衡量学习结果的行为的最低要求。通过对行为标准作出具体描述使行为目标具有可测量的特点。标准的表述一般与"好到什么程度"、"精确度如何"、"完整性怎样"、"要多少时间"、"质量要求如何"等问题有关。下面列出了主要的表述方式:

- 正确的次序,如"将水的净化过程的六个步骤按正确顺序排列"。
- 正确的百分比或程度,一般要在 80% 以上。
- 精确度,如误差在多少之内。
- 在多少时间内,如"8 分钟内装好调好零件,并操作万用表"。

(2) 格兰伦德的认知目标表述法

格兰伦德认为教师应当最先以一般的术语表述一个教学目标,然后列举一些行为加以进一步明确。这些样例行为能为学生提供是否达到目标的依据,格兰伦德的系统经常被用来表述认知目标(见表 15-1)。

表 15-1　格兰伦德的目标表述举例

部分	举例
一般目标	理解元认知的一些术语
子目标 A	用自己的话定义这些术语
子目标 B	在上下文背景中识别这些术语的意义
子目标 C	区分那些在意义上相似的术语

格兰伦德认为,真正的目标是理解,教师不应让学生停留在定义、识别和区分等具体行为上,而是根据这些样例任务的成绩来决定学生是否已经理解。

实际教学中,人们往往将两种表述方式结合起来描述教学目标(见表 15-2)。

表 15-2　教学目标的写作方法

一般的目标(认知的)	相对具体的目标(行为的)
学生在解简单算术问题中推理	学生在解一个以新的形式书写的简单算术问题,如 $3+4=?$ 和 $4+3=x$
学生理解古诗中绝句的概念	学生从不同的古诗中识别出绝句
学生懂得配合	学生在适当的时候传球

三、教学模式的设计

1. 教师中心取向的教学模式

(1) 直接教学

直接教学模式适用于教授基本事实、知识和技能，可以用于各学科教学，它是教学设计的基础，其中有的教学步骤其他模式也运用，而且通常在第三步可以纳入其他模式。这种教学模式的理论基础是根据行为心理学的原理设计的，尤其是受斯金纳操作性条件反射理论和训练心理学的影响，强调通过控制学习者的行为达到预定的目标。

在操作性条件反射中，相倚性管理(contingency management)是一个重要的概念，它是指强化随着合乎要求的行为而呈现，也是指对强化刺激的系统管理，即只在一定的条件下给予强化刺激。有效的强化必须是即时的、持久的和定期的。

根据罗森塞恩(Barak Rosenshine)的观点，直接教学模式一般可以分为以下六个步骤：

① 复习。通过检查作业、提问、小测验等方式复习原有知识，据此确定教授新知识的进度和一定的个别化教学措施，必要时进行弥补性教学。

② 描述目标。教学目标的确定一般有四个衡量标准。具体、明确(specific)、有结果的描述(outcome)、确定大小或数量、程度、范围(measure)、根据学生的情况而非教师的行为(student oriented)。如"了解美国总统"这个教学目标就定得过于空泛，可将其定为"能按正确的顺序列出美国总统的姓名"。

③ 传授新内容。这是直接教学模式的重要一环。一般涉及以下几个环节：

ⅰ. 根据学生的需要分析所要传授的内容，确定适当的难度和适量的内容；

ⅱ. 将内容按照由概括到具体的原则组织起来；

ⅲ. 将所有内容按照一定的顺序分解为各个小步骤；

ⅳ. 为新课设计一个涵盖新材料的先行组织者；

ⅴ. 选择呈现内容的重点或主要步骤；

ⅵ. 选择说明的例子，并将每一观点或步骤与前述内容和先行组织者联系起来；

ⅶ. 提问以检查学生对新内容的理解程度，并及时注意学生的分心现象；

ⅷ. 总结重点并将其与下一阶段的学习联系。

④ 教师指导下学生的练习。新材料以小步子的形式出现，每一步都伴有充足的练习时间。学生的练习首先要在教师的指导下进行。教师指导学生的练习最普遍的方式就是提问，根据学生回答问题的情况予以必要的指导。

如学生的回答是正确、迅速而坚定的，教师可进一步提出新的问题，不必过多地表扬；学生的回答是正确但犹豫不决——这通常在练习之初出现，教师应给予及时的鼓励；学生的回答是不正确且漫不经心，教师要一一予以纠正，继续教学；学生的回答不正确是由于缺乏某些知识，教师可以提示，提出更简单的问题或重新教学。

当学生没有达到教学目标时，教师要反思、分析自己的教学，找到问题所在，然后寻找适当的途径纠正学生的错误，使全班都能理解教学内容，个别化材料、程序学习材料、计算机辅助教学材料等可以提供矫正性练习或弥补性练习。

⑤ 独立的练习。学生在小组或独自进行练习时，教师要巡视学生练习的情况，确保他们不会重复某种错误——重复错误是独立练习最大的问题。

⑥ 间隔性复习。要达到自动化程度,学生学习的新技能应不断地得到温习。在学生学习新知识、新技能时,复习原来学过的东西是必要的。隔周、隔月进行的复习有助于学生真正获得新知识和新技能。

教学实践中,直接教学模式是一种常用且有效的工具。但如果过分依赖则容易导致机械学习的倾向。

(2) 接受学习

接受学习常被人认为是鹦鹉学舌式的机械学习。奥萨贝尔用有意义学习理论加以科学的分析,指出它不能与机械学习画等号,而完全可以是有意义的。接受学习是机械的还是有意义的,取决于学习发生的条件。有意义学习需具备两个条件:①心向,即把新知识与认知结构中原有的适当观念关联起来的意向;②学习材料对学生具有潜在意义,即学习材料具有逻辑意义,可以和学生认知结构中的有关观念联系。这两个条件缺一不可,否则会导致机械学习。

接受学习是一个积极主动的过程。它要求学习者进行一系列活动:①在决定新知识登记到已有的哪些知识中去时,需要对新旧知识的"适合性"作出判断;②当新旧知识存在分歧和发生矛盾时,需要进行调节;③新的命题通常要转化为个人的参照系(frame of reference),与学生个人的经验背景、词汇、观念结构趋于一致;④如果找不到作为调节新旧知识分歧或矛盾的基础,需要对更有概括性容纳性的概念进行再组织。然而,这里的学习任务实质上是呈现而不是发现,上述活动限于要求理解学习材料的意义,新旧知识趋于一体化。

许多学科的材料都是有一定的组织体系的,其中的大部分内容,特别是一些理论性材料,不一定需要亲身实践和独立发现,通过有意义接受学习就可以掌握。在这一点上说,有意义接受学习是一种有效的、首要的手段。它比发现学习更为经济实惠。但是,实际生活中的许多问题,学生技能与学习方法的掌握则需通过发现学习才能解决。因此,在论述有意义接受学习的作用时不能贬低发现学习。此外,组织教学以意义接受学习为主时,重要的是注意并发挥"组织教材使清晰、稳定而明确的意义得以出现,并作为有组织的知识体系长期坚持下去"的这一职能。它要求教师进行创造性劳动,不是照本宣科。

2. 学生中心取向的教学模式

(1) 发现学习

发现学习是学生通过自己再发现知识形成的步骤,以获取知识并发展探究性思维的一种学习方式。

布鲁纳(J. Bruner)是美国哈佛大学的心理学教授,世界著名的心理学家、教育家,主要从事认知与发展心理学的研究。他吸取了德国"格式塔"(Gestalt)心理学的理论和瑞士皮亚杰(J. Piaget)发展心理学的学说,在批判继承杜威(J. Dewey)教育思想的基础上,加上自己长期的研究,逐渐形成了"发现学习"(discovery learning)的模式和理论。

发现学习的教学主要经历四个阶段:

① 创设问题情境,使学生在情境中发现其中的矛盾,提出问题;
② 促使学生利用提供的材料,针对提出的问题,提出解答的假设;
③ 从理论或实践上检验自己的假设;
④ 根据实验获得的材料或结果,在仔细评价的基础上得出结论。

发现学习有如下基本特征:

① 学习过程。"发现学习"强调的是学习过程而不是结果。教师教学的主要目的，就是要学生亲自参与所学知识的体系建构，自己去思考、发现知识。布鲁纳认为，只有学生自己亲自发现的知识才是真正属于他自己的东西。教学的目的不是要学生记住教师和教科书上所陈述的内容，而是要培养学生发现知识的能力，培养学生卓越的智力。这样学生就好比得到了打开知识大门的"钥匙"，可以独立前进了。

② 直觉思维。在"发现学习"的过程中，学生的"直觉思维"(intuitive thinking)对学生的发现活动显得十分重要。所谓"直觉思维"，就是要求学生在学习过程中不要用正常逻辑思维的方式进行思维，而是要运用学生丰富的想象，发展学生的思维空间，去获取大量的知识。布鲁纳认为，"直觉思维"虽然不一定能获得正确答案，但由于"直觉思维"能充分调动学生积极的心智活动，因此它就可能转变成"发现学习"的前奏，对学生发现知识和掌握知识是大有帮助的。

③ 内在动机。布鲁纳十分重视内在动机对学生学习心向的影响作用。他认为，在学习过程中，"发现学习"最能激发学生的好奇心（探究反射），而学生的好奇心是其内在动机的原型，是学生内在动机的初级形式，外部动机也必须转化为内在动机才能起作用。因此，布鲁纳反对运用外在的、强制性的手段来刺激学生的学习，主张教师要把教学活动尽可能地建立在唤起学生学习兴趣的基础上，充分调动学生的学习积极性，才能取得良好的学习效果。

④ 信息提取。人类的记忆功能是学习活动中必不可少的条件。针对许多人把"储存"(storage)看作是记忆的主要功能，布鲁纳提出了不同的观点。他认为，人类记忆的首要问题不是对信息的"储存"，而是对信息的"提取"(retrieval)。提取的关键在于组织，在于知道信息储存在哪里和怎样才能提取信息。他说："一个人按照自己的兴趣和认知结构组织起来的材料，就是最有希望在记忆中自由出入的材料。"因此，学生的记忆过程是一个解决问题的过程，也是一个发现的过程。

(2) 探究性学习

最早提出在学校科学教育中要用探究方法的是杜威。杜威认为科学教育不仅仅是要让学生学习大量的知识，更重要的是要学习科学研究的过程或方法。

从1950年到1960年，探究作为一种教学方法的合理性变得越来越明确了。教育家施瓦布指出"如果要学生学习科学的方法，那么有什么学习比通过积极地投入到探究的过程中去更好呢？"这句话对科学教育中的探究性学习产生了深远的影响。施瓦布认为教师应该用探究的方式展现科学知识，学生应该用探究的方式学习科学内容。

因为探究的用法非常广泛，所以研究者提出了一个工作定义，将以探究为本的教学和学习与一般意义上的探究区分开来，也与科学家从事的探究区分开来。根据对探究和探究性学习过程的分析，探究性教学和学习在五个方面与科学探究既有联系又有区别，这五个方面的特征构成了探究性学习的五个基本特征。

① 提出问题：学习者投入到对科学型问题的探索中

科学型问题以物体、有机体和自然界的事件为中心，与学校科学教育内容标准中描述的那些科学概念联系在一起，这些问题能引导学习者进行实证调查研究，通过收集和利用数据来形成对科学现象的解释。科学型问题与科学问题(scientific questions)在深度和广度上有所不同，提出问题的过程中接受的指导程度也不同，必需能够通过学生的观察和从可靠的渠道获得的科学知识来解决。学生必须掌握解答问题的基本知识和步骤，这些知识与步骤必须是便于检索和利用的,必须适合学生的发展水平。一开始提出的问题可以来自于学习者、教师、教材、网络、其他一些资源,或结合起来产生。教师在引导识别这些问题上起着关键的作用,熟练的教师能够帮助学生,使他们研究的问题更为集中深入。

② 收集数据:学习者重视实证(evidence)在解释与评价科学型问题中的作用

在探究性学习中,学生进行的实证主要包括:一是观察,观察植物、动物和石头,描述它们的特征;二是测量,测量温度、距离和时间,认真地做记录;三是实验室中的实验、观察和测量,包括在控制条件下的化学反应、物理变化、生物反射等,将实验过程中的变化和发展情况记录在报告和表格中;四是从教师、教学材料、网络或其他途径获得实证资料,来使他们的探究进行下去。与科学探究不同的是,探究性学习中收集实证资料的过程能够更多地获得和利用他人的帮助。

③ 形成解释:学习者根据实证形成对科学问题的解释

所谓解释,是指在学习新知识的过程中,将自然或实验室观察的结果与已有的知识联系起来,形成超越已有知识和当前观察结果的新的理解。例如,学生可以将观察结果与其他渠道获得的知识结合起来对月相变化提出自己的解释;运用已有的基本知识经验以及调查的结果来分析食物与健康的关系,等等。探究性学习与科学探究都能够产生新知识,所不同的是,由于学生已有的知识有限,探究性学习所产生的新知识可能只是针对学生本人而言。

④ 评价结果:学习者根据其他解释对自己的解释进行评价

评价以及对解释的排除或修正,是科学与其他形式的探究及其解释相区别的一个特征。人们可以问这样的问题:实证材料能够证明所提出的解释吗?解释是否足以回答问题?在将实证材料与解释联系起来的推理中有没有明显的偏见和缺点?根据实证材料能不能得出其他解释?学生们能通过参与对话比较各自的研究结果,或把他们的结果与教师或教材提出的结果相比较来评价各种可能的解释。与科学探究不同的是,学生只要将他们的结果和适应他们的发展水平的科学知识相结合,就达到了探究性学习的目的。

⑤ 检验结果:学习者交流和验证他们提出的解释

科学家通过重复他人的实验来验证其结果。这就要求对问题、步骤、证据、提出的解释和对其他解释的评价进行明确清晰地描述。它使研究能够经受更多的质疑,也为其他科学家用这些解释来研究新问题提供机会。

让学生们交流他们的研究结果可以为其他人提供问问题、检验实证材料、找出错误的推理、找出实证资料所不能证明的表述以及根据同一观察资料提出其他不同解释的机会。交流结果能够引入新问题,或者加强在实证资料与已有的科学知识以及学生提出的解释之间已有的联系。结果是学生们能够解决交流中遇到的矛盾,进一步确定以实证为基础的论证方法。研究表明,探究性学习中学生的自主程度是很重要的,应该尽量使学生投入到自己发现问题或深化探究问题的活动中去。但是探究性学习也不是绝对的,只要围绕科学型问题的、使学生投入到思考中去的、适应特定的学习目标要求的,那么即使在这五个特征上有所变化,也可以认为是探究性学习。

(3) 个别化学习

个别化学习是指让学生以自己的水平和速度进行学习的一种教学模式。一般包括这样几个环节:①诊断每个学生的初始水平或学习不足;②在教师与学生或机器与学生之间构成一一对应关系;③引入有序的和结构化的教学材料,进行操练和练习;④允许学生以自己的速度进行学习。个别化学习模式中行为主义的成分比较明显。有代表性的个别化学习的有如下几种：

i．程序教学

斯金纳通过动物实验建立了操作行为主义的学习理论，并据此提出了程序教学论及其教学模式，曾给 20 世纪 50 年代的美国及世界的中小学教育带来广泛影响。

程序教学包括直线式程序和分支式程序两种。

直线式程序是斯金纳首创的一种教学程序，是经典的程序教学模式。教师把材料分成一系列连续的小步子，每一步一个项目，内容很少。系列的安排由浅入深，由简到繁。以"电流"教学内容为例，可以设计成如下小步子：

- 电灯泡发亮的原因是灯丝（发热）；
- 电灯灯丝发热的原因是灯丝通过（电流）；
- 电灯变亮的原因是电流强度（增大）；
- 电灯变暗的原因是电流强度（减小）；
- 当电压增大时，电流强度就（增大）；

……

括号里是正确答案。一个学生如能做出正确答案，教学机器就能显示出来，并可以启动开关进行第二步学习。如此一步步地展开学习，直至达到学习目标。

由于各个学生的学习能力及已有知识的基础是不一样的，另外，学习材料本身也有难易程度的区分，因此有人便在经典程序的基础上提出了两种变体。分支式程序便是一种，是由美国人 A·克劳德提出来的。这一模式同样把学习材料分成小的逻辑单元，但比直线式程序的步子要大，每个项目的内容也较多。学生掌握一个逻辑单元之后，要进行测验。测验用多重选择反应进行，根据测验结果决定下一步的学习。这种程序有助于消除不同能力的学生之间的学习差异。

莫菲尔德程序是美国心理学家凯（H. Kay）在莫菲尔德大学任教时提出的，是直线式和分支式程序的结合。这一模式遵循的始终是一个主序列，它与直线式不同的是，只有一个支序列来补充主序列；它与分支式不同的是，学生通过支序列的学习不再回到原点，而是可以前进到主序列的下一个问题上，这样有利于学习效率的提高。

相比较而言，分支式程序和莫菲尔德程序比直线式程序更优越，因为这两个程序更能适应个别差异的需要，能够为不同学生提供不同的学习程序。

一个教师要实施程序教学，必须借助于程序式的教材，或者进行机器教学。20 世纪 50 年代，斯金纳的教学机器曾经风靡一时，到了电子时代的今天，又有了很多自动的电子教学机出现在课堂里，这其中都有斯金纳程序教学思想的影子；在大部分教师的课堂教学中，也在不时地运用程序教学原则，大家常说的"步步清"、"降低坡度"、"及时反馈"等，也都体现了程序教学思想。

ii．计算机辅助教学

计算机辅助教学（Computer Aided Instruction, CAI）是在计算机辅助下进行的各种教学活动，以对话方式与学生讨论教学内容、安排教学进程、进行教学训练的方法与技术，具体如图 15-4 所示。

目前 CAI 系统通常采用的教学模式有以下 6 种。

- 练习:包括编排题目、比较答案及登记分数,通常作为正常教学的补充;
- 个别指导:包括教授规则、评估学生的理解和提供应用的环境等;
- 对话与咨询:又称为"苏格拉底"教学模式,允许学生与计算机之间进行比较自由的"谈话";
- 游戏:创造一个带竞争性的学习环境,游戏的内容和过程与教学目标相联系;
- 模拟:用计算机模仿真实现象(自然的或人为的现象),并加以控制,如模拟化学或物理实验和飞机、车船驾驶训练等;
- 问题求解:让学生以多种途径运用规则和概念,得到问题的解,即要求学生不仅知道问题的正确答案,而且掌握其解答过程。在具体的教学过程中,根据教学内容表达的需要和教学目的的要求,需要在同一课程不同的内容或不同的教学环节中交叉使用这些教学模式。

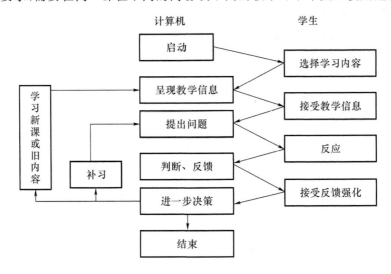

图 15-4　计算机辅助教学

进行多媒体计算机辅助教学,重要的是要构建与之相适应的教学环境。

ⅲ. 掌握学习

美国人布卢姆在 20 世纪 70 年代创立的"掌握学习"教学理论,有很大影响。"掌握学习"教学模式,采取班级教学和个别辅导相结合的方式,以班级教学为基础,辅之以经常、及时的反馈,提供学生所需要的个别帮助和所需额外的学习时间。美国对掌握学习教学模式进行了较为长期的实践。据统计,1982 年美国有 3 000 所学校、百万名以上学生接受"掌握学习"模式实验。许多实验班的教学证明,这一模式可以使 80% 以上的学生获得在普通班中只有 20% 的学生才能达到的成绩水平。许多国家,包括我国,也进行了这一教学模式的实验。

掌握学习教学模式基于以下的教学理论:95% 以上的学生在学习能力、学习速率、学习动机方面,并无大的差异;产生学生学习差异的主要因素不是遗传或智力,而是家庭与学校的环境条件;如果大多数学生都有足够的学习时间,接受了合适的教学,就能掌握世界上任何能够学会的东西;教育的根本任务是找到既考虑个别差异又能促进个体充分发展的策略。

掌握学习的目标是:发挥学生的学习潜力和学习积极性,使大多数学生掌握教材所规定的知识技能,取得优良的成绩。

掌握学习教学活动的实施步骤如下。

① 详细规定长期目标,把最主要、最基本、具有较大潜在迁移性或应用价值的目标定为掌握目标,把其他目标作为一般了解目标。根据目标编制期末终结性测验,评定学生学习成绩的覆盖面及评价学习的质量。

② 把课程分解为一系列学习单元(每单元 1~2 周),制定单元教学目标。针对单元目标编制简短的形成性测验,诊断学生在本单元学习内容广度和深度上的掌握情况。

③ 设计单元掌握学习计划,帮助学生达到单元教学目标。同时设计有效的反馈—矫正计划,利用形成性测验提供的反馈信息,提供选择的教学材料及各种形式的学习活动(如提供不同的教科书、视听材料,教师个别辅导,学生讨论,相互帮助),帮助未掌握者矫正学习中的差错。同时设计已掌握者的活动,可以让他们成为未掌握者的教师,或自学或从事其他学科的活动或非学术性活动(如消遣性阅读),充实有关课外知识,深化本学科的学习。一般每个单元进行 1~2 周。其操作程序如图 15-5 所示。

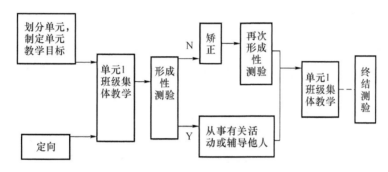

图 15-5　掌握学习程序

定向,是使学生充分了解掌握学习策略的基本思想和具体程序,明确教学目标,激发学生正确的学习动机和学习信心。经过形成性测验,如果 50%以上的学生掌握某些学习内容有困难,教师就应重新进行经过改进的再次教学。如果只有部分学生未掌握,可以进行有针对性的个别矫正工作。矫正工作可以安排在课外进行,也可以部分或全部占用课堂教学时间。矫正结束后的第二次形成性测验,试题要求水平与第一次形成性测验是一致的,但指向更明确,主要针对第一次测验中未能掌握的内容,或是学生易犯的错误。期末学生进行终结性考试后,所有达到或超过预定掌握水平标准的学生都得到 A 等,突破了传统按正态曲线分布的分等评分制度,鼓励了学生的胜任动机。对未掌握者可以允许随时经努力后掌握,也可以用传统的 B、C、D、E 等级表示达到教学目标的程度。

运用掌握学习教学模式,要求每一单元教学,都要有形成性测试题和再次形成性测试题,同时对未掌握者要分别安排矫正或其他活动,使之都能有所收获有所提高。所以,教师要付出更多的时间和辛劳。

3. 学习共同体取向的教学模式

"学习共同体"(learning community)或译为"学习社区",是指一个由学习者及其助学者(包括教师、专家、辅导者等)共同构成的团体,他们彼此之间经常在学习过程中进行沟通、交流,分享各种学习资源,共同完成一定的学习任务,因而在成员之间形成了相互影响、相互促进的人际关系。

(1) 合作学习

合作学习(cooperative learning)是20世纪70年代初兴起于美国,并在70年代中期至80年代中期取得实质性进展的一种富有创意和实效的教学理论与策略。由于它在改善课堂内的社会心理气氛,大面积提高学生的学业成绩,促进学生形成良好非认知品质等方面的实效显著,很快引起了世界各国的关注,并成为当代主流教学理论与策略之一,被人们誉为"近十几年来最重要和最成功的教学改革"。

① 学生小组成就区分法(Student's Team Achievement Division,STAD),是1978年由美国约翰·霍普金斯大学的斯莱文教授开发的。它是学生团队学习诸多方法中最有代表性,也是最容易实施的一种。学生在小组中只需按照老师设计的学习目标、内容和进度进行学习,没有复杂的活动。

学生小组成就区分法即以小组的成就对学生进行有区别的奖励,关键概念之一——小组奖励。在STAD中,无论是判断目标的实现还是给予奖励,都是以小组为单位的:所有成员都达标,小组才算成功并获得奖励;奖励是属于整个小组而不是某个人,更不会出现有人多、有人少的情况。在这样的奖励机制下,大家由关心自己的成功而关心小组的成功,由关心小组的成功而关心其他每个成员的成功;大家相互支持和鼓励,赞扬为小组成功努力学习的行为。STAD也强调个人责任,这体现在每个人首先要自己努力学习,同时还要帮助其他人。进行小测验时,学生不能接受其他组员的帮助,而独立完成测验,证明自己经过合作学习达到的水平,这也体现出个人责任。为体现成功机会人人均等,STAD采用了特殊的进步分的记分方式,使得无论基础好坏的学生(尤其是基础较差的学生)都能为小组作出平等的贡献,这是激励所有能力水平的学生都努力学习的一个有效措施,也是该合作学习方法与传统教学最大的差异之一。

② 小组—游戏—竞赛法(TGT)。这是由迪沃里斯和斯莱文设计的一种小组学习法。小组—游戏—竞赛法以学业竞赛替代了测验和个人提高分计分制。在TGT中,学生都作为不同小组的代表,同以往成绩与自己相当的其他成员展开竞争。这种教学方法的实施主要包括以下这几个要素:课的讲授,小组的组建与构成,教学形式以及最后的小组得到认可。这里主要介绍的是小组游戏和竞赛的问题。

游戏通常由一些涉及教学内容的问题构成,以三人一张的竞赛桌为形式展开的,每一张竞赛桌的学生都代表不同的小组。游戏开始前,将问题与卡片编号。一个学生选出一个带有数码的卡片,回答与数码相应的问题。按照挑战的原则,参赛者都可对他人的回答提出质疑。

竞赛是游戏赖以开展的结构。竞赛通常安排在教师讲完教学内容、小组就作业单进行了一定时间的练习之后,在每周的周末进行。第一次竞赛中,可把班上过去成绩最好的三位学生安排在一号桌,将仅次之于一号桌的三位学生安排在二号桌进行竞赛,以此类推。与STAD中的个人提高分记分制一样,这种公平的竞争,使得以往在学业成绩上处于不同水平上的学生都有可能为自己的小组赢得最多的分数,当然前提是他们能够尽自己所能地去做。

在实施TGT第一周以后,教师可以根据学生在最近竞赛中的成绩对其所在小组作出适当的调整。用这种方式,最终可以使每个学生找到一个合适的位置。

③ Jigsaw模式。这一模式称花锯式合作,由阿诺逊提出。由4~5人一组学习某一个具体的任务、作业或计划。小组成员在资源、信息和学习任务上彼此相依。每个小组成员在

某一领域成为一名"专家",与其他小组的类似专家相会,然后回到原来的组教其他成员。这一模式根据学生的进步进行测评。

④ LT 模式(Learning Together)。约翰逊提出由 4~5 个能力不同的学生组成一组,一起学习某个任务。小组只上交一个产品,并且以组为单位记分。小组进行活动、讨论,成员被指定扮演特定的角色,共同促进小组得高分。

⑤ TAI 模式(Team Assisted Individualization)。这一模式由斯拉文等提出。通过测验,按能力分组,每组 4 人。各小组以他们自己的速度学习不同的单元。小组成员彼此帮助,并检查学习情况。最后一个单元的测试是在没有小组帮助的情况下进行的。根据标准分和单元测试通过的次数来颁发小组奖。由于学生把大量的时间花在他们小组内部的相互学习上,教师就能与那些需要额外辅导的小组在一起。

⑥ FCL 模式(Fostering Community of Learners)。这是美国近二十年来发展起来的一种合作学习模式。由教师选取一个特定主题,让学生自由分成约 5 组,各组学生自由从此主题中找出一个子题,并展开研究。经过一段时间的各自研究,如查阅书籍、计算机咨询或请教专家之后,再聚在一起,以相互教学法、拼图、给予测验等方式,将各自所学的知识传达给其他各组同学。最终目的是希望全班同学均能对此主题有深入了解,培养学生主动参与、自我觉知和深思反省的能力。

立足于现代教学的高度,针对传统班级教学存在的弊端,近年来我国教育工作者从教学形式的改革的角度出发,理论研究与实践研究相结合,对小组合作学习与学生主体性发展的关系进行了积极探索,并取得了初步成效。目前,我国进行合作学习有关的实验点已有不下十处。

(2) 基于问题的学习

基于问题的学习(Problem-Based Learning,PBL),1969 年由美国神经病学教授 Barrows 在加拿大首创。现在,很多院校采用这种方法进行教学或教学改革,包括教育学院、商学院、工程学院等以及一些高级中学,目前已成为国际上较流行的一种教学方法。

基于问题的学习是以信息加工心理学和认知心理学为基础的,属于建构主义学习理论的范畴,是建构主义教学改革设想当中的"一条被广泛采用的核心思路"。此方法与传统以学科为基础的教学法有很大的不同,首先,它强调学生的主动学习,同时学生必须要有对他们自己学习任务的责任性,要全身心投入于问题中;其次,教师要为学生设计真实性任务和问题,PBL 中的问题情景必须是结构不良的、能够自由探索的,是现实世界中有一定价值的;再次,鼓励自主探究,在自主学习中学生所学到的知识必须能够用来分析和解决问题;最后,激发和支持学习者的高水平思维,鼓励争论以及让学生对学习内容和过程进行反思等。与"做中学"及发现学习相比,PBL 强调以问题解决为中心,认为学习应该是广泛学科或主题的整合,强调社会性交流合作的作用,强调支持与引导等。

基于问题的学习(PBL)包括以下步骤:①启动一个新的小组;②开始一项新问题;③执行问题解决;④呈现成果;⑤问题解决后的反思。

通常一个"教案",分成 2~3 次施行,每次 2~3 小时。每个"教案"讨论之前,推选一名学生为主席,主导程序的进行。程序通常如下:

- 阅读教案、整理资料;
- 探讨问题;

- 提出可以解释"问题"的假说;
- 决定学习的主题;
- 回顾已学的知识;
- 知识是否足以解决目前的问题;
- 确认尚待学习的范围;
- 制定学习目标及每位成员必须学习的议题;
- 第一次、第二次讨论之间,各个小组成员自行搜集资料,自我学习;
- 第二次讨论时,各人将所搜集的资料带到班中讨论,特别针对每一议题发表所遇到的困难并寻求解决;
- 试图应用所学到的新知识解决问题;
- 问题解决后的反思、回馈与评估。

在整个过程中,老师并不提供知识的咨询,只是作为课程的旁观者、监督者和评估者。学生对于"问题"的疑惑,对于未知的知识,不应期待小组引导老师从旁给予实时的传道、授业、解惑,必须自行设法搜集资料,相互研讨,取得共识。

四、教学媒体

1. 教学媒体及其作用

(1) 教学媒体的含义

媒体是指承载、加工和传递信息的介质或工具。当某一媒体被用于教学目的,作为承载教育信息的工具,则被称为教学媒体。

教学媒体是教学内容的载体及表现形式,是师生之间传递信息的工具,如实物、口头语言、图表、图像以及动画等。往往要通过一定的物质手段实现,如书本、板书、投影仪、录像以及计算机等。

传统教学媒体一般指黑板、粉笔、教科书等。现代教学媒体主要指电子媒体,包括硬件和软件。硬件是指与传递教育信息相联系的各种教学机器,如幻灯机、投影仪、录音机、电影放映机、电视机、录像机、电子计算机等。软件是指承载了教育信息的载体,如幻灯片、投影片、电影胶片、录音带、录像带、光盘等。

(2) 教学媒体的功能

提高教学效率和教学质量,应用现代教学媒体可以充分调动学习者的参与程度,使学习者与教学内容、教学环境之间进行有效的交互作用,促进学习者的认知过程,提高教学效果。教学媒体经过精心设计与制作,可以提高单位时间内的教学信息量,并通过丰富多样的形式传递教学信息,使学习者能够学得更快、学得更好。

扩大教学范围和规模。现代化教学媒体不受时间和空间的限制,有收音机、电视机、计算机终端的地方都可以成为课堂。教育的范围可以从学校扩展到家庭、从农村扩展到城市。学生可以在不同时间、不同地点学习知识,特别适合那些因特殊原因不能够在指定时间和地点学习的人。

激发学习兴趣,引发学习动机,拓展思维。现代教学媒体种类繁多,表现形式也多种多样。为知识的传授平添了许多乐趣,从而激发了学习动机和学习兴趣。另外,教学媒体通过对教学内容的生动展现,促进学生的想象,拓展了学生的思维空间。

转变师生角色,改变师生观念。传统的教学观念中,教师是知识的传授者,学生是知识的接受者。现代教学媒体的使用,扩大了知识传送的范围。教师可以通过教学媒体引导学生探究性学习。对教师来说,是教学生寻找信息,使这些信息相互联系起来,并且以批判的精神对待这些信息。学生可以在教师的引导下独立完成学习任务。

2. 教学媒体的类型及选择

(1) 教学媒体的分类

教学媒体可以从不同角度进行分类。常见的有:

① 根据使用媒体的感知器官分类

视觉媒体:是指发出的信息主要作用于人的视觉器官的媒体。如印刷品、图片、黑板、教科书、挂图、标本、幻灯、投影等。

听觉媒体:是指发出的信息主要作用于人的听觉器官的媒体。如口头语言、录音机、广播等。

视听觉媒体:是指发出的信息主要作用于人的视觉器官和听觉器官的媒体。如电影、电视、计算机等。

交互多媒体:是指使用多种感官且具有人机交互作用的媒体。如多媒体计算机。

② 根据教学组织形式的需要分类

课堂展示媒体:投影、录像、黑板等。

个别化学习媒体:印刷品、录音带等。

小组教学媒体:图片、投影、白板等。

远程教育媒体:广播电视、计算机网络等。

③ 按媒体的物理性质分类

光学投影教学媒体:包括幻灯机和幻灯片、投影机和投影片、电影和电影片等。这类媒体主要通过光学投影,把小的透明或不透明的图片、标本、实物投射到荧幕上,呈现所需的教学信息,包括静止图像和活动图像。

电声教学媒体:包括电唱机、扩音机、收音机、语言实验室以及唱片、磁带等。它将教学信息以声音的形式储存和播放传送。

电视教学媒体:主要有电视机、录放像机、影碟机、录像带、视盘、学校闭路电视系统和微机教学训练系统等。它的主要特点是储存与传送的是活动的图像和声音信息。

计算机教学媒体:包括计算机和计算机课件等。它能在各种教学活动中实现文字、图表、图像、活动图像等教学信息的传送、储存与加工处理,与学习者相互作用,开展有效的教学活动。计算机网络,它可以实现基于网络的远距离教学,并且可以开展基于网络的协作学习、研究性学习等教学模式。

④ 信息传播的方向分类

单向传播媒体:例如电影、电视。

双向传播媒体:例如多媒体计算机。

⑤ 按历史发展

传统学习媒体和现代学习媒体。

除此之外,还有一些其他的分类方法。

(2) 教学媒体的选择

在教学设计中,教学媒体的分析与选择是非常重要的一环,主要应考虑:针对相应的教学任务和目标,哪些教学媒体可以使用;这些媒体可否引起学生的兴趣;与学生已有的知识水平及未来发展要求相符合;教师能否熟练驾驭这种教学媒体等。总地来说,影响媒体选择的因素主要有:

① 教学任务方面的因素,包括教学目标、教学内容、教学方式等。选择什么样的教学传媒来传递经验,首先取决于教学内容的特点,即所要传递的经验本身的性质。如果所要传递的是一种感性的具体经验,则必须在非言语系统中选择适用的传媒。如果所要传递的是一种理性的抽象经验,则除了要有必要的非言语系统的传媒相配合外,必须选用言语系统的传媒,否则就难以完成传递任务。教学方式不同,可供选用的传媒也往往不同,如采用直接交往方式来传递经验时,可用口语系统的媒体。采用间接交往方式来传递经验时,一般用书面语言系统。所以,教学方式也是选择媒体的一个依据。

② 学习者方面的因素。教学传媒对经验的传递作用,取决于经验接受者的信号接收及加工能力。如感知、接受能力、知识状况、智力水平、认知风格、先前的经验、兴趣爱好及年龄等。学生年龄不同,经验发展水平不同,其内在的编码系统也不同,对教学传媒的接受能力不同,采用的教学传媒也应有差别。

③ 教学管理方面的因素。如教学的地点和空间,是否分组或分组的大小,对学生的反应要求、获取和控制教学传媒资源的程度等。

④ 技术方面的因素。如硬件的费用、软件开发费用、传媒维修的费用、教辅人员的培训费用等。此外,还要考虑传媒的质量、操作传媒的难易程度、传媒对环境的要求、传媒使用的灵活性和耐久性等。

需要指出的是,教师在教学设计的传媒选择中,常常只考虑教学任务和学习者这两方面的因素。这是可以理解的,因为教师是教学过程的具体执行者和实施者,自然从需要的角度考虑多一点。但是,对教学传媒的管理和技术因素也应予以重视。因为,教学传媒的选择,应该既考虑教学需要什么传媒,又要顾及现实可能为教学提供什么传媒。

因此可以说,教学媒体的选用主要遵循以下原则:

目的性原则。首先要明确教学的总体目标,保证总体教学总体目标的实现;其次要考虑教学内容,保证局部教学目标的实现。

发展性原则。选择时应考虑教学媒体在多大程度上能发挥教育作用,促进学生各方面的发展。

综合性原则。要求在选用教学媒体时,尽量综合、多样、互补使用。

经济性原则。尽量降低成本,少花钱,多办事。

教学最优化原则。把选用教学媒体的过程放在整体的教学设计中,充分考虑教学的各种因素,协调教学媒体与教学的其他方面的关系,使教学媒体的功效服从于整体教学设计,以取得最佳教学效果。

第三节 课堂管理

课堂管理是教师为了完成教学任务,调控人际关系,和谐教学环境,引导学生学习而进行的一系列教学行为方式,主要涉及组织课堂活动和教学、创设适宜的物理环境和社会环境、制定规则、预防和处理课堂问题行为等。

管理好课堂是开展教学活动的基石,教师必须不断地提高课堂教学管理技能。

一、课堂物理环境

课堂的物理环境是指教室内一切物质条件所构成的整体环境,是课堂活动的物质基础,包括教室的自然环境、课堂活动设施和课堂空间安排等。其中课堂空间安排的可调性是最强的,也是教师支配度最高的因素。

1. 课堂空间安排的原则

合理的空间安排应遵循一定的原则。

(1) 与活动一致原则。在考虑如何进行空间安排时,教师可以思考这样几个问题:

你想让学生更多地听还是更多地说?

你想让学生仅仅与你互动,还是学生之间互动?

你想促进独立的工作还是合作的工作?

(2) 可视性原则。是要让学生能清晰、容易地看到所有的学习材料和学习活动,同时教师也能看到所有的学生。

(3) 易接近性原则。指要让师生都能接近学习材料,师生之间也能彼此接近。

(4) 最小干扰原则。这里的干扰是指与教师争夺学生注意力的各种因素,在进行空间安排时,应尽可能排除这些因素。

(5) 最大活动区原则。活动区是指一个教室的中前排和中间竖排(如图 15-6 所示)。亚当斯和帕德尔斯(Adams;Biddle,1970)发现,课堂里大多数活动都要求学生集中注意力,而教师一般用 85% 的时间站在教室前面向全班学生,可见师生之间的言语作用主要发生在教室的中前排和中间竖排。

前面

图 15-6 教师中的活动区

有研究表明,不在活动区的学生比处在活动区的学生参与更少、成绩更低。因此,教师应最大限度地扩大活动区,教师的走动也可以加宽和转移活动区。

【小资料】座位文化

【研究实例】五年级2班,第二节,数学课。

五年级2班的数学老师今天病假,由周老师前来代课。周老师提了一个问题,想请一位同学起来回答,由于叫不出名字,他随机地报了一个学号:"请32号同学起来回答一下。"话音刚落,全班同学都不约而同地转过身去看最后一排,随即有的同学吐了吐舌头,有的同学回过头来捂着嘴巴发出"嘻嘻"的笑声。伴随着同学们丰富的表情,只见一矮矮瘦瘦的小男生从最后一排座位的摆放垃圾的角落里挠着脑袋缓缓地站了起来,同学们禁不住笑出了声。周老师像是立即明白了什么,对着全班同学说:"不要再笑了,谁再笑就跟这位同学换位子。"果然,没人再笑了。周老师看了那位同学一眼,没让他回答问题,用手示意他坐下,并附加了一句"好好听,不要影响其他的同学",便请了前排的一位同学起来回答。

从中我们可以看出:学生的行为受他们在课堂中座位的影响,而学生的座位也影响老师和同伴对他们的看法。美国教育心理学家林格伦提出通过"舞台情境"进行课堂管理。所谓"舞台情境",指的就是座位分配,在通常情况下,坐在前排的学生是专心的,而且容易受到老师的喜爱,而坐在后排的学生则相对较少地受到老师的重视。研究表明,教师在分配学生座位时主要关心的是减少课堂混乱,尽量将爱闹的学生分开,并且使其坐到一个"恰当"的地方,有这样三种情况:单独一人坐在最后一排,处于孤独状态,理由是孤掌难鸣;坐在两个好学生中间,处于夹击状态,理由是效仿榜样;靠近教师的讲台,处于直控状态。

【心理点评】这种通过"舞台情境"进行课堂管理的方法为多数老师所接纳并采用。他们认为,这类"舞台情境"往往形成一种气氛,当行为不良学生有所进步时,教师马上给他们换个座位,以示他们受人欢迎,并让就近出现的行为不良者补其空缺。行为不良的学生为了逃避集体气氛的压力,必须尽早换座位,而要实现这一愿望,就必须及时纠正错误,使自己的行为合乎规范,所以,这种方法还挺奏效。

的确,通过"舞台情境"的课堂管理有其合理、有效的地方,但并不代表这种方法"百无禁忌",完全可靠。我们在使用它时,必须谨慎地注意一些问题。比如,上面这个老师对那个学生设置"特座"的处理方式就不够合理,也许那位老师正得意于自己的巧妙安排,终于阻止了"捣蛋大王"对其他同学的干扰,但他却忽视了,最后一排角落上的"特座",对学生的心灵刺激有多大,这不仅会使学生感到受歧视,低人一等,而且也容易激起学生的"逆反心理"。作为课堂管理者的老师,应当抱着尊重而不轻视学生,帮助而不拒绝学生,引导而不放任学生的态度去激励他们找到真正属于自己的课堂位置。另外,教师在分配学生座位时,还可以兼顾互助与互补的原则来进行,如"差—中—好—差—中—好",这样的编排有利于学生之间的互相帮助;互补主要指的是性别、性格方面的交叉和搭配,如让男生跟女生坐,外向的学生跟内向的学生坐,这样有利于学生的个性发展。

2. 课堂空间安排的方法

一般来说,教师组织课堂空间的方法有两种:一种是按区域原则来安排的个人领域,指将空间划分成很多区域,某个区域只属于某一个人;另一种是按功能安排的兴趣领域或工作中心,每个人都能达到各种区域。这两种方法在实践中经常互为补充。

二、课堂社会环境

课堂社会环境由课堂中个体围绕共同目标而进行的相互作用形成,其中最重要的成分就是人际互动和课堂气氛。

1. 人际互动

人际互动包括师生互动和同伴互动。

(1)师生互动,是指在课堂情境中发生的师生之间的促进性或抑制性相互作用,包括教师对学生的作用和学生对教师的反作用。

教师对学生的影响是多方面的,如教师期望,是在师生的相互作用中实现的,如图15-7所示。

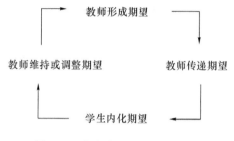

图 15-7 教师期望实现过程结构

学生的特点和行为对教师也有重要影响。Cantor 和 Gelfand(1977)曾经训练 7~10 岁的孩子对教师是否应答,与某些教师在一起,孩子寻找赞同和帮助,受称赞是微笑,对教师的评论热情的回应,而与另一些教师在一起时却不征求意见和争取赞许,只是极其简短地回答问题,而且避免直视教师,微笑或与其交谈。结果表明,通过自己的行为,学生可以控制教师提供语言和非语言帮助的比率,以及其他形式的积极注意。教师常把后者当作是不聪明的和不吸引人的。

另外,教师还要掌握一些沟通的技巧(如表 15-3 所示),提高沟通的有效性。

表 15-3 教师沟通技巧

沟通技巧	定义	例子
述义	听完对方说话以后,再按自己所理解的、用自己的话把对方的意思说出来	甲:我真不知道他在想什么,一会儿叫我做这件事情,一会儿又叫我做那件事情! 乙:他似乎让你无所适从,是不是?
行为描述	说话时只客观描述对方可观察到的、可能改变的行为	教师:张华,今天讨论的时候,你讲得比别人多得多,而且好几次别人没有讲完你就插嘴。
情感描述	清楚而具体地描述自己的感情或愿望	你忘了我的生日,我很不高兴! 我多么希望你参加了我的生日!
印象核实	根据对方的表情或语言来推测其感情,并核实是否说对了	我觉得你是在跟我生气,对吗?

(2) 同伴互动

学生之间的人际交往中,既有相互依存、互相吸引的一面,也有相互分离、相互排斥的一面。当相互依存占支配地位时,就表现为人际吸引,当相互分离占支配地位时,就表现为人际排斥。一种强烈而普遍的建立亲密关系的欲望是人类的本性之一。

人际关系与犯罪、主观幸福感、心理健康及个体的自我概念都有相关。如 Shira Gabriel、Jeanette M. Renaud、Brooke Tippin 等人 2007 年的一项研究证实,依存于关系的自我解释(relational interdependent self-construal)水平调节着亲密关系伙伴的作用和自信两者之间的关系。在教学和学习活动中,人际关系的质量以及同伴互动更能直接或间接地影响着学习的效果。

人际吸引的影响因素主要有熟悉与邻近性、相似性、互补性、外貌、才能、人格品质、沟通魅力等。人际吸引和人际排斥使得不同学生在课堂中处于不同的地位,教师尤其需要重视被嫌弃和被孤立的学生,帮助他们改善不利处境。

2. 课堂气氛

良好的课堂气氛是指在课堂中师生之间和学生之间围绕教学目标展开的教与学的活动而形成的某种占优势的综合的心理状态。这种综合的心理状态是教师与学生在教学活动中形成的某种稳定而积极的情感体验及对待教学活动的态度和行为的综合反应,它具有认知和情感的特征。

课堂气氛的优劣直接影响教学的效果或效益。积极的、良好的课堂气氛,会给教师和学生愉悦氛围的刺激,使师生双方精神焕发,思维活跃,灵感迸发;双方在教学过程中情感交融,心理共振,配合默契;使教师教的最佳心理状态和学生学的最佳心理状态相吻合,激发了师生潜能的充分发挥,从而较好地完成教学任务。而消极的或对抗的课堂气氛是一种消沉的紧张的氛围,它会使师生态度消极、关系疏远或对抗;使学生情绪低落、思维反应迟钝、注意力转移,甚至会出现学生破坏纪律、制造混乱的行为;从而严重地制约师生教与学积极性创造性,使得正常的教学任务难以完成,教学效益更是无从谈起。

每一种课堂气氛都有其用武之地,关键在于教师权力下放程度要与教学目标吻合。课堂气氛的应用如表 15-4 所示。

表 15-4 课堂气氛的应用

	竞争的	合作的	个人主义的
全班	活动时,学生相互展开竞争获得正确答案	当一位同学不能找出正确答案时,允许其他同学提供线索	全体学生联合背诵答案
小组	作为相对立的团队,小组相互竞争	小组分工完成同一课题,最后向全班学生报告	每个小组完成所分配课题的独立的部分,不向全班进行报告
个人	回答相同问题,个体间相互竞争,回答最快、最精确的个体"获胜"	个体间配对合作,他们交换试卷,分享答案,或者互相纠正错误	个体靠他们自己,在没有教师直接参与的情况下,完成课堂作业

三、课堂管理设计

Evertson 和 Emmer(1982)提出,课堂管理设计分为三个阶段:设计、执行规则、维持和完善规则。

首先是学年开始之前的规划设计:

1. 确定所期望的学生行为;
2. 将期望转化成规则;
3. 确定后果。

其次是学年开始几周的规划管理:

1. 在开学第一天或第一次班会,专门用一些时间讨论规则;
2. 和其他学习目标一样,系统地教授课堂程序;
3. 教学生所需的程序,帮助他们处理具体的课堂常规;
4. 让学生做一些简单的工作,促使学生在开学的前几天获得高度成功;
5. 至少在开始几天,使用那些只需要全班注意或只需要简单程序的活动;
6. 不要认为学生经过一次尝试后就知道如何执行某一规划,换句话说,对某些事只作一次解释,并不意味着学生已经理解你想让他们做什么。

最后是学年之中的课堂管理系统地维持和完善。教师一旦建立了课堂规则,就要设法维持课堂管理系统。

1. 鼓励学生投入有建设性的学习。教师注意课堂组织,鼓励学生管理自己的学习;
2. 预防是最好的良药。维持管理体系的最佳方法是防患于未然。课堂规则一旦建立,教师就要仔细监督学生的行为。监督的目的一是防微杜渐,防止一些不适行为逐渐演变成主要问题;二是要澄清学生对教师的期望的任何误解,同时强化课堂规则。当然,没有一个课堂不会发生问题,在高年级尤其如此。面对出现的问题,教师切不可视而不见、不理不睬,教师必须让学生明白,自己是言行一致、说话算话、言必行、行必果的。

在处理日常课堂行为问题时,最为重要的就是要以最少干预为原则,即要用最简短的干预纠正学生的行为。许多研究发现,花在保证学生纪律上的时间量与学生的成绩呈负相关。处理日常不良行为时,教师要尽量做到既有效又不需打断上课。如果有可能,在处理不良行为时,还能照常上课。

复习思考题

1. 简述有效教学的含义及作用。
2. 简述教学模式的概念、教学模式的因素与特点及分类。
3. 简述教学设计及分类。
4. 简述各种有效教学模式的设计。
5. 简述教学媒体及分类。

6. 课堂管理是指什么？主要内容有哪些？
7. 简述课堂管理设计的阶段。

本章参考文献

[1]陈琦,刘儒德. 现代教育心理学,北京:北京师范大学出版社,2004.

[2]冯忠良,伍新春,姚梅林,等. 教育心理学. 2版. 北京:人民教育出版社,2010.

第十六章
社会群体心理

【本章导学】

掌握社会群体的概念及社会群体的类型与结构,掌握社会影响中的各种心理现象及其作用,理解人际关系的形成与影响因素,对于适应社会群体,建立良好的人际关系,促进个体的社会化具有积极、有效的作用。

信息化、全球化和网络化促进人的社会化程度日益提高。如何在人的社会化进程中,学会社会规则,融入社会群体,促进成就感的提升,形成良好的社会人际互动是我们每个人面临的课题。社会群体心理的发展是人们了解自身、了解社会、了解自己与社会之间关系的最佳指导之一。

第一节 社会群体概述

一、社会群体及群体特征

群体是人类活动的基本单位,是沟通个体和社会的桥梁。社会是由各种不同形式的群体组成的。

(一) 社会群体概念

社会群体也称社会团体,是指两人以上,通过持续的社会互动或社会关系结合起来进行共同活动,并有着共同利益的集合体。

应当注意的是,并非所有人群集合体都是社会群体。比如,剧场里的观众、公园里的游客、商场里的顾客等,他们虽然是在同一时间出现在同一地点的一群人,但不是社会群体。

同样一类人,他们之间如果不发生社会互动,不进行密切的社会交往,也不能称作社会群体。

(二) 社会群体特征

1. 有明确的成员关系

社会群体是在一定社会关系的基础上结合而成的集体。

2. 有持续的相互交往

社会群体成员之间结合在一起,是为了满足个人或社会的需要,在满足需要的持续交往过程中建立起社会关系,邂逅或短暂聚会都不可能结成这种关系。

3. 有一致的群体意识和规范

群体成员在交往过程中,通过心理和行为的相互影响或学习,会产生一些共同的价值观和态度,群体成员会遵循一些明确规定的行为规范或者遵循群体成员在互动过程中形成一些模糊的共同体验到的心理规范。

4. 有一定的分工协作

群体的形成具有共同的目标,为了共同的利益,实现群体的工作效率,群体成员的不同分工与协作是必备的基础。因此,无论何种群体,都有明显或不明显的领导与服从关系,以及伴随此种关系的内部权威。

5. 有一致的情感体验

群体成员之间的相互影响、相互作用、相互认同,在心理上意识到对方,意识到自己属于某个群体,从而建立起"我们感"和"归属感"。

二、社会群体的分类

社会群体的类型很多。每一种社会群体的性质、结构、作用和存在方式等各不相同。根据不同的标准,可把社会群体分为若干种类。

(一) 初级群体和次级群体

根据群体成员关系的亲密程度可将群体分为初级群体和次级群体。初级群体又称基本群体,是指成员间有着面对面的直接交往,具有密切的人际关系和较深厚的感情色彩的群体,如家庭、邻里、同辈群体。次级群体,亦称次属群体或社会组织,是指人们为实现特定目标而建立的共同活动的群体,成员之间的关系较间接,感情色彩较淡薄,公务性较强。从一个人的成长来看,一开始接触的是初级社会群体,然后逐渐进入次级社会群体。

(二) 正式群体和非正式群体

按照群体成员互动的正规化程度,可以把社会群体分为正式群体和非正式群体。正式群体是按正规的社会规范建立起来并受正式规范所制约的社会群体。如学校、机关、企业等。非正式群体则具有非规范化的特点,是指自发形成的,成员间以喜爱、兴趣、需要等相容或一致为基础而形成的社会群体。一般来说,正式群体是社会稳定的基础,非正式群体则能增强社会活力。

(三) 内群体和外群体

按照人们的归属感进行划分,可以把社会群体分为内群体和外群体。内群体是指一个人经常参与其中,或在其间工作,或在其间生活,或在其间进行其他活动,并且产生了一种感情上的认同。外群体,泛指内群体以外的社会群体。

(四) 所属群体和参照群体

按照社会群体对成员产生的影响划分,可以把社会群体分为所属群体和参照群体。所属群体是指成员所在的群体,并以本群体的规范作为成员活动的准则。参照群体是指被成员用来作为某种参照对象,并对成员的态度、认识产生重大影响的非所属群体。参照群体通常是成员心目中想要加入或理想中的群体。

(五) 大群体和小群体

按照群体规模大小进行划分,可将社会群体分为大群体和小群体。大群体是指规模较大、人数较多、人员之间没有直接互动的群体。小群体是指规模较小、成员之间能够直接互动的群体。最小的群体是两人群体。

三、社会群体的结构

现实中,静止的群体是不存在的,群体成员总是处于一定的人际互动关系中,从动态的角度探讨社会群体的结构,主要包括以下几方面的内容。

(一) 群体凝聚力

1. 群体凝聚力的概念

群体凝聚力也称群体内聚力,是指群体吸引其成员,把成员聚集于群体中并整合为一体的力量。群体凝聚力的发展一般表现为三个层次:第一是人际吸引;第二是成员对规范的遵从,把个人目标与群体目标结合;第三是成员把群体目标自觉地看成是自己的目标,并将群体规范内化为自身的行为准则。这是群体凝聚力的最高层次。

2. 影响群体凝聚力的因素

有关研究表明,群体凝聚力的高低受多种因素的影响,概括起来主要有以下几种:①群体领导方式:勒温等人的经典实验比较了在"民主"、"专制"和"放任"这3种领导方式下各实验小组的凝聚力和群体气氛。结果发现民主型领导方式组比其他组成员之间更友爱,成员相互情感更积极,思想更活跃,凝聚力更高。②外部影响:外来的威胁会增强群体成员间的价值观念,从而提高群体的凝聚力。如群体间的竞争会使群体增强凝聚力。③成员间的共同性:如果群体成员具有共同的目标、利益、兴趣和爱好以及愿望等,则群体的凝聚力高。④成员对群体的依赖:成员在满足需要上对群体的依赖性越大,则群体对其吸引力也越强。⑤群体内部的奖励方式和目标结构:不同的奖励方式影响群体成员的情感和期望。个人与群体相结合的奖励方式有利于增强群体的凝聚力。群体成员的任务目标有机地结合,可以增强集体观念和群体凝聚力。⑥其他因素:信息的沟通方式不同,对群体成员的满意感、士气和群体凝聚力的影响也不同。群体成员的个体特征、兴趣和思想水平也影响群体凝聚力。

(二) 群体规范

群体规范是在某一特定群体活动中,被认为是合适成员行为的一种期望,是群体所确立的一种标准化观念。群体规范是在群体活动中形成的,它的形成具有一定的心理机制。群体规范在群体成员的共同活动中一经形成,便具有一种公认的社会力量,并不断内化为人们的心理尺度,成为各种言行的判断标准。

群体规范一旦形成,对每个成员都有约束力。

群体规范的维持是通过群体内奖惩机制来保证的。群体规范奖惩机制主要有三种方式。第一种机制主要是个体内在情感的自我奖惩,个体违背群体规范将导致内心不安;第二种惩罚机制主要是受到违背规范损害个体的直接报复性惩罚;第三种机制是指没有受到损害的群体内的其他人给予的奖惩。

在集体行动治理共享资源中,偷懒行为的有效识别以及给予的惩罚是重要的内容,这就要求群体成员自发地关注普遍合作性参与的执行,对于不参与者的识别信息在群体内传播,从而得以实施集体性惩戒。

(三)群体沟通

1. 群体规模的上限和下限

心理学家詹姆斯曾对符合小群体特征的 9 129 个群体进行了分析。他指出,在多数情况下,小群体的人数为 2~7 人,他认为这是小群体模型的最佳人数。一些学者认为,小群体的下限应为 3 人,2 人不能算是一个群体,因为 2 人之间的纯感情关系,使得当 2 人之间发生意见分歧或冲突时,不可能自行解决,必须有第三者参加进行仲裁。

至于小群体的上限应为多少人,则意见更加分歧。多数认为以 7 人为最佳,但也有不少人主张 20 人、30 人甚至 40 人。此外,还有人提出,小群体最佳人数应为 7±2,即最多 9 人,最少 5 人。

一些学者还专门研究了不适当地扩大群体规模可能产生的问题:第一,随着群体规模的增大,群体资源的总量也增加,但这些资源并不一定都是有用的资源。例如,人多有时会很难使意见得到统一。第二,随着群体规模的增大,群体成员不同点也增多,因而成员各自的特长难以发挥。第三,群体人数增多,成员参加活动和得到壮大的机会减少。第四,群体人数越多,就越需要做大量的组织工作,以协调成员的活动。第五,群体人数增多,则群体成员之间的冲突也会增多。第六,群体人数增多,则成员之间彼此了解的程度就会越低。

2. 群体沟通的网络

群体成员之间的沟通模式组合起来形成沟通网络。在正式群体中,成员之间的信息交流与传递的结构称为正式沟通网络。正式沟通网络一般有 5 种模式,即链式、轮式、圆周式、全通道式和"Y"式,如图 16-1 所示。

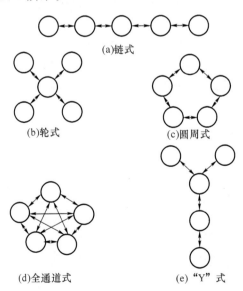

图 16-1 正式沟通网络的模式

图 16-1 中圆圈代表信息的传递者,箭头表示信息传递的方向。上述 5 种模式中,链式沟通网传递信息的速度最快,圆周式沟通网能提高群体成员的士气;轮式和链式解决简单问题时效率最高;"Y"式兼有轮式和链式的优缺点,即工作速度快,但成员的满意度较低。全

通道式沟通网络,信息的传递速度较快,群体成员的满意度比较高,在解决复杂问题时,圆周式和全通道式最为有效。

3. 群体成员结构与角色

群体成员的结构可分为不同的方面,如年龄结构、能力结构、知识结构、专业结构、性格结构以及观点、信念结构等。

(1) 自我中心角色

自我中心角色是指成员处处为自己着想,只关心自己。这类人包括:阻碍者、寻求认可者、支配者、逃避者。研究表明,这些角色表现对群体效率带来消极作用,造成工作效率下降。

(2) 任务角色

任务角色是指为完成群体任务做出贡献的人,包括:建议者、信息加工者、总结者、评价者。

(3) 维护角色

维护角色是指以维护群体团结,协调人们之间关系的人,包括:鼓励者、协调者、折中者、监督者。

任务角色和维护角色都起积极作用。每一个群体不仅要完成任务,而且要始终维持自己的整体。而成员的任务角色和维护角色的作用正是为达到这两个目的的。研究发现,在任务角色、维护角色和群体效率之间有正比关系。

(四) 群体决策与技术

许多情况下,群体决策是无法取代个体决策的。

1. 群体决策的优点

群体决策和个体决策各有优势,但都不是可以适用于所有环境的。与个体决策相比,群体决策具有下面一些优点:

① 决策质量高。由于一个人的信息、知识、经验、创造性一般比不上群体,有时容易片面地看问题,除非决策者有极其丰富的经验和敏锐的直觉,一般情况下个人决策的质量比不上群体决策。

② 决策一贯性。群体中虽然每个个体的目标取向是动态的,但多元目标综合起来就会稳定得多,而且,群体决策一般采用比较合理的决策程序,相对理性,所以决策的一贯性也较强。

③ 决策可接受性高。群体决策会增强对决策的认同感和责任感,决策就能获得更多的支持。

④ 增加决策合法性。群体决策过程与人们的民主思想是一致的。因此,被认为比个体决策更合乎法律要求。

2. 群体决策的缺点

群体决策也有明显的缺点。由于参与决策的群体成员倾向于把保持群体和谐一致作为目的,所以往往不能理智地分析各种备选方案,表现出群体空想症。主要表现在以下几个方面:

① 责任不清。群体决策过程中，个体喜欢分析情况，提出方案，但倾向于规避决策责任。决策成本高。

② 从众压力大。

③ 少数人控制。群体讨论可能会被一两个人控制，如果这种控制是由低水平的成员所致，群体的运行效率就会受到不利影响。

3. 群体决策的技术

(1) 头脑风暴法

头脑风暴法最早由美国奥斯本所创。用于群体决策是指克服互动群体中产生的妨碍创造性方案形成的从众压力，使个人敞开思想、畅所欲言的一种决策方法。具体形式是：将有关人员召集到一起，利用产生观念的过程，创造一种进行决策的程序。所有群体成员就某一问题无拘无束地发表意见，并且规定在此过程中不许对别人提出意见进行反驳，即使是极其荒谬的意见也不允许反驳。在这样的群体会议上，也不会就所讨论的问题作出结论，只是鼓励成员大胆自由地思考问题，思路越广越受欢迎，意见提得越多越好。

采用这种方法人数不宜过多，一般以10人左右为好；时间也不可过长，以半小时至一小时为宜。据统计，这种方法每小时可以产生60～150项建议，比一般的方法多70%。

(2) 名义群体法

名义群体法是指在决策过程中对群体成员的讨论或人际沟通加以限制，这就是名义一词的含义。像召开传统会议一样，群体成员都出席会议，但群体成员首先进行个体决策。具体步骤如下：

① 主持者向与会者通知开会地点与时间，但不告知议题，而是在与会者到现场后，再当场宣布议题。一般每次只讨论和解决一个问题，时间通常限制在2小时以内。

② 在进行讨论之前，主持者宣布全体成员进行"沉默准备"，发给每人纸和笔，并规定时限（10～20分钟），让每个成员写下自己对于解决这个问题的看法或观点。在此时限内成员不允许互相交谈，每人埋头就议题准备意见。据统计，在同样人数的条件下，就同一议题，传统常规决策法一般可得到7～8项意见或方案，该法则可得到17～21项。

③ 之后，每个成员都要向群体中的其他人报告自己的观点，一个人挨一个人地进行，每个人每次只允许表达一种观点，并由记录员将发言要点记在大家可见的记录纸或记录板上。每轮发言的起点及顺序可由主持者随机指定（包括主持者本人在内），直到所有要表达的观点都被记录下来为止。这种做法可使每个人获得均等发言机会，不致或不易产生个别人控制会议等弊端。

④ 群体开始讨论每个人的观点，对不明白之处提出疑问，并由原提议者解释澄清。

⑤ 接下来每个群体成员根据自己的判断，独立对所有观点进行排序，如果被选定意见过多，主持者可限定选取方案的数量。最终决策结果是排序最靠前，成员选择最集中的那个观点。如果是撰写解决某问题的措施，则主持者可酌情决定入选标准，如超过半数（或2/3、1/3等）的备选方案即入选。

名义群体法的主要优点是，允许群体成员正式地聚在一起，但是又不像互动群体那样限制个体的思维。

(3) 德尔斐法

德尔斐法最初是由美国兰德公司与道格拉斯公司共同提出的。实际上，在这种决策方

法中,群体成员从头到尾都不可能面对面地聚在一起。其具体步骤是:

① 在问题明确之后,要求群体成员通过填写精心设计的问卷,提出可能解决问题的方案。

② 每个群体成员匿名并独立地完成第一份问卷。

③ 把第一次问卷调查的结果在另一个中心地点整理出来。对每一个问题进行统计处理,找出方案中的分布规律。

④ 把整理和调整的结果分发给每个人。

⑤ 在群体成员看完整理结果之后,要求他们根据整理结果,结合其他成员的意见,对自己的方案进行修改后,再次提出解决问题的方案。结果通常是启发出新的解决办法,或使原来方案得到改善。

⑥ 如果有必要,重复步骤④和步骤⑤,直到找到大家意见一致的解决办法为止。

德尔斐法能够保证群体成员免于他人的不利影响,因为德尔斐法不需要群体成员相互见面,它可以使地理位置分散的群体成员参与到一个决策中。当然,德尔斐法也有不足,因为这种方法要占用大量时间,如果需要快速作出决策,就不适用了。

(4) 电子会议法

一种群体决策方法是名义群体与复杂的计算机技术的混合,称之为电子会议法。只要技术条件具备,50人左右围坐在马蹄形会议桌旁,面前除了一台计算机终端之外,一无所有。问题通过大屏幕呈现给参与者,要求他们把自己的意见输入计算机终端屏幕上。个人的意见和投票都显示在会议室中的投影屏幕上。

电子会议法的主要优势是:匿名、可靠、迅速。与会者可以采取匿名形式把自己想表达的任何想法表达出来。参与者一旦把自己的想法输入计算机,所有的人都可以在屏幕上看到。与会者可以表现自己的真实态度,而不用担心受到惩罚。而且这种决策方法决策迅速,因为没有闲聊,讨论不会离开主题,大家在同一时间可互不妨碍地相互"交谈",而不会打断别人。

第二节 社会影响

社会影响是指在他人的作用下,个体的思想、情感和行为发生变化的现象。

一、从众

(一) 从众的概念

从众是在群体压力下,个体在认知、判断、信念和行为等方面自愿与群体中多数人保持一致的现象,俗称"随大流"。

从众行为的特点是:

1. 引起从众的群体压力可以是真实存在的,也可以是想象的。个体想象中的群体的优势倾向,也会对个体造成压力,使其选择与想象的多数人的倾向相致的行为。

2. 群体压力可以在个体意识到的情况下发生作用,使个体通过理性抉择,选择从众;也可以没有意识到的情况下发生影响,使人不自觉地跟随多数人行动。

3. 从众行为有时虽然不符合个体的本意，但却是个体的自愿行为。自愿性是从众的重要特点。

（二）从众的功能

社会生活中的从众行为大多不具有直接的社会评价意义，它本身无所谓是积极的或消极的，它对人的作用主要取决于行为本身的社会意义。在任何社会中，多数人的观念与行为保持大体一致是必要的。一个社会需要有共同的语言、共同的价值观与行为方式，只有这样，社会成员之间沟通、交往才有可能。社会成员的沟通与互动则会促进这种一致性和共同性的发展。因此，从众具有促进社会形成共同规范、共同价值观的功能。

从个体来看，人在许多方面只有与社会主导倾向保持一致，才能更好地适应社会生活。任何个体，无论他多么聪明绝顶，其知识也是有限的，不可能多到足以适应他遇到的每一种社会情境。个体需要以从众方式，在较大程度上使自己迅速适应未知世界。因此，从众还具有让个体适应社会生活的功能。

当然，从众毕竟是一种被动地接受群体影响的方式，如果凡事从众，缺乏独立思考，也会使自己失去主动性和缺乏个性。正当的做法是从众但不盲从，考虑社会规范，但也要发展自己的个性。

一位名叫福尔顿的物理学家，由于研究工作的需要，测量出固体氦的热传导度。他运用的是新的测量方法，测出的结果比按传统理论计算的数字高出500倍。福尔顿感到这个差距太大了，如果公布了它，难免会被人视为故意标新立异、哗众取宠，所以他就没有声张。没过多久，美国的一位年轻科学家，在实验过程中也测出了固体氦的热传导度，测出的结果同福尔顿测出的完全一样。这位年轻科学家公布了自己的测量结果以后，很快在科技界引起了广泛关注。福尔顿听说后以追悔莫及的心情写道："如果当时我摘掉名为'习惯'的帽子，而戴上'创新'的帽子，那个年轻人就绝不可能抢走我的荣誉。"福尔顿的所谓"习惯的帽子"就是一种"从众心理"。

（三）从众的类型

根据行为是否从众，以及行为与内在判断是否一致，可以将从众分为三种类型。

1. 真从众

个体不仅外在行为与群体保持一致，而且内心也相信群体的判断。这是一种表里一致的从众，行为与认知不存在冲突。即口服心服型。

2. 权宜从众

个体外在行为与群体保持一致，但内心却怀疑群体的判断，相信真理在自己这边。只是迫于群体的压力，暂时在行为上附和群体的要求。这是日常生活中最普遍的一种从众形式。由于外在行为与内在判断不一致，个体会出现认知失调、体验焦虑等情绪。即口服心不服型。

3. 反从众

个体内心倾向与群体一致，但由于各种原因，外在的行为表现与群体的主流不一致。比如群情激愤时，作为领导也受到感染，想法和感受与员工一致，但为了防止事态失控，领导在行为上的表现却很理智和冷静。即口不服心服型。

【小资料】阿希的从众研究

美国社会心理学家阿希在20世纪50年代进行了关于知觉方面的从众实验。实验材料是18套卡片,每次向被试者呈现1套卡片,其中1张卡片上有一根标准垂直线,在另一张卡片上有3根长短不等的垂直线,其中一条与标准线等长,要求被试者从3根垂直线中选择与标准线等长的一根垂直线,如图16-2所示。每次实验有一个被试者参加,其余的均由实验者的同事冒充被试者。实验时,实验者每拿出一套卡片,先由假被试者回答,真被试者在倒数第2个回答问题。18套卡片呈现18次。起初,假被试者均作正确的选择,后来,假被试者都故意作出错误的选择,从而观察真被试者的选择是从众还是独立的。通过多次重复实验,结果表明:①有1/4到1/3的被试者保持了独立性,没有发生从众行为;②大约有15%的被试者,在回答总次数中有75%的从众行为,即12次回答中有9次从众行为;③所有被试者平均出现的从众行为是34%。实验结束后,通过对被试者的错误选择原因的调查,阿希把他们归纳为3类:①知觉歪曲。被试者确实发生了观察上的错误,把他人的反应作为自己判断的参考点。②判断歪曲。被试者对自己所作的判断缺乏自信,尽管意识到自己看到的确与他人不同,但却认为多数人看到的总是比自己正确些,以从众求己心安。③行为歪曲。被试者明知他人反应是错误的,但也采取错误的反应。一般来说,个体在社会群体的压力下,是否从众或保持独立性,有赖于周围环境的性质与个人的心理特征。

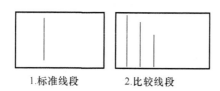

图16-2 从众实验使用的卡片

(四) 从众行为的原因

1. 寻求行为参照

在许多情境中,个体由于缺乏知识或其他原因(如不熟悉情况等)必须从其他途径获得自己行为合适性的信息。按照社会比较理论的说法,在情境不确定时,其他人的行为最有参照价值。个体从众,指向多数人的行为,自然是找到了较为可靠的参照系统。

2. 对偏离的恐惧

偏离群体,个体会面临较大的群体压力乃至制裁。任何群体均有维持一致性的倾向及相关的执行机制。对那些与群体保持一致的成员,群体的反应是接纳、喜欢和优待;而对偏离者则倾向于厌恶、拒绝和制裁。

在社会生活中,多数人实际上已有尽量不偏离群体的习惯。个体从众性越强,其偏离群体时产生的焦虑也越大,也就越不容易偏离。从跨文化社会心理学的研究看,东方文化更倾向于鼓励人们的从众行为,因而东方人较容易产生对偏离的恐惧。

3. 群体凝聚力

凝聚力高的群体中的成员,群体认同感较强,与其他群体成员之间有密切的情感联系,有对群体作出贡献和履行义务的自我要求。

二、模仿、暗示和社会感染

(一) 模仿

1. 模仿的概念

模仿是没有外在压力条件下,个体受他人的影响、依照他人、使自己的行为与他人相同或相似的现象。

模仿是人们相互影响的一种重要方式。当个体感知到他人的行为时,会有重复这一行为的愿望,模仿便随之而来。其特点是:

(1) 模仿的社会刺激是非控制性的,榜样是模仿的条件,但模仿是自愿产生的,有时可能是无意识的。

(2) 相似性,模仿者的举止近似于其所模仿的榜样。

模仿可以分为有意模仿与无意模仿两大类。有意模仿是模仿者有目的、主动的模仿,即使他不了解别人行为的真正意义,但由于他觉得模仿别人能获得好处,于是就在行为上仿照别人。无意模仿并非绝对的无意识,只是意识程度相对比较低。

2. 模仿的意义

(1) 模仿是学习的基础。模仿是个体反映与再现他人行为最简单的形式,是掌握人际互动经验最简单的机制,也是个体学习的基础。

(2) 适应作用。个体适应社会生活,模仿在其中占有重要位置,在个体发展早期,这种作用尤其突出。没有模仿,个体很难适应他所面临的各种情境。

(3) 促进群体形成。模仿会使群体成员在态度、情感和行为上的一致性提高,增进群体凝聚力。

3. 模仿的发展

模仿随个体的发展而发展。其趋势大致是:从无意模仿到有意模仿;从游戏模仿到生活实践模仿;从对外部特征的模仿到对内部实质内容的模仿。

4. 塔尔德的《模仿律》

法国社会学家塔尔德最早对模仿进行研究,1890年出版了《模仿律》一书。他认为模仿是"基本的社会现象","一切事物不是发明,就是模仿"。他在研究模仿在犯罪活动中的作用时,提出了三个模仿律。

① 下降律:社会下层人士具有模仿社会上层人士的倾向。

② 几何级数律:在没有干扰的情况下,模仿一旦开始,便以几何级数的速度增长,迅速漫延。时尚、谣言的传播像滚雪球一样。

③ 先内后外律:个体对本土文化及其行为方式的模仿与选择,总是优于外域文化及其行为方式。

(二) 暗示

1. 暗示的概念

暗示是指在非对抗的条件下,通过语言、表情、姿势以及符号等对他人的心理与行为发生影响,使之接受暗示者的意见和观点,或者按所暗示的方式去活动。暗示往往采用较含蓄的、间接的方式进行。

暗示有三个环节,即暗示者、暗示信息和被暗示者。

2. 暗示的分类

(1) 按信息来源可分为他人暗示和自我暗示。前者暗示信息来自他人,后者信息来自个体本人。

(2) 按暗示的目的可分为有意暗示和无意暗示。前者有明确目的,后者无明确目的。

(3) 按暗示双方的接触关系可分为直接暗示和间接暗示。前者暗示者直接施加影响,后者则是间接施加影响。

(4) 按暗示效果可分为暗示和反暗示。前者达到了暗示者的预期效果,后者则达到反效果。即暗示刺激发出后,引起被暗示者相反的反应。

3. 影响暗示效果的主要因素

(1) 暗示者的权力、威望、社会地位及人格魅力对暗示效果有明显影响。

(2) 被暗示者如果独立性差,缺乏自信心,知识水平低则暗示效果明显;被暗示者年龄、性别与暗示效果也有关系,年龄越小越容易接受暗示,一般女性比男性易受暗示。

(3) 被暗示者所处情境是发生作用的客观环境。个体在困难情境又缺乏社会支持时,往往容易受暗示。

(三) 社会感染

1. 社会感染的概念

社会感染是一种较大范围内的信息与情绪的传递过程,即通过语言、表情、动作及其方式引起相同的情绪和行为。其特点如下。

(1) 双向性:感染者与被感染者可相互转换。

(2) 爆发性:在较大群体内产生循环感染。反复振荡、反复循环,引发强烈的冲动性情绪,导致非理性行为的产生。

(3) 接受的迅速性:在感染的氛围中,感染者发出的信息及情绪刺激为被感染者迅速接受。

2. 社会感染的分类

(1) 个体间的感染:发生在个人之间或小群体成员之间的感染,是社会感染最常见的形式。

(2) 大众传媒的感染:是指广播、电影、报刊、文艺作品及互联网等大众传播媒介对个体情绪的影响。随着社会发展与进步,文化生活与精神生活日趋丰富,大众传媒的感染日益突出,影响巨大而深远。

(3) 大型开放群体的感染:发生在处于同一物理空间但其成员又不可能人人都能接触到的大型群体内的感染。其重要特征是循环反应,个体的情绪可引发他人产生相同情绪,而他人情绪又反过来加剧原有情绪。这种感染中情绪反复激荡,易于爆发,导致人群非理性行为的发生。

三、社会助长与社会惰化

(一) 社会助长

社会助长是因他人在场或与别人一起活动从而使个人的活动效率与水平提高的现象,

也称之为社会助长作用。如运动会、演讲比赛等,因有人观看或有啦啦队的助阵,往往比个人独自跑步和演讲效果更好些,这称之为"共同行为者效应"。还有一些教师、演员等在观众很多的场合讲课或表演非常成功,而且观众越多,情绪和气氛越热烈,其讲课或表演的效果就越好,这称之为"观众效应"。

有关社会助长最早的实验是由法国学者特里普莱特(N. Triplett)在1898年进行的。他发现一个人在与他人比赛骑自行车时,其成绩比他单独骑车的最好成绩还要好,平均提高30%;两人成组缠线也比个人单独缠线效率更高(提高5%)。

奥尔波特(H. H. Allport)在20世纪20年代(1920,1924)做了一项实验,要求被试者完成难易程度不同的五种:活动从句子里抹掉元音字母、辨别图形、自由联想、计算乘法题、反驳古代哲学家的语录。结果,前四种活动都是在与他人共同工作时效率高,只有最后一项活动是个人单独工作时质量高。

为什么会出现社会助长或社会干扰呢?心理学家指出,他人在场,增加了个体的活动动力,这种驱力或动机的增加对作业成绩的影响依作业的性质而定,当作业所需要的反应是已经长久练习了的或天生即会时,动机的增强将对个体起促进作用。就简单工作而言,他人的存在有助于个体效率的提高,对高水平的人来说,他人的存在就可能起助长作用。但是,当作业所需要的反应是尚未完全学会的行为时,动机的增强反而会破坏个体的表现。例如,在解较难的数学题或记忆新的语文材料时,若有他人在场,个体的工作效率往往会下降。可能的原因是他人的存在会分散个体的注意力,当简单的工作不需要个体投入全部的注意力时,人们可以通过更加努力来弥补自己的分心,但当进行复杂的工作而分心时,这种努力就无法弥补分心所造成的损失。

(二) 社会惰化

社会惰化是指个人与群体其他成员一起完成某种事情时,或个人活动时有他人在场,往往个人所付出的努力比单独时偏少,不如单干时出力多,个人的活动积极性与效率下降的现象,也称为社会干扰、社会致弱、社会逍遥、社会懈怠。正如"一个和尚挑水喝,两个和尚抬水喝,三个和尚没水喝",正是这种社会心理现象的具体形象化。

达施尔(J. F. Dashiell,1935)要求被试者蒙上双眼,在"拔河机器"上拔河,结果发现,当被试者觉察只有自己一个拔时,平均用力63千克,而当三人一起拔时,平均每人用力53.5千克,八人一起拔时,平均每人只用力31千克。

在奥尔波特的研究中,要求大学生在群体情境下写批驳某一逻辑命题的文章,结果写出的文章数量很多,但质量低于单独情境下写的。他从两本古代哲学著作中选几段性质相同的论述,让被试者在5分钟内写出,结果如表16-1所示。

表16-1 单独情境和群体情境下写文章的结果

	最好的	中等的	最差的
分开	6	4	3
集中在一起	3	4	6

研究还证明,有他人在场会降低有关记忆的工作效率,简单的乘法运算也会出错等。我们在日常生活中也体会到在人多而且嘈杂的场所无法深入地思考问题,更不用说学习或研究了。行政干部要写总结或报告时,总是要离开办公室找个清静的地方。这种在群体中个

人活动减质减量的倾向称为社会阻抑作用。

拉塔奈认为,出现社会惰化的原因可能有三个:第一,社会评价的作用。在群体情况下,个体的工作是不记名的,他们所做的努力是不被测量的,因为这时测量的结果是整个群体的工作成绩,所以,个体在这种情况下就成了可以不对自己行为负责任的人,因而他的被评价意识就必然减弱,使得为工作所付出的努力也就减弱了。第二,社会认知的作用。在群体中的个体,也许会认为其他成员不会太努力,可能会偷懒,所以自己也就开始偷懒了,从而使自己的努力下降。第三,社会作用力的作用。在一个群体作业的情况下,每一个成员都是整个群体的一员,与其他成员一起接受外来的影响,那么,当群体成员增多时,每一个成员所接受的外来影响就必然会被分散、被减弱,因而,个体所付出的努力就降低了。

社会惰化作用明显减弱了群体的工作效率。减少社会惰化的有效途径是:(1)不仅公布整个群体的工作成绩,而且还公布每个成员的工作成绩,使大家都感到自己的工作是被监控的,是可评价的。(2)帮助群体成员认识他人的工作成绩,使他们了解不仅自己是努力工作的,他人也是努力工作的。(3)不要将一个群体弄得太大,如果是一个大群体,就可以将它分为几个小规模的群体,使得更多的成员能够感受到外在影响力的影响。

四、群体极化与去个性化

(一)群体极化及产生的原因

1. 群体极化

在现实生活中,每个人都会面临两种选择:赞同或反对。在这种情况下群体会做出什么样的反应呢?有研究表明群体成员一起进行决策时,会使群体决策更具有倾向性,也就是说做出的决策会比个人自己做出的决定更加极端。这种群体的思维方式称为群体极化。如果个体在群体讨论之前,对某个决定已经具有了赞同的倾向,那么在讨论后,这种赞同的倾向会更加明显;相反,如果在讨论前,个体对某个决定已经具有了反对的倾向,那么在讨论后,这种反对的倾向也会得到加强。

2. 群体极化产生的原因

为什么群体做出的决定会更加趋于极端呢?其原因如下:

(1)责任分散

个人在群体中的行为有时会比他们单独时有更小的个人责任感。因为决定是整个群体做出的,所以责任也相应地由大家来分担,每个人的责任都被削弱或感到没有责任,那么即使由于极端造成了失败性消极后果,人们对失败的恐惧也降低了。因此,在这种情况下,人们做出了更冒险的选择。

在这种解释中,群体意识是群体极化的必要条件。每个人都会感到自己是在群体之中,这种群体感以及相伴的责任感的扩散是产生群体极化的关键要素。

(2)信息的影响

群体成员在自己做出决定时,并不能想到自己做出的决定的所有理由,但在群体讨论中,每个成员的意见综合在一起,占优势的观点就会获得更多的观点的支持,这样有些群体成员就容易被说服,从而使他们改变观点,转向这种有说服力的观点。所以在群体讨论中,群体就更倾向于支持在群体讨论之前略占优势的观点。

(3) 文化价值观

罗杰·布朗(1965)提供了解释群体极化的另外一种假设。这种解释认为,采取冒险行动和保守决定都有文化价值。换句话说,在某些文化中,人们称赞冒险,而在其他文化中,谨慎保守则受到肯定。

在群体讨论的情况下,通过讨论评价某种特定的文化价值会进一步得到强化。比如,在鼓励冒险、赞扬冒险的文化中,当人们在一起讨论时,有人提出大胆的冒险的想法会更多地受到肯定,得到赞赏,这样一来,那些持保守落后想法的人发现自己并不受欢迎,因此也会朝着更冒险的方向改变自己的态度。结果导致最后的决定更具有冒险性。

以美国为代表的一些西方社会他们的文化崇尚冒险精神,在电影戏剧中经常把男主人公描绘成富于冒险精神的、胆大无比的英雄,他们行为常常是拯救了一个时代,赢得了漂亮的女主人公和巨额财富。在这些文化中的许多西方人通常对冒险给予更高的评价。许多研究发现,在许多产生了冒险迁移的情境中,人们说他们欣赏高度的冒险选择(利文格尔等,1969;皮尔克尼斯等,1969);对冒险者的估价比谨慎者要高些(马丹拉斯等,1968);觉得自己比其同伴更具有冒险精神(巴德等,1970)。因而,正像假设的期望那样,当人们高度评价冒险时,冒险迁移就会发生;相反,当人们高度评价谨慎时,保守迁移就会发生。

比如,普鲁伊特(D. Pruitt,1971)以并不崇尚冒险精神的乌干达人为被试者,以两难问题选择为实验材料,结果表明,乌干达人在经群体讨论后做出的决策,就如同个人单独做出的决策一样,都很小心谨慎。

再比如,我国的滕桂荣(1989)以男大学生为被试者所做的研究表明:对中国大学生来说,群体决策并不比个体决策更冒险或更保守,而是群体成员意见的平均。这种结果与中国文化倡导中庸之道不无关系。

总之,群体极化的产生与鼓励冒险精神的文化价值有密切关系。群体也并非总是增强个人的冒险倾向,有时,也会出现相反的情况,在高度评价谨慎的文化中,会出现所谓"保守迁移",这些都是群体极化的表现。

(二) 去个性化及理论意义

1. 去个性化

群体成员失去个体感,而淹没在群体、群众之中就称为去个性化、无个性化。比如,在临时性大群体中,球迷闹事,每个人都很少考虑自己行为的适当性,很少考虑自己应承担的责任;一个老人躺在马路边,如果你一个人单独从他身边路过,你可能会过去看看他是生病了,还是摔倒了,把他扶起,但是,如果你置身于上下班熙熙攘攘的人流之中,你看到老人躺在路边,可能不会停下来看看是怎么回事,帮老人一下。"一个和尚挑水吃,两个和尚抬水吃,三个和尚没水吃"也是去个性化的例子。可见,去个性化的实质是在群体之中个人责任心、责任感的降低。

关于去个性化的研究,最早可以见到的是法国社会学家黎明于1896年著《论群众》一书时提出个人在群众中会失去个体意识。真正的实验研究始于20世纪50年代。1952年,费斯廷格(L. Festinger)、佩皮通(A. Pepitone)和纽康姆(T. Newcomb)进行了去个性化的实验。他们要求各组男大学生在两种条件下议论自己父母的缺点。一种条件是,被试身戴姓名标签,互称名字,在明亮的教室里进行,这是可辨组;另一种条件下,被试身着长袍,头戴面罩,只露出眼睛和鼻孔,相互都不知姓名,在灯光昏暗的房间里进行,这是去个性组。结果表明,去个性组肆无忌惮地数落、辱骂自己的父母,充分表现对自己父母的厌恶与不满。在各组议论完了之后,以问卷调查的方式了解被试对再次参加议论的喜欢程度,结果,去个性化小组比其他小组对群体成员更加富有吸引力,也就是说,大学生更喜欢在去个性化的小组里议论自己父母的不是。

1970年,津巴多(P. Zinbardo)对去个性化做了进一步的实验研究。他将四名女大学生组成一组,告诉她们,为了研究移情作用,要求她们对隔壁房间的两个女生实行电击。与费斯廷格等人的设计类似,一组是去个性化组(穿上特大号白色实验服,戴上头盔,不称姓名),另一组是可辨认组(直呼姓名,戴姓名标签)。在实施电击之前,让被试者听将被电击的两个女生的谈话录音。其中的一个听起来是举止文雅,心地善良,讨人喜欢的(她说自己的工作是教育智力迟钝的儿童,现时还在支持自己的未婚夫攻读医科学校);另一个听起来是自我中心、令人讨厌的(她说她特别讨厌犹太学生)。结果,去个性化小组实施电击的时间平均为900毫秒,可辨认组成员平均使用电击时间是 470毫秒,前者是后者的两倍。实验进行 20次,当进行到第 10次电击时,两个女生挣脱了绑在手上的皮带,但又都被被试者重新绑好,继续完成后 10次电击。在后 10次电击中,去个性化组对两人的电击时间都延长了,而可辨认组则区别对待,延长了对讨厌者的电击,却缩短了对善良者的电击。津巴多根据这项研究认为去个性化有两个重要特征,一个是群体成员的匿名性,每个人都觉得自己是匿名者,别人认不出来自己;另一个特征是责任分散,责任分布在群体的每个人身上,由大家承担,个人责任丧失。因此,一向被认为是文质彬彬的女大学生,在去个性化的条件下,也会做出电击自己同学的残忍行为。

2. 关于去个性化的理论及其研究意义

(1) 有关的理论观点

一种观点认为,在去个性化条件下,个人的自我观察与评价能力降低了,个人对来自社会评价的敏感性和以自己在别人心目中的印象的关心程度都降低了,因而自我控制能力就降低了,一个个都变得不知羞耻,也不知害怕了,一些不道德、粗暴无礼的行为也就做出来了。

罗杰斯(C. Rogers,1981)等人认为去个性化与个人注意力的转移有关。处在群体中的个人会把注意力从自己的行为转移到群体的行为上去。每个人看到的都是大家的共同行为,大家都没有停下来帮助躺在路边的老人,大家都在施行电击,因而降低了个人对惩罚的恐惧感,人人都变得"胆大妄为"了。

(2) 去个性化研究的意义

去个性化的研究为解释暴力行为和反社会行为找到一条途径。去个性化是一切不道德行为、暴力行为、反社会行为发生的条件之一。

例如,研究表明,大城市偷盗、抢劫等各种反社会行为增加的原因之一,是由于城市人口密集、流动性大,人们彼此直接接触较少,因此与乡村人相比,城市人匿名性更大,去个性化程度更高,因而犯罪率也更高。津巴多把一辆汽车置于纽约市区街道旁,用望远镜在远处观察,结果发现,在 26小时内,汽车上的冷却器、收音机、雨刷、汽油桶等所有容易拆卸的都被偷走了,而且都是穿着整洁的白人干的。而在小村镇放同样一辆汽车长达九天,除去有一天下雨,一位过路人把开着的引擎盖子盖好之外,无人碰它。

因此,要使人们的行为更加符合社会行为规范,使人们循规蹈矩、遵纪守法,一个可行的办法是尽可能减少去个性化的程度,使责任分工明确,处在他人的监督之下,使每个人都难以逃避自己的责任。比如,各行各业的人们有一些职业服装,军人要穿军装,警察要穿警服,学生要穿校服、戴校徽,这相当于给每个人贴了个标签。一名警察穿上警服走在街上,面对歹徒行凶,就很难袖手旁观;大学生带上校徽,在很多情况下,对自己的行为和责任就有了更多的约束。如果不安排值日生,教室里就没有人擦黑板,如果不仅安排了值日生,而且把值日生的名字每天写在黑板上,情况就会完全不同。试想,如果每个党员都能戴上一块"党徽",其先锋模范作用会得到更好的体现。

第三节 人际关系

群体成员在共同活动的基础上,通过各种不同方式的交往,发生了各种类型的相互关系,诸如生产关系、政治关系、道德关系、亲属关系等。其中也包括受个体人格特点调节的并与满意或不满意状态相伴随的心理关系,这种心理关系是在人类活动中具有普遍意义的现象,在小群体中体现得更是十分明显。

一、人际关系概念

人际关系是人与人之间在交往活动过程中直接的心理上的关系或心理上的距离,它反映了个体或群体寻求满足其社会需要的心理状态。它具有这样几个基本特点:(1)它是在人与人的交往活动或互动过程中发生的,也就是说这种关系虽不同等于社会关系,但并没有脱离人们现实的社会关系;(2)它是在人们面对面的直接交往活动中形成的,人们可以实际感受其存在;(3)它带有浓厚的感情色彩,具体体现为群体成员间的心理吸引或心理排斥。

二、人际关系类型

(一) 根据人际关系交往的时空属性及基缘和信息传递的特点划分

根据人际关系交往的时空属性及基缘和信息传递的特点,可以把人际关系分为 6 种不同的形态。

1. 闭锁形态

人际关系的闭锁形态,是指人际关系中相互交往的停止,人际关系功能处于丧失或休眠状态。处于这种状态的人际关系,其需要、相互吸引、情绪基础都处于驱动交往的动力水准以下。交往的双方害怕再接触,有的是对交往对象厌恶至极,不愿相见;有的是怕引起他人非议,给自己带来不便。

闭锁形态的人际关系看似像回到人际关系的初始形态,但实际上却有实质的不同。初始形态的人际关系是人际交往中等待开垦的处女地。而闭锁形态的人际关系却是人际交往的结果。其中凝结着通过交往所形成的态度和认识。如果把这两种形态的人际关系回放在发展的起点,闭锁形态的人际关系由于闭锁的原因不同会出现不同的情况,或一经开放迅速发展,或刚刚开放又马上封闭,但其发展变化都必然呈现出深厚的交往基础产生的作用,使关系变化节奏急而短。初始形态作为人际关系发展的起点则不会出现这种情况。

由此说明,闭锁形态的人际关系是一个具有重要开发意义的领域,打破闭锁局面,对于促进人际关系发展具有非常重大的意义,可取得超常的效果。这也正符合了矛盾的斗争推动事物不断向上发展的原理。因此,它对于我们进行科学管理、建立和谐的人际关系有重要价值。

2. 互补形态

与闭锁人际关系形态不同,互补形态人际关系则是一种健康的、良好的人际关系,它是指人们在交往中,交往双方相互依存,并通过物质、精神、情感、能量的交换而使各自的需要得到满足。互补形态形成的基础是一定的人际交往,通过适量的交往,各自从对方找出弥补自身不足的因素,使双方产生依赖感。在日常生活中,我们常见到这样的情况,一对生活在一起的夫妻,生活极不和谐,小吵天天有,大吵三六九,因为吵闹,给夫妻关系蒙上了一层阴影。这是什么原因呢?就是因为双方在交往中,互相不能从对方身上获取自己所需的东西,需要在交往中不能得到满足。

3. 互惠形态

互惠形态的人际关系也属于较好的人际关系,但这种人际关系缺乏感情基础,双方只是以满足物质、能量需要为目的。在这种人际关系中,交往双方以互惠为交往的原则,驱动人们去交往的动机是利益要求。情感和彼此间的吸引不是内在的动力,而是外部象征性的礼仪和互相尊重的行为。这种人际关系是以具体的共同需要而定,一旦共同需要消失,这种状态就不存在。譬如,我们在生活中常见到这样的现象,有两个人很要好,甚至可以说是很好的朋友,当他们互为对方提供方便时,关系觉得很密切。但若一方在为对方做事时,十件事已经帮了九件,只剩一件事,由于客观条件的限制而帮不了时,对方就显出不悦,甚至就此断绝关系。所以,有时人们发出这样的感慨:"有些人,你十件事给他做了九件,剩下一件做不成,就得罪了他,好友变为仇敌。"这种人常被人们看成是"小人"。其实,这是在互惠形态发生变化后所出现的正常现象,是人际关系的一种表现形式。

4. 制控形态

制控形态的人际关系是一种特殊的形态。这种形态的人际关系是由于一定利害牵动或外力的压迫,在不得已的情况下,不情愿进行交往所建立起来的。在这种状态下,交往的双方或一方已完全失去了对对方的吸引,但双方的需要存在,对对方的厌恶在双方都不同程度地存在。之所以会有这种形态出现,主要是因为人们在对事物的认识上存在较大分歧,双方的价值观有明显差异,人际关系的背景往往比较复杂。例如同事关系,有时候,关系的一方很讨厌另一方的性格、作风、习惯,但出于共同相处于一个群体,并要配合做事的原因,还要控制自己的情绪、态度,与之交往。再如,有些人对有些领导十分反感,但又唯恐得罪了领导,对自己或工作不利,因此,还得表现出十二分的尊重,如此等等。在这种形态的人际关系中,双方之间所产生出的主动性与自控精神,并不一定是为了从对方那里获得某种真情,而常常是出于维护一种间接的利益关系,或出于某种道义。如果这种形态大量存在,人际交往的正常功能就会受到损害,社会和周围环境的气氛会使人感到紧张和压抑,人就成了自相矛盾的人。因此,在管理中要注重这种形态人际关系的改善。

5. 冲突形态

这种形态的人际关系是属于不正常的人际关系。在这种形态的人际关系中,双方的关系已变化到互不能容忍的地步。只是在理智的作用下,双方都在做向对方摊牌,最后表明自己观点的准备,人与人之间的吸引已经被扭曲了的印象所代替,情感上排斥、急于表白观点的需要已经大于对方的客观需要。这种形态的人际关系往往出现调节功能的反向作用,即它不能把现有的障碍排除或弱化,相反常把已经过去的双方厌恶的问题同现实的障碍相联系,使障碍加大,交往愈加困难。在这种状态中,交往的原则只具有决定冲突方式的作用,而约束不了冲突的发生。冲突是人际关系内部的矛盾激化的结果,冲突并不意味着关系的必然结束,而只是标志关系双方的反感无约束地流露,其结果也可能会由于双方坦诚相见冰释前嫌,而使关系在一定程度上得到恢复,但是,经历过这次冲突后,相互的关系难以再向深层发展。俗语"不打不相识",只是对于初始形态而言的,而对于已建立起来的人际关系,进入冲突状态只会对关系造成损害。因此,在一般人际交往中,应尽量避免冲突的出现。但也不是一概反对冲突,要进行很好的引导,否则,不利于群体的团结。因此,管理人员要做好两方面的工作,一是要防止冲突的出现,二是当冲突出现后,要进行积极地引导,使冲突向积极方面发展。

6. 衡定形态

衡定形态的人际关系是人际关系的功能发挥得最好的阶段,也是在管理中力图达到并使之长期存在的形态。这种形态之所以被赞同,是因为它有这样的特点:(1)人际交往的频率高,交往的信息量大而稳定;(2)双方各自对对方吸引和需要程度高而稳定,对交往结果的满足程度也高;(3)人际关系自调节功能强而稳定,关系双方相互了解深刻,不易出现受阻现象。

这种形态的人际关系一般是在经过较长时间的交往之后出现的,它具有稳定的感情基础,交往双方非常熟悉对方各种信息的编码。另外,维持人际关系稳定形态的被吸引和需要对于交往双方来说相差不是很悬殊,是保持基本平衡的形态。再者,衡定形态人际关系的形成,还以交往双方共同的认识为基础,认识一致了,人们才能进行交往。俗话说"士为知己者死",就是这种因素在起作用。

根据以上所述,衡定的人际关系形态,常常出现在多年患难与共的夫妻间,经过危险考验和共度困难的朋友间,长期共事、相互配合默契的同志间,互相帮助、以诚相待的同学间,而较少出现在交往时间很短的人们之间。因此,若要使人际关系达到衡定的状态,就必须经过长期的努力,使双方达到对对方有深刻的认识,感情积聚达到一定水平,相互行为活动配合默契,什么时候交往达到这一程度了,衡定状态也就出现了。这恰好应验了中国一句古话:"路遥知马力,日久见人心。"

(二)根据人与人之间存在的自然缘由划分

人际关系按照人与人之间存在的自然缘由这一最基本的因素,可以划分为四种类型。

1. 血缘人际关系

血缘人际关系是由于血缘联系和姻亲联系结成的天然性的人际关系。这种人际关系以家庭为核心,向四周辐射,成员间的交往构成一个血缘关系网和一个由若干个家庭交叉形成的亲缘关系网络。我们所常见的个人履历表上所列的家庭关系和社会关系,就是针对这种人际关系而言的。由于血缘人际关系的天然性,所以,无论承认与否,它都客观地存在。因而,在协调人际关系时,要给予高度的重视。

2. 地缘人际关系

地缘人际关系是由生活、活动在共同空间地理环境的人所形成的人际关系。地缘人际关系常常以社会历史和文化为背景,使人际关系带有文化传统、心理纽带和乡土色彩。由于地缘因素,就使人际关系的范围由家庭走向社会,出现了"同胞"、"同乡"、"邻居"、"同室"、"同座"等关系。地缘人际关系对于社会的作用和影响更为广泛。

3. 趣缘人际关系

趣缘人际关系是人们在社会生活中由于情趣相投而建立起来的人际关系。趣缘人际关系建立在共同的兴趣、爱好的基础上,以人们之间的情感、趣味为媒介,使人与人之间的关系走向深入,形成各种各样的朋友。如"棋友"、"牌友"、"票友"等。

4. 业缘人际关系

这是由共同的事业或志趣联结而成的人际关系。业缘人际关系打破了血缘人际关系和地缘人际关系的界限,以事业和志趣为纽带,形成了更为广泛、层次多样的人际关系。这种人际关系的形成,既使人际关系的整体更为复杂,也使人与人之间关系的层次上升到较高水平。这可从这种关系的表现形式上看出来,如师徒关系、师生关系、同事关系、同学关系、战友关系等。业缘人际关系的更深层次是对社会生产关系的具体体现,对社会经济和生产力的发展具有直接作用。

(三)根据人际交往需要不同划分

根据人际交往需要不同,可把人际关系分为三种类型。

1. 包容的需要型

具有这种需要类型的人,喜欢并主动与他人交往,乐意建立并维持和谐的人际关系。基于这种动机所产生的行为特征是:参与、宽容、谦逊、热情、乐于合作等。

2. 控制的需要型

具有这种需要类型的人,力图在权威和权力的基础上与他人建立并维持良好的关系。在行为表现上,显示出总想控制、支配、领导他人。

3. 情感的需要型

具有这种需要类型的人,希望在友谊和爱情的基础上与他人建立并维持良好的关系。想对别人亲热、亲近,也期待别人对自己亲热与亲近;具有亲切、友善、同情、照顾或冷淡、厌恶、憎恨等行为特征。

三、人际关系形成及影响因素

人们在社会中生活,为了使活动顺利地进行,就会结成某种人际关系,这种人际关系在不同条件下和不同的人身上,表现出各种各样的方式。有的人左右逢源,如鱼得水,在群体中与每个成员的关系都很和睦;有的人在群体内形单影只,但在群体外倍受欢迎;有的人在"夹缝"里无法生存,但换换环境,却能一呼百应等,这说明人际关系的建立,受着多种因素的作用。

(一)主观因素

人际关系的建立,首先受着自身因素的影响。自身的性格、气质、主观印象以及道德品质,影响着人际关系形成的快慢以及所达到的程度。

1. 性格和气质因素

这两种因素是属于个性中的成分,它往往影响人际交往的数量和质量。在群体中,一个性情宽厚、能体谅他人的人,易为其他成员所欢迎,成为众多人交结的对象,因而,也很容易与其他人建立良好的人际关系；相反，一个性格孤傲、态度冷漠的人，既不愿主动去了解人，也不愿被人们所理解，孤芳自赏，很难与人形成和谐的人际关系。一个谦虚、和气的人，能获得别人的好感，而一个自负、目中无人的人，则令人厌恶。就气质而言，一个热情奔放、活泼好动、善言辞、乐社交的人，往往易与他人建立关系，而一个古板、迟钝、多愁善感、刁钻古怪的人，则会使人望而却步，不易形成良好的人际关系。

2. 主观印象

主观印象中，有一个成分叫第一印象，这个成分往往决定着人在与他人接触时的态度倾向和行为特征。因而在初次交往时，人的仪表、衣着、言谈举止、神态风度等外观因素起着重要作用，不可忽视。

3. 道德品质

品质属于个人的规范，它决定着个人的内外活动。一个具有高尚品德的人，往往能严于律己，宽以待人，在工作中关心同志，乐于助人，为人热情诚实，感情出自内心。这不仅为形成良好的人际关系提供了良好条件，而且还为整个社会风气的改善带来了积极的影响。

（二）客观因素

人际关系的形成，除了自身的主观原因外，还有许多客观因素制约着其形成。客观因素主要包括：

1. 空间距离因素

在社会生活中，人们在地理位置上越接近，彼此交接的机会越多，互相依赖、相互帮助的时候越多，就越容易形成良好的人际关系。因此，同一班的学生之间，同一车间的工人之间，同一连队的战士之间，同一办公室的同事之间，以及街坊、邻居之间，在一般情况下，都易于结成良好的人际关系。当然，空间距离对于人际关系的形成并不起决定作用，但在其他条件相同的情况下，却是一个有利条件。国外在管理中很重视这一外部因素的作用，他们在对工作场所设计时，常常将人际交往的因素也考虑进去，这样，既便于工作人员之间的相互往来，有利于尽快协调关系，又可防止因空间上的隔离而产生的与整体利益不一致的小群体。

2. 交往次数

除了空间距离因素之外，交往次数也是建立人际关系的一个重要客观因素。在群体中，成员之间的接触越多，了解的时间越长，越容易形成良好的人际关系。一般来说，交往次数的多少，与交往水平的高低也直接相联系，交往的次数越多，交往的水平也就越高。但也有例外，如果两个人接触，只是彼此寒暄，应酬几句完事，那么，即使交往次数再多，也不能建立良好的人际关系。次数加上真诚，才可能结成良好的人际关系。

3. 群体的社会地位和社会影响

一个群体，在整个社会中所处的地位如何，所起的影响怎样，也是建立良好人际关系的客观因素。一个群体的成就大，在社会上影响大，就容易使成员在相互交往时产生心理相容和感情共鸣，结成良好的人际关系，产生集体荣誉感。相反，一个失败的群体，在社会上没有地位，名声又很坏，群体中的成员就会分裂，形成各种不同的非正式群体，使群体中缺乏统一的气氛，这就很难建立良好的人际关系。

（三）增进彼此吸引的因素

上述形成人际关系的主观因素，是从宏观的角度，对影响人际关系建立的因素作了一般性的说明,下面再从微观的角度,对形成人际关系的因素作一具体分析。

1. 空间邻近因素

这是指人与人之间所处的空间距离,人与人之间关系的建立,总是以彼此的交往为前提。但若两人居住的地方相隔万里,根本不可能进行接触,那么,他们彼此也就无所谓了解。空间上的邻近,为人提供了交往的合适场合,使之有可能在同一空间上进行交往,并在交往中相互结识、相互影响,从而结成一定的人际关系。所以,空间邻近,为人际关系的建立提供了可能。

为什么人与人之间空间的邻近会使人相互吸引,给人际关系的建立提供了可能?这里有三个"原则"在起作用。

第一是"有用性"原则。人们通过长期的交往实践认识到,同与自己相邻近的人交往,建立关系,不仅可以很快地满足自己的社交需要,还可以满足自己的多方面的需要,如感情的寄托、信息的获得、生活的关照、工作的便利等。中国有句俗语,叫"远亲不如近邻",就是对这一情况的确切概括。

第二是"长远性"原则。人们在交往中发现,自己的交往虽层次多样,但与邻近的人交往,将具有长远意义。一个人与自己邻近的人交往如何,对于自己身心的发展、工作、学习、生活都有着直接的重要影响。所以,人们往往更多地从积极方面去评价同事、邻居、同学等,结成良好的人际关系成为同邻近的人进行交往的主要倾向。

第三是"现实性"原则。人们通过交往认识到,与人相处的距离的远近,是可否建立人际关系的最基本因素。因此,要想和别人建立关系,就必先从这一基本事实出发,对相处同一空间的人,增加交往的频率,提供相互了解的机会,进而建立良好的人际关系。不考虑空间距离,盲目地交往是不现实的。生活中所出现的"单相思"固然有许多原因,但空间距离的不适当也是一个重要原因。

2. 相似性因素

这是导致人际吸引、结成良好人际关系的直接因素。俗话说:"物以类聚,人以群分。"人们在生活中的交往,并不是盲无目的地进行的,而是具有严格的选择性,只有当二者在某些方面具有相似点时,交往才有可能进行。这些相似性因素,主要包括以下几个方面:

(1) 年龄的相似

发展心理学的研究表明,心理的发展是有阶段性的,而阶段的划分是以年龄为标志的,不同年龄的人,所处的心理水平是不一样的。交往,对人的心理水平是有要求的,一般来说,处在同一心理水平线上的人,心理容易沟通,易于建立良好的人际关系;相反,则不易建立良好的人际关系。这就是说,在交往中,年龄相似的人,其思想、情感、行为方式、兴趣爱好等方面,具有相似的特点。这些共同的特征会使他们对同龄交往对象产生积极肯定的评价,更易于理解对方的思想、情感和行为方式。因此,在同龄人之间存在着较强的吸引力。

隔代人相交往,由于受其社会经历、所受的教育、成长环境等诸方面的影响,互相在观念、情感、行为方式、对现实态度上都会有差异,而这就成了建立人际关系的障碍,而所谓的"代沟",就是依此而来的。但我们还必须认识到,人的心理发展不仅具有阶段性,而且还具有连续性。因此,隔代人之间还存在着具有一致的地方,彼此也能建立良好的关系。我们生活中所出现的"忘年交",已从事实上说明了这一问题。

(2) 社会经历、社会地位的相似

在生活中,当人们在社会经历、社会地位上具有相同点时,也容易建立良好的人际关系。这是因为,相似的社会经历,会使人对事物具有相同或相近的感受,容易相互理解。"同是天涯沦落人,相逢何必曾相识"。而相同的社会地位,会使人具有相同或相近的思想感情和行为模式,有着共同的社会利益和相近的生活方式。在交往中,他们往往会产生彼此是"自己人"的感觉,从而更易于相互接近、相互选择、相互吸引。

(3) 态度与价值观的相似性

这一因素在人际交往中具有重要作用,它决定着人际关系的性质,在对待事物的态度上,有时不同的人对同一事物会产生不同的态度,而有时不同的人对同一事物也会产生相同的态度,而这一态度的相同与不同,就决定了人际关系是否能够建立。如在对保卫祖国边疆的态度上,有的人认为这是无上光荣的事,因此,为之流血牺牲而在所不辞。但有的人认为当兵戍边吃亏,不如捞钱实惠。由于对这一事物的态度不一样,所以就影响了良好人际关系的建立。曾有一段时期,一些姑娘和戍守边疆的战士"吹灯"的现象,就是这种表现形式。但大多数人保持着积极态度,因此,找守卫边疆的战士作为自己心爱的人的姑娘,不断涌现,有的还喜结良缘。此事如此,在其他事情上也是这样。所以说,没有相似的态度,是很难建立良好的人际关系的。

价值观则是指一个人对周围的客观事物的意义、重要性的总评价和总看法。这一因素的参与,不但使人际关系的建立更为复杂,而且也决定着人际关系的性质。这是因为价值观有两种,一种是消极的,另一种是积极的。如果价值观相似的人带有消极色彩,其建立的人际关系则对群体具有破坏作用,其人际关系越好,破坏性也越大,社会上的许多犯罪团伙及企业中的某些非正式小群体,就属于此种类型。而价值观相似的人带有积极色彩,则就能建立起对群体活动起积极作用的人际关系。这种人际关系,有利于群体的团结,给群体带来活力,使群体向着积极、健康的方向发展。

3. 互补性因素

研究表明,人的行为的最初源泉是需要,人的一切行为也都是为了寻求某种需要而进行的。通过交往,既可以从别人那里获得自身所缺的东西,也可以把自己的优势扩散出去,从而使交往的双方获得需要的满足,便会对对方产生亲近的情感,与之结成良好的人际关系。否则,则会与之疏远,甚至相互敌视。真正良好的人际关系,既非单纯的索取,也不是单纯的奉献,而是由相互满足而引起的愉悦情感的产物,是互惠关系。所以说,需要之间的互补,是将人联系在一起的最有力的纽带,补偿性吸引是最强的人际吸引力,是人际吸引的实质所在。其他各种增进人际吸引的因素之所以起作用,是因为与邻近的人相交往可以尽快地满足自己的社交需要,同与自己相似的人进行交往,可以彼此从对方那里得到支持、承认与赞赏,使自尊的需要得以满足等。

由交往过程中需要的相互满足而产生的人际吸引称为补偿性吸引。补偿性吸引主要表现在两个方面:一是人与人之间个性特征上的互补、互嵌,这称之为"个性"吸引;二是交往双方需要的相互满足,这称之为"相需"吸引。由于这两种吸引的存在,使人际关系的建立,由可能成为现实。在现实生活中,也就出现了不同层次的人际关系。概括起来说,在现实生活中,良好的人际关系表现为不同层次的三种形式。第一层次:交际关系。这是因经常在一起工作、生活和学习(如同学、邻居、同事),以共同的生活空间、共同的活动为纽带而结成的肤浅的人际关系。在此种关系中,双方没有很深的情感联系,谁也不会从对方那里获得更多的东西,一旦其中一方离开,双方便不再接触。

第二层次:给予—接受关系。在这个层次,感情已深化,成为人们进行交往的重要纽带。由此,就形成这样的关系:一方主要是给予者,另一方主要是接受者,给予的乐于给予,在给予中获得满足;接受的乐于接受,以接受对方的给予为乐事,在接受中获得满足。师生关系就是这一层次的典型代表。

第三层次:互惠关系。这种关系比起前两者进一步深化,交往的双方也以平等的方式出现,都以从对方获得自己需要的东西为目的。这种关系就是以需要的相互满足为基础,以情感相悦为纽带的补偿性吸引。

西方社会心理学家尤里尔·福阿提出了人际关系的交换理论,用来说明人际关系中的补偿性吸引现象。这一理论认为,友谊是物质和精神财富的交换关系。人们通过友谊关系可以获得六个等级利益:(1)爱;(2)社会地位;(3)信息;(4)金钱;(5)财产;(6)帮助。他认为,在人际关系中,这种利益的交换是必然的,但却不一定是在同一等级上进行交换。良好的人际关系就是这种利益的相互交换,需要的相互满足。

4. 情感的相悦

情感在人际关系中占有很重的分量,一切人际交往,都有它的价值,可以这样说,情感是人进行活动的心理动力源泉。人们在生活中,之所以趋善避恶、近美离丑等,都是情感在起作用。人们的交往也不例外,如果一个人喜欢另一个人,就会感到有一股强大的力量驱使去与之接近,同其建立亲近的关系,从中获得某种满足。但若是一个人的爱仅是一厢情愿,对方并没有表示,那么,付出的爱就不能得到回报,就像一朵艳丽的花儿得不到及时浇灌,慢慢就会枯死。单相思是无法建立良好的人际关系的。若两个人彼此倾心,爱就会汇在一起,形成一种强大的动力。

总之,情感的相悦可以增进人际吸引。人和人之间若要建立良好的人际关系,就必须以情感作为媒介;在情感深化的基础上,才能建立比较稳定的良好的人际关系。

5. 仪表的魅力

仪表,是交往过程中一个直观因素,这一直观因素是决定人们是否继续进行交往以及持何种态度的重要因素。社会心理学家曾用观察实验的方法研究了外表的魅力与人际吸引之间的关系。结果表明,初次见面时,对方外表的魅力与想再次与之见面的相关系数为0.87,这要比其他特征如个性、兴趣等的相关要高。实验研究和现实生活都证明,无论男性还是女性,其社会交往的数量和质量都与其魅力有关。在社会交往的过程中,外表的魅力往往有形无形地左右着人际关系的建立与发展。

由上述可见,仪表的魅力对人际关系的建立有着重要意义。那么仪表的魅力从何而来呢?可以这样说,人的外表的魅力虽然与外貌等先天因素密切相关,但并不是完全取决于这种所谓的"爹娘给的"因素。而是人的一种外在美的总和。人可以通过后天的自身修养塑造美的气质、性格,表现出优雅的举止、风度,加上适宜的打扮,可以弥补自己容貌的不足,同样可以具有引人的魅力。假如一个人虽然仪表堂堂,但却口出不逊之词,举止粗野,行为放荡,也会失去魅力,甚至为人唾弃。因此,可以这样说,仪表的魅力是先天的素质和后天修养的产物,而后天的修养,则起决定作用。

由于"第一印象"的作用,仪表的魅力在人与人之初次交往中起着十分重要的作用,是对人际关系最先发生影响的因素。"第一印象"影响着人们今后对人的评价,关系到彼此的交往能否继续进行。由于首次会面时彼此都缺乏对对方的更多了解,而第一印象主要是关于对方外表特征的印象,所以说,外表的魅力在人际交往的初期对人际关系有着十分重要的影响。如果首次见到对方就反感,就决定了以后很难建立良好的人际关系。相反,如果首次见面互有好感,就是良好人际关系建立成功的一半,并在此基础上逐渐深化,达到水乳交融的程度。因此,在实际生活中,初次与人会面,就要十分注重自己仪表,穿戴要和自己的身份相应,举止言谈恰到好处。以增加自己对别人的魅力,以求交往的继续深入和良好人际关系的建立。

除上述几种因素外,情境因素也是增进人际吸引的一种重要因素。这里所说的情境,是指社会环境、自然环境和心理环境三个方面。三个方面在人际吸引中各自起着不同的作用,自然环境给人提供了交往场所,而社会环境则给交往提供了机会,心理环境则是使交往得以进行的必备条件,三种因素,缺一不可。人际吸引的本质,也就是这三种因素的有机融合。

四、人际关系能力的培养途径和方法

人际关系能力的形成,不是自发的,而是通过一定的途径,使用一定的方法逐渐培养发展起来的。

(一)人际关系能力培养的途径

人际关系能力的培养途径是多种多样的,但概括起来,主要有两条途径:一是通过实际的人际交往进行培养,二是通过人际关系知识系统的传授来培养。

1. 生活中实际的人际交往

社会是一个大课堂,在社会上生活的每一个人,无时无刻不受社会的熏陶,无时无刻不从社会生活中吸取自身所需要的营养,而这些都不会自发发生,都是通过人与人之间一系列活动进行的。有活动就有交往,通过交往,社会中的人才结成这样或那样的关系,使社会成为一个错综复杂的组合体。作为一个人,要想在这样的社会中生存,就必须具备协调各种关系的能力。否则,就只能以一个悲剧人物的角色了却终生。因此,我们必须通过自身的生活实践来获得这方面的能力。

人是一个复杂体,由人所组成的社会生活则更为复杂。凡是生活在这一社会中的人,都在社会中不同程度地提高着自己的人际关系能力,只不过,有些人清楚地意识到这一点,而有些人则糊里糊涂。对这方面有清楚的认识的人,他不仅依靠社会生活自发地去培养,而且还自觉地去捕捉、揣摸、探索和寻找最佳的方法。只要悟到其中的奥妙,便能在人际关系网中进退自由,左右逢源。这既可以使自己和所接触的人和睦相处,也为自己在各方面的发展提供便利条件。所谓人际和谐,如沐春风,前途远大,其乐无穷。但有些人,由于自己意识不到或忽视了对人际关系的探索,对自身的人际关系能力不去积极培养,任其自然,结果,在人和人交往时一再受挫,和周围人的关系也很紧张,久而久之,总觉得生活不顺心,别人在故意和自己为难,心理压抑,精神不振,工作起来情绪不高,不但干不好自己分内之事,还拖整个组织的后腿。像这样的人,不但不会成为生活的宠儿,反而会被生活所抛弃。为什么这些人会产生被生活抛弃的感觉,是因为他们对自己的人际关系能力缺乏培养,对处理复杂的人际关系力不从心。因此,必须对人际关系能力重新认识,及时调整自己的生活格调,既要使人际关系的能力自发地提高,也要自觉地去发现、挖掘、探索、领悟。这样,双管齐下,就可迅速提高自己的人际关系能力,使自己更好地适应社会。

2. 人际关系知识系统的传授

人们除了通过自己的活动来提高人际关系的能力之外,还可通过对人际关系知识系统的学习和掌握来提高。如果说通过自身的生活实践提高人际关系能力是感性知识的积累和艰苦探索的话,那么,人际关系知识的系统传授则是给人们以理论的指导和向人们提供一条提高人际关系能力的捷径,从而,加速人际关系能力的提高。

向人们传授人际关系方面的知识,原被视为禁区,觉得这样做,会使社会上的不正之风更加盛行。这是完全错误的理解。关系学是一门科学,它不是为了助长不正确的人际关系,而是引导人们去建立健康的、积极的人际关系。通过这门科学知识的掌握,可以使人选择最佳的培养人际关系能力的途径,并使用最恰当的方法和合适的技巧,同周围的人结成良好的人际关系。

人际关系知识的系统传授,是通过学校教育进行的,为了提高我们培养出来的人才素质和适应社会的能力,在高等学校不仅要开设其他课程,还要增设人际关系学这门课程。通过学习这门学科,就可以达到:(1)通过人际关系学方面知识的学习,自觉提高其人际关系能力;(2)缩短学校教育和社会的距离,使学生能尽快地适应社会。

(二)人际关系能力培养的方法

人际关系能力培养的方法很多,这里主要介绍两种方法。

1. 敏感性训练

敏感性训练也称感受性训练或"T-组训练"(T-Group Training),这是在西方,特别是在美国被广泛采用的一种培养领导者和管理人员人际关系能力的方法。

敏感性训练的目的主要是使受训练者:(1)增强对别人需要、动机、情感及其表达方式的敏感性;(2)通过观察别人的反应和体验自己情感变化,提高预测自己行为的后果,并从中吸取教益的能力;(3)提高使自己的行为符合自己的价值观念、行动目标和与外在环境相吻合的能力;(4)提高活动技能,使意图、行为和行为结果更加一致(即提高协调处理人际关系的能力)。

敏感性训练的基本设想是:

(1) 人们可以从分析自己"此时此地"的心理经验,学到很多东西。

(2) 其中最主要的学习,洞察别人的感情、反应及观感。这些表现往往因某些理由都不愿表现出来。

(3) 设计良好的训练实验室(或别的场所),能减少阻挠人与人交往互补作用的障碍,使受训练者能更直接有效地学习体会别人。

(4) 在这项训练中,所必须克服的阻碍是人们在其社会文化环境中习得既有态度。例如,"我们不应过多责难别人"、"学习的最佳方法是独立思考"等。

根据布拉德弗(L. P. Bradford)等人的分析,受训者在训练集会开始3～6小时后,即发现两种事实:

(1) 要谋求大家一致赞同的议题,是相当困难的。

(2) 成员彼此不太注意倾听别人说的话。

由此,受训者便体会到在一个群体里,各成员对群体的关心远不如对自己本身的关心,这种体会将使受训者了解:为什么公司的委员会在讨论问题时,很难形成一致的论点?某些人为什么经常在讨论会中远离议题而大谈私人的事?

2. 角色扮演

在人和人的交往中,如果每一个人都能站在别人的立场上,多替别人着想,就可以避免许多误会的产生,减少很多不必要的、不愉快的冲突,而使人际关系保持和谐。角色扮演法就是模拟某些现实的问题情境,让一个人扮演各种不同的角色,站在不同的立场处理事物,以期了解别人的要求与感受,而改善待人的态度。例如,一个售货员扮演顾客的角色,让其体验一下售货员对待顾客态度恶劣时的态度,有助于改善自己的服务态度。

因此,对别人的需要、动机、思想、情感和愿望的理解,对别人境遇的同情,是与人建立和维系良好人际关系的重要条件。理解力和同情心是人际关系的能力的重要内容。由于先天素质和后天社会经历的不同,人们的理解力和同情心是不一样的,有的善解人意,能同情别人,有的只会从自己的立场出发考虑问题,对人缺乏理解和同情。因此,理解和同情心的培养是提高人际关系能力的重要方面。

所谓角色扮演术就是一种提高人们理解力和同情心的心理训练法。它通过模拟某些现实中的问题环境,让受训者扮演不同的角色,站在不同的立场上,处理所面临的问题,由此让其感受了解别人在此时此地的体验,以使其了解别人,从而改变其待人态度。成功的角色扮演训练一般可以提高人际关系能力,使其更善于理解人,更会同情人,改变其人际行为模式,以对方易于接受、感到满意的方式与其交往,导致和谐的人际关系。

但是,在日常生活中,让人们经常去进行这样的角色扮演是不现实的,它要受许多客观条件的限制,但若以心理上(或观念上)的角色扮演去代替现实的角色扮演,即在观念上经常把自己想象为交往对象,常自问"如果我是他……"、"如果我处在他的情况下……",也会收到角色扮演训练的效果。这简单易行,每个人通过主观努力都可以做到"心理换位"或"感情移入"。这是培养人际关系理解力与同情心,使人际关系的能力逐渐得到提高的有效方法。

复习思考题

1. 什么是社会群体?有哪些特征?
2. 什么是正式群体与非正式群体?什么是内群体与外群体?
3. 什么是群体凝聚力?影响群体凝聚力的因素有哪些?
4. 什么是群体规范?
5. 群体成员的角色有哪些?
6. 群体决策的优点及缺点有哪些?
7. 什么是头脑风暴法?
8. 什么是从众?有哪些类型?影响从众行为的原因有哪些?
9. 什么是模仿?有什么意义?
10. 什么是暗示?暗示受哪些因素的影响?
11. 什么是社会感染?有什么特点?
12. 什么是社会助长与社会惰化?
13. 什么是群体极化及产生的原因?
14. 什么是去个性化?研究去个性化的理论观点及其意义有哪些?
15. 什么是人际关系?有哪些特点?

16. 影响人际关系的主客观因素有哪些？
17. 阐述人际关系能力培养的途径与方法。

本章参考文献

[1]郭毅,阎海峰,傅永刚.组织行为学.1版.高等教育出版社,上海社会科学院出版社,2000.

[2]李铮,姚本先.心理学新论.北京:高等教育出版社,2001.

[3]中国就业培训技术指导中心,中国心理卫生协会.心理咨询师·基础知识.北京:民族出版社,2005.

[4]http://www.catallaxy.cn/uploadfile/20071015112928811.pdf.

[5]http://202.198.131.190/wlkc/xinlixue/dishisizhangdierjie3.htm.

第十七章
心理障碍与治疗

【本章导学】

当一个人在压力的情景下做出某种心理反应或行为表现时,常常会自问:"我的心理健康吗?我的心理正常吗?"正常与异常是一对对应的概念。人的异常心理属于心理障碍研究的范畴。谈到心理障碍人们并不熟悉,但是心理变态一词人们却是非常熟悉的。当被人说一句"你变态啊",就会感到伤自尊了,因为在很多人看来,一个人变态,就意味着这个人是精神病患者。这是人们片面的理解。我们现在所说的心理异常,实际上就是指变态心理。只不过是长久以来,传统有变态心理这样的叫法,而现在人们叫异常心理罢了。本章要研究的就是人的异常心理与心理治疗。那么,什么是心理正常(心理健康),什么是心理异常,判断的标准是什么?心理障碍的种类有哪些,产生的原因是什么,如何治疗及心理治疗?这是我们要研究的主要问题。

第一节 心理障碍与心理治疗概述

一、心理障碍的概述

(一)心理障碍的含义

"我觉得我的心理不健康","我觉得我有心理障碍","我觉得我的心理不正常",这是人们在描述自己的心理状态时常常使用的语句。通常,人们是不加区分的。但是,"不健康"、"不正常"和"心理障碍"这三个词却是不完全相同的。弄清楚它们之间的异同,对于正确地理解和把握心理障碍的含义是很有必要的。

1. 心理健康与心理不健康

心理健康与心理不健康是一对对应的词。过去人们认为健康是没有疾病。1979年出版的《辞海》把健康定义为"人体器官系统发育良好,功能正常,体格健壮,精力充沛并具备了良好的劳动效能的状态"。但是在1946年世界卫生组织的《世界卫生组织宣言》中明确指出"健康不仅是没有疾病和虚弱现象,而是一种个体在生理上、心理上、社会上完完好好的状态"。可见,健康不仅是指生理,还包括人的心理和社会方面。

而"所谓心理健康是指在身体、智能以及情感上,与他人的心理健康不矛盾的范围内,将个人心境发展成最佳的状态"。这是第三届国际心理卫生大会(1946年)所下的定义。大会还认定了心理健康的标志为:"(1)身体、智力、情绪十分协调;(2)适应环境,人际关系中彼此能谦让;(3)有幸福感;(4)在职业工作中,能够充分符合自己的能力,过着有效率的生活。"从上述定义中,可以看出,心理健康是一种心理状态,体现着个体在内部与外部环境变化的状况下,保持与外部环境的协调一致以及与个体自身内部心理过程间的协调一致的良好的心理功能状态。

因此,心理健康与心理不健康是包含在正常的心理状态中的一对概念,体现着心理正常的水平和程度。而心理正常与心理异常是探讨人的心理"有病"或"没有病"的一对概念。

2. 心理正常与心理异常

【案例 17-1】悲痛中的母亲

坐在我面前的是一位 40 多岁的中年妇女,这是一位单亲妈妈。两年前,她的丈夫因为车祸去世了。现如今唯一的 17 岁的儿子也因为癌症离她而去。诉说中,她的眼泪不停地在流。一段时间以来,她表现出兴趣下降,情绪严重低落,入睡困难,食不能下咽,甚至都不想活在这个世界上了。她的心理异常吗?

【案例 17-2】千针穿身

2010 年 4 月 11 日,美国 46 岁男子埃德·布伦斯让穿刺艺术家耗时大约 5 个小时,在他身上插进了 1 501 枚钢针。钢针从皮肤的一端穿进去,再从皮肤的另一端穿出来。钢针遍布了他的背部、手臂和大腿。当全部钢针穿完后,他还站起来和媒体照相。但是很快,疼痛使他产生了休克感。他这样做只为创造"一次性在身上穿插最多钢针"的吉尼斯世界纪录。他的心理正常吗?

【案例 17-3】为何刀割自己?

在非洲,一个少女用刀子把自己的手臂和脸划破,是为了制造出具有装饰性的伤疤。她的行为表现是异常心理表现吗?

异常心理又称为"变态心理",是指人们通常说的"他和大家不一样",即偏离了正常人心理活动的心理和行为。那么,如何来判断呢?如前面谈到的三个案例。案例 17-1:虽然这位单亲妈妈在外界巨大的痛苦打击下,出现了机能不良。但是也似乎不能够紧紧依据这一点而判定是心理异常,很可能是遭受了巨大打击下的正常反应。案例 17-2:通常人们是不会做出在自己的身上穿插钢针的行为的。从这点上看,埃德·布伦斯的行为显然是与"大家的"行为不同,但是我们却不能说他的行为是异常的心理表现。而案例 17-3:如果在中国,一个花季少女把自己的脸和手臂划破,无疑人们会认为她是心理异常。可是在非洲国家,传统的文化对女孩有着这样的要求,那么,这个女孩的行为就另当别论了。可以说是正常的心理反应。可见,要清楚地判断正常心理和异常心理并不容易。因为,心理异常与心理正常是相对而言的,两者并没有一个可以截然划分的界限。两者之间在某些情况下可能有本质的差别;但在更多的情况下可能只有程度的差别;而异常心理的表现又是受多种因素,如生物因素、心理状态和社会环境等影响的,所取的角度不同,判断的标准也就不同。除此以外,在判断中主要是依据临床经验进行主观判断,因此就增加了判断的难度。

3. 心理障碍与异常心理

在临床上，通常采用"心理病理学"的概念，把范围广泛的心理异常或行为异常统称为"心理障碍"，或称为异常行为。心理障碍泛指所有心理异常的现象。包括各种不良的心理品质、异常人格、神经症、精神病、身心疾病等。

美国的《诊断分类手册》第四版（正文修订版）列出几项可以标识心理障碍的标准：

(1) 痛苦或功能不良；

(2) 不适应性；

(3) 非理性；

(4) 不可预测性；

(5) 非惯常性于统计的极端性；

(6) 令观察者不适；

(7) 对道德和理想标准违反。

我国学者于20世纪90年代提出了判断心理异常的标准。

1. 医学标准：这种标准认为，心理障碍和躯体疾病一样，是有其内在的病理解剖或病理生理变化的。把心理表现看作是疾病的症状，脑功能失调是其产生的原因。因此，可以根据个体表现出来的某种心理表现或行为，找到它的病理解剖或病理生理变化的根据，在此基础上确认此人患有精神疾病或心理疾病。

2. 统计学标准：人们的心理特征，在统计学上常常显示为正态分布。其中大多数人居于中间，属于心理正常范围，而居于两端的则被视为"异常"。因此，就可以根据其偏离平均值的程度来断定个体的心理正常或者异常。偏离平均值的程度越大，则越不正常。

3. 内省经验标准：主要体现在两个方面，一是指个体的主观感受，不舒服又说不清楚是什么原因，或者感到焦虑、恐惧等而主动寻求帮助；二是观察者根据自己的经验（专业训练和临床经验），对被观察对象作出是否异常的判断。

4. 社会适应标准：在正常情况下，人的生理和心理活动是维持在一种稳定状态中的，以此适应社会生活的需要，适应环境和改造环境。因此，正常人的行为符合社会的准则，能根据社会要求和道德规范行事。以此为参照，如果个体不能够按照社会认可的方式行事，以至于产生不适应。那么，就可以认定此人心理是异常的。

事实上，当依据标准进行判断时，也很难做出没有任何类型偏差的判断。因为判断要依据评定者所具有的理论、训练和文化背景，以及评定者所处的情境和状况。

尽管判断心理异常与否是一件很困难的事情，但是从理论上还要给出一个概念，便于理解和研究。根据前面所述，心理健康是一种良好的心理功能状态，那么，对应的反映心理异常的心理障碍就是一种紊乱的心理功能状态及表现。因此，我们采纳以下说法：

心理障碍是一种伴随着痛苦和功能性损伤出现的个体内部的心理功能的紊乱，是一种不典型的或文化上不被期待的行为反应（王建平，2005）。

定义心理障碍有三个标准：第一，涉及认知、情感和行为三个方面的心理功能紊乱；第二，伴随着痛苦和损伤；第三，不被一定文化期待的，或是非典型性的反应。

需要指出的是，在习惯上，人们通常把异常行为中严重的神经症和精神病以外的异常心理现象称作心理障碍。如传统的心理学界的观点，按照程度和性质的不同，把心理异常分为（从轻到重）：心理不适、心理失调、心理障碍、心理疾病（王极盛，1998）。还有人把心理障碍看成是非精神病性心理紊乱(郭念锋,1995),并分为:心理问题、心理障碍、心理疾病边缘,还指出:"心理问题,指那些在时间性质方面有近期发生而不太可能持久的特点,问题的内容上为泛化,只是局限在引发事件本身;其反应强度不甚剧烈并未严重影响思维逻辑性的心理紊乱。心理障碍,是初始反应剧烈,持续时间长久,内容充分泛化和自身难以克服的精神负担。由于长期的精神折磨,有时伴有人格缺陷。心理疾病边缘是较严重的,它已经接近精神疾病的边缘状态,或者它本身就是某种精神疾病的早期阶段。"可见,在这里只是把心理障碍理解为心理异常的一种程度。

综上所述,对于心理障碍的理解,一种是把心理障碍看成是心理异常的一种程度和水平;另一种是看成大的概念,包含所有心理异常的现象。本书倾向于后者。

(二) 心理障碍的诊断

对于普通人来说,判断一个人是不是心理异常,主要是根据生活经验来判断。如果一个人的心理状态和行为与社会大多数人无异,一般不会认为这个人是心理异常的。但是,对于专业人员来说,判断的准确性是非常重要的。因为这个诊断的结果影响着下一步的决策,即是否需要治疗以及如何治疗。

一般来说,专业人员常常通过许多方法来获取诊断所需要的信息或资料。如临床访谈(包括精神状况的检查)、行为评估(在特定的情境下评估个体的思维、感觉和行为)、身体检查(心理的异常是否与身体的异样有关)、心理测验(投射、人格、智力、神经心理等测验)、生理心理评估(对大脑结构及其功能的评估方法)、脑成像技术(大脑结构和功能的成像)。

1974年,世界卫生组织精神卫生处为了提高全球精神科医生对精神疾病诊断的一致性,开展了一系列有关精神疾病的标准化和分类的国际性研究,并发表了分类手册。目前,关于心理障碍(或精神疾病)的分类,有美国精神病学会1987年修订版的《精神疾病诊断和统计手册》,即DSM-3-R;世界卫生组织1995年(WHO)的《国际疾病分类手册》第十版(ICD-10-CM);中国1989年公布的《中国精神疾病分类方案与分类手册》(CCMD-2),共划分10大类。随着时间的推移,许多手册进行了修订。现今,在世界范围内使用最广泛的精神疾患诊断系统是美国的DSM-Ⅳ-R,即《美国心理障碍诊断和统计手册》(1994年修订)。手册不仅定义了心理障碍:导致个体痛苦或使得个体在一个或多个重要方面丧失功能的行为或心理类型,还提供了对每一种心理障碍可操作的诊断标准,以及文化因素的影响。我国使用的心理障碍诊断标准是CCMD-3。

(三) 心理障碍的原因分析

心理学博士王建平(2005)指出:"实际上,每个维度,无论是生理的还是心理的,都极大地被其他维度和个体的发展影响着。它们相互交织,通过多种多样的、复杂的和难以理解的方式造成心理障碍。"

目前,倾向于认为心理障碍是多种因素共同作用而不是单一因素作用的结果。

二、心理治疗的概述

(一) 心理治疗的含义

要对心理治疗给出一个明确的定义不是一件容易的事情。因为到目前为止,还没有一个定义为专业工作者所公认。例如:

《美国精神病学词汇表》将心理治疗定义为:"在这一过程中,一个人希望消除症状,或解决生活中出现的问题,或因寻求个人发展而进入一种含蓄的或明确的契约关系,以一种规定的方式于心理治疗家相互作用。"

沃尔培格(L. R. Wolberger,1967)提出:心理治疗是针对情绪问题的一种治疗方法,有一位经过专门训练的人员以慎重细虑的态度与来访者建立起一种业务性联系,用以消除、矫正或缓和现有的症状,调解异常行为方式,促进积极人格成长和发展。

钱铭怡认为:心理治疗是在良好的关系的基础上,有经过专业训练的治疗者运用心理治疗的有关理论和技术,对来访者进行帮助的过程,以消除和缓解来访者的心理问题或障碍,促进其人格向健康、协调的方向发展。

研究者柯希尼和韦丁的定义:心理治疗是双方互动的一个正式的过程,每一方通常是由一个人构成,但有可能由两个或更多的人组成。其目的是经由精通人格源起、发展、维持与改变之理论的治疗者,在专业和法律认可下,使用逻辑上与该理论有关的治疗方法,来改善另一方在下列任一或所有领域的无能或功能不良带来的苦恼:认知功能(思维异常)、情感功能(痛苦或情绪不舒适)或行为功能(行为的不恰当)。

可以说,上述每个人都从各自的角度对心理治疗力求给出一个完美的定义。但是都不能够涵盖所有方面。但是从中我们也能够找出一些共同点。那就是:实施心理治疗的人是受过专业训练的,掌握心理理论和技术的人;心理治疗是一个过程;在这个过程中,消除来访者存在的问题,促进人格发展。

因此,我们认为,心理治疗就是由经过专业训练的治疗者运用心理治疗的有关理论和技术帮助来访者缓解或消除其问题,从而促进其人格健康发展的过程。

在心理治疗和心理咨询的实践中,有一些人习惯上把心理咨询的对象称为来访者,而把心理治疗的对象称为病人。那么,心理治疗和心理咨询两者间有区别吗?

(二)心理治疗和心理咨询的关系

从心理咨询和心理治疗的实际看,很难把两者截然分开。如果说两者有不同,主要是源于它们的起源和发展过程中约定俗成的传统,首先,它们的起源地不同:心理治疗源于欧洲;心理咨询源于美国。其次,心理治疗主要由精神病学发展而来,由精神科医生实施,主要在医院或者治疗色彩较浓的地方。习惯用"病人"和"治疗"这类词语;而心理咨询是由职业指导发展而来,主要在教育、安置等部门,强调教育、问题解决、生活决策等。其主要区别见表17-1。

表17-1 心理治疗和心理咨询的主要区别

	心理治疗	心理咨询
接受帮助者	被称为"病人",更多被称为"当事人"。主要有:康复期精神病人、神经症病人、精神上受了打击的人、严重行为越轨者	称为"当事人"。主要是在适应和发展上的发生困难的人
给予帮助者	精神科医生:主要在医学院接受训练;临床心理学家:主要在心理学系或临床心理学系接受训练	咨询师:在心理学系、教育心理学系或临床心理学系;临床心理学家:在临床心理学系接受训练;社会工作者:在社会学系或社会工作系接受训练

	心理治疗	心理咨询
障碍的性质	神经症、人格障碍、行为障碍、心身疾病、性心理异常、处在缓刑期的某些心理障碍	正常人在适应和发展方面的障碍，如人际关系问题、学业和学习问题、升学就业问题、婚姻家庭方面的问题
干预的特点	强调人格的改造、问题行为的矫正，重视症状的消除，有的治疗体系（如精神分析治疗）不重视病人的理性作用，费时较长（从数周到数年不等）	强调教育和发展的原则，重视当事人理性的作用，重视发掘、利用当事人潜在的积极力量，自己解决问题。费时较短，从一次到数十次不等

（三）心理治疗的发展历史

1. 西方心理治疗发展的简介

心理治疗的发展历史，是伴随着人们对心理障碍的成因的认识而逐渐发展起来的。大致可分为三个阶段：

（1）超自然的解释：远古时代的人们信奉"万物有灵论"，此时人们把心理障碍的原因归于万物有灵论。认为人的心理异常是魔鬼附体，是邪恶的灵魂占据并且控制了个体的行为。因此，治疗心理障碍的方法就是使用驱魔术。那时的人们相信巫师、巫士、巫医牧师等拥有驱除魔鬼的力量。

（2）自然的解释：主要是从物理的或身体的原因来解释人的异常行为。如瑞士医生Paracelusu(1493—1541)认为月亮和星星的运动对人的心理功能能够产生显著的影响；梅斯梅尔认为人体生病是由于物理磁流体不均等分布导致的，并且认为磁流体受月亮潮汐植物等的影响。"动物磁力"是产生心理异常的原因，所以心理治疗就是使用"通磁术"；在希腊医生的记载中，常常发生在处女或寡妇身上的如身体不同部位出现各种各样的疼痛，还有诸如头痛、瘫痪、失明、情绪低落等症状。在希腊人看来是因为人的子宫的移动而导致的。心理治疗就是香熏或结婚。

（3）心理学的解释：人内部的动机冲突是人心理问题产生的根源。因此，心理治疗的方法是开导和劝慰人们，以解决内部的心理冲突。

实际上，真正的心理治疗的尝试始于18世纪。法国巴黎的沙可和法国南希的伯恩海姆利用催眠治疗歇斯底里症，分别建立了歇斯底里病理模型和指出通过催眠产生的心理暗示所起的治疗作用。弗洛伊德曾是他们的学生。1895年，弗洛伊德与维也纳的内科医生布洛伊尔合作研究的结果即《歇斯底里研究》一书的出版，标志人类历史上第一个心理治疗体系诞生。从此时一直到20世纪50年代前，在心理治疗领域一直出现"一枝独秀"的局面。弗洛伊德和新弗洛伊德理论占据绝对的优势。

从20世纪40年代开始出现了新的心理治疗的体系到现今，心理治疗领域出现"百花齐放"的局面。有罗杰斯的"非指导的心理治疗"、行为治疗、理性情绪治疗、存在主义治疗、现实治疗、折中主义治疗、家庭治疗以及多元文化的心理咨询与治疗等。

2. 我国心理治疗发展的简介

我国心理治疗的发展主要有四个阶段：

(1) 启动阶段(1949—1965年)：起于20世纪40年代末和50年代初，以心理学家黄嘉音先生开展对精神分裂症病人和其他心理障碍病人的治疗为标志。中医开展对神经衰弱的治疗取得了很大的进展，总结出的"快速综合疗法"，在当时影响较大。

(2) 空白阶段(1966—1977年)：此时心理学被认为是"伪科学"，心理咨询和心理治疗研究停滞不前。

(3) 准备阶段(1978—1986年)：1979年"医学心理专业委员会"成立病开展工作；国外心理咨询与治疗专家来华讲学。自20世纪80年代开始，大城市的一些精神病医院、综合医院精神科、高校相继开展了这方面的工作。

(4) 初步发展阶段(1987年至今)：在准备阶段的基础上，有了进一步的发展。表现在很多城市及学校开展了心理治疗和心理咨询工作。关于心理治疗和心理咨询的文章和专家逐渐增多；介绍某一疗法的心理治疗培训班越来越多；1990年，心理治疗与心理咨询专业委员会在北京成立，并开展了学术交流工作。总之，呈现出良好的发展态势。

第二节 常见的心理障碍及原因分析

一、焦虑障碍

焦虑，对每个人来说，并不遥远和陌生。因为，每个人在生活、学习和工作中，总会体验到焦虑或恐惧。但是这种体验并没有影响到人们正常的生活。相反，有研究表明，中等程度的焦虑，对人们的工作和学习是有好处的，可以激发和提高人的智力和体力活动。

而焦虑，是一种伴有显著的负性情绪、紧张的躯体症状和对未来的担忧的情绪状态。焦虑作为一种情绪状态，主要是面对未来的，是一种对未来事件的无法预测或不可控产生的不安体验。

资料表明，将近25%的成年人在他生活的某个时间段里，有过焦虑障碍的体验。但是，在体验到的焦虑程度、焦虑严重到什么程度，以及是什么诱发了焦虑等方面，可能是不相同的。下面将分别介绍焦虑障碍的几种类型。

(一) 广泛性焦虑症

1. 广泛性焦虑症的含义

广泛性焦虑症是指由不明确的对象或事由引起的，以紧张不安为主且伴有明显的植物神经症状，肌肉紧张和运动性不安的焦虑症。一般来说，广泛性焦虑是慢性的，当一个人至少在不少于6个月的时间里，且大部分时间都感到焦虑或者担心，却又不是因为受到了特定的危险所引起的，通常会认为这个人是广泛性焦虑症。

2. 广泛性焦虑症的症状表现

一个广泛性焦虑症患者，会为生活中的每件小事，甚至对绝大部分人来讲是微不足道的小事，都感到担心。这是其他焦虑障碍所不具有的特点。对于广泛性焦虑症患者来说，担心和焦虑是个体本身难以控制的。症状的外部表现主要体现在以下三个方面。

(1) 认知上：总是预感到将会有某种可怕的事情要发生，但是究竟是什么事情，却是模糊的，不确定的。就是说焦虑的对象具有"弥散性"的特点。

(2) 在情绪上：个体总是感到和很无助，具有强烈的担忧的情绪。表现出神经过敏、紧张、易怒、容易觉醒，常常处于精神崩溃的边缘。

(3) 生理上：肌肉紧张，是广泛性焦虑症患者在生理上的最主要的体验。因为这种紧张是慢性的、持久的，因此，个体很容易出现疲倦的状况，思想难以集中。容易生气和发怒，易紧张，常常是辗转反侧，难以入睡。

由于个体对担心是不能够控制的，使得广泛性焦虑症患者的注意的焦点总是集中在威胁的事件上，因此会影响到个体是否专注于他（她）对社会和工作的责任，及对个体的功能产生了不良影响。

(二) 惊恐障碍

【案例 17-4】小芬怎么了？

小芬和好朋友正在兴致勃勃地逛街。当登上商店的电梯时，突然感到心跳加剧，觉得心脏要从口中蹦出来；呼吸困难，觉得透不过气来，马上就要窒息了。同时出现了莫名其妙的、从未感觉到的恐惧感，好像就要死了，好像周围世界是那么陌生。差一点儿她就要惊叫起来。她紧紧地抓住电梯的扶手。很快这种感觉消失了，她觉得好奇怪。但是又有一次，在十字路口等绿灯的时候，这种可怕的感觉又出现了。此后的一段时间她很担心这种情况会再出现。

【心理点评】小芬很可能患了惊恐障碍症。因为，她的这种体验是惊恐发作时的典型体验。但是也不能够明确的下这样的判断。在诸如广场恐怖症、社交恐怖症、抑郁症等精神障碍症中也可以见到这种继发症状。如果小芬的这种发作不局限于任何特定的情境中，而且一个月中至少出现3次惊恐发作，或者在首次发作后担心再次发作的焦虑持续一个月，那么依据 CCMD-3 中的诊断标准，就可以断定小芬患有惊恐障碍。

在美国，有 1.7% 的成人患有惊恐障碍；德国和意大利患有惊恐障碍的成人比例是 2.6% 和 2.9%。中国台湾的患病率为 0.4%，是最低的。从性别来看，女性患惊恐障碍的比例要高，通常是男性的 2~3 倍。从年龄来看，平均年龄为 25~29 岁，可在成年的早期发病，到 40 岁也有惊恐障碍的病例。那么什么是惊恐障碍？

1. 惊恐障碍

惊恐障碍是指个体体验到的一种伴随着强烈的焦虑、恐惧或惊慌的，短暂的、无预期的、强烈的情绪体验。

2. 惊恐障碍发作的症状

惊恐障碍是由反复的惊恐发作构成的。惊恐发作可能是在个体正在进行日常活动的时候，如看书学习、户外散步、开会、乘车、逛街或在家打扫卫生时突然出现。即具有不可预测性。且发作到结束很快，一般来说，达到高潮不超过 10 分钟，然后逐渐消退。具体表现如下：

认知上：认为自己可能就要死了，或者认为自己就要失去度自己和外部世界的掌握而发疯。

情绪上：个体体验着强烈的疑虑和恐惧，或者是人格解体的崩溃感。

生理上：出现心跳加快、过度换气、头晕、非真实感、多汗、面部潮红或苍白、站立不稳、震颤、手脚麻木、胃肠道不适等。

除上述症状外,经历过惊恐发作的个体,大多会有一种担心,害怕再次发作,或者发病时得不到及时的救助,继而会出现一些回避性的行为。

值得注意的是,DSM-IV-TR 中区分了惊恐障碍有伴有广场恐怖症的惊恐障碍,也有不伴有广场恐怖症的惊恐障碍。就是说虽然惊恐障碍的个体害怕再次发作得不到及时的救助而避免到人多的地方和公开的场所,由此可能会导致广场恐怖症,但不具有必然性的。

(三)恐怖症

【案例 17-5】小梅怎么了?

邻居家 16 岁的少女小梅,不知道是怎么了,特别害怕狗。每当她放学回家的时候,一遇到在空地遛狗的人,就会躲得远远的。如果在乘电梯的时候,有人牵着狗进来,她要么是躲出去,乘下一趟电梯,要么就是面色苍白,大汗淋漓,双手捂眼。尽管人们告诉她,他们的狗是不咬人的。她也看到有些小孩也在狗的周围玩耍或是逗狗玩,但是小梅还是怕狗。起初,人们还以为是小梅装的。直到有一天,在等着乘电梯时,一只狗跑到她的脚下,她晕了过去。人们才相信了她真的害怕狗。很多人摇头,觉得不可思议。也有些人对小梅很同情。也有人说小梅患了恐怖症。小梅怎么了? 小梅是恐怖症的患者吗?

【心理点评】恐惧是一种对于客观确认的外部危险的理性反应。这种情绪,对于人类是有积极意义的。它能够使个体在危险面前逃跑或者是使个体积极行动起来,进行以防御为目的的攻击。但是,如果对外界的情境反应是不理性的甚至是夸大的,而且表现出一定的持续性,那么这种反应就另当别论了。小梅的症状表明她患有恐怖症。

1. 恐怖症的定义

恐怖症是以对特定的外界客体或处境产生强烈和不必要的惧怕为主的神经症。患者明知道其反应不合理,却反复出现而难以控制。恐惧发作时,焦虑和自主神经症状的表现显著;并且伴有回避行为,或者是带着畏惧忍受。

恐惧的对象可以是单一的,也可以是多种的;可以是动物,也可以是人;可以是广场,也可以是闭室;或者是社交活动,等等。

2. 恐怖症的判断标准

衡量一个人是否患有恐怖症,常常通过以下几个标准来衡量:第一,个体的恐惧是持久的,而且是对特定情境的,尽管个体的这种恐惧是和存在的真正的危险是不一致的;第二,个体面对真实的情境时,通常会产生极度的焦虑和惊恐。也就是说个体产生的恐惧不是来自想象;第三,个体意识到的这种恐惧,是过度的或是不合理的;第四,对恐怖情境回避。

恐怖症会给个体的生活带来很大的影响。对于个体来讲,常常感到痛苦,希望能够早日摆脱掉恐惧。因为,对于恐怖症病人来说,他们对于危险的感觉是夸大的。

3. 常见的恐怖症

常见的主要有广场恐怖症和社交恐怖症等。

(1) 广场恐怖症(也叫广场恐惧症)

高发人群,年龄大多是在 18~35 岁之间。最初的惊恐发作一般是在青春期后期;害怕在空旷的场所会步态不稳或跌倒的患者起病大多在 40 岁左右。有人研究认为:一般女性患病率较高,是男性的 2 倍,患病率约为 3%。

① 广场恐怖症是一种对在公众场所或者开阔地方停留的极端恐惧,因为要逃离这种地

方是不可能的或者会令人感到尴尬。

从字面上看,似乎广场恐怖症患者对广场、空地或者是对人群聚集的地方等感到惧怕,但实质不是这样的。

广场恐怖症大都是开始于惊恐发作的。当惊恐发作时,个体体验到的认知、情感、生理上的症状,使个体感到非常痛苦和恐惧。即使是不伴有惊恐发作的广场恐怖症,其发作时也有一系列的类似惊恐发作的症状,如感到紧张、不安,出现明显的头昏、心悸、胸闷、出汗、呕吐等植物神经反应;严重时还会出现人格解体体验或晕厥。这些令个体产生强烈的害怕、不安全感或痛苦体验。因此,我们说广场恐怖症患者恐惧的实质不是对这些地方感到恐惧,而是害怕在这些地方出现类似惊恐发作的症状,并且担心自己得不到救助。

② 广场恐怖症的形成和发展的过程通常以惊恐发作开始,接着产生害怕症状再次出现的预期焦虑以及回避行为(不愿到市场、人群聚集地以及任何觉得不能够及时逃离的或不能够及时得到帮助的地方或情境)。症状的反复出现和体验,使焦虑情绪条件化,而回避行为又阻碍了条件化的消退;加上个体害怕昏倒或当众出丑无形之中加重了个体的预期焦虑,从而造成恶性循环。在有人陪伴时,患者的恐惧可以减轻或消失。

需要注意的是,广场恐怖症伴有惊恐障碍的患者,未必都是广场恐怖症。这对于有效的治疗是具有重要意义的。因此,应注意区分以下三种情况:

第一,惊恐发作属于继发反应:这种广场恐怖症起病前从无惊恐发作,不在害怕的场所也无惊恐发作,只在经历害怕的场所或境遇时极度恐惧,达到惊恐发作的诊断标准。回避害怕的场所或境遇,或恐怖症状得到有效控制,惊恐发作便会停止。因此,广场恐怖症是原发反应,惊恐发作属继发反应。

第二,惊恐障碍为原发:这种广场恐怖症起病前经历过一次或多次惊恐发作,害怕单独出门或单独留在家里,担心自己出现惊恐发作时没有亲友在身旁救助;如果有人陪伴便可消除担心。在惊恐障碍得到有效治疗后,广场恐怖会逐渐消失。可见,原发病是惊恐障碍,广场恐怖为继发症状。

第三,惊恐发作于广场恐怖症并存:在同一个体身上,可见到广场恐怖和惊恐发作。这种个体既在人多拥挤的场合感到紧张不安,在一般情况下也有惊恐发作。这种情况需分别对待,才能够有效地控制两类症状。

(2) 社交恐怖症

社交恐怖症是最普遍的一种精神障碍,也是恐怖症中最常见的一种。通常发病始于青春期,偶尔见于童年期。在我们一般人中,约有13.3%的人体验到社交恐怖症(Kessler等,1994)。在美国,患社交恐怖症的人数仅次于抑郁症、酗酒而列第三位。而值得注意的是,在社交恐怖症患者中,年轻人的数量似乎在增加。

通常,人们对参加聚会或其他会暴露在公共场合的事情都会感到轻微紧张,但这并不会影响到他们去参加这类活动。但是对于真正的社交恐惧症患者来说,则会导致他们无法承受的恐惧。

① 何谓社交恐怖症?

社交恐怖症是恐怖症的一种,主要是对所有社交(如人际接触等)或公共场合感到强烈恐惧和忧虑的神经症。个体常常伴有自我评价和害怕批评。

② 社交恐怖症的影响

社交恐怖症使个体的社会功能受到严重的损害,影响到个体的生活、学习和工作。因为,在一般人看来很容易办到的事,却会使社交恐怖症患者感到难于登天。他们可能会认为自己是个没有情趣的人,并认为别人也会那样想。于是患者就变得更加敏感,更不愿意与人接触。而这样做的结果,会使得社交恐怖症的患者更加焦虑和抑郁,从而使得社交恐惧的症状进一步加重。许多患者只能改变他们自己的生活,以适应社交恐惧的症状。如他们不去逛商场买东西,不能够去约会从而与异性建立起正常的两性关系,不能够参加聚会,不能带孩子去公园玩,更有甚者为了避免和人打交道,他们不得不放弃工作的机会。

③ 社交恐怖症的躯体症状

口干、出汗、心跳剧烈、想上厕所;脸红、口吃结巴、轻微颤抖。有时候,患者会发现自己呼吸急促,胸闷气短,手脚发凉。最坏的结果,会使患者处于惊恐状态。

④ 社交恐怖症的类别

一般社交恐怖症:对于一般的社交恐怖症患者,无论是在任何地方、任何情境中,都会害怕自己成为别人注意的中心。害怕自己在别人面前做出令人尴尬的事情。个体通常害怕被介绍给陌生人,甚至害怕在公共场所进餐、喝饮料,会尽可能回避去商场和进餐馆,从不敢和老板、同事或任何人进行争论,捍卫自己的权利。

特殊社交恐怖症:具体见案例17-6和小资料。

【案例17-6】害怕钢琴教师的女孩

坐在我面前的小女孩,名字叫李维(化名)。看起来和一般的女孩子并没有什么不同,文静中透着机灵。她今年已经大三了,随着期末的到来,她又开始苦苦的思考对策,由于找不到好的解决办法,所以来心理咨询室找我。原来,李维有个毛病,已经有3～4年了。她一到钢琴考试就害怕,无论是小的测验,还是大的期末考试。只要是考试,就弹奏得不好。脸红,心跳,手指也不太听使唤。尽管教她的女钢琴老师很和蔼可亲,对她也很好,可是,李维就是害怕。因此,尽管做了充分的应考准备,可是每次的考试成绩都不理想,给她的其他各科成绩拖了后腿。使她感到不理解的是,在别的场合,无论是考试或者社交,一切都很自如并不感到恐惧(与她同来的女同学也证实了这点)。为此,她很苦恼。

【心理点评】这都是特殊社交恐怖症惹的祸。李维患了特殊社交恐怖症。与一般社交恐怖症不同的是,特殊社交恐怖症只是对某些特殊的社交情境或社交场合感到惧怕,出现恐怖症的症状。除此以外,一切与正常人一样。

【小资料】形形色色的特殊社交恐惧

赤面恐惧:通常在众人面前,人们经常会由于害羞或不好意思而脸红,这是正常的反应。但是赤面恐惧患者却对此出现过度焦虑,感到在别人面前脸红是十分羞耻的事。由于他们的焦虑和掩饰,越怕越脸红。最后非常害怕到众人面前。影响到他们的正常生活。

视线恐惧:表现为不能够与别人对视。一旦与对方的视线相遇就感到非常难堪,以至于失态。例如,一男生,当他与别人对面相遇时,不能够去看别人的眼睛,而且总是觉得别人在注视他,觉得他很不正经。上课时,他也不能够集中注意力去听课,总是控制不住自己去注意周围其他同学。或总感到旁边的同学在注意自己,感到异常的痛苦。

表情恐惧：担心自己的面部表情会引起别人的反感，或被人看不起，对此惶恐不安。例如，有人认为自己总是眼泪汪汪，样子肯定很丑，甚至去找医生想要切除泪腺；有人认为自己说话时嘴唇歪斜，给人带来不快，竟然想要辞去公职；有一女生听别人说自己的脸长得像一副假面具（开玩笑说的），从此开始关注自己的面孔，最后甚至到不愿见人的地步。

异性恐惧：主要是在与异性接触时，会出现严重症状。而与其他人交往则没有问题。据中国日报网环球在线消息：英国媒体2009年9月23日报道说，尼尔堪称世界上"最痛苦的男人"，患上"女人恐惧症"的他在平常的工作中，与正常人没有什么不同。但是只要他一与年轻女孩接触，病情便马上发作，让他苦不堪言。他说："我曾经尝试过不去想它，假装用最正常的语气和女孩子交流，但还是没有用。晕眩和恐惧的感觉会直接冲进我的大脑，我根本无法控制它。"

口吃恐惧：它是由害怕某些社交对象或社交环境而导致一种恐惧症。主要表现在与陌生人或异性接触时，就会感到紧张、不安和拘束，致使谈话难以正常进行，或者出现发音障碍。而跟熟悉的人在一起，或者独自朗读时，则与正常人无异。

（四）强迫症

"回到家的第一件事情就是洗手，如果不洗，我会觉得不舒服。我的大脑告诉我，我的手是脏的，这种想法挥之不去。我洗手的次数逐渐地越来越多。由回家就开始反复的洗手，到早上起来洗漱也要不停地洗手，虽然理智告诉我，手是干净的，但是却控制不住要洗。现在我已经不知道除了洗手还有什么是必须要做的。"这是一位来访者的症状描述，他问："我是不是得了强迫症？"回答是肯定的。

在今天，强迫症已经不再是个陌生的名词。据资料显示，美国成年人中，估计有大约2.5%的人，在他们生命的某段时间里曾经受到过这种病的影响（DSM-IV-TR，2000）。而一项大规模的流行病学调查显示，强迫症的患病率约为2.6%。从性别看，女性多于男性。从强迫的内容来看，女性出现强迫性冲动的较少，更多的是强迫性思维。男性恰恰相反。

读了上述这个案例，人们常常会提出这样的疑问：强迫的念头是哪里来的？强迫的念头与我们正常的持续的想法有什么不同？

首先，我们先来了解什么是强迫症。

1. 强迫症的定义

CCMD-3的描述为：它是一种以强迫症状（强迫观念和强迫行为）为主的神经症。有意识的自我强迫和自我反强迫并存是它的特点。自我强迫和反强迫两者强烈的冲突，使病人感到焦虑和痛苦。病人体验到的观念或者冲动均来源于自我，却是违背自我意愿的，虽然极力抵抗却无法控制，病人也意识到强迫症状的异常性，但无法摆脱。病程迁延者以仪式动作为主，精神痛苦减轻，社会功能严重受损。

2. 强迫观念和强迫行为

（1）强迫观念

强迫观念是指反复出现的想法、影像和冲动。这些想法等是来自具有强迫观念的人的意识，并不是外界强加的，但是这些对于个体来说，却又是不能够被控制和难以消除的。就是说，对于具有强迫观念的人来说，尽管他们也意识到这观念是令人厌恶的，是不合理的，但是这观念似乎太强大而使人难以抵挡。

我们可以想象，面对痛苦，人总是要做些什么。

【案例 17-7】每天祈祷

"李伟是个初中二年级的同学。两年前,父亲因为外遇与母亲离婚了。从小就很懂事的他与母亲生活在一起。与母亲一起生活的艰辛,使他感受到被人抛弃的强烈的愤怒。他恨他的父亲。渐渐地,一个念头在他的头脑中产生了'父亲是禽兽',这个念头挥之不去。可是想到以前和父亲一起生活时,父亲对自己的疼爱,觉得有种负罪的感觉。常常难以入眠。异常痛苦。有一天,他跪在地上双手合十,默默地祈求老天爷的宽恕。结果他能够入睡了。以后每天晚上都要跪地祈祷。"

【心理点评】这个案例中,"父亲是禽兽"就是一种强迫观念。那么,怎样压制这种强迫观念呢?

(2) 强迫行为

所谓强迫行为,是对强迫观念的反应,是由仪式化的反复的、目的性的动作构成。如洗手、数数、祈祷、检查门窗是否管好,等等。其目的就是避免或减少与某种可怕的情境相联系所带来的焦虑和痛苦。上例中李伟每晚的"跪地祈祷",就是对强迫观念"父亲是禽兽"的反应。"跪地祈祷"这个强迫行为,尽管这种行为本身也是多余的,也在初始受到强迫症患者的抵制,但是相对于缓解焦虑,这个仪式化的强迫行为也终于成为难以抵挡的强大力量。

(3) 强迫观念与持续想法的区别

主要有三个方面:第一,强迫观念是痛苦的,不受欢迎的,强行闯入意识的;第二,强迫观念来自个体内部;第三,强迫观念难以控制。

(五) 创伤后应激障碍

1. 创伤后应激障碍是一种焦虑障碍,是伴随着创伤性事件而发生。它具有的特征是:通过痛苦的回忆、梦境、幻觉,或闪回(突然唤起记忆再次体验到事件)持续的重新体验到创伤事件。

【案例 17-8】噩梦

"'啊——'伴随着惊叫声,他又一次从睡梦中醒来。浑身大汗淋漓。梦中的情境还是那么令人恐怖。这也记不清楚是第几次做梦了。自从 3 个月前看到那次车祸,噩梦就经常把他从睡眠中唤醒",这是一位来访者的叙述。

【心理点评】从他的描述中,可以看出,他可能正经历着创伤后应激障碍多带给人的痛苦。同时也说明,不仅是创伤的受害者,即使是看到创伤情境的人,也可以成为创伤后应激障碍的患者。研究表明:美国大约 8% 的成年人在生命中的某个时段经历过创伤后应激障碍。

2. 可以成为创伤性事件的有:凡是严重的事故、严重的伤害、自然灾害、强奸等都可能成为伤害性事件。如地震、洪水、龙卷风等、空难、战争、车祸、火灾、挟持、绑架、身体伤害和身体虐待、性虐待等。

二、心境障碍

1. 心境障碍是一种情绪障碍。据研究者估计:成人大约 19% 患有心境障碍。具有心境障碍的人通常会表现出十分强烈且持久的悲伤或情绪高涨,其反应超出了对生活事件的应激反应程度。要断定是否是心境障碍,常常是在较严重的症状出现如自杀,或较为缓和的症状持续2个月以上,会考虑做出这种判断。CCMD-3是这样描述的:心境障碍是指以明显而持久的心境高涨或低落为主的一组精神障碍,并有相应的思维和行为改变;可有精神病性症状,如幻觉妄想;大多数病人有反复发作的倾向;每次发作多可缓解,部分可有残留症状或转为慢性。

2. 分类为:抑郁症、躁狂症和双向障碍(DSM-IV的划分)。为什么这样划分呢?因为心境障碍有两个基本状态:抑郁和躁狂。只表现出抑郁或躁狂的,为单向心境障碍;而在抑郁症和躁狂症之间变换的,为双向心境障碍。

(1) 单向心境障碍的症状表现

① 抑郁症:尽管我们在生活中都体验过悲哀或沮丧,例如失去亲人或朋友;付出所有心血,到头来却一切都付之东流的体验。但是这些却不能够与抑郁症患者(极端抑郁的)的体验相比。因为,对于他们来说这仅仅是一个方面。不只是情绪上的悲观和自责,还伴随着认知、动机和躯体等多方面的表现。

情绪方面:通常,抑郁症的病人在一天之中,早上的症状较重,伴有早醒、嗜睡等。悲伤和自责是抑郁症中最明显的情绪表现。此外,焦虑,对生活乐趣和满足感的丧失,也是常见的。"我觉得自己很不幸"、"我感到绝望"、"我感到自己很没有用"、"我感到自己活着没有什么意思"、"我感觉很寂寞",等等,都是抑郁症个体常有的情绪体验。

认知方面:消极的情绪也使抑郁症个体的认知带有很浓重的消极色彩。认为自己什么也干不好,不仅仅是现在,而且是因为自己的原因所导致的。尽管这种想法是不准确的。例如,一位男性抑郁症患者,尽管毕业于名牌大学,受过良好的专业训练,但对自己能否工作抱十分消极的态度。"我不可能找到一个好点的工作的,有谁愿意雇佣我呢?""即使他们雇用了我,我也很努力地工作,但他们会解雇我的。即使不解雇我,也是因为我很可怜。"等等。

动机方面:对于抑郁症个体来说,做出决定,无论这个决定对于他们有多重要,也是很艰难的事情。因为他们害怕做出错误的决定。

躯体方面:在一项国际性的研究中,通过对1 146个抑郁症患者的调查,发现约有70%的个体有躯体上的症状。通常的表现是:食欲下降和睡眠障碍,常常感到疲劳。所以,抑郁症的个体对自己的身体更加关注和敏感。在较严重的抑郁症患者中常见体重下降。

② 躁狂症:躁狂症的特点与抑郁躁有所不同。因为躁狂症个体常有欣快的想法等。但是要注意:躁狂症不是抑郁症的反面状态,因为强烈的抑郁的成分包含其中。具体表现如下。

情绪方面:主要以心境高涨为主,处于高兴愉快甚至欣喜若狂的状态,但是这些是与周围环境不相称的。还有的可表现为易怒状态。在心境高涨的表面下是强烈的抑郁的成分。

认知方面:躁狂发作时的想法,往往是迅速而大量的,但是却是不切实际的、夸大的,有时甚至产生妄想。

动机方面:躁狂行为使躁狂症个体常常处于巅峰状态。在活动中显得不会疲倦,活动过度,凭感情冲动行事,并且不顾有无危险。达到极端时,会显得十分疯狂。

躯体方面:由于不知疲倦的过度地活动,使嗜睡成为躁狂症的一个较明显的躯体症状。

(2) 双向障碍的症状表现

主要表现为情绪高涨与情绪低落交错发作。

菲利普·津巴多认为："一个经历躁狂阶段的人的行为和情感常常是高涨的和夸张的。但是有时个人的主导情绪就是易激惹而不是高涨，特别是当这个人感觉到挫折的时候。在躁狂阶段，一个人常常感觉到自尊的膨胀感和他自己拥有特别能力或权利的非现实信念，病人可能感觉到需要睡眠的时间戏剧化地减少，可以做额外的工作或参加社交或娱乐场合。被这种躁狂情绪影响的病人表现出不需要的乐观，冒不必要的风险，到处许愿，而且可能放弃任何东西。"

值得注意的是，在日常生活中有很多人感到焦虑、抑郁，有时甚至觉得难以承受。但是这种症状却常常被人们忽视，人们也不知道该如何对待。严重的最终可能形成心理障碍。事实是：如果人们能够重视日常生活中的焦虑、抑郁体验，采取一些心理保健措施，如放松技术、冥想技术，可以有效地控制和消除自身的不良情绪体验。有条件的，还可以参加相关的心理训练团体，如认知—行为抗焦虑训练团体等。俗话说"养病如养虎"，对于人们的心理健康来说，也是如此。

三、人格障碍

在社会生活和人际交往中，人们会表现出特定的反映个人生活风格和人际关系的感知、思维或行为模式。如果个体的这种模式与一定的文化和社会大多数人的认识明显的偏离，那么这个人就表现出对社会的适应问题。而对个体会造成痛苦的这种异常的行为模式，不是由于躯体疾病或精神障碍导致的，难以矫正。这时会考虑此人是否患有人格障碍。人格障碍是指人格特征显著偏离正常，是一种一贯的反映个人生活风格和人际关系的异常的感知、思维或行为模式。

【心理案例 17-9】喋喋不休的 Cathy

26岁的Cathy，因为惊恐障碍伴广场恐怖症来求治。作为流行服饰店的售货员，她衣着华丽、梳着精心设计且富有戏剧性的发型。但装束令人吃惊，她身高不足1.5米。她带着太阳镜，不停地拨弄着，紧张得一会取下，一会带上，不时为了强调某个观点而挥动眼镜。在访谈中，她大声地哭泣，戏剧性地用掉大量的纸巾，一遍又一遍地寻求保证（"我正常吗？我能好吗？"）。在整个评估过程中，她一直在不停地诉说。当评定者以缓和的方式打断她的谈话时，她连声地笑着道歉"我知道我讲得太多了"。但是却没有停止，依然是喋喋不休。

【心理点评】Cathy无论是着装还是言谈举止，显然与社会大多数人是不同的。她的自我表现显然是过于表演化，需要他人的注意，情绪不稳定。很可能是一位表演性人格障碍的患者。

人格障碍始于童年期，可延续至成年期，有的甚至到终老。人格障碍共分十种类型：偏执型、分裂样、分裂型、反社会型、边缘型、表演型、自恋型、回避型、依赖型、强迫型。

下面简单介绍它们的特点。

1. 偏执型人格障碍：猜疑和偏执是其主要特点。总是认为别人有阴谋，并且力求找出这样做的证据。他们过分地敏感，自认为自己是正确的而不能够承担责任，好夸大且有攻击性。

2. 分裂样人格障碍：以观念、外貌和行为奇特，人际关系有明显缺陷和情感冷漠为主要特点。孤独怪僻，缺乏社会技能。

3. 分裂型人格障碍:这类人常常具有知觉或认知上的异常,以及行为上的古怪。如在交往、想法、行为以及衣着方面表现奇特、怪异。多疑、有妄想观念。他们脱离社会和在与人交往中表情明显受限为主要表现的人格障碍。但与精神分裂症是不同的。

4. 反社会型人格障碍:漠视他人权利和侵犯他人权利(即行为不符合社会规范),经常做出违法乱纪的行为,对人冷酷无情是反社会型人格障碍的特点。

5. 边缘型人格障碍:不稳定是此类人格障碍的基本要素。表现在与人交往、行为、情感和自我意象方面,此外还具有显著的冲动性。有自杀、物质滥用、危险性行为的倾向和自伤行为。

6. 表演型人格障碍:以自我为中心而不为别人考虑、过分情绪化(如对很小的事情做出过分的情绪反应)和用不适宜的言语、行为吸引注意为主要特点。

7. 自恋型人格障碍:夸张得自以为很了不起,自认为自己享有特殊的权利和地位。他们从不考虑别人的利益,要求其他人都得按照他们的意志去做。夸大的态度与自身权利和现实局限性之间的矛盾是自恋人格障碍患者心理冲突的主要体现。

8. 回避型人格障碍:是以对他人评价过分敏感、社交行为回避(对人回避,有陌生人,也包括熟悉的人)、情感回避为主要表现的一种人格障碍。他们有渴望情感、友谊的愿望,但是害怕被拒绝,所以很少有朋友;但是对信赖的人又表现出极端的依赖感。

9. 依赖型人格障碍:是一种以过分需要他人照顾,需要他人替他做决定和趋于服从他人为主要表现的人格障碍,其主要特征就是过度依赖他人。

10. 强迫型人格障碍:以要求严格和完美为主要特点。认为必须遵循一种规则,才能够把事情做好,做事过分谨慎与刻板,难以做决定,优柔寡断。

四、分离性障碍

1. 什么是分离性障碍?

首先,怎样理解分离呢?所谓的分离,是指由于两个或更多个心理过程并存或交替进行,而相互之间无关联、无影响。如琳琳是个十岁的女孩,两年前,随母亲改嫁的她,由于遭受来自继父的残酷的性虐待,导致她失忆。当她被收容的时候,只是记得自己生活在市场,以捡破烂生活。后来她以前的记忆恢复后,却又丧失了流浪生活的记忆。因此,有学者认为:分离性障碍是一种身份、记忆或意识的整体性扰乱。

2. 分离性障碍的类型

(1) 分离性遗忘症:仅仅由心理因素(如投资失败而倾家荡产)导致的个人记忆的丧失。这种丧失,包括不能够回忆过去的事,但是对遗忘后发生的事情不会忘记;一般知识没有忘记(如国家主席是谁),只是忘记自己的身份(如干什么工作的、叫什么名字、住在哪里等);同时这种丧失会结束(几个小时或几天),记忆恢复并且能够忆起引起遗忘的创伤性事件。

(2) 分离性漫游症:是指突然出走(离家或工作的地方),不能够回忆过去及对身份的模糊不清或设置一个新的身份。患有分离性漫游症的患者,以在开始和结束时都是突然的为特点。发病时能够照顾自己的基本生活及进行简单的人际交往。

(3) 分离性身份障碍:是指在同一个体身上存在两个或多个不同(如个体是害羞的,那么他们就外向)但生活又相对完整(如都有身份、名字和行为方式)的身份。

(4) 人格解体障碍:是指持续地或反复地体验到自己的精神过程或身体被分离。对于人格解体障碍患者来说,他们是痛苦的。因为他们相对于正常个体来说,主观体验都是改变了的,如可能早上起来照镜子,却不认识镜子中的自己;自己在做饭,却不知道是谁在做饭;他们体验情感的能力缺乏,因为他们体验不到愉快。

五、精神分裂症

精神分裂症患者的个体功能对比正常人来说,具有质的区别。这种区别具体表现在:精神分裂症患者具有认知和情感方面的障碍(妄想、幻觉、言语、行为混乱和淡漠的情感);而且涉及思维、情感、知觉、交流等多个方面(见表17-2)。

表17-2 精神分裂症的思维和情绪表现

类型	思维	情绪
偏执型	复杂而连贯的被害妄想	强烈而刻板的情感
混乱型	连贯性较差的妄想,常常集中于自己的身体	不恰当,但是健谈
紧张型	妄想常常集中死亡和破坏方面	非常不恰当的行为,要么异常兴奋,要么"冻住"
残余型	无妄想	单调的,对健康无害的或奇特的行为

第三节 儿童青少年常见心理障碍与矫治

一、学习障碍

(一)学习障碍的定义

我国 CCMD-3 的定义:学习障碍"是指儿童在学龄早期,同等教育条件下,出现的学校技能的获得与发展障碍。这类障碍不是由于智力发育迟滞、中枢神经系统疾病、视觉、听觉障碍或情绪障碍所致。多起源于认知功能缺陷,并以神经发育过程的生物学为基础,可继发或伴发行为或情绪障碍,但不是其直接后果"。

可见,学习障碍儿童学习成绩低下,是由于在学习过程中,认知加工过程及大脑生物功能异常,所导致儿童学习技能的正常方式受到损害导致的。学习障碍的实质是学习成绩与智力不相匹配。具体体现在阅读、拼写、听讲、推理或计算能力等方面的困难。

(二)学习障碍的类型

1. 阅读障碍:阅读速度慢;跳行读、重复读或含混不清地读;颠倒句子的顺序;读完后不能回忆或复述内容;如"王与玉"、"d 和 b"等相似的字,难以区分。读错字或写错字,学过的字,不能够回忆和默写;词字混淆,不能够鉴别一个字是否反转或倒转等。

2. 书写障碍:能够正确地抄写;书写慢而且笨拙,字体大小不均且歪扭;看一字,写一字,能够对学习过的字词正确发音,但是写不出。由于对字的左右结构分不清,因此常常颠倒地写出字来。这是因为儿童存在的视觉记忆缺陷造成的。

3. 算数学习障碍:不能够理解数字符号、数学基本概念与原则的意义;常常把加法做成减法;无法心算;计算正确而抄写困难;常常做题"虎头蛇尾",只做出一半,或者答案写不全。

4. 发育性推理障碍:思维过程幼稚或过分僵化,要么对所有的事情都感兴趣,要么对什么也不感兴趣;难以把注意力集中起来,不能协调局部和整体的关系;思维和概括能力不足。

对于学习障碍儿童,除可能有的上述表现外,还可能伴有行为和情绪障碍。如多动、自我控制能力差、易怒、好攻击、孤僻、不合群等。此外,还有的学习障碍者伴随有注意缺陷障碍、抽动障碍等。

(三)学习障碍形成的原因

1. 遗传因素:家族中如果有学习障碍者,那么发病率较一般人群高;通常学习障碍者的15号和6号染色体有异常。

2. 神经心理:学习障碍儿童的脑内的神经递质和脑皮层功能异常。如5-HT、DA、NE有变异;微小脑回、皮层异位、枕-颞叶皮层神经联系通路改变;诱发电位潜伏期延长等;信息认知加工障碍,如视听信息的输入—整合—储存—输出加工过程的障碍。

3. 环境因素:主要表现为患儿生活在不良的养育环境中,如过度保护;家庭不和睦使孩子得不到家长的关心等。

(四)学习障碍的诊断

如果一个儿童,在智力正常(大于70)、有正常的受教育机会、没有器质性或精神性疾病的条件下,在一个或多个方面的学业成绩和智力水平有较显著的差异,而且在一个学年以上,就可以考虑这个儿童是不是学习障碍者。

(五)学习障碍的治疗

一般需要采取综合性的治疗,并且要求家庭(家长)、社会和学校(教师)的积极配合。

治疗主要有:感觉统合训练、学习能力训练、脑功能生物反馈治疗、行为疗法、家庭治疗和心理辅导等。

值得注意的是,儿童学习困难(learning difficulty)与学习障碍(learning disorder)是不同的。儿童学习困难:是指智力基本正常的学龄期儿童学业成绩明显落后的一类综合征。不是缺乏教育机会,而是由于环境、心理和素质等方面的因素导致他们学习技能的获得或发展出现问题。表现为经常性的学业不良。

二、注意缺陷/多动障碍(ADHD)

(一)注意缺陷/多动障碍

它是发生于儿童早期,以注意力不集中为突出表现的,同时伴随有多动不安、易冲动和学习困难等的一种综合征。一般9~12岁儿童ADHD的患病率在2%~5%,且男女性患病率的比例是4∶1至9∶1(Cantwell,1996);40%~80%的ADHD儿童其行为问题会持续到青春期,部分症状成年后在一些人身上也有体现(Zametkin等,1999);45%~60%的ADHD儿童可能出现品行障碍、违法犯罪和药物滥用。(Moffitt等,1988)。ADHD成人可能会出现人际交往障碍、婚姻破裂、交通障碍和违法事件等(王建平,2005)。有研究表明,我国学龄儿童ADHD的患病率为4.31%~5.83%。

【案例17-10】淘气的孩子

李某某,是个8岁的男孩。在学校的表现是:上课的表现是不遵守纪律,好晃动椅子,经常惹同座位的同学。注意力不集中，东张西望。但是老师批评后有一定的效果。课余活动中不太合群，好搞恶作剧，有时接连用头把同学撞倒。在家的表现任性，冲动。此外，精力特别充沛。爱看电视节目，能连续看2～3个小时。但是做作业却是边做边玩，注意力难以集中。

【心理点评】李某某虽然具有较多的多动症的表现，但是又与多动症有明显的区别。因此这个儿童不是多动症，只是具有多动行为的儿童。

(二) 注意缺陷/多动障碍的表现

1. 注意的缺陷：一是不能够把注意力集中在应该注意的事情上，或是同时把注意指向很多方向，以至于对任何事情都不能够集中注意。如无法倾听他人的说话；常常粗心大意、丢三落四，忘记老师布置的作业、忘记带学习用具去学校或者把学习用书或学习用品丢失。二是易冲动。行为常常不考虑后果，没有充分的考虑就付之于行动。因而会有危险和破坏性行为，如常常因为小事与同学吵架；情绪不稳定，易激惹、任性；受外界刺激容易过度兴奋而难以抑制。

2. 多动。如表现得焦躁不安，无法安静地坐下来，哪怕是短短的一小段时间。表现得急迫没有耐心；常常不加思索回答问题；在集体活动中无法按照顺序去等待，而是迫不及待就要做；不能够按照别人的要求去做事情，常常打断或干扰别人的学习或工作。

3. 神经系统发育障碍。动作笨拙、不协调，精细活动不灵活；不能进行轮替运动；闭目难立等软体征的患儿占注意缺陷/多动障碍儿童的半数以上。

值得注意的是，多动不等于多动症。那么，如何区分活动过度和多动症呢？学者李晓东（2004）认为两者主要有以下4个方面的区别：第一，注意力集中的差别。对于多动症儿童，是不能够较长时间集中注意力的；但是活动过度儿童，对于自己喜欢的事情，是能够集中注意力的。第二，意志力差别。多动症儿童做事有始无终，没有做完一件事就做另一件事了，没有效率。第三，自我控制能力的差别。多动症儿童自控能力差，不分时间场合，常常在严肃的场合能够做出不合时宜的事情；但是活动过度儿童在严肃的场合能够安分守己。第四，动作灵活性差异。活动过度儿童做快速、轮换和反复动作时，表现灵活自如。而多动症儿童则笨拙不协调。

(三) 注意缺陷/多动障碍的形成原因

1. 先天生理因素

从已有的研究看，儿童的注意缺陷/多动障碍儿有遗传、生理发育的因素。如苯丙酮尿病，是一种遗传性疾病，因缺少酶而对大脑发育产生影响，导致神经兴奋性较高，活动过度；约1/4的多动症儿童其父母也曾是多动症；分娩时有窒息、缺氧的儿童可能会因神经损伤而出现注意缺陷、多动问题。神经系统发育迟滞也是一个影响因素。此外，多动症儿童大脑右半球比左半球大；多动症成人大脑葡萄糖新陈代谢显著缓慢。

2. 环境心理因素

没有养成良好的生活和学习习惯，随心所欲，自我控制能力差；教师和家长对学生要求苛刻等。

(四) 注意缺陷/多动障碍的诊断

《国际疾病分类(第十版)》(ICD-10)中儿童多动症的诊断标准如下：

1. 不注意

下列不注意的症状至少具备六条,持续时间至少六个月,达到适应不良的程度,并与患儿的发育水平不一致:

(1) 常常不能仔细地注意细节或在做功课或其他活动中出现漫不经心的错误;
(2) 在完成任务或做游戏时常常无法保持注意;
(3) 别人对他(她)讲话时,常常显得没有听;
(4) 常常无法始终遵守指令,无法完成功课、日常杂务或工作中的义务(不是因为违抗行为或不理解指令);
(5) 组织任务或活动的能力常常受损;
(6) 常常回避或极其厌恶需要保持精神努力的任务,如家庭作业;
(7) 常常遗失某种活动的必需品,如学校的作业、铅笔、玩具或工具;
(8) 常易被外界刺激吸引过去;
(9) 在日常活动过程中常常忘事。

2. 多动

下列多动性症状至少有三条,持续至少六个月,达到适应不良的程度,并与患儿的发育水平不一致:

(1) 双手或双足常常不安稳,或坐着时常蠕动;
(2) 在课堂上或其他要求保持坐着的场合离开位子;
(3) 常常在不适当的场合奔跑或登高爬梯(少年或成年可能只存在不安感);
(4) 游戏时常不适当地喧哗,或难以安静地参与集体活动;
(5) 表现出持久的运动,社会环境或别人的要求都无法使其显著改观。

3. 冲动性

下列冲动性症状至少具备两条,持续时间至少六个月,达到适应不良的程度,并与患儿的发育水平不一致:

(1) 常在提问未完成时,答案即脱口而出;
(2) 在游戏或有组织的场合常不能排队按顺序等候;
(3) 经常打扰或干涉他人(如打断别人的交谈或游戏);
(4) 常说话过多,不能对社会规则作出恰当的反应。

诊断说明:起病年龄早,小于六岁,症状持续超过半年;必需的临床表现:注意缺陷和活动过度两大类必须同时存在,缺一不可;可协助诊断的常见症状有:易冲动、行为鲁莽,做事不顾场合,不顾后果,不重视社会和学校的规范,学习困难,运动协调性差;排除标准:排除其他行为障碍、情绪障碍或明显智力低下者;还应排除某些器质性(如各种脑炎、脑病、脑肿瘤等)病变或功能性精神病(如精神分裂症、焦虑症、躁狂症等)。

(五) 注意缺陷/多动障碍的治疗

目前来看,主要有药物治疗、心理治疗和综合治疗。

药物治疗:主要是使用利他林,这是一种多巴胺兴奋剂。ADHD儿童服用后,会有诸如过度活动水平降低、分裂破坏活动减少等效果。但是研究表明,服用利他林会有失眠、头痛、眩晕、体重减轻、食欲减退和发育迟缓等副作用。

心理治疗:主要是行为干预技术。基本的原理是操作性条件反射。正强化技术适用于较大的儿童,而消退技术则适用于较小的儿童,惩罚技术可用于危险的较为麻烦的行为(Wolraich,1979)。

而心理干预和药物治疗的结合,对于伴有多动症的品行问题的改善最为有效(MTA Cooperative Group,1999a,1999b)。

综合治疗:主要是药物治疗、心理治疗和教育三者结合。

正是因为上述症状,使注意缺陷/多动障碍儿童多伴有人际适应不良的情况。因为他们不能够集中注意力、活动过多而且情绪易冲动,缺乏自我克制的能力,使他们很难和其他人相处。

三、抽动障碍

(一) 什么是抽动障碍

抽动障碍是指儿童和青少年一个部位或多部位肌群突然不自主地、反复地、快速地运动收缩。常常伴发其他症状:如发声抽动、注意力不集中、多动、自伤、情绪障碍和强迫障碍等。

(二) 抽动障碍的分类及症状表现

1. 短暂性抽动障碍(又称抽动症、儿童习惯性痉挛),是最常见的类型。主要表现为:(1)简单性运动抽动:眨眼、皱额、挤眉、咬唇、露齿、缩鼻、摇头、点头、耸肩、扭颈等不自主抽动;(2)简单性发声抽动(少数患者):反复咳嗽声、哼气声或清喉声等。

2. 慢性抽动障碍起病于青少年期(21岁前),成年人比较多见,它具有抽动障碍的特征,如眨眼、努嘴、跺脚、走路旋转、打自己等。但运动抽动和发声抽动并不同时存在,症状刻板不变,可持续数年甚至终生。

3. 抽动-秽语综合征。它是以多种运动抽动和发声抽动为主要特点的综合征。运动抽动常从眼、面肌肉开始,逐步发展到肢体,出现全身多部位肌肉抽动。如眨眼、挤眉、眼球转动、做怪相、伸舌、转头、耸肩、挺腹、吸气、呈冲动性触摸他人或周围的物品、刺戳动作、跺脚、走路回旋、下蹲、跪地等动作。患儿运动抽动1~2年后出现发声抽动,如清嗓、咳嗽、鼻吸气声、哼声或吠叫,重复言语或字句,无音节地喊叫。其中1/3~1/2的患儿出现重复刻板的秽语。

抽动-秽语综合征患儿常伴有注意力不集中、多动、强迫障碍、攻击行为、自伤行为、猥亵行为、学习困难和情绪改变(焦虑、抑郁)、品行障碍与人格障碍等心理和行为障碍。

抽动障碍的儿童,智力正常,睡眠中所有的症状均消失。

(三) 抽动障碍的诊断

1. 短暂性抽动障碍的诊断标准:(1)起病于童年;(2)有运动抽动,或发声抽动;(3)抽动能受意志克制短暂时间(数分钟至数小时);(4)症状的强度或抽动部位可以改变;(5)病期至少持续1个月但不超过1年;(6)排除锥体外系统神经疾病和其他原因所引起肌肉痉挛。

2. 慢性抽动障碍的诊断标准:(1)须符合短暂性抽动障碍所列(1)、(2)、(3)三项;(2)肌肉抽动或不自主发声一天内出现多次,几乎每天如此或间歇性出现。强度一般不变。病期超过1年。

3. 抽动-秽语综合征的诊断标准:(1)起病于21岁以前,大多数在2~15岁之间;(2)有复发性、不自主、重复地、快速地、无目的地抽动,影响多组肌肉;(3)多种抽动和一种或多种发声抽动,两者同时出现于某些时候但不一定必须同时存在;(4)能受意志克制数分钟至数小时;(5)在数周或数月内症状的强度有变化;(6)抽动每天发作多次,几乎天天如此。病程超过1年以上,且在同1年之中症状缓解不超过2个月以上;(7)排除小舞蹈症、肝豆状核变性、癫痫肌阵挛发作、药源性不自主运动及其他锥体外系病变。

(四)抽动障碍的治疗

1. 药物治疗:临床常用的药物主要有氟哌啶醇、哌迷清、泰必利、可乐定等,可遵医嘱。
2. 心理治疗:主要有支持性心理咨询、行为疗法、家庭治疗等。如相反习惯训练,可以减轻抽动障碍的症状。而心理治疗的效果如何,还需要家长和教师的支持。因此争取家长和老师的配合十分重要。使他们认识到孩子的症状不是出怪相或调皮,而是疾病所致;并且认识到这种障碍的治疗时间可能会较长,从而能够为孩子营造较轻松的环境氛围;合理安排抽动障碍青少年的日常作息时间和活动内容,避免紧张和过度疲劳。

(五)抽动障碍成因

1. 遗传生理因素:与遗传因素有关,抽动障碍在抽动秽语综合征和其他精神疾病中比正常人群多见;与神经生化代谢改变有关,如有人认为由于纹状体多巴胺活动过度或突触后多巴胺受体超敏导致抽动;还可能与产伤、窒息等有关。
2. 环境心理因素:精神创伤、过度紧张等心理因素是诱发儿童抽动症的因素,特别是有遗传易感性的个体容易发病。
3. 其他因素:药物及疾病感染也可导致发病。

四、学校恐怖症(也称厌学症)

【案例17-11】她又肚子疼了

"早上已经到了上学的时间,可是怎么叫,丽丽也不愿意起床。她磨磨蹭蹭。刚吃完饭,丽丽突然开始肚子痛,痛得她满头冷汗,面色苍白,还不时地呕吐。她的妈妈吓坏了,急忙带她到医院检查。可是却没有查出是什么病。一回到家,她就好了。记得上学期也有过两次这样的情况。后来在家休息了一段时间就不治而愈了。丽丽妈妈觉得很困惑又很着急。丽丽怎么了?"

【心理点评】没有器质性疾病,却又不是装出来的疾病。这种现象近年来有增加的趋势。此时的家长应该考虑孩子是否是患了学校恐怖症。从上述案例的描述,可以初步断定丽丽患有厌学症。

(一)什么是学校恐怖症

学校恐怖症是一种焦虑障碍,也是一种特殊类型的社交恐怖症。有研究表明,近些年来在青少年学生中有增加的趋势。在日本20世纪70—80年代发病率为1.5‰～2‰。它的临床症状可以躯体不适为主,如头痛、头晕、全身不适、恶心、呕吐、腹痛等,也可以以不愿上学为直接表达,但内心又有强烈的求学愿望。

(二)如何诊断

目前还没有统一的诊断标准,主要是从症状标准和社会功能受损两个方面来衡量。对到学校存在持久的恐惧、焦虑和回避行为;对到学校感到痛苦、不适、哭闹、不愿待在学校而退出;不在学校或不去上学,与家人或熟悉的人在一起就一切正常;而上述症状不是由于精神分裂症、广泛发育障碍、情感性精神障碍和广泛焦虑症引起,并且持续一个月以上(不包括开学初的一个月)。值得注意的是,一些学生在形成厌学症之前,往往有一些不愿上学的语言表达或情绪行为反应,这时家长和教师应该积极地重视起来,以防患于未然。

(三)学校恐怖症的形成原因

一是个体自身的原因。一些学者的研究发现,患有厌学症的学生表现出孤独、情感封闭、难以适应外部环境、情绪不稳定等神经症的个性偏异。神经症的个性和适应不良是恐怖症发病的背景因素。二是环境(学校和家庭)的原因。教师和家长对学生的期望值过高,过分严厉、体罚、缺少关心等是重要因素。此外,在学校中人际适应不良,如常常处于被嘲笑、被轻视的境地,或者新转学到新的学校,或与同学老师关系紧张,又或者在学校被威胁、恐吓、上下学被堵截等;家庭问题,如教养方式不良、父母离异或再婚、有新的弟妹出生、经济问题、父母或同胞疾病或死亡等,均可以导致学校恐怖症的出现。三是先天的原因。如有精神病家族史、病态人格、父母产前患有酒精中毒史、性病史等的学生,具有易感性。

(四)学校恐怖症的治疗

首先,区分学生是否是学校恐怖症,还是不想上学(逃学)。学校恐怖症与逃学的鉴别见表 17-3。

表 17-3 学校恐怖症与逃学的鉴别表

	学校恐怖症	逃学
动机	害怕与家中分离,怕老师和同学	厌恶学习,反抗老师和家长、贪玩
情绪	有较明显的情绪障碍	无明显的情绪障碍
平时表现	无其他违纪行为,学业无明显的困难,常为品学兼优的好学生、听话的好孩子	常有说谎、打架等违纪行为,品行不佳
家庭情况	家庭条件好,父母关怀多,期望值较高,过分保护	家庭条件差,父母关怀少,期望值较低,不关心孩子
拒绝上学	父母知道孩子拒绝上学,愿意一个人待在家中	父母不知道,常常装作去上学,半途逃学
身心症状	多见,可有头痛、肚子痛、恶心、呕吐等	少见

其次,如果确定是学校恐怖症,可采取以下措施:①家庭的参与和支持:促进家庭环境、气氛、教养方式和态度的转变,以消除家庭的不良影响。②学校的配合:要了解清楚,学生在学校的具体状况,然后对症下药。如人际关系不良和学业负担过重的处理方式,显然是不同的。学业负担过重,可考虑尽量减轻学生的负担;同时可以通过加强学习方法的指导、补习、课业辅导等方法,解决困难,增强信心来解决。③积极治疗(心理和药物)。心理治疗中,系统脱敏疗法、操作性学习疗法和暗示疗法均有满意疗效;对伴有明显焦虑、恐怖的学生,可以给予抗焦虑和抗抑郁的药物治疗。

以上措施的综合实施,效果更好。因此,要注意对学校恐怖症学生的综合诊治。

以上只是介绍了大部分青少年常见的心理障碍,如果想做进一步的了解,可以参考有关书籍。

复习思考题

1. 心理咨询和心理治疗的主要区别是什么？
2. 多动症和活动过度的区别主要体现在哪些方面？
3. 学校恐怖症与逃学行为的主要区别有哪些方面？
4. 如何鉴别学习障碍儿童？
5. 确定一个学生为抽动秽语综合征的意义是什么？

本章参考文献

[1] 王建平.变态心理学.北京:高等教育出版社,2005.

[2] 理查德·格里格,菲利普·津巴多.心理学与生活.王垒,王甦,等,译.北京:人民邮电出版社,2003.

[3] 余强基.当代青少年学生心理障碍与矫正.北京:北京师范大学出版社,2001.

[4] 钱铭怡.心理咨询与治疗.北京:北京大学出版社,1994.

[5] 郭念锋.国家职业资格培训教程:心理咨询师(下册).北京:民族出版社,2002.

[6] http://baike.baidu.com/view/1002512.htm?fr=ala0_1.

[7] 中国就业培训技术指导中心,中国心理卫生协会.国家职业资格培训教材:心理咨询师(二级).北京:民族出版社,2005.

[8] 刘翔平.学习障碍儿童的心理与教育.北京:中国轻工业出版社,2010.

[9] 李晓东.小学生心理学.北京:人民教育出版社,2004.

[10] 陶国泰.精神医学.北京:人民卫生出版社,1984.

[11] 徐芬,蒋莉.运用行为矫正方法改进注意缺陷儿童课堂行为的研究.心理发展与教育,1998.

[12] 郑日昌.当代心理咨询和治疗理论体系.北京:高等教育出版社,2006.